국가평생교육진흥원에서 제시한 과목별 평가영역에 맞춘 최고의 수험서!

독학사 최고의 권위서!

학위취득의 지름길!

| 한 권으로 끝내기 |

독학사

Bachelor's Degree

국내 최고의 권위서!

교육부인정교과서지정업체
은하출판사
Eunha Publishing Co.

Bachelor's Degree

독·학·사 머리말
Preface

"뜻이 있는 곳에 길이 있다."고 했다. 그러나 아무리 훌륭한 여행계획을 세웠다 하더라도 방 안의 천정만 바라보고 앉아 있다면 그 계획이 무슨 소용이 있겠는가?

반면 여행의 길을 떠났다 하더라도 계획없이 이리저리 방황만 하고 돌아왔다면 몸만 고되고 허탈감만 남게 될 것이다. 여기서 우리는 계획과 실천이 동시에 중요함을 알게 된다. 여러분은 이미 마음의 각오와 계획을 세웠으리라 생각한다. 다만 이 계획을 실천할 지침서가 필요한 것이다. 현재 다른 방면의 참고서는 다양하면서도 여러분들이 필요로 하는 참고서는 자신있게 추천할 만한 것이 없는 실정이다.

본사는 한국방송통신대학이 개원되면서부터 각 학과의 부교재인 참고서를 30년 넘게 오랫동안 발행해 온 노하우를 바탕으로 학습시간이 절대적으로 부족한 독학사를 준비하시는 여러분들을 위하여 시간과 노력을 절약하고 시험준비에 완벽을 기할 수 있도록 국가평생교육진흥원에서 제시하고 있는 과목별 평가영역에 맞추어 자신있게 본 책을 출간하였다.

현재 독학학위 취득시험은 2008년 2월 '평생교육법'의 전부개정으로 한국방송통신대학이 관장하던 독학학위 취득업무가 "국가평생교육진흥원"으로 이관되었으며, 국가평생교육진흥원 홈페이지에서는 과목별 평가영역을 구체적으로 제시해 주고 있다. 따라서 독학사 시험을 대비하는 여러분들은 본 교재를 기준으로 열심히 학습에 매진하면 될 것이다.

본서의 특징은

첫째 독학학위 취득시험을 주관하는 국가평생교육진흥원의 평가영역에 맞추어 내용을 심도있게 다루고 있으며,

둘째 본문의 '내용' 및 'Key Point'에서는 기출문제를 분석하여 출제내용을 핵심적으로 기술하고 있고,

셋째 '실전예상문제' 부분에서는 그 동안 출제되었던 최근의 기출문제를 파악하여 그에 기준한 다양한 문제와 그에 해당하는 자세한 해설을 수록하고 있으며,

넷째 최소의 시간으로 최대의 효과를 거둘 수 있다는 점을 들 수 있다.

다양한 자료와 예시를 통해 더욱 구체적인 학습을 할 수 있도록 구성·편집된 본서가 여러분의 학습에 절대적인 도움이 되리라 확신하면서 앞날에 큰 영광이 함께 하길 기원한다.

교육부은하원격평생교육원 학위취득연구소

독학사 안내

독학학위제도

독학학위제는 「독학에 의한 학위취득에 관한 법률」에 의해 독학자(獨學者)에게 대학졸업자격에 해당하는 학사학위(學士學位) 취득의 기회를 줌으로써 평생교육의 이념을 구현하고 개인의 자아실현과 국가·사회의 발전에 이바지하는 것을 목적으로 하는 제도입니다.

- 고등학교 졸업이나 이와 같은 수준 이상의 학력을 가진 사람이면 누구나 응시할 수 있습니다.
- 대학교를 다니지 않아도 스스로 공부해서 학위를 취득할 수 있습니다.
- 일과 학습의 병행이 가능하여 시간과 비용을 최소화할 수 있습니다.
- 언제 어디서나 학습이 가능하며, 평생학습을 통해 자아실현을 할 수 있습니다.

독학학위제는 4개의 과정(교양, 전공기초, 전공심화, 학위취득 종합) 시험으로 이루어져 있습니다. 그러나 개인적으로 취득한 다양한 자격과 학습이력에 따라 1~3과정의 일부 과목 시험은 면제받을 수 있습니다. 4과정인 학위취득 종합시험은 반드시 응시하여야 하며, 종합시험에 합격하면 교육부장관 명의의 학사학위를 취득하게 됩니다.

응시자격

2016년부터 고등학교 졸업이나 이와 같은 수준 이상의 학력을 가진 사람이면 누구나 과정별 합격 여부와 관계없이 1~3과정(교양, 전공기초, 전공심화 과정) 인정시험에 자유롭게 응시할 수 있으며, 4과정(학위취득 종합시험)은 1~3과정 시험에 모두 합격(면제)하는 등 일정 응시자격을 충족해야만 응시할 수 있습니다.

가. 교양과정 인정시험(1과정), 전공기초과정 인정시험(2과정), 전공심화과정 인정시험(3과정)
- 고등학교 졸업자
- 「초·중등교육법 시행령」 제98조 제1항에 따라 상급학교의 입학에 있어 고등학교를 졸업한 사람과 같은 수준의 학력이 있다고 인정되는 사람
- 「평생교육법」 제31조 제2항에 따라 지정된 학력이 인정되는 학교 형태의 평생교육시설에서 고등학교 교과과정에 상응하는 교육과정을 마친 사람
- 「보호소년 등의 처우에 관한 법률」 제29조에 따른 소년원학교에서 고등학교 교육과정을 마친 사람

Bachelor's Degree

나. 학위취득 종합시험(4과정) : 전공분야별 동일전공 인정(학)과에 한함
- 교양과정 인정시험, 전공기초과정 인정시험 및 전공심화과정 인정시험에 합격한(면제받은) 사람
- 대학(「고등교육법」 제2조 제2호, 제3호 및 제5호에 따른 학교와 다른 법령에 따라 설립된 대학을 포함) 및 이에 준하는 각종 학교(학력인정학교로 지정된 학교만 해당)에서 3년 이상의 교육과정을 수료하였거나 105학점 이상을 취득한 사람
- 수업연한이 3년인 전문대학을 졸업한 사람 또는 이와 같은 수준의 자격이 있다고 인정되는 사람(졸업 예정자는 응시자격 없음)
- 「학점인정 등에 관한 법률」 제7조에 따라 105학점(전공 16학점 이상 포함) 이상을 인정받은 사람
- 외국에서 15년 이상의 학교교육 과정을 수료한 사람

응시자격 유의사항

- 학사학위 취득자는 동일한 전공의 시험에 지원할 수 없음
- 유아교육학 및 간호학 전공자가 학위취득 종합시험 합격 시, 학사학위만 수여되며 자격증(면허증)은 발급되지 않음
- 고졸 이상 학력 소지자의 경우 1~3과정 시험은 순서 상관없이 응시 가능하며, 4과정(학위취득 종합시험) 응시를 위해서는 1~3과정 전 과목(17과목)을 합격하거나 일정 응시자격을 충족해야 함
- 간호학 전공(학위취득 종합시험만 운영)
  - 4년제 대학 간호학 전공(과)에서 3년 이상 교육과정 수료 또는 105학점 이상 취득자 응시 가능
  - 3년제 전문대학 간호학과 졸업자(졸업 예정 제외) 응시 가능
    - 간호사 면허증만으로는 응시자격이 될 수 없음(면허증 제출 불필요)
- 유아교육학 및 정보통신학 전공(전공심화과정 인정시험과 학위취득 종합시험만 운영)
  - 유아교육학 및 정보통신학 전공은 1~2과정 시험을 운영하지 않으므로, 자격·학력 등으로 1~2과정 면제 요건을 충족하고 3과정 합격한 경우 또는 기타 4과정 응시자격을 충족하는 경우에만 응시 가능

독·학·사

과정별 시험과목

가. 교양과정 인정시험 : 5과목 합격(필수 3과목, 선택 2과목)

구 분	과 목 명
필 수	국어, 국사, 외국어(영어, 일본어, 중국어, 독일어, 프랑스어 중 1과목 선택)
선 택	사회학개론, 심리학개론, 경영학개론, 법학개론, 문화사, 컴퓨터의 이해, 문학개론, 자연과학의 이해, 교육학개론, 경제학개론, 현대사회와 윤리, 철학의 이해, 기초통계학, 일반수학, 한문 중 2과목 선택

나. 전공기초과정 인정시험 : 6과목 합격(8과목 중 택 6)

구 분	과 목 명
국어국문학	국어학개론, 국어문법론, 국문학개론, 국어사, 고전소설론, 한국현대시론, 한국현대소설론, 한국현대희곡론
영어영문학	영어학개론, 영국문학개관, 중급영어, 19세기 영미소설, 영미희곡Ⅰ, 영어음성학, 영문법, 19세기 영미시
심리학	이상심리학, 사회심리학, 생물심리학, 발달심리학, 성격심리학, 동기와 정서, 심리통계, 감각 및 지각심리학
경영학	회계원리, 인적자원관리, 마케팅원론, 조직행동론, 경영정보론, 마케팅조사, 생산운영관리, 원가관리회계
법학	민법Ⅰ, 헌법Ⅰ, 형법Ⅰ, 상법Ⅰ, 법철학, 행정법Ⅰ, 노동법, 국제법
행정학	지방자치론, 정치학개론, 기획론, 정책학원론, 헌법, 조사방법론, 조직행태론, 전자정부론
가정학	인간발달, 복식디자인, 영양학, 가정관리론, 의복재료, 주거학, 가정학원론, 식품 및 조리원리
컴퓨터공학	논리회로설계, C프로그래밍, 자료구조, 객체지향프로그래밍, 웹프로그래밍, 컴퓨터구조, 운영체제, 이산수학

다. 전공심화과정 인정시험 : 6과목 합격(8과목 중 택 6)

구 분	과 목 명
국어국문학	국어음운론, 한국문학사, 문학비평론, 국어정서법, 구비문학론, 국어의미론, 한국한문학, 고전시가론
영어영문학	고급영문법, 미국문학개관, 영어발달사, 고급영어, 20세기 영미소설, 영어통사론, 20세기 영미시, 영미희곡Ⅱ

Bachelor's Degree

구 분	과 목 명
심리학	상담심리학, 심리검사, 산업 및 조직심리학, 학습심리학, 인지심리학, 학교심리학, 건강심리학, 중독심리학
경영학	재무관리론, 경영전략, 투자론, 경영과학, 재무회계, 경영분석, 노사관계론, 소비자행동론
법학	헌법Ⅱ, 민법Ⅱ, 형법Ⅱ, 민사소송법, 행정법Ⅱ, 지적재산권법, 형사소송법, 상법Ⅱ
행정학	행정법Ⅰ, 행정계량분석, 도시행정론, 공기업론, 정부규제론, 한국정부론, 복지정책론, 거버넌스와 NGO
유아교육학	유아교육연구 및 평가, 부모교육론, 유아교육기관운영관리, 아동복지, 유아언어교육, 유아사회교육, 유아수학·과학교육, 놀이이론과 실제
가정학	가족관계, 가정자원관리, 식생활과 건강, 의복구성, 육아, 복식문화, 주거공간디자인, 식품저장 및 가공
컴퓨터공학	운영체제, 인공지능, 소프트웨어공학, 컴퓨터네트워크, 컴파일러, 프로그래밍언어론, 컴퓨터그래픽스, 임베디드시스템, 정보보호
정보통신학	회로이론, 데이터통신, 정보통신이론, 임베디드시스템, 이동통신시스템, 정보통신기기, 정보보안, 네트워크프로그래밍

라. 학위취득 종합시험 : 6과목 합격(교양 2과목, 전공 4과목)

구 분	과 목 명
국어국문학	국어·국사·외국어 중 2과목 선택, 국어학개론, 국문학개론, 한국문학사, 문학비평론
영어영문학	국어·국사·외국어 중 2과목 선택, 영미문학개관, 영미소설, 영어학개론, 고급영어
심리학	국어·국사·외국어 중 2과목 선택, 임상 및 상담심리학, 산업조직 및 소비자심리, 발달 및 사회심리학, 인지신경과학
경영학	국어·국사·외국어 중 2과목 선택, 재무관리, 마케팅관리, 회계학, 인사조직론
법학	국어·국사·외국어 중 2과목 선택, 민법, 헌법, 형법, 상법
행정학	국어·국사·외국어 중 2과목 선택, 인사행정론, 조직행태론, 재무행정론, 정책분석평가론
유아교육학	국어·국사·외국어 중 2과목 선택, 유아교육론, 유아발달, 유아교육과정, 유아교육교수법
가정학	국어·국사·외국어 중 2과목 선택, 패션과 의생활, 소비자론, 식이요법, 주거관리
컴퓨터공학	국어·국사·외국어 중 2과목 선택, 알고리즘, 통합프로그래밍, 통합컴퓨터시스템, 데이터 베이스
정보통신학	국어·국사·외국어 중 2과목 선택, 전자회로, 정보통신시스템, 네트워크 및 보안, 멀티미디어통신
간호학	국어·국사·외국어 중 2과목 선택, 간호연구방법론, 간호과정론, 간호지도자론, 간호윤리와 법

문항 수 및 배점

과 정	일반 과목			예외 과목		
	객관식	주관식	합계	객관식	주관식	합계
1~2과정	40문항×2.5점=100점	—	40문항 100점	25문항×4점=100점	—	25문항 100점
3~4과정	24문항×2.5점=60점	4문항×10점=40점	28문항 100점	15문항×4점=60점	5문항×8점=40점	20문항 100점

합격 사정

가. 교양과정 인정시험, 전공기초과정 인정시험, 전공심화과정 인정시험
각 과목 100점 만점에 60점 이상 득점한 경우에 합격으로 하고, 과목합격을 인정(합격 여부만 결정)

나. 학위취득 종합시험

구 분	총점합격제	과목별합격제
합격기준	6과목 총점(600점) 중 360점(60%) 이상 득점하면 합격(과목 낙제 없음)	각 과목(교양 2, 전공 4) 100점 만점의 60점(60%) 이상 득점하면 합격
유의사항	• 6과목 모두 필수 응시 • 기존 합격과목 불인정	• 기존 합격과목 재응시 불가 • 기존 합격과목 포함하여 총 6과목을 초과하여 선택할 수 없음

CONTENTS

제1부 영양학

제1장 영양학의 기초

01 영양학의 정의 · 14
02 식생활지침 · 16
　■ 실전예상문제 · 27

제2장 3대 영양소

01 탄수화물 · 34
02 지질(지방) · 39
03 단백질 · 43
　■ 실전예상문제 · 49

제3장 에너지 대사

01 에너지의 측정 단위, 형태와 식품의 열량가 · 84
02 인체의 에너지 대사 · 85
03 에너지 섭취와 체중조절 · 88
　■ 실전예상문제 · 91

제4장 무기질과 체내 조절물

01 무기질의 이해 · 102
02 체내의 무기질 분류 · 102
　■ 실전예상문제 · 111

CONTENTS

제5장 비타민

01 비타민의 이해 ·· 128
02 비타민 분류 ··· 128
  ■ 실전예상문제 ··· 138

제2부 생활주기영양

제1장 모성영양과 태아영양

01 여성의 특질 ··· 152
02 모자영양의 상관관계 ··· 156
03 모성영양이 태아에게 미치는 영향 ·· 157
04 임신·수유기의 영양권장량 ·· 160
05 태아의 발육과 임신·수유기의 영양관리 ·· 162
  ■ 실전예상문제 ··· 165

제2장 영유아 영양

01 영유아 영양의 의의와 목적 ··· 180
02 영유아의 성장과 발달 ·· 180
03 영아 영양 ·· 187
04 이유기 영양 ··· 191
05 유아 영양 ·· 192
  ■ 실전예상문제 ··· 195

제3장 학동기 영양

01 학동기 영양의 의의 ··· 210
02 성장·발육과 생리적 특성 ·· 210
03 성장에 영향을 주는 요소 ·· 212
04 영양소 필요량 ·· 213
05 학동기의 급식 ·· 216
06 학동기의 영양문제 ··· 217
■ 실전예상문제 ·· 219

제4장 청(소)년기 영양

01 청(소)년기 영양의 의의 ··· 228
02 청(소)년기의 성장과 생리적 특성 ··· 228
03 영양소 필요량 ·· 230
04 청(소)년기의 급식 ··· 232
05 청(소)년기의 영양문제 ·· 232
■ 실전예상문제 ·· 234

제5장 성인기 영양

01 성인 영양의 특성 ··· 242
02 성인의 영양섭취기준 ··· 242
03 성인기 영양 상태 및 질환 ··· 244
04 성인기의 건강 및 영양관리 ··· 246
■ 실전예상문제 ·· 248

CONTENTS

제6장 노인기 영양

01 노령화 사회 ·· 258
02 노화의 생리 ·· 258
03 영양과 수명 ·· 260
04 영양소 필요량 ··· 261
05 노인의 영양문제 ·· 262
06 노인의 질병 ·· 263
07 우리나라 노인의 영양복지대책 ··· 264
　　■ 실전예상문제 ·· 265

부 록

　■ 최종 모의고사 ·· 273

제1부 영양학
01 영양학의 기초

 단원 개요

인체를 비롯한 생물체가 외부에서 물질을 섭취하여 근육, 뼈, 혈액, 기타 여러 가지 체내 성분을 합성하고 체내에서 에너지를 발생하여 생명을 유지하고, 성장을 시키며, 건강을 유지하는 일을 영양이라고 한다. 즉, 영양은 음식과 건강과의 관계를 말한다.

영양학은 영양소의 특징, 작용, 필요량, 함유 식품, 부족할 경우에 나타나는 결핍 증세, 과잉 섭취했을 때에 나타나는 독증세, 음식의 소화와 영양소의 흡수 문제, 흡수된 영양소의 체내 대사 문제, 체내에서의 영양소 간의 상호관계, 에너지 대사 문제, 일단 사용되었던 영양소의 배설 문제 등에 관하여 공부한다.

 출제 경향 및 수험 대책

이 단원에서는 영양학의 정의, 인체에 필요한 영양소, 영양소의 작용, 한국인을 위한 식생활 목표, 건강을 위한 식생활, 식품구성자전거, 식품군별 대표식품과 1인 1회 분량, 한국인 영양섭취기준, 영양섭취기준의 구성, 한국인의 식사지침 등에 대해서 묻는 문제들이 출제될 수 있는 바, 자세하고 철저한 학습이 요구된다.

1

01 영양학의 정의

1 영양의 의의

(1) 영양과 영양소

① **영양** : 음식과 건강과의 관계를 말하는 것으로, 생물체가 외부로부터 물질을 섭취하여 생명유지, 성장, 건강을 유지시키는 일이다.

② **영양소** : 생명을 유지시키기 위하여 외부로부터 섭취해야 하는 물질이다.

③ **영양학에서 다루어야 할 내용**
  ㉠ 영양소의 특징
  ㉡ 영양소의 작용
  ㉢ 영양소의 필요량
  ㉣ 영양소의 함유 식품
  ㉤ 영양소가 부족할 경우에 나타나는 결핍 증세
  ㉥ 영양소가 과잉 섭취되었을 때에 나타나는 독증세
  ㉦ 음식의 소화와 영양소의 흡수 문제
  ㉧ 흡수된 영양소의 체내 대사 문제
  ㉨ 체내에서의 영양소 간의 상호 관계
  ㉩ 에너지 대사 문제
  ㉪ 일단 사용되었던 영양소의 배설 문제

> **추가 설명**
> WHO에서 제시한 영양의 정의
> 영양이란 생명이 있는 유기체가 생명의 유지·성장·발육, 장기·조직의 정상적 기능의 영위, 에너지의 생성을 위해 음식물을 이용하는 과정이다.

> **추가 설명**
> 영양과 영양소
> • 영양(nutrition) : 생물체가 식품에 들어 있는 영양소를 받아들여 체내에서 이용하는 것
> • 영양소(nutrient) : 식품에 포함된 물질로서 에너지, 체구성 물질, 생체반응을 조절하는 인자들을 공급하여 사람의 건강을 유지시키는 역할을 하는 것

(2) 인체에 필요한 영양소

사람이 생명활동을 유지하기 위해서는 다양한 영양소를 섭취해야 한다. 즉 단백질, 무기질, 비타민, 지방, 탄수화물 등의 영양소가 필요하다.

| 표 1-1 | 인체를 구성하는 영양소

다량 영양소와 비타민	탄수화물, 단백질, 지질, 비타민(지용성, 수용성)
다량 무기질	칼슘(Ca), 인(P), 마그네슘(Mg), 나트륨(Na), 칼륨(K), 염소(Cl)
미량 무기질	철(Fe), 구리(Cu), 아연(Zn), 요오드(I), 불소(F), 크롬(Cr), 망간(Mn), 몰리브덴(Mo), 셀레늄(Se)

(3) 영양소의 작용

① 열과 에너지를 발생한다.
② 체조직을 구성하고 보수한다.
③ 여러 형태의 체내 대사 과정을 조절한다.

> **추가 설명**
> 영양학의 정의
> 영양소의 특징, 작용, 필요량, 함유 식품, 결핍증, 과잉증, 소화흡수, 체내 대사, 영양소 간의 상호 관계, 에너지 대사, 영양소의 배설 등을 공부하는 학문이다.

| 표 1-2 | 각 영양소의 주된 작용

작용 영양소	열과 에너지 공급	조직의 구성과 보수	대사 과정의 조절
탄수화물	○		
지질(지방)	○		
단백질	○	○	○
무기질		○	○
비타민			○
수분			○
식이성 섬유			○

2 건강과 영양

(1) 건강에 대한 정의와 관련 학문

① UN 산하에 있는 세계 보건 기구(WHO)에서의 정의 : 건강이란 "신체에 질병이 없고 몸이 허약일 뿐만 아니라 사람이 온전히 육체적, 정신적으로 건전하고 나아가서는 사회적으로 잘 적응하고 봉사하여 사회 복지에 기여할 수 있는 상태"이다.

② 건강과 관련 학문 : 여러 분야의 학문이 복합적으로 관여하여 이루어지지만 대부분의 분야는 이미 건강을 해친 후에 다시 건강을 되찾기 위하여 필요한 분야인 데 비해, 영양학은 건강을 해치지 않도록 미리 예방하기 위하여 연구 또는 교육하는 분야이기 때문에 가장 중요하다.

(2) 건강과 영양 상태

① 영양 상태가 좋으면 육체적·정신적으로 건강하고 활동적이 되며 질병의 저항력이 크다.
② 영양 상태가 양호하지 못하면 체격이 빈약해지고 충치가 생기며 정신적 발달이 느려지고 삶과 일에 대한 의욕이 약해진다.
③ **영양 불량** : 식사를 부적당하게 섭취함으로써 결과적으로 오는 신체적 상태이며, 눈에 띄지 않게 증세가 진행되다가 어느 시기에 이르러서야 영양 불량이라는 것을 확인할 수 있게 된다.
④ **영양적으로 부적당하게 됨으로써 일어나는 결과**
  ㉠ **속이 빈 굶주림** : 음식을 불충분하게 먹은 결과로 오기 때문에 사람이 배고픔을 느끼고, 따라서 자기 자신이 굶주린 상태에 있다는 것을 인식하게 된다.
  ㉡ **숨은 굶주림** : 비타민, 무기질 또는 단백질같이 건강을 보호하는 영양소를 불충분하게 섭취한 결과에서 오는 것이다. 이는 속이 빈 굶주림보다 더 큰 위험을 지니고 있다.

(3) 영양문제와 관련된 국제기구

① **국제연합 식량농업기구(FAO)의 영양 분과 위원회** : 전세계 식품의 생산, 분포, 소비에 관

추가 설명

영양소의 특징
- 신체를 구성하고 유지하는 데 필요한 물질을 영양소라 하며, 신체는 탄수화물, 지방, 단백질, 무기질, 비타민과 물의 6가지 영양소를 필요로 한다.
- 각 영양소가 체내에서 하는 일은 각기 달라, 대사 과정을 거쳐 에너지를 공급해 주거나, 체조직을 구성하고, 체내의 대사 과정이 정상적으로 이루어질 수 있도록 조절해 준다.

추가 설명

한국인을 위한 식생활 목표
- 영양소와 식품의 적절한 섭취 : 칼슘, 철, 비타민 A, 비타민 C, 리보플라빈의 섭취를 늘린다.
- 에너지균형과 신체활동 : 에너지 섭취는 신체활동량과 균형을 이룬다. 건강 체중을 유지한다.
- 식품안정성 및 영양서비스 : 건전한 식생활을 유지한다. 전통 식생활을 발전시킨다. 식품을 위생적으로 관리한다. 음식의 낭비를 줄인다.
- 알코올 섭취 : 알코올 섭취량을 1일 14g 이하로 제한한다.

한 일을 다루고 있다.
② **국제연합 세계보건기구(WHO)의 영양 분과 위원회** : 임상 영양에 관한 일을 다루고 있다.
③ **국제연합 아동기금(UNICEF)** : 아동의 복지와 영아, 아동, 임신부, 수유부의 급식문제를 취급하고 있다.

02 식생활지침

1 건강을 위한 식생활

(1) 균형식

① **건강 유지를 위한 바람직한 식사 구성** : 여러 가지 식품이 골고루 함유된 식사, 즉 균형식을 하면 된다.
② **가장 이상적인 균형식** : 매끼마다 여섯 가지 식품군(곡류, 고기·생선·달걀·콩류, 채소류, 과일류, 우유·유제품류, 유지·당류)에서 한 가지씩 식품을 선택하고 각자에게 필요한 적당한 양을 먹는 것이다.
③ **식사모형** : 식사모형은 운동을 권장하기 위해 자전거 이미지를 사용하였고, 자전거 바퀴 모양을 이용하여 식품군에 권장식사패턴의 섭취횟수와 분량에 비례하도록 면적을 배분하고, 또 하나의 바퀴에 물잔 이미지를 삽입함으로써 수분의 중요성을 상징하였다.
④ **식품군별 1인 1회 분량** : 각 식품군별로 주로 많이 섭취하며, 또한 각 식품의 영양소 공급에 기여하는 정도, 연령별 관습적인 상용 식품, 건강과의 관련성 등을 고려하여 대표 식품을 선정하였다.

| 표 1-3 | 식품군별 대표 식품과 1인 1회 분량

식품군	1인 1회 분량
곡류 (300kcal)	쌀밥 1공기(210g), 백미(90g), 국수 말린 것(100g), 식빵 1쪽(35g)*, 감자 반쪽(140g)*, 씨리얼 1접시(30g)*, 가래떡(150g)
고기·생선·달걀·콩류 (100kcal)	쇠고기(생 60g), 닭고기 1조각(생 60g), 고등어 1토막(생 60g), 달걀 1개(60g), 두부 1조각(80g), 대두(20g), 땅콩(10g)*
채소류 (15kcal)	콩나물 1접시(생 70g), 시금치 1접시(생 70g), 배추김치 1접시(40g), 느타리버섯 1접시(생 30g), 미역 1접시(30g)
과일류 (50kcal)	사과 3쪽(100g), 귤(중) 1개(100g), 참외 반쪽(150g), 포도(100g), 과일주스 1/2컵(100ml)
우유·유제품류 (125kcal)	우유 1컵(200ml), 호상요구르트 1/2컵(100g), 액상요구르트(150ml), 아이스크림(100g), 치즈 1장(20g)*
유지·당류 (45kcal)	깨(5g), 버터 1작은술(5g), 마요네즈 1작은술(5g), 설탕 1큰술(10g)

*표시는 0.3회

추가 설명

국제연합 세계보건기구(WHO) 의 영양분과 위원회
- WHO(World Health Organization)는 1948년에 발족한 UN의 전문기관이다.
- 여기에서는 임상영양에 관한 일을 하고 있다.
- 그 외 각 국민의 보건사업의 지도, 조정, 원조, 검역, 감염병 발생의 감시, 국제적인 질병·장해 등의 통계작성도 한다.

추가 설명

식품구성자전거와 식품군별 1 인 1회 분량
- 식품구성자전거는 6개의 식품군에 권장식사패턴의 섭취 횟수와 분량에 맞추어 바퀴 면적을 배분한 형태이다. 다만 6개 식품군 중 유지·당류는 가능한 섭취량을 줄이도록 하기 위해 식품구성자전거에는 그림이 제외되었다.
- 식품군별 대표식품의 1인 1회 분량을 기준으로 섭취 횟수를 활용하여 개인별 권장섭취패턴을 계획하거나 평가할 수 있다.

| 그림 1-1 | 식품구성자전거

> **추가 설명**
> **식사모형의 기본 내용**
> - 적절한 영양 및 건강 유지를 위한 한국인 영양섭취기준 충족
> - 다양한 식품 섭취를 통한 균형잡힌 식사
> - 충분한 수분 섭취
> - 적절한 운동을 통해 비만 예방

(2) 권장 섭취 패턴

권장 섭취 패턴은 개인의 성별·연령별 기준으로 영양소 섭취기준에 적합한 식사 형태를 이용하여 식사구성안을 작성하는 것이다.

① **곡류** : 식이섬유 섭취를 늘리기 위해 잡곡류 사용을 권장한다.
② **고기·생선·달걀·콩류** : 육류 선택 시 기름기가 적은 살코기 부위를 주로 이용하며, 눈에 보이는 지방과 기름은 제거하는 것을 권장하며, 만약 고지방 육류 섭취 시에는 권장 식사패턴 중 유지·당류의 1일 횟수와 교환하여 배분해야 한다.
③ **채소류** : 가능한 싱겁게 조리하도록 한다.
④ **나트륨** : 국, 찌개류의 경우 건더기 위주로 섭취하도록 하며, 조리 시 소금, 간장, 된장 등의 사용을 최소화한다.
⑤ **과일류** : 식이섬유 섭취를 늘리기 위해 주스보다는 생과일 섭취를 권장한다.
⑥ **우유·유제품류** : 단순당질이 적게 함유된 제품을 권장한다.
⑦ **유지·당류** : 과도한 단순당과 지방섭취는 지양해야 한다.

> **추가 설명**
> **권장 식사 패턴**
> 한국영양학회에서는 한국인 영양섭취기준을 충족시킬 수 있는 각 식품군별 권장 섭취 패턴을 개발하고 이를 활용한 1일 식사 구성의 예를 제시하고 있다.

2 한국인 영양섭취기준

(1) 개요

① **영양소 섭취기준의 의미** : 건강한 개인 및 집단을 대상으로 건강을 유지·증진하고 식사와 관련된 만성질환의 위험을 감소시켜 국민의 건강수명을 증진하기 위한 목적으로 설정된 기준이다.
② **영양소 섭취기준의 구성** : 영양소 섭취 부족과 과다 섭취로 인한 건강 위해를 예방하는 것이며, 안전하고 충분한 영양확보를 위한 기준치(평균필요량, 권장섭취량, 충분섭취량, 상한섭취량)와 식사와 관련된 만성질환 위험 감소를 고려한 기준치(에너지 적정비율, 만성질환 위험 감소 섭취량)를 제시한다.

> **추가 설명**
> **영양소 섭취기준**
> 건강한 사람들이 평소 식사와 식이 보충제를 통해 섭취하는 영양소에 대한 기준으로, 실제로 개인이나 집단의 식사평가와 식사계획에 사용된다.

추가 설명
식사구성안
일반인이 복잡한 영양가 계산을 하지 않아도 한국인 영양소 섭취기준을 충족할 수 있도록 만든 1일 식단 작성법이다.

(2) 식사 구성안
① 식사구성안은 에너지, 비타민, 무기질, 식이섬유는 자신에게 필요한 양의 100% 섭취한다.
② 한국인 영양소 섭취기준의 에너지적정비율인 탄수화물은 55~65%, 단백질은 7~20%, 지방은 15~30%(1~2세의 경우 20~35%)로 섭취한다.
③ 나트륨은 만성질환 위험 감소를 위해 적게 섭취하며, 설탕이나 물엿과 같은 첨가당도 되도록 적게 섭취한다.

(3) 한국인 영양섭취기준의 구성
① **평균필요량**(Estimated Average Requirement : EAR) : 영양소 섭취기준에서 섭취부족을 예방하기 위한 지표 중 하나이며 개인의 경우에는 부족할 확률이 50%, 집단의 경우에는 절반의 대상자에서 부족이 발생할 수 있도록 설정한 영양소 섭취기준이다.
② **권장섭취량**(Recommended Nutrient Intake : RNI) : 영양소 섭취부족을 예방하기 위한 기준 지표 중 하나이며 개인의 경우에는 부족할 확률이 거의 없도록 설정한 영양소 섭취기준이다. 집단의 경우에는 영양소 섭취량의 평균값이 권장섭취량과 동일해도 섭취량의 분포를 볼 때 섭취량이 부족한 사람부터 필요량보다 많은 사람까지 존재하므로 부족할 확률을 가질 대상자가 일정 수준(이론상으로는 16~17%) 존재하게 된다. 따라서 집단의 식사개선을 위한 평가에는 권장섭취량을 사용하지 않는다.
③ **충분섭취량**(Adequate Intake : AI) : 평균필요량과 권장섭취량을 설정할 수 없는 경우 영양소 섭취부족을 예방하기 위해 설정하는 기준 지표이다. 단기간에 섭취부족상태를 결정할 수 없거나 유아와 같이 임상조사가 어려운 경우 생체지표 등을 이용하여 섭취량을 충족하고 있는 사람들을 추출한 뒤 그 집단의 일상적인 섭취량 분포의 중앙값을 충분섭취량으로 사용한다. 충분섭취량에 근접하게 섭취한다면 적절한 섭취상태라고 판단할 수 있다.
④ **상한섭취량**(Tolerable Upper Intake Level : UL) : 영양소의 과다섭취를 예방하기 위한 지표로서 이 값을 초과하여 섭취하면 과다섭취로 인한 건강위해가 일어나는 위험이 존재한다. 일반적인 식품을 섭취한 경우에는 거의 도달할 수 없는 양이며 이 값에 근접하여 섭취하지 않도록 권장한다.

추가 설명
식사구성안의 일반적 개념의 목표
- 건강인의 건강 증진을 위한 것이다.
- 과학적인 근거를 기반으로 식사구성안을 개발해야 하며, 그러기 위해서는 최신 연구의 결과와 국민건강 영양조사의 최신 조사 결과를 반영해야 한다.
- 식사구성안은 한국인의 식생활지침에도 부합되도록 전반적인 식생활을 포함하는 내용으로 권장한다.
- 식사구성안은 일반인들이 사용하기 쉽고 간편해야 한다.
- 식사구성안은 영양소 섭취기준의 목표가 실제 식생활에 적용이 가능해야 한다.
- 식사구성안은 사용자의 개인 선호 식품에 따라 동일한 식품군 내에서는 식품의 변화를 주고자 할 때 식품의 대체가 용이하며, 변경한 식품은 식품간의 영양소가 충족되어야 한다.

3 한국인의 식사지침

(1) 성인의 식생활지침
① 각 식품군을 매일 골고루 먹자.
  ㉠ 곡류는 다양하게 먹고 전곡을 많이 먹는다.
  ㉡ 여러 가지 색감의 채소를 매일 먹는다.
  ㉢ 다양한 제철과일을 매일 먹는다.
  ㉣ 간식으로 우유, 요구르트, 치즈와 같은 유제품을 먹는다.
  ㉤ 가임기 여성은 기름기 적은 붉은 살코기를 적절히 먹는다.

② 활동량을 늘리고 건강체중을 유지하자.
    ㉠ 일상생활에서 많이 움직이며, 매일 30분 이상 운동을 한다.
    ㉡ 건강체중을 유지한다.
    ㉢ 활동량에 맞추어 에너지 섭취량을 조절한다.
③ 청결한 음식을 알맞게 먹자.
    ㉠ 식품을 구매하거나 외식을 할 때 청결한 것으로 선택한다.
    ㉡ 음식은 먹을 만큼만 만들고, 먹을 만큼만 주문한다.
    ㉢ 음식을 만들 때는 식품을 위생적으로 다룬다.
    ㉣ 매일 세끼 식사를 규칙적으로 한다.
    ㉤ 밥과 다양한 반찬으로 균형잡힌 식생활을 한다.
④ 짠 음식을 피하고 싱겁게 먹자.
    ㉠ 음식을 만들 때는 소금, 간장 등을 보다 적게 사용한다.
    ㉡ 국물은 짜지 않게 만들고, 적게 먹는다.
    ㉢ 음식을 먹을 때 소금, 간장을 더 넣지 않는다.
    ㉣ 김치는 덜 짜게 만들어 먹는다.
⑤ 지방이 많은 고기나 튀긴 음식을 적게 먹자.
    ㉠ 고기는 기름을 떼어내고 먹는다.
    ㉡ 튀긴 음식을 적게 먹는다.
    ㉢ 음식을 만들 때, 기름을 적게 사용한다.
⑥ 술을 마실 때는 그 양을 제한하자.
    ㉠ 남자는 하루 2잔, 여자는 1잔 이상 마시지 않는다.
    ㉡ 임신부는 절대로 술을 마시지 않는다.

(2) 영유아의 식생활지침

① 생후 6개월까지는 모유를 먹이자.
    ㉠ 생후 1년까지는 모유를 먹이는 것이 좋다.
    ㉡ 모유를 먹일 수 없는 경우에만 조제유를 먹인다.
    ㉢ 조제유는 정해진 양을 물에 타서 안고 먹인다.
    ㉣ 자는 동안에는 젖병을 물리지 않는다.
② 이유보충식은 성장단계에 맞추어 먹이자.
    ㉠ 생후 만 4개월 이후 6개월 사이에 시작한다.
    ㉡ 신선한 재료를 사용하여 간을 하지 않고 조리해서 먹인다.
    ㉢ 이유식은 간을 하지 않고 조리해서 먹이고, 숟가락으로 떠 먹인다.
③ 유아의 성장과 식욕에 따라 알맞게 먹이자.
    ㉠ 일정한 장소에서 먹이며, 돌아다니며 억지로 먹이지 않는다.

추가 설명

영양소 섭취기준을 활용한 개인의 식사평가
- 일상섭취량 < 평균필요량 ⇨ 섭취부족 위험도↑
- 일상섭취량 ≥ 권장섭취량·충분섭취량 ⇨ 섭취부족 위험도↓
- 일상섭취량 > 상한 섭취량 ⇨ 과잉섭취 위험도↑

추가 설명

영양소 섭취기준을 활용한 집단의 식사평가
- 일상섭취량 < 평균필요량 ⇨ 섭취부족 위험도↑
- 일상섭취량 ≥ 충분섭취량 ⇨ 섭취부족 위험도↓
- 일상섭취량 > 상한 섭취량 ⇨ 과잉섭취 위험도↑

추가 설명

한국인을 위한 식생활 목표
  바람직한 식생활 습관을 구축하고 당면한 건강·영양 문제를 최소화시킴으로써 궁극적으로 건강 증진과 개인의 삶의 질적 향상에 기여할 수 있도록 정량화, 계량화된 목표로서, 우리 국민들의 영양소 수준, 신체 수준, 영양 관련 행동 수준, 위생·환경 수준 등을 종합적으로 고려하여 설정하였다.

ⓒ 한꺼번에 많이 먹이지 않는다.
④ 곡류, 과일, 채소, 생선, 고기, 유제품 등 다양한 식품을 먹이자.
    ㉠ 과일, 채소, 우유 및 유제품 등 간식을 매일 2~3회 규칙적으로 먹인다.
    ㉡ 싱겁고 담백하게 조리한다.
    ㉢ 유아 음식은 씹을 수 있는 크기와 형태로 조리한다.

(3) 임신·수유부의 식생활지침

① 우유 제품을 매일 3회 이상 먹자.
    ㉠ 우유를 매일 3컵 이상 마신다.
    ㉡ 요구르트, 치즈, 뼈째 먹는 생선 등을 자주 섭취한다.
② 고기나 생선, 채소, 과일을 매일 먹자.
    ㉠ 다양한 채소와 과일을 매일 섭취한다.
    ㉡ 살코기, 등푸른 생선, 달걀과 콩 제품 등을 자주 섭취한다.
③ 청결한 음식을 알맞는 양으로 먹자.
④ 짠 음식을 피하고, 싱겁게 먹자.
    ㉠ 나트륨 섭취량을 줄이기 위해 국물은 싱겁게 만들어 적게 먹는다.
    ㉡ 음식을 만들거나 먹을 때 소금이나 간장을 적게 사용한다.
⑤ 술은 절대로 마시지 말자.
    ㉠ 술은 절대로 마시지 않는다.
    ㉡ 커피, 콜라, 녹차, 초콜릿 등 카페인 함유식품을 적게 섭취한다.
⑥ 활발한 신체활동을 유지하자.

(4) 어린이의 식생활지침

① 음식은 다양하게 골고루
    ㉠ 편식하지 않고 골고루 먹는다.
    ㉡ 끼니마다 다양한 채소 반찬을 먹는다.
    ㉢ 생선, 살코기, 콩 제품, 달걀 등 단백질 식품을 매일 한 번 이상 먹는다.
    ㉣ 우유를 매일 두컵 정도 마신다.
② 많이 움직이고, 먹이는 양은 알맞게
    ㉠ 매일 한 시간 이상 적극적으로 신체활동을 한다.
    ㉡ 나이에 맞는 키와 몸무게를 알아서, 표준체형을 유지한다.
    ㉢ TV시청과 컴퓨터게임을 모두 합해서 하루에 두 시간 이내로 제한한다.
    ㉣ 식사와 간식은 적당한 양을 규칙적으로 먹는다.
③ 식사는 제때에, 싱겁게
    ㉠ 아침식사는 꼭 먹는다.
    ㉡ 음식은 천천히 꼭꼭 씹어 먹는다.

추가 설명

임신·수유부의 경우 청결한 음식을 알맞은 양으로 먹자.
- 끼니를 거르지 않고 식사를 규칙적으로 한다.
- 음식을 만들 때는 식품을 위생적으로 다루고, 먹을 만큼만 준비한다.
- 살코기, 생선 등은 충분히 익혀 먹는다.
- 보관했던 음식은 충분히 가열한 후 먹는다.

추가 설명

임신·수유부의 경우 활발한 신체활동을 유지하자.
- 임산부는 적절한 체중증가를 위해 알맞게 먹고, 활발한 신체 활동을 규칙적으로 한다.
- 산후 체중조절을 위해 가벼운 운동으로 시작하여 점차 운동량을 늘려 간다.
- 모유 수유는 산후 체중 조절에도 도움이 된다.

ⓒ 짠 음식, 단 음식, 기름진 음식을 적게 먹는다.
④ 간식은 안전하고, 슬기롭게
　　㉠ 간식으로 신선한 과일과 우유 등을 먹는다.
　　㉡ 과자나 탄산음료, 패스트푸드를 자주 먹지 않는다.
　　㉢ 불량식품을 구별할 줄 알고 먹지 않으려고 노력한다.
⑤ 식사는 가족과 함께 예의바르게
　　㉠ 가족과 함께 식사하도록 노력한다.
　　㉡ 음식을 먹기 전에는 반드시 손을 씻는다.

(5) 청소년의 식생활지침

① 각 식품군을 매일 골고루 먹자.
　　㉠ 밥과 다양한 채소, 생선, 육류를 포함하는 반찬을 골고루 매일 먹는다.
　　㉡ 간식으로는 신선한 과일을 주로 먹는다.
　　㉢ 우유를 매일 2컵 이상 마신다.
② 짠 음식과 기름진 음식을 적게 먹자.
　　㉠ 짠 음식, 짠 국물을 적게 먹는다.
　　㉡ 인스턴트 음식, 튀긴 음식과 패스트푸드를 적게 먹는다.
③ 건강 체중을 바로 알고, 알맞게 먹자.
　　㉠ 매일 한 시간 이상 적극적으로 신체활동을 한다.
　　㉡ 무리한 다이어트를 하지 않는다.
　　㉢ TV시청과 컴퓨터게임을 모두 합해서 하루에 두 시간 이내로 제한한다.
④ 물이 아닌 음료를 적게 마시자.
　　㉠ 물을 자주 충분히 마시며, 탄산음료, 가당 음료를 적게 마신다.
　　㉡ 술을 절대 마시지 않는다.
⑤ 식사를 거르거나 과식하지 말자.
　　㉠ 아침식사를 거르지 않고, 식사는 제 시간에 천천히 먹는다.
　　㉡ 배가 고프더라도 한꺼번에 많이 먹지 않는다.
⑥ 위생적인 음식을 선택하자.
　　㉠ 불량식품을 먹지 않는다.
　　㉡ 식품의 영양표시와 유통기한을 확인하고 선택한다.

 **추가 설명**

어르신의 식생활지침

- 각 식품군을 매일 골고루 먹자.
  - 고기, 생선, 달걀, 콩 등의 반찬을 매일 먹는다.
  - 다양한 채소 반찬을 매끼 먹는다.
  - 다양한 우유제품이나 두유를 매일 먹는다.
  - 신선한 제철 과일을 매일 먹는다.
- 짠 음식을 피하고 싱겁게 먹자.
  - 음식을 싱겁게 먹는다.
  - 국과 찌개의 국물을 적게 먹는다.
- 식사는 규칙적이고 안전하게 하자.
  - 세끼 식사를 꼭 한다.
  - 외식할 때는 영양과 위생을 고려하여 선택한다.
  - 오래된 음식은 먹지 않고, 신선하고 청결한 음식을 먹는다.
- 물은 많이 마시고 술은 적게 마시자.
  - 목이 마르지 않더라도 물을 자주 충분히 마신다.
  - 술은 하루 1잔을 넘기지 않는다.
- 활동량을 늘리고 건강한 체중을 갖자.
  - 앉아있는 시간을 줄이고 가능한 한 많이 움직인다.
  - 매일 최소 30분 이상 숨이 찰 정도로 유산소 운동을 한다.
  - 일주일에 최소 2회, 20분 이상 힘이 들 정도로 근육 운동을 한다.

| 부록 1 | 한국인 영양소 섭취기준 – 에너지와 다량영양소

보건복지부, 2020

성별	연령	에너지(kcal/일)				탄수화물(g/일)				지방(g/일)				리놀레산(g/일)			
		필요추정량	권장섭취량	충분섭취량	상한섭취량	평균필요량	권장섭취량	충분섭취량	상한섭취량	평균필요량	권장섭취량	충분섭취량	상한섭취량	평균필요량	권장섭취량	충분섭취량	상한섭취량
영아	0~5(개월)	500						60				25				5.0	
	6~11	600						90				25				7.0	
유아	1~2(세)	900				100	130									4.5	
	3~5	1,400				100	130									7.0	
남자	6~8(세)	1,700				100	130									9.0	
	9~11	2,000				100	130									9.5	
	12~14	2,500				100	130									12.0	
	15~18	2,700				100	130									14.0	
	19~29	2,600				100	130									13.0	
	30~49	2,500				100	130									11.5	
	50~64	2,200				100	130									9.0	
	65~74	2,000				100	130									7.0	
	75 이상	1,900				100	130									5.0	
여자	6~8(세)	1,500				100	130									7.0	
	9~11	1,800				100	130									9.0	
	12~14	2,000				100	130									9.0	
	15~18	2,000				100	130									10.0	
	19~29	2,000				100	130									10.0	
	30~49	1,900				100	130									8.5	
	50~64	1,700				100	130									7.0	
	65~74	1,600				100	130									4.5	
	75 이상	1,500				100	130									3.0	
임신부[1]		+0/340/450				+35	+45									+0	
수유부		+340				+60	+80									+0	

성별	연령	알파-리놀렌산(g/일)				단백질(g/일)				식이섬유(g/일)				수분(mL/일)					
		평균필요량	권장섭취량	충분섭취량	상한섭취량	평균필요량	권장섭취량	충분섭취량	상한섭취량	평균필요량	권장섭취량	충분섭취량	상한섭취량	음식	물	음료	충분섭취량 액체	충분섭취량 총수분	상한섭취량
영아	0~5(개월)			0.6				10									700	700	
	6~11			0.8		12	15							300			500	800	
유아	1~2(세)			0.6		15	20					15		300	362	0	700	1,000	
	3~5			0.9		20	25					20		400	491	0	1,100	1,500	
남자	6~8(세)			1.1		30	35					25		900	589	0	800	1,700	
	9~11			1.3		40	50					25		1,100	686	1.2	900	2,100	
	12~14			1.5		50	60					30		1,300	911	1.9	1,100	2,400	
	15~18			1.7		55	65					30		1,400	920	6.4	1,200	2,600	
	19~29			1.6		50	65					30		1,400	981	262	1,200	2,600	
	30~49			1.4		50	65					30		1,300	957	289	1,200	2,500	
	50~64			1.4		50	60					30		1,200	940	75	1,000	2,200	
	65~74			1.2		50	60					25		1,100	904	20	1,000	2,100	
	75 이상			0.9		50	60					25		1,000	662	12	1,100	2,100	
여자	6~8(세)			0.8		30	35					20		800	514	0	800	1,600	
	9~11			1.1		40	45					25		1,000	643	0	900	1,900	
	12~14			1.2		45	55					25		1,100	610	0	900	2,000	
	15~18			1.1		45	55					25		1,100	659	7.3	900	2,000	
	19~29			1.2		45	55					20		1,100	709	126	1,000	2,100	
	30~49			1.2		40	50					20		1,000	772	124	1,000	2,000	
	50~64			1.2		40	50					20		900	784	27	1,000	1,900	
	65~74			1.0		40	50					20		900	624	9	900	1,800	
	75 이상			0.4		40	50					20		800	552	5	1,000	1,800	
임신부[1]			+0			+12/25	+15/30					+5						+200	
수유부			+0			+20	+25					+5					+500	+700	

1) 에너지, 단백질 : 임신 1, 2, 3분기별 부가량

| 부록 2 | 한국인 영양소 섭취기준 - 에너지적정비율

보건복지부, 2020

영양소		1~2세	3~18세	19세 이상
탄수화물		55~65%	55~65%	55~65%
단백질		7~20%	7~20%	7~20%
지질	지방	20~35%	15~30%	15~30%
	포화지방산	—	8% 미만	7% 미만
	트랜스지방산	—	1% 미만	1% 미만

| 부록 3 | 한국인 영양소 섭취기준 - 지용성 비타민

보건복지부, 2020

성별	연령	비타민 A(μg RAE/일)				비타민 D(μg/일)				비타민 E(mg α-TE/일)				비타민 K(μg/일)			
		평균필요량	권장섭취량	충분섭취량	상한섭취량	평균필요량	권장섭취량	충분섭취량	상한섭취량	평균필요량	권장섭취량	충분섭취량	상한섭취량	평균필요량	권장섭취량	충분섭취량	상한섭취량
영아	0~5(개월)			350	600			5	25			3				4	
	6~11			450	600			5	25			4				6	
유아	1~2(세)	190	250		600			5	30			5	100			25	
	3~5	230	300		750			5	35			6	150			30	
남자	6~8(세)	310	450		1,100			5	40			7	200			40	
	9~11	410	600		1,600			5	60			9	300			55	
	12~14	530	750		2,300			10	100			11	400			70	
	15~18	620	850		2,800			10	100			12	500			80	
	19~29	570	800		3,000			10	100			12	540			75	
	30~49	560	800		3,000			10	100			12	540			75	
	50~64	530	750		3,000			10	100			12	540			75	
	65~74	510	700		3,000			15	100			12	540			75	
	75 이상	500	700		3,000			15	100			12	540			75	
여자	6~8(세)	290	400		1,100			5	40			7	200			40	
	9~11	380	500		1,600			5	60			9	300			55	
	12~14	480	650		2,300			10	100			11	400			65	
	15~18	450	650		2,800			10	100			12	500			65	
	19~29	460	650		3,000			10	100			12	540			65	
	30~49	450	650		3,000			10	100			12	540			65	
	50~64	430	600		3,000			10	100			12	540			65	
	65~74	410	600		3,000			15	100			12	540			65	
	75 이상	410	600		3,000			15	100			12	540			65	
임신부		+50	+70		3,000			+5	100			+0	540			+0	
수유부		+350	+490		3,000			+5	100			+3	540			+0	

| 부록 4 | 한국인 영양소 섭취기준 – 수용성 비타민

보건복지부, 2020

성별	연령	비타민 C(mg/일)				티아민(mg/일)				리보플라빈(mg/일)				니아신(mg NE/일)			
		평균 필요량	권장 섭취량	충분 섭취량	상한 섭취량	평균 필요량	권장 섭취량	충분 섭취량	상한 섭취량	평균 필요량	권장 섭취량	충분 섭취량	상한 섭취량	평균 필요량	권장 섭취량	충분 섭취량	상한 섭취량 니코틴산/니코틴아미드
영아	0~5(개월)			40				0.2				0.3				2	
	6~11			55				0.3				0.4				3	
유아	1~2(세)	30	40		350	0.4	0.4			0.4	0.5			4	6		10/180
	3~5	35	45		510	0.4	0.5			0.5	0.6			5	7		10/250
남자	6~8(세)	40	50		750	0.5	0.7			0.7	0.9			7	9		15/350
	9~11	55	70		1,100	0.7	0.9			0.9	1.1			9	11		20/500
	12~14	70	90		1,400	0.9	1.1			1.2	1.5			11	15		25/700
	15~18	80	100		1,600	1.1	1.3			1.4	1.7			13	17		30/800
	19~29	75	100		2,000	1.0	1.2			1.3	1.5			12	16		35/1,000
	30~49	75	100		2,000	1.0	1.2			1.3	1.5			12	16		35/1,000
	50~64	75	100		2,000	1.0	1.2			1.3	1.5			12	16		35/1,000
	65~74	75	100		2,000	0.9	1.1			1.2	1.4			11	14		35/1,000
	75 이상	75	100		2,000	0.9	1.1			1.1	1.3			10	13		35/1,000
여자	6~8(세)	40	50		750	0.6	0.7			0.6	0.8			7	9		15/350
	9~11	55	70		1,100	0.8	0.9			0.8	1.0			9	12		20/500
	12~14	70	90		1,400	0.9	1.1			1.0	1.2			11	15		25/700
	15~18	80	100		1,600	0.9	1.1			1.0	1.2			11	14		30/800
	19~29	75	100		2,000	0.9	1.1			1.0	1.2			11	14		35/1,000
	30~49	75	100		2,000	0.9	1.1			1.0	1.2			11	14		35/1,000
	50~64	75	100		2,000	0.9	1.1			1.0	1.2			11	14		35/1,000
	65~74	75	100		2,000	0.8	1.0			0.9	1.1			10	13		35/1,000
	75 이상	75	100		2,000	0.7	0.8			0.8	1.0			9	12		35/1,000
임신부		+10	+10		2,000	+0.4	+0.4			+0.3	+0.4			+3	+4		35/1,000
수유부		+35	+40		2,000	+0.3	+0.4			+0.4	+0.5			+2	+3		35/1,000

비타민 B_6(mg/일)				엽산(μg, DFE/일)				비타민 B_{12}(μg/일)				판토텐산(mg/일)				비오틴(μg/일)			
평균 필요량	권장 섭취량	충분 섭취량	상한 섭취량	평균 필요량	권장 섭취량	충분 섭취량	상한 섭취량	평균 필요량	권장 섭취량	충분 섭취량	상한 섭취량	평균 필요량	권장 섭취량	충분 섭취량	상한 섭취량	평균 필요량	권장 섭취량	충분 섭취량	상한 섭취량
		0.1				65				0.3				1.7				5	
		0.3				80				0.5				1.9				7	
0.5	0.6		20	120	150		300	0.8	0.9					2				9	
0.6	0.7		30	150	180		400	0.9	1.1					2				12	
0.7	0.9		45	180	220		500	1.1	1.3					3				15	
0.9	1.1		60	250	300		600	1.5	1.7					4				20	
1.3	1.5		80	300	360		800	1.9	2.3					5				25	
1.3	1.5		95	330	400		900	2.0	2.4					5				30	
1.3	1.5		100	320	400		1,000	2.0	2.4					5				30	
1.3	1.5		100	320	400		1,000	2.0	2.4					5				30	
1.3	1.5		100	320	400		1,000	2.0	2.4					5				30	
1.3	1.5		100	320	400		1,000	2.0	2.4					5				30	
1.3	1.5		100	320	400		1,000	2.0	2.4					5				30	
0.7	0.9		45	180	220		500	1.1	1.3					3				15	
0.9	1.1		60	250	300		600	1.5	1.7					4				20	
1.2	1.4		80	300	360		800	1.9	2.3					5				25	
1.2	1.4		95	330	400		900	2.0	2.4					5				30	
1.2	1.4		100	320	400		1,000	2.0	2.4					5				30	
1.2	1.4		100	320	400		1,000	2.0	2.4					5				30	
1.2	1.4		100	320	400		1,000	2.0	2.4					5				30	
1.2	1.4		100	320	400		1,000	2.0	2.4					5				30	
1.2	1.4		100	320	400		1,000	2.0	2.4					5				30	
+0.7	+0.8		100	+200	+220		1,000	+0.2	+0.2					+1.0				+0	
+0.7	+0.8		100	+130	+150		1,000	+0.3	+0.4					+2.0				+5	

| 부록 5 | 한국인 영양소 섭취기준 – 다량무기질

보건복지부, 2020

성별	연령	칼슘(mg/일)				인(mg/일)				나트륨(mg/일)			
		평균 필요량	권장 섭취량	충분 섭취량	상한 섭취량	평균 필요량	권장 섭취량	충분 섭취량	상한 섭취량	평균 추정량	권장 섭취량	충분 섭취량	만성질환 위험 감소 섭취량
영아	0~5(개월)			250	1,000			100				110	
	6~11			300	1,500			300				370	
유아	1~2(세)	400	500		2,500	380	450		3,000			810	1,200
	3~5	500	600		2,500	480	550		3,000			1,000	1,600
남자	6~8(세)	600	700		2,500	500	600		3,000			1,200	1,900
	9~11	650	800		3,000	1,000	1,200		3,500			1,500	2,300
	12~14	800	1,000		3,000	1,000	1,200		3,500			1,500	2,300
	15~18	750	900		3,000	1,000	1,200		3,500			1,500	2,300
	19~29	650	800		2,500	580	700		3,500			1,500	2,300
	30~49	650	800		2,500	580	700		3,500			1,500	2,300
	50~64	600	750		2,000	580	700		3,500			1,500	2,300
	65~74	600	700		2,000	580	700		3,500			1,300	2,100
	75 이상	600	700		2,000	580	700		3,000			1,100	1,700
여자	6~8(세)	600	700		2,500	480	550		3,000			1,200	1,900
	9~11	650	800		3,000	1,000	1,200		3,500			1,500	2,300
	12~14	750	900		3,000	1,000	1,200		3,500			1,500	2,300
	15~18	700	800		3,000	1,000	1,200		3,500			1,500	2,300
	19~29	550	700		2,500	580	700		3,500			1,500	2,300
	30~49	550	700		2,500	580	700		3,500			1,500	2,300
	50~64	600	800		2,000	580	700		3,500			1,500	2,300
	65~74	600	800		2,000	580	700		3,500			1,300	2,100
	75 이상	600	800		2,000	580	700		3,000			1,100	1,700
임신부		+0	+0		2,500	+0	+0		3,000			1,500	2,300
수유부		+0	+0		2,500	+0	+0		3,500			1,500	2,300

성별	연령	염소(mg/일)				칼륨(mg/일)				마그네슘(mg/일)			
		평균 필요량	권장 섭취량	충분 섭취량	상한 섭취량	평균 필요량	권장 섭취량	충분 섭취량	상한 섭취량	평균 필요량	권장 섭취량	충분 섭취량	상한* 섭취량
영아	0~5(개월)			170				400				25	
	6~11			560				700				55	
유아	1~2(세)			1,200				1,900		60	70		60
	3~5			1,600				2,400		90	110		90
남자	6~8(세)			1,900				2,900		130	150		130
	9~11			2,300				3,400		190	220		190
	12~14			2,300				3,500		260	320		270
	15~18			2,300				3,500		340	410		350
	19~29			2,300				3,500		300	360		350
	30~49			2,300				3,500		310	370		350
	50~64			2,300				3,500		310	370		350
	65~74			2,100				3,500		310	370		350
	75 이상			1,700				3,500		310	370		350
여자	6~8(세)			1,900				2,900		130	150		130
	9~11			2,300				3,400		180	220		190
	12~14			2,300				3,500		240	290		270
	15~18			2,300				3,500		290	340		350
	19~29			2,300				3,500		230	280		350
	30~49			2,300				3,500		240	280		350
	50~64			2,300				3,500		240	280		350
	65~74			2,100				3,500		240	280		350
	75 이상			1,700				3,500		240	280		350
임신부				2,300				+0		+30	+40		350
수유부				2,300				+400		+0	+0		350

*식품외 급원의 마그네슘에만 해당

| 부록 6 | 한국인 영양소 섭취기준 – 미량무기질

보건복지부, 2020

성별	연령	철(mg/일)				아연(mg/일)				구리(μg/일)				불소(mg/일)			
		평균필요량	권장섭취량	충분섭취량	상한섭취량	평균필요량	권장섭취량	충분섭취량	상한섭취량	평균필요량	권장섭취량	충분섭취량	상한섭취량	평균필요량	권장섭취량	충분섭취량	상한섭취량
영아	0~5(개월)			0.3	40			2				240				0.01	0.6
	6~11	4	6		40	2	3					330				0.4	0.8
유아	1~2(세)	4.5	6		40	2	3		6	220	290		1,700			0.6	1.2
	3~5	5	7		40	3	4		9	270	350		2,600			0.9	1.8
남자	6~8(세)	7	9		40	5	5		13	360	470		3,700			1.3	2.6
	9~11	8	11		40	7	8		19	470	600		5,500			1.9	10
	12~14	11	14		40	7	8		27	600	800		7,500			2.6	10
	15~18	11	14		45	8	10		33	700	900		9,500			3.2	10
	19~29	8	10		45	9	10		35	650	850		10,000			3.4	10
	30~49	8	10		45	8	10		35	650	850		10,000			3.4	10
	50~64	8	10		45	8	9		35	650	850		10,000			3.2	10
	65~74	7	9		45	8	9		35	600	800		10,000			3.1	10
	75 이상	7	9		45	7	9		35	600	800		10,000			3.0	10
여자	6~8(세)	7	9		40	4	5		13	310	400		3,700			1.3	2.5
	9~11	8	10		40	7	8		19	420	550		5,500			1.8	10
	12~14	12	16		40	6	8		27	500	650		7,500			2.4	10
	15~18	11	14		45	7	9		33	550	700		9,500			2.7	10
	19~29	11	14		45	7	8		35	500	650		10,000			2.8	10
	30~49	11	14		45	7	8		35	500	650		10,000			2.7	10
	50~64	6	8		45	6	8		35	500	650		10,000			2.6	10
	65~74	6	8		45	6	7		35	460	600		10,000			2.5	10
	75 이상	5	7		45	6	7		35	460	600		10,000			2.3	10
임신부		+8	+10		45	+2.0	+2.5		35	+100	+130		10,000			+0	10
수유부		+0	+0		45	+4.0	+5.0		35	+370	+480		10,000			+0	10

성별	연령	망간(mg/일)				요오드(μg/일)				셀레늄(μg/일)				몰리브덴(μg/일)			
		평균필요량	권장섭취량	충분섭취량	상한섭취량	평균필요량	권장섭취량	충분섭취량	상한섭취량	평균필요량	권장섭취량	충분섭취량	상한섭취량	평균필요량	권장섭취량	충분섭취량	상한섭취량
영아	0~5(개월)			0.01				130	250			9	40				
	6~11			0.8				180	250			12	65				
유아	1~2(세)			1.5	2.0	55	80		300	19	23		70	8	10		100
	3~5			2.0	3.0	65	90		300	22	25		100	10	12		150
남자	6~8(세)			2.5	4.0	75	100		500	30	35		150	15	18		200
	9~11			3.0	6.0	85	110		500	40	45		200	15	18		300
	12~14			4.0	8.0	90	130		1,900	50	60		300	25	30		450
	15~18			4.0	10.0	95	130		2,200	55	65		300	25	30		550
	19~29			4.0	11.0	95	150		2,400	50	60		400	25	30		600
	30~49			4.0	11.0	95	150		2,400	50	60		400	25	30		600
	50~64			4.0	11.0	95	150		2,400	50	60		400	25	30		550
	65~74			4.0	11.0	95	150		2,400	50	60		400	23	28		550
	75 이상			4.0	11.0	95	150		2,400	50	60		400	23	28		550
여자	6~8(세)			2.5	4.0	75	100		500	30	35		150	15	18		200
	9~11			3.0	6.0	80	110		500	40	45		200	15	18		300
	12~14			3.5	8.0	90	130		1,900	50	60		300	20	25		400
	15~18			3.5	10.0	95	130		2,200	55	65		300	20	25		500
	19~29			3.5	11.0	95	150		2,400	50	60		400	20	25		500
	30~49			3.5	11.0	95	150		2,400	50	60		400	20	25		500
	50~64			3.5	11.0	95	150		2,400	50	60		400	20	25		450
	65~74			3.5	11.0	95	150		2,400	50	60		400	18	22		450
	75 이상			3.5	11.0	95	150		2,400	50	60		400	18	22		450
임신부				+0	11.0	+65	+90			+3	+4		400	+0	+0		500
수유부				+0	11.0	+130	+190			+9	+10		400	+3	+3		500

실전예상문제

1 다음 중 영양학에서 중요하게 다루는 내용이라 할 수 없는 것은?

① 생애주기별 성격 변화와 특성
② 영양소의 체내 대사와 상호작용
③ 영양소의 대사와 결핍증
④ 영양소의 종류와 작용

해설 영양학에서 다루는 내용 : 영양소 특징, 종류 및 작용, 필요량, 함유 식품, 부족할 경우에 나타나는 결핍 증세, 과잉 섭취했을 때 나타나는 독증세, 음식의 소화와 영양소의 흡수 문제, 흡수된 영양소의 체내 대사 문제, 체내에서의 영양소 간의 상호 관계, 에너지 대사 문제, 일단 사용되었던 영양소의 배설 문제

2 인체를 구성하는 영양소 중 다량 영양소가 아닌 것은?

① 탄수화물
② 단백질
③ 아연(Zn)
④ 지질

해설 다량 영양소 : 탄수화물, 단백질, 지질(지방)

3 영양소의 주된 작용으로 부적당한 것은?

① 열과 에너지를 발생한다.
② 체조직을 구성하고 보수한다.
③ 여러 형태의 체내대사과정을 조절한다.
④ 음식물로는 섭취할 수 없다.

해설 각 영양소는 체내에서 대사과정을 돕기 위해 ①, ②, ③ 등의 여러 작용을 한다.

4 다음 중 사람이 활동하고 생명을 유지하기 위해서는 적당한 열량원을 섭취하여야 하는데 그 주 열량원으로 사용되는 영양소는 무엇인가?

① 단백질, 알코올
② 탄수화물, 지질
③ 비타민, 지방
④ 무기질, 단백질

해설 에너지를 발생하는 영양소는 탄수화물, 지질, 단백질이다. 이 중 탄수화물은 거의 다 에너지로 사용되고 일부는 글리코겐이나 지방으로 전환되어 저장된다. 그리고 지질이 에너지원으로 사용되며, 단백질은 적게 에너지화된다.

5 다음 중 열과 에너지를 공급하지 않는 영양소는 무엇인가?

① 무기질
② 단백질
③ 지질
④ 탄수화물

정답 1.① 2.③ 3.④ 4.② 5.①

해설 열과 에너지를 공급하는 영양소는 탄수화물, 지질, 단백질이다.

6 영양소의 주된 작용 중 조직의 구성과 보수에 작용하는 영양소는?

① 비타민　　　　② 무기질　　　　③ 수분　　　　④ 지질

해설 조직의 구성과 보수에 작용하는 영양소는 단백질과 무기질이다.

7 영양소의 주된 작용 중 열과 에너지 공급, 조직의 구성과 보수, 대사과정의 조절에 모두 작용하는 영양소는?

① 탄수화물　　　　② 지방　　　　③ 단백질　　　　④ 비타민

해설 단백질은 열과 에너지 공급, 조직의 구성과 보수, 대사과정의 조절에 모두 작용한다.

8 건강과 관련된 학문 중 건강을 해치지 않도록 미리 예방하기 위해 연구 또는 교육하는 분야이므로 가장 중요한 학문은?

① 영양학　　　　② 의학　　　　③ 간호학　　　　④ 해부학

해설 건강과 관련된 대부분의 분야는 이미 건강을 해친 후에 건강을 되찾기 위해 필요한 분야이지만, 영양학은 예방하기 위한 분야이므로 가장 중요하다.

9 건강과 영양에 대한 기술 중 옳지 않은 것은?

① 영양상태가 좋으면 육체적 · 정신적으로 건강하고 활동적이 되며 질병의 저항력이 크다.
② 영양불량은 즉각 식별할 수 있는 것이 아니라 눈에 띄지 않게 진행되다가 어느 시기에 이르러 확인할 수 있게 된다.
③ 8 · 15 광복 전후에 우리나라에서는 속이 빈 굶주림으로 허덕였다.
④ 숨은 굶주림보다 속이 빈 굶주림이 더 큰 위험을 지니고 있다.

해설 숨은 굶주림은 건강을 보호하는 영양소를 불충분하게 섭취한 결과에서 오는 것으로 이 종류의 굶주림이 더 큰 위험을 가진다.

10 다음 국제 기구 중 전세계 식품 생산 · 분포 및 소비에 관한 일을 다루는 기구는 무엇인가?

① 북미자유무역협정(NAFTA) ② 국제연합아동구호기구(UNICEF)
③ 국제연합식량농업기구(FAO) ④ 세계보건기구(WHO)

해설 WHO는 임상영양에 관한 일을 다루고 UNICEF는 아동의 복지와 영아, 아동, 임신부, 수유부의 급식문제를 취급하고 있다.

11 영양문제와 관련된 국제기구가 아닌 것은?

① OECD ② WHO ③ UNICEF ④ FAO

해설 영양문제와 관련된 국제기구로는 FAO, WHO, UNICEF가 있다.

12 우리나라 식사모형(식품구성자전거)의 기본 개념으로 거리가 먼 것은?

① 충분한 수분 섭취
② 다양한 식품 섭취를 통한 균형잡힌 식사
③ 건강보험심사평가원에서 제시한 운동요법 실시
④ 적절한 영양 및 건강 유지를 위한 한국인 영양섭취기준 충족

해설 우리나라 식사모형(식품구성자전거)의 기본 개념 : 충분한 수분 섭취, 다양한 식품 섭취를 통한 균형잡힌 식사, 적절한 영양 및 건강 유지를 위한 한국인 영양섭취기준 충족, 적절한 운동을 통해 비만 예방

13 우리나라 여섯 가지 식품군에 속하지 않는 것은?

① 곡류 ② 과일류
③ 고기 · 생선 · 달걀 · 콩류 ④ 견과류

해설 우리나라 여섯 가지 식품군 : 곡류, 고기 · 생선 · 달걀 · 콩류, 채소류, 과일류, 우유 · 유제품류, 유지 · 당류

14 한국인 영양섭취기준의 구성에 포함되지 않는 것은?

① 하한필요량 ② 충분섭취량 ③ 권장섭취량 ④ 평균필요량

해설 한국인 영양섭취기준 : 한국인의 건강을 최적상태로 유지할 수 있는 영양소 섭취기준으로서 평균필요량, 권장섭취량, 충분섭취량, 상한섭취량의 4가지로 구성되어 있다.

정답 6.❷ 7.❸ 8.❶ 9.❹ 10.❸ 11.❶ 12.❸ 13.❹ 14.❶

15 영양소 섭취 기준에서 섭취부족을 예방하기 위한 지표 중 하나이며 개인의 경우에는 부족할 확률이 50%인 것은?

① 평균필요량　　② 권장섭취량　　③ 상한섭취량　　④ 충분섭취량

> **해설** 평균필요량 : 영양소 섭취기준에서 섭취부족을 예방하기 위한 지표 중 하나이며 개인의 경우에는 부족할 확률이 50%, 집단의 경우에는 절반의 대상자에서 부족이 발생할 수 있도록 설정한 영양소 섭취기준이다. 그러므로 집단의 경우 영양소 섭취가 부족한 사람의 비율을 낮게 하기 위해서는 평균섭취량보다 적게 섭취하는 사람의 비율을 되도록 낮게 하도록 한다.

16 우리나라의 식품군의 분류와 그에 대한 식품이 잘못 연결된 것은?

① 곡류 — 밥, 국수, 식빵, 감자 등
② 고기 · 생선 · 달걀 · 콩류 — 닭고기, 두부, 생선, 콩 등
③ 과일류 — 사과, 귤, 포도 등
④ 유지 · 당류 — 식용유, 요구르트, 치즈, 설탕 등

> **해설** • 우유 · 유제품류 : 우유, 요구르트, 아이스크림, 치즈
> • 유지 · 당류 : 깨, 버터, 마요네즈, 설탕

17 우리나라 식사구성안의 섭취허용과 관련하여 성인의 탄수화물 · 단백질 · 지방의 에너지 섭취 기준의 에너지 적정 비율로 옳은 것은?

① 40~45 : 5~15 : 10~20　　② 45~55 : 7~15 : 15~20
③ 55~60 : 7~20 : 20~30　　④ 55~65 : 7~20 : 15~30

> **해설** 영양소 섭취기준의 에너지 적정 비율인 탄수화물은 55~65%, 단백질은 7~20%, 지방은 15~30%(1~2세의 경우 20~35%)로 섭취한다.

18 우리나라 식사구성안의 일반적 개념의 목표로 옳지 않은 것은?

① 건강인의 건강 증진을 위한 것이다.
② 과학적인 근거를 기반으로 식사구성안을 개발해야 한다.
③ 식사구성안은 한국인의 식생활지침에도 부합되도록 전반적인 식생활을 포함하는 내용으로 권장한다.
④ 식사구성안은 전문가들이 사용하기 쉬워야 한다.

> **해설** 식사구성안은 일반인들이 사용하기 쉽고 간편해야 한다.

19 우리나라 성인을 위한 식생활지침으로 거리가 먼 것은?

① 각 식품군을 매일 골고루 먹자.
② 활동량을 늘리고 건강체중을 유지하자.
③ 지방이 많은 고기를 먹자.
④ 청결한 음식을 알맞게 먹자.

해설 우리나라 성인을 위한 식생활지침 : 각 식품군을 매일 골고루 먹자, 활동량을 늘리고 건강체중을 유지하자, 청결한 음식을 알맞게 먹자. 짠 음식을 피하고 싱겁게 먹자, 지방이 많고 고기나 튀긴 음식을 적게 먹자, 술을 마실 때는 그 양을 제한하자.

20 임신·수유부를 위한 식생활지침으로 거리가 먼 것은?

① 청결한 음식을 알맞은 양으로 먹자.
② 우유 제품을 매일 3회 이상 먹자.
③ 짠 음식을 피하고, 싱겁게 먹자.
④ 최대한 근력운동을 많이 하고, 체중도 최대한 줄이도록 한다.

해설 임신·수유부를 위한 식생활지침
- 우유 제품을 매일 3회 이상 먹자.
- 짠 음식을 피하고, 싱겁게 먹자.
- 활발한 신체활동을 유지하자.
- 고기나 생선, 채소, 과일을 매일 먹자.
- 술을 절대로 마시지 말자.
- 청결한 음식을 알맞은 양으로 먹자.

21 청소년을 위한 식생활지침으로 볼 수 없는 것은?

① 식사를 거르거나 과식하지 말자.
② 물을 자주 충분히 마신다.
③ 술을 마실 때는 그 양을 제한하자.
④ 각 식품군을 매일 골고루 먹자.

해설 청소년을 위한 식생활 실천지침
- 각 식품군을 매일 골고루 먹자.
- 건강 체중을 바로 알고, 알맞게 먹자.
- 식사를 거르거나 과식하지 말자.
- 술을 마시지 않는다.
- 짠 음식과 기름진 음식을 적게 먹자.
- 물을 자주 충분히 마신다.
- 위생적인 음식을 선택하자.

정답 15.❶ 16.❹ 17.❹ 18.❹ 19.❸ 20.❹ 21.❸

MEMO

제1부 영양학
02 3대 영양소

 단원 개요

인간이 섭취하는 식품 중에는 3대 영양소로 탄수화물·지방(지질)·단백질 등이 있다. 이러한 성분 중에서 인간의 신체건강을 유지하는 데 필요하고, 몸 안에서 합성되지 않거나 합성량이 충분하지 않은 성분을 영양소라고 한다. 이러한 영양소들이 결핍되면 결핍증상이 나타나며, 다시 섭취하였을 때에는 결핍증상이 회복되는 것을 볼 수 있다.

 출제 경향 및 수험 대책

이 단원에서는 탄수화물의 특성, 탄수화물의 구성성분, 탄수화물의 대사작용, 탄수화물 관련 질병, 지질의 소화, 지질의 이동과 산화, 지방관련 질병, 단백질의 특징과 분류, 단백질의 대사, 단백질결핍증 등에 대해서 묻는 문제들이 출제될 수 있는 바, 자세하고 철저한 학습이 요구된다.

2

01 탄수화물

1 탄수화물의 특성

① 탄수화물은 곡류 및 감자류 등이 주성분이며, 값싸고 쉽게 얻을 수 있는 열량원이다.
② 광합성이 일어나는 과정

$$6CO_2 + 6H_2O + 햇빛 \longrightarrow C_6H_2O_6 + 6O_2$$
$$\text{이산화탄소} \quad \text{물} \quad \text{열량} \ \text{엽록소} \ \text{포도당}$$

③ 탄수화물은 당과 전분, 섬유소 등과 그 외의 식물에서 유래된 다른 당 복합물을 총칭하는 말이다.
④ 우리가 섭취하는 탄수화물의 양은 아주 많지만 체내에는 소량 함유되어 있다. 대부분의 탄수화물은 열량으로 쓰여 없어지고, 여분의 것만이 간과 근육 내의 글리코겐, 혈액 내 포도당이나 각 조직에 미량 존재한다.
⑤ 쓰이고 남은 열량원은 지방으로 전환되어 주로 피하 조직에 축적된다.
⑥ 탄소, 수소, 산소의 세 가지 원소로 구성된 유기 화합물이며, 일반식은 (CH_2O)로 나타낸다.

2 탄수화물의 분류

(1) 단당류

① 포도당
　㉠ 영양상으로 가장 중요한 단당류로서 전분이나 글리코겐, 설탕, 유당 등이 소화되거나 분해되어 생성한다. 사람의 혈액에는 혈당으로 0.1% 정도 존재하고 있다.
　㉡ 중환자나 수술 환자, 기아 상태나 극도로 피로한 사람에게 포도당 주사나 포도당을 마시게 하면 쉽게 회복될 수 있다.
　㉢ 체내에 그대로 흡수되어 열량 식품 중 가장 빠르게 효율적으로 이용되는 영양소이다.
② 과당 : 자연으로 존재하는 당 중 가장 단맛이 강해 감미료로 쓰인다. 과일과 꿀 등에 다량 함유되어 있다.
③ 갈락토오스
　㉠ 포도당과 결합된 젖당(유당)의 형태로 존재하며 사람이나 젖소, 양 등 포유 동물의 유즙에 함유된 단당류이다.
　㉡ 해조류에는 갈락토오스의 다당류 형태인 갈락탄이 다량 함유되어 있다.
　㉢ 신생아의 뇌발달에 중요한 작용을 한다.

추가 설명

인체의 구성 성분

- 우리 몸에 가장 많은 원소는 산소로서, 우리 몸의 약 65%를 차지하며, 탄소는 18%, 수소 10%, 질소 3% 정도, 나머지 약 4%는 무기질 원소들이다. 무기질을 제외한 원소들은 모두 식품에 탄수화물, 단백질, 지방과 같은 화합물의 형태로 들어 있다. 무기질도 화합물의 형태로 들어 있는 경우가 많은데, 예를 들면, 칼슘, 인, 유황 등이 있다.
- 우리 몸의 구성원소들을 영양소별로 나누어 보면, 수분(약 65%), 단백질(약 16%), 지방(약 14%), 무기질(약 4%), 소량의 탄수화물(약 1% 이하), 미량의 비타민 등이다.

추가 설명

탄수화물

- 1g당 4kcal의 에너지를 내며, 우리나라 사람들의 에너지 섭취량의 많은 부분을 제공하는 에너지원이다.
- 우리나라 사람들의 에너지 섭취량의 60~70% 가량 제공하는 중요한 에너지원이다.

(2) 이당류

① **자당(포도당+과당)** : 흔히 사용하는 설탕을 말하며 수크라아제에 의하여 가수분해되고 산이나 효소로 가수분해시키면 단맛이 더 강한 전화당이 된다. 이는 혈당량이 떨어졌을 때 빨리 포도당을 공급해 줄 수 있다.

② **엿당 또는 맥아당(포도당+포도당)** : 곡식의 싹이나 당화한 곡류와 곡류 제품, 우유와 맥주 등에 함유되어 있다. 특히 엿기름 속에 많다.

③ **젖당 또는 유당(포도당+갈락토오스)**
  ㉠ 포유 동물의 유즙에만 들어 있고 영유아의 뇌 발달에 필수적인 갈락토오스를 제공한다.
  ㉡ 모유 100mL 당 약 6.8g의 유당이 들어 있으며, 우유에는 약 4.8g 정도 들어 있어서 조제 분유 제조시에도 유당을 첨가한다.
  ㉢ 선천성 유당불내응증 환자는 체내에 유당을 분해하는 락타아제가 없기 때문에 유당을 이용하지 못하므로 발효유나 유당 제거유를 주어야 한다.

(3) 다당류

① **전분(녹말)**
  ㉠ 전분은 곡류, 콩류, 감자류 등의 식물에 존재하며 아밀로오스와 아밀로펙틴으로 이루어진다.
  ㉡ 전분을 조리하면 일부 가수분해되어 전분 사슬이 짧아진 덱스트린이 되고, 물에 잘 용해된다.
  ㉢ 전분은 소화효소에 의해 가수분해되어 포도당으로 분해된 후 흡수되며, 흡수되면 대부분이 에너지원으로 사용된다.

② **글리코겐**
  ㉠ 동물의 간이나 근육에 들어 있는 탄수화물 저장형태로서 우리 몸에 필요한 열량보다 열량원을 많이 섭취하였을 때 일시 저장되어 쓰여진다.
  ㉡ 혈당량이 높아지는 것을 방지하는 역할을 한다. 대개 식사 후 6시간 이상이 경과된 새벽 1~2시경에는 혈당량이 내려가는데 이때 간 글리코겐이 분해되어 혈당량을 상승시켜 일정하게 유지하게 된다.

③ **섬유소**
  ㉠ 포도당 약 3,000개가 결합된 다당류로 장에는 섬유소를 분해하는 효소인 셀룰라아제가 없어서 섬유소가 열량원으로 이용되지 못한다.
  ㉡ 섬유소는 해조류, 야채, 과일류에 많이 함유되어 있다. 소화관을 자극하여 연동 작용을 촉진시키며, 대변의 배설을 촉진시킨다.

3 탄수화물의 소화와 흡수 및 대사

(1) 탄수화물의 소화

① **구강** : 치아의 저작 활동에 의한 음식물의 마쇄는 물리적 작용이며, 타액 아밀라아제의

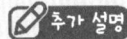 추가 설명

젖당(유당)
- 포유동물의 유즙에서만 합성되며 우유보다 모유에 함량이 높고 뇌발달에 중요한 영양성분이다.
- 뇌의 발달에 필수적인 갈락토오스를 제공하며 위에서 발효가 잘 일어나지 않으므로 위에 주는 자극이 적다.
- 장내에서 유용한 유산균의 발육을 왕성하게 하며 나쁜 잡균의 번식을 억제하므로 정장 영양소라고도 한다.

추가 설명

덱스트린
전분을 조리하면 일부 가수분해되어 전분의 사슬이 짧아지는 것으로 밥을 지을 때뿐만 아니라 식빵을 구울 때, 밀가루를 뜨거운 불로 갈색으로 만들 때에도 생성된다.

추가 설명

글리코겐의 특징
- 탄수화물의 저장형태로 혈당량 조절에 중요 작용을 하는 것이다.
- 탄수화물이 적게 섭취되거나 기아 시에는 간 내 글리코겐이 고갈된다.

작용으로 전분 분자의 화학적 변화가 야기된다.
② **위**: 정상적인 소화에 꼭 필요한 물질을 포함한 위액을 분비한다.
  ㉠ 음식물이 위벽을 자극하여 가스트론이라는 호르몬을 분비하여 염산의 분비를 조절한다.
  ㉡ 점성 물질인 뮤신은 위 내벽 세포의 자가 분해를 방지하고 음식물을 부드럽게 해서 쉽게 움직이게 한다.
  ㉢ 위액에는 아밀레이스(아밀라아제)가 없으므로 효소에 의한 탄수화물 분해는 일어나지 않으나 물리적 작용은 일어난다.
③ **소장**
  ㉠ 탄수화물의 소화와 흡수가 일어나는 가장 중요한 장소이다.
  ㉡ 소장에서는 대부분의 탄수화물이 단당류까지 가수분해되나, 셀룰로오스 등은 소화되지 않은 상태로 대장에 들어가 대장 내 세균에 의해 분해된다.

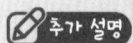
소장의 소화효소
소장에서는 탄수화물이 거의 소화되는데, 수크레이스, 말테이스, 락테이스 등의 효소에 의해 분해가 이루어진다.

(2) 탄수화물의 흡수
① 영양분의 주된 흡수 장소는 소장이며, 소장의 융모 내면은 흡수시 거대한 면적을 제공한다.
② **흡수된 포도당 분자의 이용 방향**
  ㉠ 간에서 글리코겐으로 전환되어 이 저장 탄수화물이 필요할 때까지 계속 전환된 형태로 존재한다.
  ㉡ 혈액으로 방출되어 모든 근육 조직과 세포에 운반된다.
  ㉢ 지방산으로 전환되어 최종적으로 저장 형태인 지방으로 저축, 지방 조직에 축적된다.

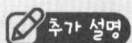
탄수화물의 소화와 흡수
위에서부터 시작되어 소장에서 완성되어 소장벽으로 흡수된다. 흡수된 탄수화물은 각 조직으로 운반되어 거의 모두 에너지원으로 사용된다. 과다한 양은 간과 글리코겐 또는 지방으로 피하지방에 저장된다.

| 표 2-1 | 탄수화물의 소화

위 치	기질	효소	작용물	소화 분해물
입	음식물		치 아	작은 덩어리의 음식물 (알약 크기 정도)
	전분	타액 아밀레이스(아밀라아제)		짧은 길이의 덱스트린
식 도	전분	타액 아밀레이스		짧은 길이의 덱스트린 맥아당까지 가능
위	자당		염 산	포도당과 과당
소 장	전분과 덱스트린 맥아당 자당 젖당	췌액 아밀레이스 말테이스(말타아제) 수크레이스(수크라아제) 락테이스(락타아제)		맥아당 포도당 포도당, 과당 포도당, 갈락토오스

(3) 탄수화물의 대사
① 소화관으로부터 흡수된 단당류는 문맥을 통해 간장으로 가는데 이때 발생한 주요 단당류는 포도당, 과당, 갈락토오스로 이 중 과당과 갈락토오스는 간장에서 포도당으로 전환되어 이용된다.

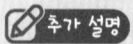
대사
세포 내에서 일어나는 모든 화학반응을 일컬으며, 소화관을 통해 흡수된 각종 영양소가 혈액 등을 통해 각 조직에 운반된 후 에너지원으로 소비되거나, 조직을 구성 또는 부산물을 체외로 배설하는 작용을 말한다.

② 포도당은 간장에서 산화되어 에너지를 공급하게 되고, 나머지는 글리코겐으로 전환되거나 지방으로 합성되어 저장되며, 일부는 혈액 내에서 각 조직세포로 운반되어 에너지를 공급하게 된다.
③ 근육 내에서는 포도당이 이산화탄소와 물로 최종적으로 분해된다.

| 표 2-2 | 탄수화물 대사에 영향을 주는 호르몬

호르몬	분비기관	작용
인슐린	이자(췌장)의 랑게르한스섬의 β세포	세포 내 포도당 인입과 해당 과정에 들어감
글루카곤	이자(췌장)의 랑게르한스섬의 α세포	글리코겐을 포도당으로 전환(간), 젖산과 아미노산을 포도당으로 전환
아드레날린 노르아드레날린	부신수질	글리코겐을 포도당으로 전환(간과 근육)

4 탄수화물의 체내 작용

(1) 에너지의 공급

탄수화물은 1g당 4kcal의 열량을 발생시키며, 주요한 열량원이고 포도당은 신경 조직의 작용을 유지하는 데 필수적이다.

(2) 혈당의 유지

① 혈액에 함유된 혈당량은 약 0.1% 정도이다. 즉 혈액 100mL에 약 70~120mg이 함유되어 있다.
② 식후 30분에서 1시간 내에 혈액 중의 포도당 양은 최고치에 달하며 이후 2~3시간이 경과하면 원래의 혈당 수준으로 되돌아간다. 이 때 작용하는 호르몬이 인슐린, 글루카곤 및 아드레날린 등이다.
③ 인슐린은 혈당을 낮추고 주로 글루카곤과 아드레날린은 혈당을 증가시키는 작용을 한다.
④ 당뇨병 환자는 혈당을 조절하는 인슐린 기능이 저하되어 혈당량이 지속적으로 높은 상태에 이른다.

(3) 단백질의 조절 작용

① 대부분의 열량을 공급하는 탄수화물을 충분히 섭취하지 않으면 단백질이 오히려 신체 구성과 보수에 사용되는 대신에 열량원으로 많은 양이 소모되게 된다.
② 탄수화물을 충분히 섭취함으로써 단백질을 절약하게 된다.

(4) 필수 영양소로서의 작용

① 탄수화물을 제한하고 지방과 단백질만의 식사를 하면, 오랫동안 기아 상태에서 발생되는 영양 장애의 증상이 나타난다. 다량의 나트륨 손실로 인해서 체단백질의 소모가 일어나고, 지방 대사의 중간 산물인 케톤체가 혈액 중에 축적됨으로써 케토시스(ketosis)가 발

추가 설명

인슐린
- 식사를 통해 탄수화물(당)을 섭취하게 되면, 인슐린은 혈중의 당을 세포 안으로 넣어주는 촉매역할을 한다. 각 세포에는 인슐린과 반응하는 수용기가 있어서 인슐린과 결합하면 당분을 세포 안으로 받아들인다. 이후 세포는 늘어온 당분을 이용하에 에너지(ATP)를 만들게 된다. 인슐린은 이와 같이 당분을 에너지로 쓰게 만듦으로써 혈중의 당을 소모시킨다.
- 인슐린은 남는 당분을 간과 근육에 글리코겐이라는 형태로 저장하도록 한다.

추가 설명

기타 탄수화물의 작용
- 자당과 과당, 맥아당 : 식품의 맛을 증진시키고, 식욕을 증진시키는 동시에 영양 섭취를 증가시킨다.
- 섬유질 : 장 운동을 도와 변의 통과를 원활히 한다.
- 젖당(유당) : 칼슘의 흡수를 증진시키며 장내 세균의 성장을 촉진한다.
- 리보오스 : RNA와 DNA의 구성 물질이다.
- 글루크론산 : 간에서 화학 물질이나 독성 물질과 결합하여 배설시키는 작용을 한다.

생된다.
② 탄수화물은 에너지원일 뿐만 아니라 필수 영양소라고 할 수 있으며, 탄수화물 에너지 적정비율은 55~65%이다.

5 탄수화물과 관련 질병

(1) 당뇨병

① 당뇨병은 인슐린의 분비량이 부족하거나 정상적인 기능이 이루어지지 않는 등의 대사질환의 일종으로, 혈중 포도당의 농도가 높아지는 고혈당을 특징으로 하며, 고혈당으로 인하여 여러 증상 및 징후를 일으키고 소변에서 포도당을 배출하게 된다.
② 대표적 증상으로 혈당이 높아지면 소변으로 당이 빠져나가게 되는데, 이때 포도당이 다량의 물을 끌고 나가기 때문에 소변을 많이 보게(다뇨) 된다. 따라서 몸 안의 수분이 모자라 갈증이 심하며 물을 많이 마시게(다음) 되고, 음식물이 소변으로 빠져나가 에너지로 이용되지 못하므로 공복감이 심해지고 점점 더 먹으려(다식) 한다. 그리고 체중감소를 보인다.

(2) 저혈당증

① 대체로 혈당 수준이 50mg/dl 이하가 될 때 저혈당증이라고 한다.
② 당뇨약 사용 중 식사량이 감소하거나 운동량이 증가할 때 저혈당이 발생할 수 있다. 또한 질환이 있거나 영양실조 등이 있을 때도 발생할 수 있다.
③ 혈당의 저하는 세포 내의 에너지 대사를 감소시키므로 신경조직은 에너지의 결핍으로 작용이 둔화되고 뇌의 작용도 감소된다.
④ **저혈당증의 증상** : 두통, 쇠약함, 어지러움증, 근육 경련 등이다.
⑤ **식이의 조절** : 탄수화물이 적은 소량의 식사를 자주하고 단백질 식이를 한다.

(3) 유당불내증(유당분해효소결핍증)

① 유당 소화 효소인 락타아제의 작용 미비 또는 결핍으로 인한 질병이다.
② 우유를 마시면 배가 아프고, 설사, 복부 통증을 유발한다.
③ 우유나 유제품을 금지하고 유당을 발효시킨 발효 우유, 요구르트 등을 준다.

(4) 갈락토세미아

① 간에서 갈락토오스를 포도당으로 전환시키는 효소인 갈락타아제가 합성되지 못하는 유전성 질환이다.
② 신생아기에 사망하게 되며, 살아난다 해도 간 조직의 손상, 지라의 비대, 정신적 발달이 늦어져 지진아가 된다.
③ 우유, 유제품을 금지한다.

추가 설명

당뇨병의 구분

- **제1형 당뇨병** : 이전에 '소아 당뇨병'이라고 불렀었으며, 인슐린을 전혀 생산하지 못하는 것이 원인이 되어 발생하는 질환이다.
- **제2형 당뇨병** : 인슐린이 상대적으로 부족한 것으로 인슐린 저항성(혈당을 낮추는 인슐린 기능이 떨어져 세포가 포도당을 효과적으로 연소하지 못하는 것)을 특징으로 한다. 제2형 당뇨는 식생활의 서구화에 따른 고열량, 고지방, 고단백의 식단, 운동 부족, 스트레스 등 환경적인 요인이 크게 작용한다.

6 탄수화물의 급원과 섭취 현황

① **탄수화물의 급원** : 주로 곡류, 감자류, 당류 등 식물성 식품을 통해 섭취한다.
② **탄수화물의 섭취 현황** : 매년 탄수화물의 섭취량이 감소하는 경향을 보인다. 나이가 증가하면 섭취비율이 증가하는데, 65세 이상 노인의 경우 특히 여성에서 탄수화물 섭취가 높다.

02 지질(지방)

1 지질(지방)의 분류

(1) 개요

① 지질은 중성지방, 스테롤 및 지방산으로 구성되며, 탄소, 수소, 산소로 구성된 유기화합물이다.
② 영양적으로 중요한 열량원이며, 몇 가지 지방산은 성장 발육에 필수적이다.
③ 식이로부터 지질은 대부분 98%가 중성 지방과 아실글리세롤이며, 그 외 인지질, 당지질, 스테롤 및 지방산 등이 소량 있다.

(2) 지질의 분류

① **단순 지질**
  ㉠ **중성지방** : 글리세롤과 지방산이 결합된 것이다.
  ㉡ **왁스(밀랍)** : 지방산과 글리세롤 외에 알코올이 더 결합된 것이다.
  ㉢ **트리글리세리드** : 유지의 분해 생성물이나 유지 외의 혼합물에 의하여 생성된다.
② **복합 지질** : 글리세롤과 지방산 외에 비지질 분자단이 결합된 것으로 대개는 질소를 함유하며, 인 화합물 또는 황 화합물 등과 결합하고 있다.
  ㉠ **인지질(지방산+글리세롤+인산)**
    • **레시틴** : 신경, 심장, 간과 골수 등에 다량 있고, 천연 유화제로도 쓰이며, 달걀 노른자에 다량 함유되어 있다. 레시틴아제의 작용으로 콜린을 분리하여 생체 기능에 중요하게 작용한다.
    • **세팔린** : 뇌세포에 다량 함유되어 있고, 동물의 장기와 달걀 노른자에 많다.
    • **스핑고미엘린** : 뇌와 신경 조직 속에 들어 있다.
  ㉡ **당지질** : 지방산과 갈락토오스와 스핑고신이 결합된 물질이다.
  ㉢ **지단백** : 지방 대사에 중요한 물질로서 중성 지방, 단백질, 콜레스테롤과 인지질이 결합된 것으로 지방의 운반 작용을 하며, 킬로미크론, LDL, HDL 등이 있다.
③ **유도 지질**
  ㉠ **콜레스테롤**
    • 콜레스테롤은 뇌, 신경조직, 근육, 피부 등에 다양하게 존재한다. 그리고 이것은 간

추가 설명

콜레스테롤과 지단백

• 콜레스테롤은 혈액에 녹지 않으므로 혈액을 따라 이동하려면 지단백질이라는 특정 단백질 복합체에 달라붙어야 한다.

• 저밀도지단백질(LDL, low-density lipoprotein) : 콜레스테롤이 합성되는 간에서 조직과 세포로 콜레스테롤을 운반한다. 콜레스테롤은 이곳에서 지단백질과 분리되어 세포에서 사용된다.

• 고밀도지단백질(HDL, high-density lipoprotein) : 세포에서 소모되지 않은 과량의 콜레스테롤을 조직에서 다시 간으로 운반해주며, 운반된 콜레스테롤은 간에서 분해되어 담즙산으로 분비된다.

• 주로 LDL에 붙어 있는 콜레스테롤이 동맥경화를 유발시키는 반면 HDL은 동맥경화를 지연시키거나 감소시킨다.

과 소장에서 대부분 합성된다.
- 세포막의 주성분으로 체내에서 이물질을 통해 담즙산, 스테로이드호르몬, 비타민 D 등이 합성된다.
- 콜레스테롤은 혈류를 따라 순환하고, 음식물을 통해서도 섭취된다.

ⓒ 에르고스테롤 : 효모나 곰팡이 등에 다량 들어 있다.
ⓒ 고급 지방산 : 카로티노이드와 비타민 E와 K 등이 있다.

2 지방산의 분류

(1) 탄소수

① 저급 지방산 : 일명 단쇄 지방산이라고도 하며, 탄소수가 4~6개인 지방산이며 분해되지 않고 바로 흡수된다.
② 중급 지방산 : 탄소수가 8~12개인 지방산으로 코코넛 기름이나 합성 지방 등에 함유되어 있다.
③ 고급 지방산 : 탄소수가 14~26개인 지방산으로, 비누 등의 원료가 되고 글리세롤과 에스테롤 결합으로 형성된 유지가 이에 속한다.

(2) 이중 결합 유무

① 포화 지방산
  ㉠ 탄소원자 사이의 결합이 단일결합으로 되어 있는 것(예 팔미트산, 스테아르산)으로 동물성 지방에 많으며 과다 섭취가 동맥 경화증과 관상 심장병을 유발한다.
  ㉡ 대부분의 동물성 지방과 팜류, 코코넛류 등의 식물성 기름에 많이 들어 있다.
② 불포화 지방산 : 자연에서나 체내에서 이중 결합을 가진 지방산은 매우 불안정하여 산화되기 쉬운데 불포화 지방산의 산화를 방지하기 위해 비타민 E의 필요가 높아진다. 예 올레산, 리놀레산(n-6지방산), 알파-리놀렌산(n-3지방산), 아라키돈산

(3) 체내 합성 유무

① 필수 지방산
  ㉠ 생체 내에서 합성되지 않으므로 반드시 식품으로 섭취해야 하고, 불포화 지방산 중 리놀레산, 알파-리놀렌산은 필수지방산이다.
  ㉡ 결핍 : 성장이 불량하며, 피부염과 습진 등이 발생한다.
  ㉢ 각 지방 식품의 지방산 함량
   - 동물성 지방 : 식물성 기름보다 포화 지방산 비율이 3~5배에 이르며 필수 지방산도 현저히 낮다.
   - 식물성 기름 : 불포화 지방산이 아주 많고 리놀레산의 양이 동물성 지방의 약 5배 이상이며 특히 옥수수기름, 면실유와 대두유에 두드러지게 많다.
② 비필수 지방산 : 체내에서 충분한 양이 합성되며, 팔미트산, 스테아르산과 올레산이 있다.

추가 설명

지질의 급원
- 식용유지는 100%에 가까운 지질로 구성되어 있다.
- 버터, 마가린, 마요네즈는 80%, 호두는 60%, 땅콩버터는 50% 정도의 지질을 함유하는 고지방 식품이다.
- 동물성식품은 포화지방산과 콜레스테롤의 주요 급원으로 섭취에 주의해야 한다.
- 콩기름, 포도씨유, 옥수수기름 등의 식물성 지질은 73~94% 정도가 불포화지방산이며, 올리브기름, 미강유, 채종유에는 단일불포화 지방산이 많다.
- 코코넛유와 팜유는 식물성이지만 포화지방산의 함량이 높으며, 육류의 간이나, 내장, 오징어, 새우 등에는 콜레스테롤이 많다.

3 지질의 흡수, 분포, 대사, 배설

① 식품이나 체내에서 지방산은 유리형태로 존재하지 않고 대부분 중성지방의 형태로 존재하는데 중성지방에는 하나의 글리세롤 분자와 세 개의 지방산이 에스터 결합을 한 것이다.

② 중성지방은 담즙산과 인지질의 유화작용과 췌장에서 분비된 소화효소(lipase, esterase 등)의 작용으로 분해되어 소장에서 대부분 흡수된다.

③ 공장에서 주로 흡수된 지질은 대부분 다시 중성지방으로 재합성되어 단백질, 콜레스테롤, 인지질과 함께 지단백질의 형태로 림프계를 거쳐 혈액으로 유입된다.

④ 지단백질분해효소(lipoprotein lipase)에 의해 분해된 카일로마이크론의 지방산은 체지방조직에 유입되어 중성지방의 형태로 저장된다.

⑤ 간에서 합성되는 내인성 지방은 초저밀도 지단백질(VLDL) 형태로 혈액으로 운반되며 지단백질분해효소에 의해 분해되어 저밀도지단백질(LDL)로 전환된 후 세포내로 콜레스테롤을 이동시킨다.

⑥ 간은 또한 고밀도지단백질(HDL)도 합성하는데 세포로부터 과잉의 콜레스테롤을 회수하여 간으로 운반하는 작용을 한다.

⑦ 지방이 에너지원으로 사용될 때 간이나 근육에서 유래된 지방산이 산화분해되고 이산화탄소와 물이 생성되며 소량의 케톤체가 발생되며 소변을 통해 배설된다.

⑧ 식이 콜레스테롤은 25~80%, 평균적으로 50% 흡수되어 세포막의 구성성분, 스테로이드 호르몬 및 비타민 D의 전구체 등으로 이용되며, 간에서 담즙산으로 전환되어 배설된다.

| 표 2-3 | 지단백의 작용

지단백	작용
VLDL	간과 장 점막에서 합성한 지방을 각 세포로 운반, 각 조직 세포에서 지단백질분해효소에 의해 깨끗하게 된다.
LDL	VLDL에서 많은 양의 지방이 제거되고 콜레스테롤과 단백질이 첨가되어 말단 조직으로 운반한다.
HDL	말단 조직의 콜레스테롤을 간으로 운반, HDL은 콜레스테롤을 담즙산으로 하여 배설을 촉진한다.

4 지질(지방)의 기능 및 역할

① 지방은 1g당 9kcal의 열량을 발생하며 간이나 피하 지방 조직에 저장된다. 체온 유지 및 중요 장기의 보호 작용을 한다.

② 중성지방의 가장 중요한 기능은 필수지방산을 공급하는 것이고, 또한 에너지 생산 및 저장에 사용되는 지방산을 공급하는 것이다.

③ 인지질은 세포막의 구성성분으로 세포막의 형성과 세포안과 밖의 의사소통에 중요한 역할을 한다. 특히 인지질은 체내에서 소수성 물질의 운반체로 지단백질은 지용성 비타민 (비타민 A, D, E 및 K)이나 카로티노이드의 흡수와 운반을 돕는다.

구체적인 함유 식품
- 올레산은 올리브유 등에 많다.
- 리놀레산은 많은 견과류, 참깨 등의 씨앗, 옥수수기름, 콩기름 등에 많다.
- 알파-리놀렌산은 오메가 3-지방산으로 체내에서 EPA (eicosapentaenoic acid), DHA(docosahexaenoic acid)로 전환되는 전구물질인데, EPA와 DHA는 고등어, 꽁치, 연어 등이나 들기름, 호두, 호박씨, 아마씨유 등에 풍부하다.

알파-리놀렌산(오메가-3 지방산)
- 오메가-3 지방산은 EPA 또는 DHA와 같이 등푸른 생선의 기름에 많이 함유되어 있는 불포화지방산의 일종으로 신체의 뇌, 신경조직 등에 많이 분포되어 있으며 부족하게 될 경우 각 조직의 기능에 영향을 미칠 수 있다.
- 오메가-3 지방산 함유 유지 (EPA 또는 DHA)는 비정상적인 혈액 응고 작용을 방해하여 혈액의 흐름을 건강하게 유지하는 데 도움을 줄 수 있다. 또한 간에서 중성지방의 합성을 방해하여 혈액 중 건강한 중성지방을 유지하는 데 도움을 줄 수 있다.

④ 지질의 섭취 감소나 소화흡수장애로 인한 필수지방산의 결핍은 아동의 성장지연이나 피부염, 면역기능 손상, 상처의 치료지연 등을 일으킬 수 있다.
⑤ 지질은 탄수화물이나 단백질에 비해 두 배 이상의 에너지를 공급하기 때문에 과다섭취는 비만의 위험을 높일 수 있고, 비만과 더불어 포화지방산이나 트랜스지방산의 과다섭취는 뇌·심혈관계질환, 이상지질혈증, 당뇨병, 고혈압 등의 위험을 증가시킬 수 있다.
⑥ 필수지방산인 리놀레산과 알파-리놀렌산은 성장 및 생리 기능에 있어서 필요불가결한 지방산으로 체내에서 지방산이 합성될 때 n-6와 n-3 자리에 이중결합을 생성시킬 효소가 없어 반드시 식사로 섭취해야 한다.
　㉠ 영아의 리놀레산 결핍은 항문주변 염증, 성장부진, 피부염, 지방간 등을 발생시키고 피부가 건조해지고 두터워지다가 결국 박리될 수 있다.
　㉡ 소아의 리놀레산 결핍증은 신경장애를 유발할 수 있다.

5 지질(지방)과 관련 질병

① **동맥경화증(콜레스테롤과 동맥경화증의 관계)** : 혈관 벽에 어떤 물질이 쌓여서 혈관의 정상적인 기능을 방해하는 질병으로, 관상 심장병과 뇌혈관성 질병의 주원인으로 전세계 총 사망자 중 1/3 이상이 이 질환으로 사망하고 있다.
　㉠ 콜레스테롤 농도가 증가함에 따라 동맥경화증의 발병률도 증가한다.
　㉡ 인체에 해만 주는 것이 아니라 콜레스테롤은 인체의 필수적인 성분으로서 세포막, 호르몬, 신경 세포의 미엘린을 구성하는 기본 물질이며, 뇌와 담즙산의 성분이기도 하다. 즉, 성장기 아동에게는 꼭 필요한 영양 성분이다.
　㉢ 콜레스테롤을 식품으로 다량 섭취하면 체내에서 합성되는 양은 줄어들고, 반대로 식품 섭취가 감소되면 합성량은 증가하게 된다.
　㉣ 식품 중의 콜레스테롤은 쇠고기, 돼지고기, 달걀 등에 많으며, 그 외에도 새우나 굴 등에도 다량 함유되어 있다.
　㉤ 유전적 취약성을 가진 사람은 LDL의 대사 장애를 일으켜서 혈중 콜레스테롤이 증가된다.

② **암**
　㉠ 암에 대한 식이성 요인 중 높은 상관 관계를 나타낸 것이 식이 지방이며, 암 중에서도 특히 유방암, 대장암이 지방과의 상관 관계가 높다.
　㉡ 암의 발생에는 지방의 양과 더불어 지방의 불포화도도 촉진 요인으로 지적되고 있다.

6 지방의 섭취 현황

① 지방질의 절대 섭취량보다는 섭취 지방산의 구성 비율, 즉 질적인 면에서의 지방질 섭취에 더욱 관심을 가져야 한다. 현재 서구 식습관의 보급으로 지방의 섭취비율이 계속 증가하고 있다.
② 우리나라는 성인의 경우 총지방의 에너지 적정비율은 15~30%이다.

추가 설명

혈중 콜레스테놀 농도 증가의 위험 요소
중년남성, 스트레스, 고지혈증, 비만, 고혈압, 흡연, 당뇨병 등

추가 설명

지방산의 포화 정도와 콜레스테롤과의 관계
- 포화 지방산 : LDL 콜레스테롤의 농도를 높이며, 육류와 전지 유제품, 코코넛, 팜과 같은 열대 식물 기름에 많이 있다.
- 불포화 지방산 : 식물성 기름이나 찬물에서 사는 어류에서 주로 발견되는 불포화 지방산은 혈중 콜레스테롤을 낮춘다.
- 단일 불포화 지방산 : LDL을 낮출 수 있는 식이 조절 요소로서 올리브유에 많다.

03 단백질

1 단백질의 일반적 특성

(1) 개요

① 단백질은 아미노산의 펩타이드 결합으로 구조를 형성하고 있는 복합분자이다.
② 단백질은 탄수화물이나 지방과 달리 탄소, 산소, 수소 이외에 질소를 함유하고 있고 일부는 황, 철, 인 등을 함유하기도 한다.
③ 질소를 함유하는 아미노기가 카르복실기에 연결됨으로써 여러 아미노산 간에 사슬이 형성된다.
  ㉠ 단순한 아미노산 서열의 일자 구조
  ㉡ 사슬 간의 수소결합에 의한 나선형의 이차 구조
  ㉢ 사슬 구조의 접힘과 꼬임에 의한 입체적인 3차 구조
④ 식품 내 단백질은 가열로 인해 구조가 변형되어 소화 및 흡수가 쉬워진다. 단백질은 섭취 후 대사 과정을 거쳐 아미노산으로 가수분해 되어 체내 단백질 및 질소 함유 분자를 생성하게 된다.
⑤ 섭취한 단백질은 주로 체조직 성분을 구성하는데 사용되고, 여분의 단백질은 1g당 4kcal를 생성하는 열량 급원으로 사용되기도 한다. 하지만 다른 열량 영양소의 섭취가 부족할 경우 단백질은 열량 급원으로 우선적으로 사용되므로, 식품 단백질을 효율적으로 이용하려면 다른 열량 영양소 섭취가 충분하여야 한다.

(2) 아미노산

① **아미노산의 분류** : 필수아미노산 이외에 체내 합성이 용이한 불필수아미노산과 정상적 상황에서 체내 합성이 충족되더라도 특정 생리 상태에서 그 합성이 제한되는 조건적 필수아미노산으로 분류하였다.

| 표 2-4 | 필수/비필수아미노산 및 조건적 필수아미노산

필수아미노산	불필수아미노산	조건적 필수아미노산
메티오닌	알라닌	아르기닌
류신	아스파르트산	시트룰린
이소류신	아스파라긴	오르니틴
발린	글루탐산	시스테인
라이신(리신)	세린	티로신
페닐알라닌		글루타민
히스티딘		글라이신
트레오닌		프롤린
트립토판		타우린

추가 설명

단백질
- 아미노산의 펩타이드 결합으로 구조를 형성하고 있는 복합분자로서, 인체의 정상적인 성장과 생리적 기능 및 생명 유지를 위해 필요한 아미노산과 질소화합물의 공급원이다.
- 식사로 섭취된 단백질은 유리 아미노산과 작은 펩타이드 분자로 소화되고, 소장에서 흡수되어 간과 다른 조직으로 운송된 후, 단백질 및 질소화합물 합성에 이용되고, 나머지는 이화과정을 거쳐 포도당 및 지방질과 요소 합성을 위해 사용된다.
- 아동들에게서 단백질이 결핍되면 발육부진이 발생하고 질병 감염에 대한 민감도가 증가한다. 생애주기별로 볼 때 특히 성장기, 임신기와 수유기에는 부가적인 단백질 섭취가 요구된다.

추가 설명

조건적 필수아미노산
합성이 그 대사적 요구를 충족시키지 못할 경우 식이를 통한 공급이 필요한 아미노산

추가 설명

히스티딘
필수아미노산이라고는 하지만, 8개의 다른 필수아미노산과는 다르게 결핍 식사를 하더라도 바로 음성 질소평형을 야기하거나 단백질 합성 감소로 이어지지 않아 필수아미노산으로서의 기준이 상이하다.

> **추가 설명**
>
> **아미노산의 기능**
> - 메티오닌 : 우울증 억제와 면역기능 향상, 항산화제인 글루타티온 합성의 원료이다.
> - 류신, 이소류신, 발린 : 근육의 합성을 촉진하고 분해를 억제하는 기능을 하며 운동 시 피로 극복과 수술 후 신체 회복 촉진에 쓰이기도 한다.
> - 라이신 : 성장과 발달에 필요하다.
> - 페닐알라닌 : 티로신으로 전환되는 필수아미노산이며, 티로신으로의 전환과정을 통하여 도파민, 노르에피네프린과 같은 중요한 호르몬과 신경전달물질이 합성된다. 영아에서는 페닐알라닌에 대한 선천성 대사장애가 있을 경우 페닐케톤뇨증이 발생한다.
> - 트레오닌 : 소장상부에서 흡수되며 장의 상피조직 보호에 요구되는 뮤신 당단백질 합성에 주요 역할을 한다.
> - 트립토판 : 호르몬인 멜라토닌과 신경전달물질 세로토닌을 합성하는데 쓰인다.

② 아미노산의 급원
  ㉠ 식품의 종류에 따라 단백질을 구성하고 있는 아미노산의 종류와 함량이 다르다.
  ㉡ 모든 필수아미노산을 골고루 함유한 단백질을 양질의 단백질이라고 한다. 대부분의 동물성 단백질은 필수아미노산을 골고루 함유하고 있으나 식물성 단백질은 한 가지 이상의 필수아미노산이 부족하여 불완전 단백질인 경우가 많다.
  ㉢ 식품마다 아미노산의 종류와 함량이 다르기 때문에 각각의 함량이 높은 급원식품 역시 다르다.
    • 메티오닌 : 달걀, 치즈, 닭고기, 생선, 소고기 등에 많이 함유되어 있다.
    • 류신, 이소류신, 발린 : 육류와 근육류 식품에도 많이 함유되어 있으며 콩도 좋은 급원이다.
    • 라이신 : 소고기와 가금류에 많이 함유되어 있다.
    • 페닐알라닌 : 달걀, 닭, 간, 소고기, 우유 그리고 콩이 있다.
    • 트레오닌 : 고타치즈, 가금류, 어류, 육류, 렌즈콩, 참깨 등이다.
    • 트립토판 : 고단백 식품과 유제품이 좋은 급원이며, 특히 초콜렛, 오트밀, 우유, 가금류에 많이 함유되어 있다.
    • 히스티딘 : 육류, 가금류, 생선, 유제품에 함량이 많으며, 일부 곡류를 통해서 섭취할 수 있다.

③ 아미노산의 대사
  ㉠ 아미노산은 장 점막에서 흡수된 후 대부분 간문맥을 통해 간으로 옮겨지며, 일부는 혈액을 통해 각 조직에 운반되어 불필수아미노산 합성 등을 위해 사용된다.
  ㉡ 필수아미노산은 음식의 섭취를 통해서 공급되는데 만일 음식물로부터 아미노산의 공급이 부족하면 체단백질이 분해되어 사용된다.
  ㉢ 아미노산이 단백질 합성에 이용되지 않을 경우에는 아미노기($-NH_2$)를 제거하는 과정을 거치게 된다.
  ㉣ 아미노기를 전이시키는 아미노기 전이반응 또는 아미노산이 산화·분해되어 아미노기의 탄소골격을 분리시키는 산화적 탈아미노과정을 통해 아미노기를 분리하고 이렇게 분리되어 나온 아미노기가 암모니아를 형성하고 일부는 요소를 형성하게 된다.
  ㉤ 생성된 요소는 아미노산의 질소 대사의 주요 최종산물로 포유동물은 요소형태로 배설하게 된다.

2 단백질의 분류

(1) 형태에 의한 분류

① 선형 단백질
  ㉠ 주로 물에 용해되지 않으며 세포 조직의 유지나 구조를 이루는 물질이다.
  ㉡ 모발에 함유된 케라틴, 결합 조직에 함유된 콜라겐, 혈액의 피브린과 근육섬유에 함유된 미오신 등이 여기에 속한다.

> **추가 설명**
>
> **생애주기별 고려사항**
> - 어린이 : 성인과 달리 아르기닌을 합성할 수 없어 아르기닌을 필요량만큼 만들어 낼 수 없으므로 아르기닌을 식사로부터 충분히 섭취해야 한다.
> - 신생아나 유아 : 타우린은 외부로부터 보충해야 하는데 이는 체내 합성 경로가 발달되어 있지 않기 때문이다.

② **구형 단백질** : 수용성으로서 카세인, 난알부민, 혈중 알부민과 글로불린, 헤모글로빈 등이다.

(2) 비단백 요소의 결합 여부에 따른 분류

① **단순 단백질** : 가수 분해에 의하여 단순 아미노산과 그 유도체를 생성한다.
  - ㉠ **알부민** : 달걀, 혈청의 알부민, 밀의 류코신, 완두콩의 레구멜린 등이 있다.
  - ㉡ **글로불린** : 근육과 혈청의 글로불린, 대두의 글리신, 완두콩의 레구민, 감자의 튜버린, 땅콩의 아라킨 등이 있다.
  - ㉢ **글루텔린** : 밀의 글루테닌, 쌀의 오리자닌 등이 있다.
  - ㉣ **프롤라민** : 밀의 글리아딘, 옥수수의 제인, 보리의 호르데인 등이 있다.
  - ㉤ **알부미노이드** : 뼈의 콜라겐, 모발의 케라틴 등이 있다.
  - ㉥ **히스톤** : 혈액의 글로빈, 흉선의 히스톤 등이 있다.
  - ㉦ **프로타민** : 연어 정액 중의 살민, 정어리 정액 중의 클루페인 등이 있다.

② **복합 단백질**
  - ㉠ **핵단백질** : 핵산과 단백질이 결합되어 있으며 뉴클레오히스톤과 어류 정액의 뉴클레오프로타민 등이 있고 핵산 부분에는 RNA와 DNA가 있다.
  - ㉡ **당단백질** : 혈청의 세로글리코시드, 세로뮤코시드, 점액 다당류 등이다.
  - ㉢ **인단백질** : 핵산 및 레시틴 이외의 인을 함유하는 물질과 단백질이 결합된 것으로 우유의 카세인과 난황의 오보비텔린 등이 있다.
  - ㉣ **지단백질** : LDL, VLDL과 HDL과 트롬보플라스틴, 난황에는 리보비텔린과 리보비텔리닌이 있다.
  - ㉤ **색소 단백질** : 헤모글로빈이 대표적인 것이다.

③ **유도 단백질** : 천연 상태의 단백질이 산, 알칼리, 효소의 작용이나 가열 등에 의하여 변성된 것이다.
  - ㉠ **변성 단백질** : 프로티안, 메타프로테인과 응고 단백질이 있다.
  - ㉡ **분해 단백질** : 프로티오스, 펩톤, 펩티드 등이다.

(3) 영양적 분류(오스번과 멘델의 분류)

① **완전 단백질** : 우유의 카세인과 락트알부민, 달걀의 오브알부민(난백알부민), 대두의 글리시닌, 보리의 에데스틴과 밀의 글루테닌과 글루텔린이다.
② **부분적 불완전 단백질** : 밀의 글리아딘과 보리의 호르데인, 귀리의 프롤라민이 속한다.
③ **불완전 단백질** : 젤라틴과 옥수수의 제인이 있다.

3 단백질의 소화와 흡수

(1) 단백질의 소화

① **단백질 소화효소** : 장내 조직을 소화분해하지 않고 식이에서 섭취한 단백질만을 분해한

단백질과 급원
- **완전단백질** : 필수아미노산이 충분히 함유되어 있어 정상적인 성장과 생리적 기능을 돕는 단백질이다. 주요 급원은 동물성 육류(소고기, 돼지고기, 닭고기), 생선, 달걀, 우유 및 유제품(치즈, 요거트) 등이 있다.
- **부분적 불완전단백질** : 필수아미노산을 가지고 있으나 몇 종류의 필수아미노산이 양적으로 부족한 단백질을 일컫는다. 주요 급원식품은 곡류, 견과류, 대두 등으로 이들 식품의 단백질 질을 향상시키기 위해서는 아미노산의 보강이 필요하다.
- **불완전단백질** : 필수아미노산이 부족하게 들어 있어 성장지연 및 생리적 불균형을 초래하는 단백질로, 양질의 단백질과 함께 섭취함으로써 부족한 필수아미노산을 보강할 필요가 있다.

다. 체내 조직에서 단백질의 분해를 방지하기 위한 오묘한 자연적 보호 메커니즘은 다음과 같다.
㉠ 단백질 분해 효소는 음식이 없을 때에는 활성을 갖지 않은 상태의 불활성 효소로 존재한다. 단백질 식품이 섭취되면 그 식품의 자극으로 활성화되어 분해할 수 있는 능력을 갖게 된다.
㉡ 위벽과 장벽 세포가 분비하는 점성 물질인 점액 다당류가 장벽을 둘러싸고 있어서 단백질 분해 효소의 작용을 받지 못하도록 보호하고 있다.
㉢ 위의 염증이나 위장 질환으로 점액 물질이 부족해지면 위벽이 그대로 노출되어 강한 위 염산의 작용과 위의 단백질 분해 효소의 작용을 받게 된다. 그리하여 위염증과 질환이 악화된다.
② **구강 및 위** : 구강 내에서는 분해되지 않으나 침과 혼합되어 입 속에서 씹혀 위 속에서 소화가 더 잘 된다. 위 속에는 펩신이 존재하며, 불활성 형태인 펩시노겐으로 분비되어 이것은 위액 속의 염산의 작용으로 펩신으로 전환되어 활성을 갖게 된다.

| 표 2-5 | 단백질의 소화

위 치	기 질	효 소	소화 분해물
위	단백질	펩신(염산에 의해 활성화된 펩신)	폴리펩티드
소 장	리신이나 알라닌을 포함하는 폴리펩티드	트립신(이자액)	더욱 짧아진 디펩티드
	폴리펩티드	카복시펩티다아제(소장액) 아미노펩티다아제(소장액)	디펩티드
	디펩티드	디펩티다아제(소장액)	아미노산

③ **소장**
㉠ **이자(췌장)** : 트립시노겐 및 카이모트립시노겐이 불활성 형태로 분비된다.
㉡ **소장액** : 카복시펩티다아제, 아미노펩티다아제가 있다.
㉢ 유아의 위 점막 중에는 카제인을 응고시키는 효소 레닌이 있는데, 펩신의 작용을 받지 않고 그대로 위를 통과하는 것을 막아 주는 역할을 한다.

(2) 단백질의 흡수, 대사, 배설

① 소장에서 분비되는 여러 가지 소화효소에 의해 가수분해되고, 유리아미노산과 작아진 펩티드 분자는 장 점막 세포로 운송되고 흡수된다.
② 소장 상피세포의 융모막에는 중성, 염기성, 산성 등의 아미노산 특성에 따라 특이성을 지닌 아미노산 운반체가 존재하여 장점막 세포 내로의 아미노산 이동을 돕는다.
③ 그 후 아미노산은 혈중으로 유입되어 세포에 의해 대사되거나 문맥을 통해 간으로 운송되어 일부는 저장되고 일부는 다른 조직으로 운송되어 사용된다.

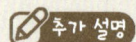

단백질의 변성
- 굳게 결합되었던 단백질의 모양이 수직선의 폴리펩티드 사슬로 펼쳐지는 과정으로 이 과정을 거치면 소화율이 증가한다.
- 열을 가하거나 물을 넣고 조리할 때 단백질 식품의 변성이 일어난다.
- 위의 염산의 작용으로 더욱 변성된다.

④ 체내 총 단백질 양의 43% 가량이 근육에 저장되고, 15% 가량이 피부에, 15% 가량이 혈액에, 10% 가량은 간과 신장에, 나머지 소량이 뇌, 심장, 폐, 골 조직 등에 존재하게 된다.

⑤ 간으로 유입된 아미노산은 우선적으로 단백질 합성을 위해 이용되고, 나머지는 이화과정을 거쳐 포도당 및 지방질과 요소 합성을 위해 사용된다. 간 외에 소장, 근육, 신장 등의 기관에서도 기관 특이적인 대사작용이 일어난다.

⑥ 최종적으로 아미노산의 질소는 요소, 암모니아, 요산 및 크레아티닌 등의 질소 화합물로 전환되어 주로 소변으로 배설되고, 소량의 질소 화합물은 땀, 피부 탈피, 콧물, 머리카락, 월경혈, 정액 등의 형태로 배출된다.

4 단백질의 체내 작용

① **조직 세포의 생성과 보수**
  ㉠ 성인의 경우는 노쇠하여 단백질 필요량은 크지 않으나 성장기 아동들은 성장이 계속되어야 하므로 단백질 필요량이 크다.
  ㉡ 임신부, 수유부, 폐결핵과 같은 소모성 질환자, 화상 환자, 수술 환자나 심한 출혈이 있을 경우는 단백질 필요량뿐만 아니라 에너지 필요량도 증가된다.

② **혈청 단백질의 형성**
  ㉠ 혈청 알부민 : 새로운 조직의 형성과 보수를 위하여 단백질이 필요할 때 먼저 단백질을 공급해 준다.
  ㉡ 혈청 글로불린 : 조직에서 필요한 아미노산을 알부민이 부족하여 공급하지 못할 때 공급해 주는 제2의 단백질 급원으로 α, β, γ가 있다.
  ㉢ 피브리노겐 : 혈액이 체외로 나왔을 때 혈액이 응고되는 것을 돕는다.

③ **에너지의 발생** : 단백질 1g은 약 4kcal의 열량을 발생한다.

④ **체내 대사 과정의 조절**
  ㉠ 수분의 조절 : 혈장 단백질이 감소되면 삼투압이 낮아지고 수분이 세포간질액으로 들어가 부종이 나타난다. 이 현상은 장기간 기아 상태인 사람에게서 나타난다. 단백질과 열량을 다시 보충해 주면 부기는 내리게 된다.
  ㉡ 산과 알칼리의 평형 : 단백질과 아미노산의 아미노기($-NH_2$)가 산에 작용하여 중화시킨다. 특히 장기간의 기아 상태나 당뇨병이 있을 때에 산이 많이 발생한다.

⑤ **기타** : 단백질은 지단백을 형성하여 중성 지방, 콜레스테롤, 인지질, 지용성 비타민의 운반에 참여한다.

5 단백질의 영양가 평가법

(1) 생물학적 평가법

① **단백질 효율** : 체중이 증가되는 양으로서 단백질의 영양가를 판단하는 방법으로 성장기에만 주로 사용할 수 있다.

추가 설명

단백질 필요량
- 체격이 크거나 근육 조직이 많으면 단백질 필요량은 많아진다.
- 나이가 어릴수록 체중당 단백질 필요량이 많다.

추가 설명

단백질의 기능 및 역할
- 단백질은 근육, 피부, 뼈, 손톱, 머리카락 등의 신체조직 성분이며 혈액, 호르몬, 효소의 구성분이 된다.
- 체내 필수 영양성분이나 활성 물질의 운반과 저장, 체액과 산-염기의 평형 유지 등의 중요한 기능을 가진다.
- 영유아기 동안의 단백질 섭취 부족은 콰시오커라 하는 단백질 결핍증을 초래하여 영유아의 발육부진 및 감염증의 원인이 될 수 있다.
- 단백질 결핍 증세가 없더라도 불충분한 단백질을 섭취할 경우 근육감소증을 나타낼 수 있다. 예 노화로 인한 근육감소증

추가 설명

단백질의 상호보조효과
 부족한 아미노산과 다른 단백질을 같이 섭취함으로써 단백질의 질을 높여서 단백질 작용을 더욱 완전하게 하는 것이다. 예 빵과 치즈, 감자와 우유, 밀가루와 우유, 라면과 달걀

📝 **추가 설명**

단백질 효율 : 체중 증가량을 측정하여 평가하는 방법이다.

② **진정 단백질 이용률** : 섭취한 단백질이 몸 안에서 이용된 비율을 나타낸 것이며, 소화율을 고려한 수치이다.

$$\text{진정 단백질 이용률(NPU)} = \frac{\text{체내 축적 질소}}{\text{섭취 질소}} = \text{생물가} \times \text{소화 흡수율}$$

③ **생물가** : 몸안의 보유된 질소의 양을 흡수된 질소의 양으로 나누어 100을 곱한 수치이다. 생물가가 높을수록 양질의 단백질로 평가되는데 달걀이 가장 높으며 우유, 육류, 유제품 순이다.

(2) 화학적 평가

① FAO(국제연합식량농업기구)가 제창한 단백가는 표준 구성에 비례적으로 가장 많이 미달되는 아미노산을 제1제한 아미노산이라 하며, 그 비율에 100을 곱한 수치가 단백가가 된다.

② 달걀(단백가 100)이 가장 질이 좋은 단백질이고 쌀은 단백가가 72이고 제1제한 아미노산은 트립토판이며, 밀가루는 단백가가 47이며 제1제한 아미노산은 리신이다.

📝 **추가 설명**

한국인의 단백질 영양실태
- 국민건강영양조사에 따르면 우리나라 국민의 동물성 식품 섭취비율이 계속 증가하고 있다.
- 단백질은 육류로부터 섭취하는 양이 가장 높았고, 곡류, 어패류의 순으로 섭취하고 있다.
- 1~9세 아동의 경우 권장섭취량 대비 섭취비율이 높아 단백질의 과잉 섭취가 우려된다.
- 65세 이상의 노인들은 권장섭취량 대비 섭취비율이 다른 연령에 비해 가장 낮은 수준이다. 따라서 고령 인구에서 단백질 섭취의 중요성이 강조될 필요가 있다.

6 단백질 필요량에 영향을 주는 요소

(1) 생리적 상태

① 체격이 크거나 근육 조직이 많으면 단백질 필요량은 많아진다.
② 나이가 어릴수록 체중당 단백질 필요량은 많다.
③ 성장기나 임신·수유기에는 새로운 단백질의 합성을 위해서 단백질 필요량이 증가한다.
④ 소모성 질환자나 고열 환자는 조직 보수를 위하여 단백질 필요량이 증가된다.

(2) 식이의 열량 섭취량

① 체내 열량 필요량보다 에너지를 적게 섭취하였을 때, 단백질 필요량은 증가된다.
② 적절한 에너지 섭취는 단백질의 절약 작용을 하며, 열량 섭취량을 높여 주면 질소 평형은 호전된다.

📝 **추가 설명**

단백질 결핍증
- **콰시오커** : 성장지연, 머리와 배만 크고 현저한 팔·다리의 마름, 간에 지방이 끼고 간기능 저하, 머리칼 변색, 피부염, 소화기와 신경계통 장애, 증세가 심하면 부종이 생겨 죽게 된다.
- **마라스무스** : 모발의 색이 변하지 않으며 부종이 일어나지 않고 극도로 체중이 감소된다. 또한 얼굴과 몸은 살이 없어서 애늙은이와 같은 형상이 된다.

(3) 필수 아미노산의 양과 총 질소 섭취량

① 생물가, 즉 아미노산 조성이 높을수록 단백질 필요량은 감소된다.
② 식품의 혼합으로 아미노산 조성을 향상시킴으로써 단백질 필요량을 감소시킬 수 있다.

실전예상문제

1 다음 중 탄수화물에 대한 설명으로 가장 올바른 것은?

① 우리가 섭취한 탄수화물은 쓰고 남으면 거의 다 탄수화물 성분으로 체내에 저장된다.
② 탄수화물은 탄소, 수소, 산소와 황, 질소로 구성되어 있다.
③ 탄수화물은 곡류 및 감자류의 주성분으로 값싸게 얻을 수 있다.
④ 우리가 섭취하는 탄수화물은 모두 질소동화작용으로 식물이 만든 것이다.

> **해설** 사람이 생명을 유지하고 활동하는 데 필요한 열량은 대부분 탄수화물을 섭취하여 얻고 있다. 탄수화물은 곡류 및 감자류 등의 주성분인 전분을 이루고 있으며, 가장 값싸고 쉽게 얻을 수 있는 열량원이다.

2 다음 중 탄수화물에 대한 설명이 올바른 것은?

① 우리나라의 주식인 쌀과 기타 곡류에서 얻을 수 있다.
② 탄수화물은 우리 몸을 구성하는 가장 많은 성분이다.
③ 탄수화물은 탄소, 수소, 질소로 이루어진 가장 효율적인 열량원이다.
④ 우리나라의 탄수화물에 의한 열량 섭취비율은 약 30~40%이다.

> **해설** 문제 1번 해설 참조

3 탄수화물에 대한 설명으로 옳지 않은 것은?

① 탄수화물은 거의 모두 열량원으로 사용된다.
② 탄수화물은 우리 몸의 90%를 차지하는 주요 성분이다.
③ 우리나라는 탄수화물이 에너지 섭취량의 약 60~70%를 제공한다.
④ 탄수화물은 경제적이고 효율적인 열량원이다.

> **해설** 탄수화물은 우리나라뿐만 아니라 세계의 주된 열량공급원으로, 사람들이 섭취하는 에너지 섭취량의 60~70% 가량을 제공하는 중요 에너지원이다.

4 다음 중 탄수화물에 대한 설명으로 올바른 것은?

① 탄소, 수소, 이산화탄소로 이루어진 유기 화합물이다.
② 체내 혈당의 주된 공급원이며 주로 동물성 식품에 다량 함유되어 있다.

정답 1.❸ 2.❶ 3.❷ 4.❸

③ 우리가 섭취하는 양은 많지만 체내에는 소량 함유되어 있다.
④ 우리 몸에 에너지를 공급하며 섭취비율이 가장 적은 열량 영양소이다.

해설 탄수화물의 특성
- 탄수화물은 당과 전분, 섬유소 등과 그 외의 식물에서 유래된 다른 당 복합물을 총칭하는 말이다.
- 탄수화물은 우리나라뿐만 아니라 세계의 주된 열량 공급원이며, 에너지 섭취량의 60~70% 가량 제공하는 중요 에너지원이다.
- 탄수화물은 열량으로 쓰여 없어지고, 쓰고 남은 열량원은 지방으로 전환되어 주로 피하조직에 축적된다.
- 탄소, 수소, 산소의 세 가지 원소로 구성된 유기 화합물이며 일반식은 (CH_2O)로 나타낸다. 그리고 1g당 4kcal의 에너지를 낸다.

5 다음의 〈보기〉에서 설명하고 있는 영양소는 무엇인가?

> **보기** 우리나라에서 에너지 섭취량의 60~70%를 제공하고 가장 많은 식이성분이기도 하며, 혈당량 유지를 위해서 가장 중요한 작용을 한다.

① 지방　　　　② 단백질　　　　③ 탄수화물　　　　④ 글리코겐

해설 문제 4번 해설 참조

6 다음 중 신체를 구성하고 있는 탄수화물이 1g당 내는 에너지는?

① 4kcal　　　　② 6kcal　　　　③ 9kcal　　　　④ 12kcal

해설 문제 4번 해설 참조

7 다음 중 우리나라 사람들의 에너지 섭취량의 60~70% 가량 제공하는 영양소와 그 급원 식품은 무엇인가?

① 탄수화물 — 버섯류　　② 지방 — 유지류　　③ 단백질 — 콩류　　④ 탄수화물 — 곡류

해설 문제 4번 해설 참조

8 다음 중 우리 몸 안의 구성원소들을 영양소별로 나누었을 때 탄수화물 성분의 함량을 옳게 나타낸 것은?

① 약 1% 이하　　　　② 약 4%　　　　③ 약 14%　　　　④ 약 65%

해설 우리 몸의 구성원소들을 영양소별로 나누어보면 수분은 약 65%, 단백질은 약 16%, 지방은 약 14%, 무기질은 약 4%, 탄수화물은 약 1% 이하이다.

9 다음의 〈보기〉에서 설명하고 있는 것은?

> **보기** 단당류 중 혈액내에 0.1% 함유되어 있으며 영양상 중요한 에너지원으로 피로회복제, 정맥주사액 등에 함유되는 성분이다.

① 과당　　　② 포도당　　　③ 자당　　　④ 갈락토오스

해설 중환자나 수술환자, 기아상태나 극도로 피로한 사람에게 포도당 주사나 포도당을 마시게 하면 쉽게 회복될 수 있다.

10 체내에 그대로 흡수되어 열량식품 중 가장 빠르게 효율적으로 이용되는 당류는?

① 포도당　　　② 과당　　　③ 갈락토오스　　　④ 자당

해설 포도당은 영양상으로 가장 중요한 단당류이다.

11 다음 중 동물의 유즙과 모유에 함유된 단당류로서 뇌의 성장에 중요한 당류는 무엇인가?

① 맥아당　　　② 포도당　　　③ 갈락토오스　　　④ 과당

해설 단당류 중 포도당, 과당은 소화과정을 거치지 않고 재빨리 흡수되어 열량원으로 사용된다. 갈락토오스는 포도당과 결합된 젖당 형태로 유즙과 모유에 함유되어 있다.

12 자연으로 존재하는 당 중에서 가장 단맛이 강해 감미료로 쓰이고 있는 것은?

① 포도당　　　② 과당　　　③ 자당　　　④ 엿당(맥아당)

해설 과당은 포도당과 함께 과일과 꿀 등에 다량 함유되어 있으며, 자연으로 존재하는 당 중에서 가장 단맛이 강하다.

13 다음 중 신생아의 뇌발달에 중요한 영양소로서 모유에 다량 함유되어 있으며 인공분유 등에 첨가되는 단당류는 무엇인가?

정답 5.❸　6.❶　7.❹　8.❶　9.❷　10.❶　11.❸　12.❷　13.❶

① 갈락토오스　　② 과당　　③ 맥아당　　④ 포도당

해설 갈락토오스는 생물체 속에서는 유리된 상태로 발견되지 않는다. 갈락토오스는 포도당과 결합된 젖당의 형태로 존재하며 사람이나 젖소, 양 등의 포유동물의 유즙에 함유된 단당류이다.

14 곡식의 싹이나 당화한 곡류와 곡류제품, 우유와 맥주 등에 함유되어 있는 이당류는?

① 자당　　② 엿당(맥아당)　　③ 젖당　　④ 전분

해설 엿당(맥아당)은 특히 엿기름 속에 많다.

15 다음 중 포유동물의 유즙에서만 합성되는 영양소로서 우유보다 모유에 함량이 높으며, 영아의 뇌 발달에 중요한 영양성분은?

① 글리코겐　　② 자당　　③ 엿당　　④ 젖당

해설 젖당(유당)은 포유동물의 유즙에만 들어있는 이당류이다. 젖당은 영유아의 뇌발달에 필수적인 갈락토오스를 제공한다.

16 위에서 잘 발효되지 않으므로 위 자극이 적고, 유산균의 발육을 왕성하게 하여 다른 잡균의 번식을 억제하는 성분은?

① 엿당　　② 젖당　　③ 자당　　④ 전화당

해설 젖당(유당)은 위에서 잘 발효되지 않으므로 위 자극이 적다.

17 다음 중 체내에서 락타아제의 생성이 안되어 생기는 질병과 이 때 섭취를 제한하여야 할 식품은 무엇인가?

① 갈락토세미아 — 모유　② 저혈당증 — 우유　③ 유당불내응증 — 우유　④ 당뇨병 — 섬유소

해설 유당불내응증(lactose intolerance) : 젖당(유당) 소화 효소인 락타아제의 작용 마비 또는 결핍으로 인한 질병이다. 우유 또는 모유를 오랫동안 먹지 않아 락타아제의 체내 합성이 이루어지지 않는 경우나 선천적으로 합성되지 않는 경우가 있다. 그러므로 우유를 마시면 우유 속의 젖당이 소화되지 못하고 장관내에서 발효하게 된다. 그리하여 장관 내에 물이 고이게 되고 배가 아프고, 설사, 복통, 복부 통증을 유발한다. 유당불내응증 환자에게 우유나 유제품을 금지하면 이 증상은 사라진다.

18 전분이 우리나라의 식품영양면에서 중요한 이유는?

① 전분은 소화과정을 거치지 않고 흡수되어 열량원으로 사용된다.
② 전분은 체내에서 쉽게 단백질로 전환되어 이용된다.
③ 우리가 주식으로 섭취하는 쌀 등 곡류에 다량 함유되어 있다.
④ 값은 가장 싸지만 체내에서는 비효율적인 열량원이다.

> **해설** • 곡류, 감자류의 75~80%가 전분으로 되어 있다.
> • 전분은 찬물에 녹지 않으며, 물을 넣어 가열·조리하면 소화하기 쉬운 형태인 호화 상태를 이룬다. 이로 인하여 소화 과정이 가능하게 된다.
> • 전분은 소화효소에 의해 가수 분해되어 포도당으로 분해된 후 흡수된다.

19 우리는 많은 전분을 섭취한다. 그런데 몸 안에 탄수화물 성분은 아주 소량이다. 그 이유는?

① 탄수화물인 전분은 먹으면 분해되어 젖당이 되기 때문
② 전분은 포도당으로 분해되어 거의 에너지로 사용되기 때문
③ 전분은 포도당으로 분해된 후 모두 지방으로 전환되어 체지방이 되기 때문
④ 전분은 그대로 장을 통해서 배설되기 때문

> **해설** 전분은 소화되어 포도당으로 흡수되면 대부분이 에너지원으로 사용되며 체내 필수성분으로 합성되거나 나머지는 지방으로 전환되어 피하지방 등에 저장된다. 따라서 체내 성분은 아주 소량이다.

20 덱스트린이 생성되는 경우가 아닌 것은?

① 밥을 지을 때   ② 식빵을 구울 때
③ 밀가루를 볶아 갈색으로 만들 때   ④ 과일을 갈 때

> **해설** 전분을 조리하면 일부 가수분해되어 전분의 사슬이 짧아지는데, 이것을 덱스트린이라 한다. 이는 ①, ②, ③의 경우에 생성된다.

21 다당류에 속하는 것으로만 연결된 것은?

① 섬유소, 전분, 글리코겐   ② 과당, 젖당, 갈락토오스
③ 자당, 덱스트린, 포도당   ④ 유당, 맥아당

> **해설** 다당류는 수백개의 단당류가 결합된 고분자 화합물이다.

정답 14.❷ 15.❹ 16.❷ 17.❸ 18.❸ 19.❷ 20.❹ 21.❶

22 다음 중 섬유소에 대한 설명이 옳지 않은 것은?

① 사람은 장에서 섬유소를 분해하는 셀룰라아제가 없어 열량원으로 이용하지 못한다.
② 섬유소는 생체 내에서 배변을 쉽게 하며 배설물의 장내 통과시간을 단축시키는 효과를 가지는 생리적으로 중요한 물질이다.
③ 섬유소는 생체 내에서 소화되지 않고 그대로 배설되므로 불필요하다.
④ 섬유소는 포도당 약 3,000개가 결합된 다당류이다.

> **해설** 섬유소는 영양적으로 가치는 적으나 생리적으로 아주 중요한데, 소화관을 자극하여 연동작용을 촉진시키며, 대변의 배설을 촉진시킨다.

23 다음 중 섬유소를 사람이 에너지로 사용하지 못하는 이유는?

① 사람의 장내에 머무는 시간이 짧기 때문이다.
② 사람에게 되삭임 밥통이 없기 때문이다.
③ 사람에게 섬유소 분해 효소인 리파아제가 없기 때문이다.
④ 사람에게 섬유소 분해 효소인 셀룰라아제가 없기 때문이다.

> **해설** 섬유소는 포도당이 수백 개 이상 결합된 탄수화물의 일종이다. 포도당이 수 백개 결합된 전분이나 글리코겐은 체내에서 분해효소가 분비되어 포도당으로 분해되나 섬유소의 특수한 결합형태를 분해하는 셀룰라아제가 분비되지 않아서 에너지로 이용되지 못한다. 그러나 생리적으로 중요한 배변 촉진효과, 정장작용, 당뇨병 완화, 저열량식 등으로 이용되므로 반드시 섭취하여야 할 식품성분이다. 초식동물들은 셀룰라아제를 분비하여 거의 모든 열량을 섬유소로부터 얻는다.

24 다음의 〈보기〉에서 설명하고 있는 것은 무엇인가?

> **보기** 인체에 함유된 가장 많은 탄수화물의 저장형태로서 혈당량의 조절에 중요한 역할을 한다.

① 엿당(맥아당)   ② 글리코겐   ③ 전분   ④ 섬유소

> **해설** 글리코겐은 동물의 간과 근육에 저장된 다당류로서 우리의 몸에 필요한 열량보다 많이 섭취하였을 때 일시 저장된다. 이것은 혈당량이 높아지는 것을 방지하는 역할의 일환이라고 할 수 있다. 혈당량이 낮아지면 간의 글리코겐은 분해되어 다시 혈당량을 상승시켜 일정하게 유지하게 된다.

25 다음 중 글리코겐에 대한 설명으로 올바른 것은?

① 글리코겐은 식물체에도 저장되어 식품으로 이용된다.
② 근육 내 저장된 글리코겐은 혈당량을 유지하는 데 사용된다.
③ 우리 몸에 필요한 열량보다 과다하게 섭취된 열량은 간 내에 글리코겐으로 저장되며 혈당량 조절에 중요 작용을 한다.
④ 동물의 간과 근육에 저장된 단당류이다.

해설 문제 24번 해설 참조

26 다음 중 탄수화물을 적게 섭취하거나 기아 시 발생되는 체내 현상으로 적절한 것은?
① 혈중 케톤체 농도가 감소한다.
② 간 내 글리코겐이 고갈된다.
③ 혈중 인슐린 농도가 증가한다.
④ 혈중 지방산 농도가 증가한다.

해설 문제 24번 해설 참조

27 다음 중 인체의 근육에 저장된 글리코겐의 특성으로 옳은 것은?
① 사람의 몸 속에 들어 있는 글리코겐은 단백질보다 많다.
② 열량 섭취량이 많을 경우, 제한 없이 얼마든지 근육에 저장될 수 있다.
③ 혈당량이 낮아지면 즉시 포도당으로 분해되어 혈당량을 높여준다.
④ 근육운동에 필요한 열량원으로 사용된다.

해설 글리코겐은 근육운동에 필요한 열량원으로도 사용된다.

28 다음 중 혈당량에 대한 설명으로 올바른 것은?
① 인슐린은 혈당량을 증가시킨다.
② 혈당량에 가장 민감한 체조직은 저축지방조직이다.
③ 혈당량이 감소되면 일차적으로 간 글리코겐이 분해되어 혈당량을 상승시켜 정상으로 만든다.
④ 식후 30분 후에는 혈당량이 현저히 저하된다.

해설 대개 식사 후 6시간 이상이 경과된 새벽 1~2시경에는 혈당량이 내려간다. 이때 간 글리코겐이 분해되어 혈당량을 상승시킨다.

정답 22.❸ 23.❹ 24.❷ 25.❸ 26.❷ 27.❹ 28.❸

29 다음 중 섬유소에 대한 설명이 올바른 것은?

① 섬유소는 변비와 비만에 효과를 준다.
② 섬유소는 배변시간을 증가시킨다.
③ 섬유소는 포도당이 결합된 것으로 소장에서 분해되어 흡수된다.
④ 섬유소는 전분과 같이 열량원으로 이용된다.

> **해설** 섬유소
> • 장에서 섬유소를 분해하는 셀룰라아제가 없어서 섬유소를 열량원으로 이용하지 못한다.
> • 섬유소는 영양적 가치는 적으나 생리적으로 아주 중요하다.
> • 섬유소는 소화관을 자극하여 연동작용을 촉진시키며, 대변의 배설을 촉진시킨다.
> • 물에 녹지는 않으나 물을 흡수하는 성질이 있어서 대변의 적당한 수분을 유지하게 하며, 대변의 장 통과시간을 짧게 한다.

30 다음 중 섬유소가 체내에서 하는 중요한 작용은 무엇인가?

① 수분의 재흡수를 돕는다.   ② 콜레스테롤 재흡수를 촉진한다.
③ 배변을 촉진한다.   ④ 에너지를 제공한다.

> **해설** 전분이나 글리코겐은 체내에서 분해효소가 분비되어 포도당으로 분해되나, 섬유소의 특수한 결합 형태를 분해하는 셀룰라아제가 장에서 분비되지 않아서 에너지로 이용되지 못한다. 그러나 생리적으로 중요한 배변 촉진효과, 정장작용, 당뇨병 완화, 저열량식 등으로 이용되므로 반드시 섭취하여야 할 식품 성분이다. 초식동물들은 셀룰라아제를 분비하여 거의 모든 열량을 섬유소로부터 얻는다.

31 다음 중 식이섬유질이 질병의 예방과 완화에 기여한다고 알려진 질병끼리 연결된 것은?

① 당뇨병 — 위암   ② 비만 — 위암   ③ 대장암 — 당뇨병   ④ 위암 — 변비

> **해설** 섬유질 성분은 열량원으로 이용되지 못하나 장기능을 촉진하여 배변 효과를 가지므로 생리적 중요성이 인정되고 있으며, 섬유소의 섭취와 당뇨병, 대장암의 발병에는 상관관계가 인정되기도 한다.

32 다음 중 식이섬유질의 급원으로 가장 좋은 것은 무엇인가?

① 우유   ② 치즈   ③ 도가니탕   ④ 미역무침

> **해설** 식이섬유질 : 미역 등 해조류, 채소, 과일류에 다량 함유되어 있다.

33 다음 중 식이섬유질의 체내 작용에 대한 설명으로 알맞은 것은?

① 식이섬유질은 혈중 콜레스테롤 농도를 증가시킨다.
② 식이섬유질은 소화관을 자극하여 연동작용을 촉진시킨다.
③ 식이섬유질은 중요한 열량원이다.
④ 식이섬유질은 배변을 어렵게 한다.

해설 문제 31번 해설 참조

34 위의 염산의 분비를 조절하는 호르몬은?

① 가스트린　　② 락테이스　　③ 인슐린　　④ 글루카곤

해설 음식물이 위에 들어오면 이 음식물이 위벽을 자극하여 가스트린이라는 호르몬을 분비하고, 이것이 위액 분비를 조절한다. 위액의 염산은 pH가 2 정도이다.

35 탄수화물의 소화와 흡수가 일어나는 가장 중요한 장소는?

① 식도　　② 구강　　③ 위　　④ 소장

해설 소장은 탄수화물의 소화와 흡수가 일어나는 가장 중요한 장소이다.

36 탄수화물을 분해하는 소장의 효소로 옳지 않은 것은?

① 수크레이스　　② 말테이스　　③ 덱스트린　　④ 락테이스

해설 소장의 효소로는 말테이스(말타아제), 스크레이스(수크라아제), 락테이스(락타아제) 등이 있다.

37 과다하게 탄수화물을 섭취하였을 때 발생하는 체내 작용은?

① 쓰고 남은 에너지는 단백질 합성에 사용된다.
② 과다하게 탄수화물을 섭취하면 체내 저장 글리코겐량이 한없이 증가한다.
③ 탄수화물 과다로 인하여 남은 에너지는 지방으로 저장되어 체중이 증가한다.
④ 탄수화물은 흡수율이 현저히 떨어지고 그대로 대변으로 배설된다.

정답 29.① 30.③ 31.③ 32.④ 33.② 34.① 35.④ 36.③ 37.③

해설 흡수된 탄수화물은 각 조직으로 운반되어 거의 모두 에너지원으로 사용되며, 과다한 양은 간과 근육의 글리코겐 또는 지방으로 피하지방에 저장되어 체중이 증가하게 된다.

38 탄수화물 대사에 영향을 주는 호르몬 중 세포 내로 포도당을 끌어들여 혈당량을 감소시키고, 랑게르한스섬의 세포에서 분비되는 호르몬은?

① 인슐린　　　② 아드레날린　　　③ 노르아드레날린　　　④ 글루카곤

해설 인슐린은 세포 내로 포도당을 끌어들여 대사를 계속하게 함으로써 혈당량을 감소시킨다.

39 젖산과 아미노산을 포도당으로 전환시키는 데 관여하는 호르몬은?

① 인슐린　　　② 부신피질 호르몬　　　③ 글루카곤　　　④ 아드레날린

해설 혈당량이 저하되면 분비되기 시작하는 글루카곤은 젖산과 아미노산을 포도당으로 전환되도록 한다.

40 탄수화물의 체내 작용 기능이 아닌 것은?

① 에너지의 공급　　　② 혈당의 유지　　　③ 단백질의 절약 작용　　　④ 배설 작용 완화

해설 탄수화물의 체내 작용으로는 ①, ②, ③ 외에 필수영양소로서의 작용, 식품의 맛 증진, 변비 예방과 장기능 촉진, 장내 세균의 성장촉진 등이다.

41 탄수화물 대사에 영향을 주는 호르몬이 아닌 것은?

① 인슐린　　　② 글루카곤　　　③ 케토시스　　　④ 아드레날린

해설 인슐린은 혈당을 낮추고, 글루카곤과 아드레날린은 혈당을 증가시키는 작용을 한다.

42 혈액에 함유되어 있는 정상인의 혈당치는?

① 0.1%　　　② 1%　　　③ 1.5%　　　④ 2.0%

해설 혈당은 뇌를 비롯한 체내 각 기관세포의 주된 에너지원으로 사용된다. 혈액이 함유된 혈당량은 약 0.1% 정도이다.

43 다음 중 혈당이 세포의 열량원으로 사용되기 위해서 각 세포로 들어가는 데 필수적인 역할을 하는 호르몬은 무엇인가?

① 코르티솔　　　② 인슐린　　　③ 안드로겐　　　④ 에스트로겐

해설 인슐린은 혈당을 낮추어 주고, 글루카곤과 아드레날린은 혈당을 증가시키는 작용을 한다.

44 다음 중 혈당은 일정하게 유지되어야 하는데, 정상적 혈당량을 유지하기 위한 작용을 옳게 설명한 것은 무엇인가?

① 혈당량이 감소되면 인슐린작용을 증가시켜 온몸이 나른해진다.
② 당뇨병환자의 경우 인슐린작용의 과다로 인하여 요로 당을 배설하여 혈당을 저하시킨다.
③ 공복이 지속되면 글루카곤이 분비되어 간의 글리코겐을 포도당으로 전환시켜 혈당량을 감소시킨다.
④ 혈당이 식후에 증가하면 인슐린이 분비되어 각 조직세포안으로 포도당이 들어가 혈당을 정상으로 유지시킨다.

해설 식후 30분에서 1시간 내에 혈액 중의 포도당 양은 최고치에 달하며 이후 2~3시간이 경과하면 원래의 혈당 수준으로 되돌아간다. 이 때 작용하는 호르몬이 인슐린, 글루카곤 및 아드레날린 등이다. 인슐린은 혈당을 낮추고 주로 글루카곤과 아드레날린은 혈당을 증가시키는 작용을 한다.

45 정상적 공복 혈당의 농도와 이의 유지를 위하여 가장 긴밀하게 작용하는 호르몬은?

① 혈액 100mL당 70~120mg — 갑상선 호르몬　　② 혈액 100mL당 50~70mg — 인슐린
③ 혈액 100mL당 70~120mg — 인슐린　　　　　　④ 혈액 100mL당 180~240mg — 글루카곤

해설 혈액에 함유된 혈당량은 약 0.1% 정도이다. 즉 혈액 100mL당 약 70~120mg이 함유되어 있다. 혈당량에 작용하는 호르몬은 인슐린, 글루카곤 및 아드레날린 등이 있다.

46 다음 중 우리 몸에 에너지를 공급해주는 주된 영양소는 무엇인가?

① 무기질　　　② 식이성 섬유질　　　③ 탄수화물　　　④ 비타민

해설 탄수화물 : 체내에서 가장 중요한 에너지원이며, 혈당량을 유지하는 작용을 한다.

정답 38.❶ 39.❸ 40.❹ 41.❸ 42.❶ 43.❷ 44.❹ 45.❸ 46.❸

47 다음 중 탄수화물로부터 섭취하는 에너지 비율로 알맞은 것은?

① 45~55%　　　② 55~65%　　　③ 65~75%　　　④ 70~80%

해설 탄수화물 에너지 적정 비율은 55~65%이다.

48 다음 중 당뇨병은 혈당을 각 조직세포 내에서 열량원으로 이용하지 못하는 질병으로 이 질병의 원인이 되는 호르몬은 무엇인가?

① 아드레날린　　② 락타아제　　③ 인슐린　　④ 가스트린

해설 인슐린은 혈당량을 유지하는 데 가장 중요한 호르몬이다. 식후 혈당량이 상승하면 각 조직세포 내로 포도당을 끌어들이가게 하여 혈당을 정상으로 유지한다. 반대로 정상보다 낮으면 글루카곤, 아드레날린 등이 혈당 상승작용을 하여 정상 혈당을 유지토록 한다. 당뇨병은 주로 인슐린 분비량 감소나 작용 부족으로 고혈당, 당뇨, 케톤증 등이 나타난다.

49 대체로 저혈당증으로 인정되는 혈당 수준은?

① 20mg/100mL혈액　② 60mg/100mL혈액　③ 80mg/100mL혈액　④ 90mg/100mL혈액

해설 혈당 수준이 계속적으로 100mL의 혈액 내 60mg 이하가 될 때 저혈당증이 되며 40mg/100mL혈액 이하면 위험한 상태이다.

50 탄수화물대사의 이상으로 오는 당뇨병에 대한 설명으로 옳은 것은?

① 당뇨병은 혈당을 낮추는 인슐린 기능이 떨어져 일어난다.
② 혈당이 높아졌을 때, 젖산과 아미노산을 피루브산으로 전환시키는 작용이 적어져 일어난다.
③ 인슐린이 혈당을 젖산과 아미노산으로 전환시키는 작용이 적어져 일어난다.
④ 당뇨병은 포도당을 체내 조직에 과다하게 저장하여 일어난다.

해설 당뇨병은 인슐린의 작용부족으로 포도당을 효과적으로 연소하지 못하여 에너지원으로 이용되지 못한다. 따라서 혈당량이 높아지고 요로 당이 배설되는 질병이다. 특히 성인 당뇨병은 비만과 함께 오는 것이므로 체중감소와 저열량식, 운동량 증가가 중요하다. 그렇다고 탄수화물 성분을 너무 제한하면 저혈당, 케토시스 등이 발생하므로 곡류와 섬유질을 적절히 섭취하여야 한다. 성인 당뇨병 환자는 인슐린 주사를 반드시 맞을 필요는 없다.

51 다음 중 성인 당뇨병은 비만과 함께 오는 경우가 많은데 성인 당뇨병의 조절을 위한 방안으로 옳은 것은?

① 저혈당을 막기 위하여 계속 사탕 등을 먹는다.

② 반드시 인슐린 주사를 맞는다.
③ 탄수화물 섭취를 줄이고 배가 든든하게 하기 위하여 대신 지방 섭취를 증가시킨다.
④ 체중을 감소시키기 위하여 적절한 저열량식을 한다.

해설 문제 50번 해설 참조

52 탄수화물과 관련된 질병으로 거리가 먼 것은?
① 당뇨병 ② 유당불내증 ③ 암 ④ 갈락도세미아

해설 탄수화물과 관련된 질병으로는 당뇨병, 저혈당증, 유당불내증, 갈락토세미아 등이 있다.

53 다음 중 우유를 마시면 배가 아프고 설사가 나는 사람에게 부족한 효소와 주어도 되는 식품은 무엇인가?
① 락타아제 — 요구르트
② 글리시닌 — 분유
③ 수크라아제 — 연유
④ 아밀라아제 — 요구르트

해설 유당불내증으로 이 병은 오랫동안 우유를 마시지 않은 사람에게 락타아제가 합성되지 않아서 발생한다. 우유와 유제품은 제한하고 발효우유, 요구르트 등은 먹일 수 있다.

54 다음 중 단순지질은 인체 내에서 소화되면 어떤 물질로 흡수되는가?
① 아미노산 ② 글리세롤과 지방산 ③ 콜레스테롤 ④ 지단백

해설 단순지질은 글리세롤과 지방산이 결합된 지질이다. 대부분의 식용유지는 글리세롤 한 분자에 세 분자의 지방산이 결합된 중성지방으로 되어 있는데 이 중성지방은 산이나 알코올이나 소화효소에 의해서 글리세롤과 지방산으로 분해되어 흡수된다.

55 단순지질 중 영양가치는 없으나, 인체나 식물을 보호하는 물질은?
① 디글리세리드 ② 왁스(밀랍) ③ 레시틴 ④ 지단백

해설 왁스(밀랍)는 지방산과 글리세롤 외에 알코올이 더 결합된 물질이다. 피부나 털 등에 함유되어 있으며 식물잎, 사과껍질 등에 함유되어 있다.

정답 47.❷ 48.❸ 49.❷ 50.❶ 51.❹ 52.❸ 53.❶ 54.❷ 55.❷

56 구조 내에서 콜린(choline)이란 물질을 가지며 지방을 유화시키는 것은?

① 레시틴　　　② 세팔린　　　③ 스테롤　　　④ 메티오닌

해설 인지질에 속하는 레시틴은 효소인 레시틴아제의 작용으로 콜린을 분리하여 생체 기능에 중요하게 작용한다.

57 신경, 심장, 골수에 다량 들어 있는 인지질로 난황에 다량 함유되어 있으며 천연 유화제로 쓰이는 성분은?

① 당지질　　　② 지단백　　　③ 레시틴　　　④ 콜레스테롤

해설 지방 중 복합지질은 글리세롤과 지방산 외에 비지질분자단이 결합된 지질이다. 대개 질소를 함유하여 인지질·당지질·지단백 등이 영양상 중요하다. 레시틴은 난황에 많이 함유되며 신경·심장·간·골수에 다량 들어 있다.

58 다음 중 복합 지질에 속하지 않는 것은?

① 지단백　　　② 당지질　　　③ 콜레스테롤　　　④ 인지질

해설 복합 지질 : 인지질, 당지질, 지단백

59 다음 중 지단백의 가장 중요한 작용은 무엇인가?

① 아미노산을 각 조직세포로 운반한다.
② 포도당을 각 조직세포로 운반한다.
③ 지방, 인지질, 콜레스테롤을 각 조직 세포로 운반한다.
④ 단백질을 각 조직세포로 운반한다.

해설 지단백은 지방성분과 단백질이 결합되어 지방성분인 중성지방, 콜레스테롤과 인지질 등을 각 조직세포로 운반하는 역할을 한다.

60 세포막의 주성분으로 체내에서 이 물질을 통해 담즙산, 스테로이드호르몬, 비타민 D 등이 합성된다. 이 물질은 무엇인가?

① LDL　　　② 콜레스테롤　　　③ 에르고스테롤　　　④ 카로티노이드

해설 콜레스테롤은 뇌, 신경조직, 근육, 피부 등에 다양하게 존재한다.

61 다음 중 콜레스테롤의 체내 작용에 대한 설명으로 옳지 않은 것은?

① 콜레스테롤은 담즙산 생성에 필요한 물질이다.
② 콜레스테롤은 세포막의 주성분이다.
③ 콜레스테롤은 체내에서 합성되어 일정한 농도를 유지한다.
④ 체내 콜레스테롤 양은 모두 식품에서 섭취한 것이며 동맥경화를 유발한다.

해설 콜레스테롤(cholesterol)
- 콜레스테롤의 중요한 분해 산물은 담즙산이다.
- 생체 내에서 필수적인 구성 성분으로, 뇌와 신경 조직 등에도 함유되어 있다. 그리하여 각 조직 세포의 기능을 수행할 수 있게 한다.
- 혈중 콜레스테롤은 식사에서 공급되는 것과 체내에서 합성되는 콜레스테롤에 의해 항상성이 유지된다.
- 스테로이드호르몬, 비타민 D의 담즙산을 합성하는 기본 물질이다.

62 다음 중 콜레스테롤에 대한 설명으로 옳지 않은 것은?

① 콜레스테롤은 지단백질의 구성성분이며 동맥경화증을 일으키므로 모든 사람에게 식품섭취를 제한하여야 한다.
② 콜레스테롤은 담즙산을 형성하고 지방의 소화흡수를 돕는다.
③ 콜레스테롤은 스테로이드호르몬과 비타민 D 합성의 전구물질로서 중요하다.
④ 콜레스테롤은 생체 내에서 합성되지만 식이로서 적절한 양을 섭취하여야 한다.

해설 문제 61번 해설 참조

63 다음의 〈보기〉에서 설명하고 있는 것은?

> **보기** 지질의 일종으로 체내에서 합성되며, 스테로이드호르몬, 비타민 D와 담즙산을 합성하는 전구 물질로서 식이에서 적절히 섭취하여야 하는 성분이며 혈중에 과다하면 동맥경화의 위험이 높은 물질이다.

① 키토산   ② 알도스테론   ③ 콜레스테롤   ④ 갈락토오스

해설 콜레스테롤은 지질에서 유래된 체내 필수성분이다. 건강한 사람의 혈중 콜레스테롤 양은 일정하게 유지되며, 이는 식품에서 섭취한 양과 체내에서 합성한 양으로 조절된다. 포화지방산과 트랜스지방산의 과잉섭취는 혈중 총 콜레스테롤에, LDL-콜레스테롤 등을 증가시키고 HDL-콜레스테롤을 감소시킬 수 있다.

정답 56.① 57.③ 58.③ 59.③ 60.② 61.④ 62.① 63.③

64 다음 지단백 중 혈중농도가 높아지면 동맥경화의 위험이 높은 것과 이것의 함유성분 중 가장 많은 물질은 무엇인가?

① 킬로미크론 — 중성지방
② VLDL — 중성지방
③ LDL — 콜레스테롤
④ HDL — 단백질

해설 주로 LDL에 붙어 있는 콜레스테롤이 동맥경화를 유발시킨다.

65 중급지방산의 경우 탄소수는 몇 개인가?

① 5~6개
② 8~12개
③ 14~26개
④ 20~30개

해설 지방은 탄소수에 따라 저급, 중급, 고급지방산으로 나누는데 이는 소화흡수의 과정이 다르다는 데 의의가 있다.

66 다음 지방산 중 포화지방산은?

① 스테아르산
② 알파-리놀렌산
③ 아라키돈산
④ 리놀레산

해설 포화지방산은 동물성 지방에 많으며 천연적으로 함량이 많은 것은 팔미트산이고 다음으로 스테아르산이다.

67 다음 중 불포화지방산이 많은 유지류에 비타민 E의 함량이 많은 이유는?

① 비타민 E는 불포화지방산이 포화지방산으로 전환되는 것을 돕기 때문이다.
② 비타민 E는 불포화지방산의 연소 시 필수적 조효소이기 때문이다.
③ 비타민 E는 불포화지방산의 산화를 돕기 때문이다.
④ 비타민 E는 불포화지방산의 산화를 방지하기 위한 항산화제로서 자가보호 메커니즘이다.

해설 자연식품이나 체내에서 불포화지방산의 산화를 방지하기 위해 비타민 E의 필요가 높아진다.

68 필수지방산에 대한 설명 중 옳은 것은?

① 필수지방산은 생체 내에서 필요한 만큼 합성된다.
② 필수지방산은 모두 동물성 식품에 함유되어 있다.
③ 필수지방산은 반드시 식품으로 섭취하여야 한다.
④ 팔미틴산과 스테아르산은 필수지방산의 대표적인 예이다.

해설 필수지방산
- 생체 내에서 합성되지 않으므로 반드시 식품으로 섭취해야 한다는 뜻으로 붙인 이름으로, 리놀레산, 알파-리놀렌산이 있다.
- 불포화지방산이 다량 함유되어 있는 식물성 지방에 많이 함유되어 있다.

69 필수지방산에 대한 설명 중 옳지 않은 것은?
① 동물성 기름에 많이 존재
② 체내에서 합성 안됨.
③ 부족 시 피부병
④ 불포화도가 높은 지방산

해설 필수지방산 함유식품 : 면실유, 옥수수기름, 콩기름, 올리브 기름 등에 많다.

70 동물 체내에서 합성이 되지 않아 반드시 식품으로 섭취해야 하는 지방산은?
① 올레산
② 리놀레산
③ 팔미트산
④ 스테아르산

해설 문제 68번 해설 참조

71 다음 중 불포화지방산이며 등푸른 생선에 많이 들어 있어서 각광을 받고 있는 지방산은 무엇인가?
① 스테아르산
② DHA
③ 올레산
④ 리놀레산

해설 DHA : 불포화지방산이며 등푸른 생선에 많이 들어 있어서 각광을 받고 있는 지방산이다.

72 피부병이 생긴 어린이에게 특별히 보충해 주어야 할 것은?
① 버터
② 라드
③ 면실유
④ 낙화생기름

해설 생체 내에서 합성되지 않아 식품으로 섭취해야 하는 필수지방산은 결핍 시에 피부염과 습진 등을 유발한다.

73 필수지방산 결핍으로 나타나는 증상과 이 지방산이 가장 많이 들어 있는 급원은?
① 성장지연 — 낙화생유
② 성장지연 — 라드
③ 피부병 — 옥수수기름
④ 피부병 — 쇠기름

정답 64. ③ 65. ❷ 66. ❶ 67. ❹ 68. ❸ 69. ❶ 70. ❷ 71. ❷ 72. ❸ 73. ❸

해설 지방산 중 체내에서 충분히 합성되지 못하거나 합성되지 않는 지방산을 필수지방산이라 하며 알파-리놀렌산, 리놀레산이 있다. 이 필수지방산은 모두 불포화지방으로, 식물성 유지에 다량 함유되어 있으며 동물성에는 상대적으로 적게 함유되어 있다. 옥수수기름, 콩기름, 포도씨유 등이 많으며, 낙화생유, 팜유, 쇠기름, 마가린에는 적게 함유되어 있다. 성장기 아동에게 필수지방산이 결핍되면 성장이 불량하며, 피부염과 습진 등이 발생한다.

74 다음 중 불포화지방산과 필수지방산 함량이 가장 많은 순서로 옳은 것은?

① 옥수수기름 〉 면실유 〉 돼지기름 〉 쇠기름
② 옥수수기름 〉 돼지기름 〉 면실유 〉 쇠기름
③ 면실유 〉 옥수수기름 〉 돼지기름 〉 쇠기름
④ 쇠기름 〉 돼지기름 〉 옥수수기름 〉 면실유

해설 문제 73번 해설 참조

75 필수지방산의 함량비가 가장 높은 지방은 어느 것인가?

① 돼지기름 ② 옥수수기름 ③ 코코넛유 ④ 팜유

해설 동물성 지방과 식물성 기름
- 동물성 지방 : 식물성 기름보다 포화지방산 비율이 3~5배에 이르며 필수지방산도 현저히 낮다.
- 식물성 기름 : 불포화지방산이 아주 많고 따라서 필수지방산인 리놀레산의 양이 동물성 지방의 약 5배 이상이다. 특히 옥수수기름, 콩기름 등이 높다.

76 다음 유지류 중 불포화지방산과 리놀레산 함량이 아주 높아 좋은 지방 급원으로 섭취를 권장하는 기름끼리 연결된 것은?

① 면실유 – 낙화생유 ② 옥수수기름 – 팜유 ③ 옥수수기름 – 콩기름 ④ 쇼트닝 – 낙화생유

해설 문제 75번 해설 참조

77 반드시 식이에서 섭취하여야 하는 필수지방산이 가장 많이 들어 있는 지방 급원은?

① 낙화생유 ② 옥수수기름 ③ 마가린 ④ 쇠기름

해설 문제 75번 해설 참조

78 지방산이 많이 함유된 식품을 바르게 짝지은 것은?

① EPA, DHA — 야자유
② 올레산(oleic acid) — 면실유
③ 리놀레산(linoleic acid) — 생선유
④ 알파-리놀렌산(α-linolenic acid) — 들기름

해설 EPA와 DHA는 등푸른 생선, 올레산은 올리브유, 리놀레산은 견과류, 참깨의 씨앗, 옥수수 기름 등이며 알파-리놀렌산은 등푸른 생선, 들기름 등에 많다.

79 식이 콜레스테롤은 흡수되어 여러 조직에서 이용되며, 간에서 무엇으로 전환되어 배설되는가?

① 엔테로가스트론   ② 리파이제   ③ 담즙산   ④ 인지질

해설 간에서 담즙산으로 전환되어 배설된다.

80 지질의 대사와 관련된 설명으로 옳지 않은 것은?

① 식품이나 체내에서 지방산은 대부분 중성지방의 형태로 존재한다.
② 중성지방 등은 대부분 위에서 흡수된다.
③ 식이 콜레스테롤은 세포막의 구성성분, 스테로이드 호르몬 및 비타민 D의 전구체 등으로 이용된다.
④ 불포화지방산 중 리놀레산과 알파리놀렌산은 필수지방산이다.

해설 중성지방 등은 담즙산과 인지질의 유화작용과 췌장에서 분비된 소화효소 등의 작용으로 분해되어 소장에서 대부분 흡수된다.

81 다음 지단백 중 많은 콜레스테롤을 각 조직으로 운반하며 이것의 혈중 농도가 높으면 동맥경화의 위험이 높은 것은 무엇인가?

① 올레산   ② LDL   ③ 세팔린   ④ HDL

해설 LDL은 간에서 조직과 세포로 콜레스테롤을 운반하고, 콜레스테롤은 이곳에서 지단백질과 분리되어 세포에서 사용된다.

82 다음 중 간에서 조직과 세포로 콜레스테롤을 각 조직으로 운반하는 지단백은 무엇인가?

① HDL   ② 레시틴   ③ LDL   ④ 킬로미크론

해설 문제 81번 해설 참조

정답 74.① 75.② 76.③ 77.② 78.④ 79.③ 80.② 81.② 82.③

83 다음 중 지단백질의 HDL(α—리포프로테인)에 대한 설명으로 옳은 것은?

① HDL은 장점막에서 흡수된 식이지질로 이루어졌다.
② HDL은 말단조직의 콜레스테롤을 간으로 운반하는 작용을 한다.
③ HDL은 지단백 중 단백질 함량이 가장 낮다.
④ HDL은 지단백 중 콜레스테롤 함량이 가장 낮다.

해설 점도가 가장 높으며 지단백의 가장 적은 부분을 차지하는 HDL은 공복 시 혈장의 정상적인 함유물이며 간에서 합성된다. 지단백 분자는 중성지방을 운반해 주는 역할을 하며 너무 많은 지방이 간 또는 장에서 혈액으로 들어오거나 또는 너무 적게 분해 제거되면 지방이 많은 지단백이 혈장에 축적된다. 그러므로 혈장 지단백의 합성은 지방의 운반임을 알 수 있다.

84 다음 혈액 중 동맥경화의 위험을 낮추는 지단백은 무엇인가?

① HDL ② VLDL ③ 킬로미크론 ④ LDL

해설 저밀도지단백(LDL)은 콜레스테롤을 다량 함유한 것으로 혈중 농도가 높아지면 동맥경화 위험이 높으며, 고밀도지단백(HDL)은 단백질을 많이 함유하고 콜레스테롤이 적은 것으로 항동맥경화요소로 알려지고 있다.

85 지방과 관련된 설명으로 옳지 않은 것은?

① 1g당 9kcal의 열량을 발생한다.
② 필수지방산 결핍은 아동의 성장 지연 등을 일으키지는 않는다.
③ 체온 유지 및 중요 장기의 보호작용을 한다.
④ 과다 섭취 시 간이나 피하조직에 저장된다.

해설 필수지방산의 결핍은 아동의 성장 지연과 피부병, 면역기능 손상, 상처의 치료 지연 등을 일으킬 수 있다.

86 지방의 기능이라 할 수 없는 것은?

① 지용성 비타민 등의 흡수와 운반 도움
② 체내 유해물질에 대한 저항력 형성
③ 체온 유지와 중요 장기 보호
④ 에너지의 공급원

해설 지방의 체내 작용 : ①, ③, ④ 외에 신체의 구성성분이다.

87 다음 중 지방의 체내 작용이라 할 수 없는 것은?

① 지방은 효소와 호르몬의 주성분이다.　　② 피하지방은 에너지의 중요한 저장기관이다.
③ 지방은 체내 중요 장기를 보호한다.　　④ 지방은 1g당 9kcal의 열량을 발생한다.

해설 지방의 체내 작용 : 에너지 생산, 에너지 저장, 필수영양소의 기능, 신체의 구성성분, 체온 유지 및 중요 장기 보호작용

88 다음 중 혈중 LDL의 농도가 높을 때 발생위험이 높은 질병은 무엇인가?
① 골다공증　　② 신장병　　③ 동맥경화증　　④ 당뇨병

해설 동맥경화증은 콜레스테롤이 축적되어 발생되는 것으로 LDL은 혈중 콜레스테롤의 2/3를 함유하고 있어 LDL의 증가는 콜레스테롤의 증가를 의미한다.

89 다음 중 콜레스테롤에 대한 설명으로 옳지 않은 것은?
① 콜레스테롤은 뇌와 신경조직의 중요 구성성분이다.
② 콜레스테롤을 적게 섭취하면 생체 내에서 합성이 촉진된다.
③ 콜레스테롤은 동맥경화증을 일으키는 요인으로 식품에서 제거하여야 한다.
④ 콜레스테롤은 혈액 내 일정한 양을 유지하여 생체 내에서 중요한 작용을 한다.

해설 콜레스테롤은 인체의 필수적인 성분으로서 세포막, 호르몬, 신경세포의 미엘린을 구성하는 기본 물질로서, 성장기 아동에게 꼭 필요하다.

90 혈중 콜레스테롤 농도가 증가될 수 있는 위험요소가 아닌 것은?
① 스트레스　　② 비만증　　③ 흡연　　④ 관절염

해설 혈중 콜레스테롤 농도를 증가시킬 수 있는 위험요소로는 중년의 남성, 스트레스, 고지혈증, 비만증, 고혈압, 흡연과 당뇨병 등이다.

91 다음 중 콜레스테롤이 다량 함유되어 있어서, 동맥경화 위험이 있는 사람에게 제한하여야 하는 식품은 무엇인가?
① 미역　　② 쇠기름　　③ 꽁치　　④ 참치

해설 식품의 콜레스테롤은 대부분 육류 식품에 함유되어 있다. 쇠고기, 돼지고기, 달걀 등에 많으며 그 외에도 새우나 굴 등에 다량 함유되어 있다.

정답　83.❷　84.❶　85.❷　86.❷　87.❶　88.❸　89.❸　90.❹　91.❷

92 LDL 콜레스테롤의 농도를 높이는 것과 관련 없는 것은?

① 전지유제품　　② 코코넛유　　③ 올리브유　　④ 팜유

해설 포화지방산은 LDL 콜레스테롤 농도를 높이는데, 이들 포화지방산은 육류, 전지유제품 그리고 코코넛, 팜과 같은 식물 기름에 많다.

93 다음 중 지방과의 상관관계가 높은 암은?

① 대장암　　② 위암　　③ 갑상선암　　④ 피부암

해설 암 중에서도 특히 유방암, 대장암이 지방과의 상관관계가 높다.

94 우리나라 성인의 경우 총 지방의 에너지 적정비율은?

① 5~15%　　② 15~30%　　③ 30~40%　　④ 40~50%

해설 성인의 경우 총 지방의 에너지 적정비율은 15~30%이다.

95 다음 중 단백질을 식품에서 반드시 섭취하여야 하는 이유로 올바른 것은?

① 사람은 토양 중의 질소화합물을 이용할 수 있기 때문에
② 사람은 공기 중의 질소를 이용할 수 있기 때문에
③ 인체에 꼭 필요한 질소화합물과 필수아미노산을 섭취하기 위하여
④ 단백질은 인체의 가장 많은 구성성분이며 생명의 기본물질이기 때문에

해설 단백질은 질소를 함유한 아미노산으로 이루어지고 이 아미노산은 다양한 DNA의 유전정보에 의해서 합성된다. 사람들은 단백질을 식품으로 섭취함으로써 체내 단백질 필요량을 충족시킨다.

96 다음 중 단백질에서 반드시 섭취해야 하며 체내에서 아미노산과 단백질을 합성할 수 있는 원소는 무엇인가?

① 산소　　② 질소　　③ 수소　　④ 탄소

해설 탄수화물과 지방은 탄소, 산소, 수소로 이루어져 있으나 단백질은 이 외에 질소를 함유하고 있다. 따라서 체내에 필요한 아미노산과 단백질을 합성할 때 반드시 단백질에서 얻은 질소를 이용하게 된다. 단백질의 평균 질소 함량은 약 16%이며 식품마다 조금씩 다르다.

97 단백질에 대한 설명으로 옳지 않은 것은?

① 단백질은 탄소, 수소, 산소, 질소 등을 함유하고 있다.
② 단백질은 신체의 기본 구성성분이며 생명의 기본물질이다.
③ 단백질은 1g당 4kcal를 생성하는 열량 급원으로 사용된다.
④ 필수아미노산만으로 이루어졌다.

해설 필수아미노산과 비필수아미노산으로 구성된다.

98 다음 중 단백질에 대한 설명으로 옳지 않은 것은?

① 단백질은 아미노산의 펩타이드 결합으로 구조를 형성하고 있는 복합분자이다.
② 아동들에게 단백질이 결핍되면 발육부진이 발생한다.
③ 임신기와 수유기에는 단백질 섭취를 줄여야 한다.
④ 식품 내 단백질은 가열로 인해 구조가 변형되어 소화 및 흡수가 쉬워진다.

해설 특히 성장기, 임신기와 수유기에는 부가적인 단백질 섭취가 요구된다.

99 단백질의 구성단위는 무엇인가?

① 수분　　　　② 포도당　　　　③ 아미노산　　　　④ 지방산

해설 단백질은 수많은 아미노산이 결합되어 구성되어 있다.

100 아미노산의 특성으로 옳지 않은 것은?

① 단백질과 같은 탄소, 수소, 산소, 질소로 구성되어 있다.
② 식품마다 아미노산의 종류와 함량이 다르다.
③ 필수아미노산에는 알라닌이 있다.
④ 조건적 필수아미노산은 합성이 그 대사적 요구를 충족시키지 못할 경우 식이를 통한 공급이 필요한 아미노산이다.

해설 필수아미노산에는 메티오닌, 류신, 이소류신, 발린, 라이신 등이 있다.

정답 92.③　93.①　94.②　95.③　96.②　97.④　98.③　99.③　100.③

101 다음 중 필수 아미노산으로만 묶인 것은?

① 트립토판, 메티오닌, 라이신, 발린
② 트립토판, 트레오닌, 발린, 티록신
③ 알라닌, 류신, 이소류신, 라이신
④ 세린, 페닐알라닌, 메티오닌, 류신

해설 필수 아미노산과 불필수 아미노산
- 필수 아미노산 : 히스티딘, 이소류신, 류신, 라이신(리신), 메티오닌, 페닐알라닌, 트레오닌, 트립토판, 발린
- 불필수 아미노산 : 알라닌, 아스파라긴, 아스파르트산, 글루탐산, 세린

102 다음 중 어린이에게만 필요한 아미노산은?

① 라이신 ② 트립토판 ③ 류신 ④ 아르기닌

해설 어린이는 성인과 달리 아르기닌을 합성할 수 없어 아르기닌을 필요량만큼 만들어 낼 수 없으므로 아르기닌을 식사로부터 충분히 섭취해야 한다.

103 다음 아미노산 중 필수 아미노산이라 할 수 없는 것은?

① 트립토판 ② 세린 ③ 라이신 ④ 페닐알라닌

해설 문제 101번 해설 참조

104 다음 중 조건적 필수아미노산이 아닌 것은?

① 아르기닌 ② 시스테인 ③ 트레오닌 ④ 글루타민

해설 조건적 필수아미노산 : 아르기닌, 시트룰린, 오르니틴, 시스테인, 티로신, 글루타민, 글라이신, 트롤린, 타우린

105 다음 중 필수 아미노산에 대한 설명으로 옳지 않은 것은?

① 필수 아미노산은 체내 단백질 합성 시 필수적인 물질이다.
② 모든 필수아미노산을 골고루 함유한 단백질을 양질의 단백질이라고 한다.
③ 대표적 필수 아미노산은 글루타민과 세린이다.
④ 필수 아미노산은 반드시 식품으로 섭취되어야 한다.

해설 필수 아미노산은 체내에서 필요한 충분한 양이 합성되지 못하므로 반드시 식품에서 공급해야 한다. 이러한 필수아미노산에는 이소류신, 류신, 라이신(리신), 메티오닌, 페닐알라닌, 트레오닌, 트립토판, 발린, 히스티딘이 있다.

106 다음 아미노산 중 불필수아미노산으로 옳은 것은?

① 트립토판 ② 알라닌 ③ 라이신 ④ 페닐알라닌

해설 문제 105번 해설 참조

107 다음 중 생체 내에서 충분히 합성되지 못하여 식품에서 반드시 섭취하여야 하는 아미노산의 이름과 종류가 옳게 연결된 것은?

① 필수 아미노산 – 라이신
② 필수 아미노산 – 세린
③ 불필수 아미노산 – 글루탐산
④ 조건적 필수아미노산 – 티로신

해설 문제 105번 해설 참조

108 체내에 필요한 아미노산을 합성하기 위해 반드시 섭취해야 할 필수 아미노산은?

① 알라닌 ② 글루타민 ③ 세린 ④ 트립토판

해설 문제 105번 해설 참조

109 필수아미노산이라고는 하지만 결핍 식사를 하더라도 바로 음성 질소 평형을 야기하거나 단백질 합성 감소로 이어지지 않는 필수 아미노산은?

① 류신 ② 발린 ③ 히스티딘 ④ 트레오닌

해설 히스티딘 : 필수아미노산이라고는 하지만 결핍 식사를 하더라도 바로 음성 질소 평형을 야기하거나 단백질 합성 감소로 이어지지 않는 필수 아미노산이다.

110 다음 중 메티오닌이 많이 함유된 식품이 아닌 것은?

① 달걀 ② 치즈 ③ 소고기 ④ 콩

해설 메티오닌은 달걀, 치즈, 닭고기, 생선, 소고기 등에 많다. 콩에는 메티오닌이 부족하다.

111 아미노산 중 우울증 억제와 면역기능 향상, 항산화제인 글루타티온 합성의 원료가 되는 것은?

정답 101.① 102.④ 103.② 104.③ 105.③ 106.② 107.① 108.④ 109.③ 110.④ 111.①

① 메티오닌 ② 류신 ③ 이소류신 ④ 발린

해설 메티오닌 : 우울증 억제와 면역기능 향상, 항산화제인 글루타티온 합성의 원료가 된다.

112 아미노산 중 티로신으로 전환되는 필수아미노산이며, 티로신으로의 전환과정을 통해 도파민, 노르에피네프린과 같은 중요 호르몬과 신경전달물질이 합성되는 기준은?

① 라이신 ② 트레오닌 ③ 트립토판 ④ 페닐알라닌

해설 페닐알라닌 : 티로신으로 전환되는 필수아미노산이며, 티로신으로의 전환과정을 통해 도파민, 노르에피네프린과 같은 중요 호르몬과 신경전달물질이 합성된다.

113 멜라토닌과 세로토닌을 합성하는데 쓰이는 아미노산은?

① 트레오닌 ② 트립토판 ③ 라이신 ④ 아르기닌

해설 트립토판 : 멜라토닌과 세로토닌을 합성하는데 쓰인다.

114 신생아나 유아의 경우 체내 합성 경로가 발달되어 있지 않기 때문에 외부로부터 보충해야 하는 아미노산은?

① 메티오닌 ② 발린 ③ 타우린 ④ 류신

해설 타우린 : 신생아나 유아의 경우 체내 합성 경로가 발달되어 있지 않기 때문에 외부로부터 보충해야한다.

115 다음 중 세포조직의 유지나 구조를 이루는 선형 단백질이라 할 수 없는 것은?

① 헤모글로빈 ② 케라틴 ③ 피브린 ④ 콜라겐

해설 형태에 의한 단백질 분류
- 선형 단백질 : 주로 물에 용해되지 않으며 세포조직의 유지나 구조를 이루는 물질 예 모발에 함유된 케라틴, 결합조직에 함유된 콜라겐, 혈액의 피브린, 근육섬유의 미오신
- 구형 단백질 : 예 카세인, 난알부민, 글로불린, 헤모글로빈 등

116 단백질의 3차 구조인 구형 단백질에 속하지 않는 것은?

① 카세인 ② 난알부민 ③ 글로불린 ④ 미오신

해설 문제 115번 해설 참조

117 아미노산이 결합되어 폴리펩타이드 결합으로 선형 또는 구형 단백질을 형성하는데, 선형 단백질의 작용과 예가 올바르게 연결된 것은?

① 세포조직의 유지와 구조 형성 — 헤모글로빈
② 세포조직의 유지와 구조 형성 — 콜라겐
③ 체내 혈장단백질 형성 — 케라틴
④ 체내 효소, 호르몬 형성 — 카세인

해설 문제 115번 해설 참조

118 뼈와 모발을 구성하는 주된 아미노산은?

① 알부미노이드   ② 발린   ③ 류신   ④ 시스틴

해설 단순 단백질 중 알부미노이드에는 뼈의 콜라겐, 모발의 케라틴 등이 있다.

119 다음 중 단순 아미노산과 그 유도체가 잘못 연결된 것은?

① 알부민 — 밀의 류코신
② 글로불린 — 땅콩의 아라킨
③ 프롤라민 — 옥수수의 제인
④ 히스톤 — 보리의 호르데인

해설 히스톤에는 혈액의 글로빈, 흉선의 히스톤 등이 있다. 보리의 호르데인은 프롤라민이다.

120 복합단백질과 그의 소재가 틀린 것은?

① 핵단백질 — 뉴클레오히스톤
② 인단백질 — 카세인
③ 당단백질 — 오보비텔린
④ 색소단백질 — 헤모글로빈

해설 당단백질 : 혈청의 세로글리코시드, 세로뮤코시드 등이 있다.

121 다음 중 단백질의 종류가 옳게 연결된 것은?

정답 112.④ 113.❷ 114.③ 115.❶ 116.④ 117.❷ 118.❶ 119.④ 120.③ 121.❷

① 핵단백질 — 히스톤 　　　　② 색소 단백질 — 헤모글로빈
③ 지단백질 — 피브리노겐 　　④ 색소 단백질 — 알부민

해설 색소단백질은 색소성분과 결합된 복합 단백질로서 혈액 중의 헤모글로빈이 대표적인 것이다.

122 다음 중 유도 단백질은?
① 프롤라민　　② 프로티안　　③ 헤모글로빈　　④ 뮤신

해설 유도 단백질은 산, 알칼리, 효소의 작용이나 가열에 의해 변성된 것이다.

123 완전 단백질에 속하는 가장 질 좋은 단백질은 무엇인가?
① 달걀의 오브알부민　　② 보리의 호르데인　　③ 밀의 글리아딘　　④ 옥수수의 제인

해설 단백질의 영양적 분류
- 완전 단백질 : 우유의 카세인과 락트알부민, 달걀의 오브알부민, 대두의 글리시닌, 보리의 에데스틴, 밀의 글루테닌과 글루텔린
- 불완전 단백질 : 젤라틴, 옥수수의 제인
- 부분적 불완전 단백질 : 밀의 글리아딘, 보리의 호르데인, 연맥의 프롤라민

124 주요 단백질이 잘못 연결된 것은?
① 콩 — 글리시닌　　② 우유 — 카세인　　③ 밀 — 호르데인　　④ 난백 — 오브알부민

해설 밀 : 글리아딘, 보리 : 호르데인

125 불완전 단백질에 속하는 것은?
① 카세인　　② 글루테닌　　③ 젤라틴　　④ 프롤라민

해설 불완전 단백질은 단백질 급원으로 이것만을 섭취했을 때 성장이 지연되고 체중이 감소하며 장기간 계속되면 사망한다. 이에는 젤라틴과 옥수수의 제인이 있다.

126 단백질의 변성에 작용되는 것과 관계 없는 것은?
① HCl(염산)　　② 열　　③ 물을 넣고 조리　　④ 티아민

해설 단백질은 열을 가하거나 물을 넣어 조리할 때 식품에 변성이 일어난다.

127 다음 중 '단백질의 소화효소는 왜 장내 조직을 소화하지 않고 식품만을 소화하게 되는가'에 대한 설명으로 옳지 않은 것은?

① 분비된 불활성 소화효소는 장내에서 활성화된다.
② 장내 조직 단백질과 식품 단백질은 전혀 다르기 때문이다.
③ 장점막은 점성물질로 싸여서 소화로부터 보호되고 있다.
④ 단백질 소화효소는 장내로 분비될 때 소화활성을 갖지 않은 형태이다.

해설 체내 조직에서 단백질의 분해를 방지하기 위한 오묘한 자연적 보호 메커니즘
- 단백질 소화효소는 장내 조직을 소화·분해하지 않고 식이에서 섭취한 단백질만을 분해한다.
- 위벽과 장벽 세포가 분비하는 점성 물질인 점액 다당류가 장벽을 둘러싸고 있어서 단백질 분해효소의 작용을 받지 못하도록 보호하고 있다. 만약 위의 염증이나 위장 질환으로 점액 물질이 부족해지면 위벽이 그대로 노출되어 강한 위 염산의 작용과 위의 단백질 분해효소의 작용을 받게 된다.
- 단백질 분해효소는 음식이 없을 때에는 활성을 갖지 않은 상태의 불활성 효소로 존재한다. 단백질 식품이 섭취되면 그 식품의 자극으로 활성화되어 분해할 수 있는 능력을 갖게 된다.

128 다음 중 단백질 분해효소가 위를 분해하지 않고 식품단백질만 분해하는 이유라 할 수 없는 것은?

① 위에는 단백질 분해효소가 없기 때문이다.
② 위점막에 점액이 보호막을 형성하여 분해를 막는다.
③ 위산이나 활성화된 효소에 의해서 활성화된 뒤 분해력을 갖는다.
④ 단백질 분해효소는 불활성 형태로 위 내로 분비된다.

해설 문제 127번 해설 참조

129 위나 장에서 분비되는 단백질 분해효소가 위나 장점막을 분해하지 않고 식품 단백질만을 분해하는 이유는 소화효소가 분비될 때는 불활성 형태로 분비되어 장관 내에서 활성화되기 때문인데, 이 불활성 효소라 할 수 있는 것은?

① 펩신   ② 카이모트립신   ③ 트립신   ④ 펩시노겐

해설 위 속에는 펩신이 존재하고 있으며 펩신은 유문 점막에서 불활성 형태인 펩시노겐으로 분비된다. 이것은 위 속의 염산(HCl)의 작용으로 펩신으로 전환되어 활성을 갖게 된다.

정답 122.❷ 123.❶ 124.❸ 125.❸ 126.❹ 127.❷ 128.❶ 129.❹

130 단백질의 소화에서 소장에서의 효소가 아닌 것은?

① 펩신 ② 트립신 ③ 아미노펩티다아제 ④ 디펩티다아제

해설 단백질의 소화 시 소장에서의 관련 효소 : 트립신, 카복시펩티다아제, 아미노펩티다아제, 디펩티다아제가 있다(펩신은 위에서의 효소이다).

131 유아의 위점막 중 위에서 분비되는 효소로 우유의 단백질인 카세인을 응고시키는 효소는?

① 레닌 ② 리파아제 ③ 에렙신 ④ 트립신

해설 유아의 위점막에 있는 효소 레닌은 유즙이 펩신의 작용을 받지 않고 그대로 위를 통과하는 것을 막아준다.

132 체내 총 단백질 양이 가장 많이 저장되어 있는 곳은?

① 피부 ② 근육 ③ 간 ④ 뇌

해설 체내 총 단백질 양의 48% 가량이 근육에 저장되고, 15% 가량이 피부, 15% 가량이 혈액, 10% 가량은 간과 신장, 나머지 소량이 뇌, 심장, 폐, 골조직 등에 존재한다.

133 아미노산의 질소 대사의 주요 최종산물로 포유동물은 어떤 형태로 배설하게 되는가?

① 요소 ② 알부민 ③ 크레아티닌 ④ 요산

해설 요소는 아미노산의 질소 대사의 주요 최종산물로 포유동물은 요소형태로 배설하게 된다.

134 단백질의 체내 작용과 관련 없는 것은?

① 조직세포의 생성과 보수 ② 혈청 단백질의 형성
③ 에너지 발생 ④ 장기 보호

해설 단백질의 체내 작용 : ①, ②, ③ 외에 체내 대사 과정의 조절(수분조절, 산·알칼리평형), 비타민과 무기질 등의 운반 등이다.

135 혈청 단백질 중 제2의 단백질 급원으로 α, β, γ의 세 종류가 있는 것은?

① 혈청 알부민　　② 혈청 글로불린　　③ 피브리노겐　　④ 에피네프린

해설 글로불린은 조직에서 필요한 아미노산을 알부민이 부족하여 공급하지 못할 때 공급해 준다.

136. 다음 중 단백질의 상호보조효과를 가장 높게 만드는 배합은 무엇인가?

① 고구마 + 김치　　② 옥수수 + 감자　　③ 우유 + 밀가루　　④ 두부 + 돼지고기

해설 부족한 아미노산과 다른 단백질을 같이 섭취함으로써 단백질의 질을 높여서 단백질작용을 더욱 완전하게 하는 것을 단백질의 상호보조효과라고 한다. 빵과 치즈, 감자와 우유를 섞어 먹임으로써 보조효과가 나타나며, 셔만은 밀가루와 우유의 상호보조작용을 밝혀냈다.

137. 단백질은 배합하는 식품에 따라서 단백질을 높일 수 있는데, 이러한 효과를 무엇이라 하며 가장 효과적인 식품의 배합은?

① 상호보조효과, 감자 + 옥수수
② 상호보조효과, 감자 + 우유
③ 특이동적 작용, 감자 + 옥수수
④ 아미노산 불균형효과, 우유 + 달걀

해설 문제 136번 해설 참조

138. 다음 중 단백질의 질을 향상시키기 위한 식품의 배합으로 가장 효과적인 것은?

① 햄 + 풋고추　　② 불고기 + 상추　　③ 라면 + 달걀　　④ 피자 + 콜라

해설 문제 136번 해설 참조

139. 다음 중 옥수수 단백질에 트립토판과 리신을 첨가하여 옥수수의 영양가를 높이는 효과를 얻을 수 있는데, 이와 유사한 식품의 배합은 무엇인가?

① 장어 + 참치　　② 쌀밥 + 돼지고기　　③ 두부 + 달걀　　④ 라면 + 양배추

해설 식품에 따라 단백질의 종류나 질은 큰 차이가 있다. 단백질의 질이 낮은 식품에 다른 단백질을 배합하여 질을 높이는 효과를 단백질의 상호보조효과라 한다. 식물성 식품의 단백질은 대체로 질이 낮고, 동물성 식품은 질이 높다. 이 두 식품을 배합하면 상호보조효과를 높일 수 있다.

정답 130.❶　131.❶　132.❷　133.❶　134.❹　135.❷　136.❸　137.❷　138.❸　139.❷

140 다음 중 라면만 계속 먹으면 부족하기 쉬운 필수아미노산과 이를 보충하기 위해 배합 식품이 가장 잘 된 것은 무엇인가?

① 라이신, 쌀밥　　② 트립토판, 돼지고기　　③ 라이신, 달걀　　④ 트립토판, 김치

해설 단백질의 상호보조효과 : 부족한 아미노산과 다른 단백질을 같이 섭취함으로써 단백질의 질을 높여서 단백질 작용을 더욱 완전하게 하는 것 예 빵과 치즈, 감자와 우유, 밀가루와 우유, 라면과 달걀

141 다음 중 단백질의 질을 높이기 위한 상호보조효과를 최대화하기 위한 식품의 배합은 무엇인가?

① 감자구이 + 찐옥수수　　② 토스트 + 우유　　③ 달걀후라이 + 불고기　　④ 달걀후라이 + 우유

해설 문제 140번 해설 참조

142 단백질의 생물가를 나타내는 식은?

① $\dfrac{\text{아미노산 함량}}{\text{제한 아미노산 함량}} \times 100$　　② $\dfrac{\text{제한 아미노산 함량}}{\text{아미노산 함량}} \times 100$

③ $\dfrac{\text{흡수된 질소량}}{\text{보유된 질소량}} \times 100$　　④ $\dfrac{\text{보유된 질소량}}{\text{흡수된 질소량}} \times 100$

해설 생물가 : 단백질의 영양가를 측정하는 방법

143 다음 단백질 평가방법 중 체중 증가량을 측정하여 판정하는 방법은 무엇인가?

① 난가　　② 생물가　　③ 단백질 효율　　④ 단백가

해설 단백질 효율은 체중이 증가되는 양으로서 단백질의 영양가를 판단하는 방법으로 간단하고 많이 사용된다. 그러나 성장기에만 주로 사용할 수 있다. 이 방법은 오스본과 멘델에 의하여 고안되었는데 어린 쥐의 체중 증가량과 먹이에 들어 있는 단백질의 질과는 완전한 상관관계가 있었다.

144 다음 중 단백질의 질이 가장 좋은 식품은 무엇인가?

① 두부　　② 우유　　③ 달걀　　④ 동물간

해설 단백질의 질은 식품 단백질에 필수 아미노산의 조성이 골고루 또한 많은 양이 들어 있는가에 의한 단백가 또는 성장을 제대로 증가시키는가를 보는 단백질 효율, 질소평형실험에 의한 생물가 등에 의해서 결정된다. 일반적으로는 단백가를 주로 사용하고 있다. 달걀 등 난류의 단백가가 가장 높은 것으로 나타났다.

145 다음 식품 중 필수 아미노산이 가장 골고루 들어 있는 최상의 단백질은?

① 대두　　　　　② 쇠고기　　　　　③ 달걀　　　　　④ 우유

해설 달걀은 여러 가지 필수 아미노산이 골고루 들어 있는 최상의 단백질이다.

146 다음 중 단백질 필요량에 영향을 주는 요소의 설명으로 적절하지 않은 것은?

① 열량 결핍 시 단백질 필요량은 증가한다.
② 고열 환자는 단백질 필요량이 감소한다.
③ 소모성 질환자는 단백질 필요량이 증가한다.
④ 성장, 수유기에는 단백질 필요량이 증가된다.

해설 성장기나 임신, 수유기에는 새로운 단백질의 합성을 위해서 단백질 필요량이 증가한다. 소모성 질환자나 고열 환자는 조직보수를 위해서 단백질 필요량이 증가한다.

147 다음 중 단백질의 필요량이 증가되는 사항은?

① 질병 후 회복상태
② 체내 저류 단백질이 많을 때
③ 필수 아미노산 양이 많고 골고루 들어 있는 식이를 하였을 때
④ 에너지 섭취량을 충분히 섭취하였을 때

해설 단백질 필요량의 증가
　• 나이가 어릴수록 체중당 단백질 필요량 증가
　• 성장기나 임신·수유기에는 새로운 단백질의 합성을 위해서 단백질 필요량 증가
　• 소모성 질환자나 고열환자의 조직보수를 위해 단백질 필요량 증가

148 다음 중 단백질 필요량을 높게 하는 요소라 할 수 없는 것은?

① 충분한 에너지 섭취　　　　　② 폐결핵 등 소모성 질환
③ 임신기　　　　　　　　　　　④ 성장기

해설 문제 147번 해설 참조

정답 140.❸　141.❷　142.❹　143.❸　144.❸　145.❸　146.❷　147.❶　148.❶

149 다음 중 필수 아미노산의 필요량 비율이 높아서 양질의 단백질을 많이 먹는 것이 가장 필요한 시기를 순서대로 옳게 제시한 것은?

① 성인기 〉 영아기 〉 학동기
② 노년기 〉 학동기 〉 영아기
③ 영아기 〉 학동기 〉 성인기
④ 영아기 〉 노년기 〉 학동기

해설 단백질 섭취는 총 단백질 필요량뿐만 아니라 이 중 필수 아미노산의 필요량을 충족시켜야 한다. 필수 아미노산의 필요량이 부족하면 총 단백질 양이 많더라도 이 필수 아미노산을 대신할 수 없기 때문이다. 나이가 어릴수록 필수 아미노산의 필요량 비율이 높다.

150 다음 중 단백질 섭취 부족으로 나타나는 것은?

① 혈우병　　② 구루병　　③ 괴혈병　　④ 콰시오커

해설 초기 단백질 부족 증상은 체중감소, 피로, 초조감 등이며 성장지연 등이 나타난다. 단백질 섭취량이 극도로 낮으면 콰시오커가 나타난다.

151 영유아기에 단백질 결핍증에 걸렸을 때 나타나는 증상이라 할 수 없는 것은?

① 구루병　　② 피부염　　③ 간 장애　　④ 성장지연

해설 장기간 기아상태이거나 젖을 먹지 못하고 이유식 섭취가 이루어지지 않는 영유아에게 단백질 결핍증(콰시오커)이 나타날 수 있다. 이때 성장지연, 머리카락이 희어지고 피부염, 간 장애, 부종 등이 나타난다. 구루병은 비타민 D나 칼슘 결핍에 의해서 나타난다. 영유아기에 단백질과 열량이 동시에 결핍되면 마라스무스가 나타난다.

정답 149. ❸　150. ❹　151. ❶

제1부 영양학

03 에너지 대사

 단원 개요

에너지 대사는 우리 신체를 구성하고 있는 모든 조직의 세포 내에서 일어난다. 세포 내에는 여러 가지 구조물이 존재하는데 그 중에서 특히 에너지 대사와 관련있는 것은 미토콘드리아이다.
이 단원에서는 에너지의 측정 단위, 형태와 식품의 열량가, 인체의 에너지 대사, 에너지 섭취와 체중조절에 대하여 자세히 살펴보기로 한다.

 출제 경향 및 수험 대책

이 단원에서는 체내에 존재하는 에너지 형태, 3대 영양소의 열량과 체내 흡수율, 포도당이 산화되어 에너지 발생 시 필요한 사항, 열량대사량에 영향을 주는 요소, 비만증의 원인, 체중에 영향을 주는 요소, 체중 증가를 막기 위한 방안, 비만 관련 질병, 체중 감소 방법 등에 대해서 묻는 문제들이 출제될 수 있는 바, 자세하고 철저한 학습이 요구된다.

01 에너지의 측정 단위, 영양과 대사 및 식품의 열량가

1 에너지의 측정 단위, 영양과 대사

(1) 에너지의 측정 단위

① 인체에서의 에너지 대사량을 측정할 때는 열의 발생량을 측정하고 열량의 단위인 칼로리를 사용해 왔다. 식품에 존재하는 에너지도 마찬가지로 열의 측정 단위를 사용한다.
② 칼로리의 분류
  ㉠ 소칼로리 : 1g의 물을 섭씨 1도 올리는 데 필요한 열량이고, 물리학이나 화학에서 사용한다. 이는 cal라고 쓴다.
  ㉡ 대칼로리 : 1kg의 물을 섭씨 1도 올리는 데 필요한 열량으로, 영양학에서 사용한다. 에너지의 양을 표시할 때는 kcal라고 쓴다.

(2) 영양과 대사

① 생명을 유지하고 일상생활의 건강을 유지하며 성장발육과 생식을 위하여 외부로부터 여러 가지 물질을 섭취해서 이용하고 있다.
② 영양소의 작용에 의해 생겨진 에너지(ATP)로 여러 가지 생체기능을 수행하고 동화작용에 의해 효소, 호르몬, 기타 여러 가지 복합물을 합성한다.
③ 음식물의 분해에 의한 화학에너지는 일단 고에너지의 인산화합물로 변하여 필요에 따라 그것을 이용하는 방법을 취하고 있다.
④ 인체의 활동에너지를 신진대사라 함은 생체 안에서 영양소의 화학적 변화와 에너지 변환을 의미한다.
  ㉠ 영양소가 수분, 탄산 가스, 질소화합물로 완전 산화하여 에너지를 얻는 과정을 이화작용이라 한다.
  ㉡ 이화작용의 에너지를 고에너지 인산화합물의 형태로 취하는 것을 동화작용이라고 한다. 또한 남은 에너지를 간단히 분자인 탄수화물, 단백질, 지방 등의 형태로 생체 안에 저장하는 과정을 동화작용이라 한다.
⑤ 체내에서 영양소가 동화 또는 이화되어 가는 화학적 변화의 과정을 중간대사라고 하며 같은 대사과정을 에너지의 출입면에서 관찰하는 경우를 에너지 대사라고 한다.

2 식품의 열량가

(1) 영양소와 열량가

① 우리가 먹는 음식의 열량가가 다른 이유 : 그 음식을 구성하고 있는 영양소의 종류와 함량이 다르기 때문이고, 각 영양소를 구성하고 있는 원소 조성이 다르기 때문이다.
② 지방 함량과 에너지 함량 및 기타 함량의 관계 : 지방 함량이 높은 것이 에너지 함량이 높

추가 설명

에너지의 형태-체내에서의 에너지 변경
- 다른 형태의 화학 에너지
- 뇌나 신경의 활동에서와 같은 전기 에너지
- 근육을 수축시킬 때와 같은 기계 에너지
- 체온을 조절할 때와 같은 열 에너지

추가 설명

에너지 대사

일반적으로 이화작용에서는 에너지가 유리되고, 동화작용에서는 반대로 에너지가 공급되어야 한다. 따라서 동화작용이 일어날 때에는 이화작용이 수반되어 일어나 필요한 에너지가 공급된다. 이와 같이 물질대사에서는 에너지가 유리되거나 소비되는데, 이러한 과정을 에너지 대사라고 한다.

다. 섬유소와 수분 함량이 높은 것일수록 에너지 함량은 낮다.
③ 각 영양소의 원소 조성
　㉠ 탄소 : 에너지를 내는 모든 영양소는 유기 물질이므로 탄소가 주가 되어 구성되어 있다.
　㉡ 수소 : 영양소 중에서 탄소보다는 수소를 많이 가지고 있는 것일수록 에너지를 많이 낸다.
　㉢ 산소 : 영양소 중에서 산소의 함량이 높은 것은 에너지 함량이 낮다.
　㉣ 지방 : 수소 함량이 가장 많고 탄소 함량, 산소 함량 순이므로 에너지 발생량이 가장 많다.
　㉤ 탄수화물 : 수소 함량이 가장 낮고 탄소 함량도 적을 뿐 아니라 산소 함량이 상당히 많으므로 에너지 발생량이 가장 낮다.
　㉥ 단백질 : 탄소와 산소의 함량이 탄수화물과 지방의 중간이고 수소 함량은 탄수화물과 비슷하므로 중간일 것이다.

(2) 식품의 열량가와 생리적 열량가의 차이
① 영양소의 흡수율 : 탄수화물은 평균 98%, 지방은 평균 95%, 단백질은 평균 92%가 흡수된다.
② 영양소의 생리적 열량가 : 탄수화물은 4kcal/g, 지방은 9kcal/g, 단백질은 4kcal/g이다.

02 인체의 에너지 대사

1 에너지의 섭취

(1) 공복감과 포만감
① 공복감과 포만감은 음식의 섭취를 조절하는 신호로서 에너지의 평형 상태에 의하여 느껴진다.
② 공복감과 식욕은 둘 다 음식을 먹게 하는데 공복감은 육체적 또는 선천적 본능에 의한 것이고, 식욕은 음식에 대한 학습된 반응, 즉 정신적인 것이다. 그러므로 이 둘은 반드시 동시에 일어나지 않는다.
③ 공복감 또는 포만감은 호르몬과 신경에 의하여 신호가 뇌에 전달되어 느끼는데, 이는 먹은 음식이 소장에 도달했을 때 장기에서 호르몬 분비를 촉진하고 혈류를 타고 호르몬이 뇌신경에 도달하여 느끼게 된다.

(2) 식행동
① 정상적인 시상하부를 가진 사람의 식행동은 체온, 세포의 대사, 에너지의 이용 가능성과 같은 신체의 내부 조건에 의한 신호의 수에 의하여 결정된다.

추가 설명

지방의 열량가가 높은 이유
수분함량이 낮고, g당 열량발생량이 높고, 다량의 수소로 조성되어 에너지를 많이 발생하기 때문이다.

추가 설명

생리적 열량가의 특징
- 인체 영양의 관점에서 볼 때 우리 신체에서 실제 유용한 에너지가 중요한데, 이를 생리적 열량가라고 한다.
- 생리적 열량가는 연소열량가에 소화·흡수율을 적용하고 단백질의 경우는 질소에너지의 비이용분을 보정해 산출한다.

추가 설명

인체의 에너지 평형
- 에너지 저장의 변화=섭취한 에너지-소비한 에너지
- 대부분의 성인은 장기간 고정된 에너지 평형을 이룬다.
- 나이가 들면서 에너지 평형이 깨져 체중이 증가하는 경향이 있다.

② 식행동은 주로 내부의 요구에 의하여 좌우되지만 환경 또는 외부 조건이 식행동에 다분히 영향을 준다.

2 에너지의 소비

(1) 서론

① **에너지의 분배** : 인체 내에서 음식으로 먹은 에너지가 일 에너지로 전환되는 율은 25%에 지나지 않고, 75%는 열로 체외로 방출된다.
② **열발생** : 신체가 열을 발생하는 것으로 발생된 열의 양을 측정하면 사람의 에너지 대사량을 알 수 있다.
③ **에너지 대사량** : 피험자가 발생한 열을 직접 측정하는 직접적 칼로리미터법과 정해진 시간 동안에 피험자가 사용한 산소와 방출한 이산화탄소의 양을 측정하여 산출하는 간접적 칼로리미터법으로 측정할 수 있다.
④ 1일 에너지 소비량 = 기초대사량 + 활동대사량 + 음식에 의한 영향

(2) 기초 대사량

① **기초 대사량(basal metabolic rate)의 정의** : 생명과정에 필요한 최소한의 에너지량이다. 활동을 하지 않는 휴식상태에서도 뇌의 활동, 심장 박동, 간의 생화학 반응, 신체의 생명 활동 기능을 유지하기 위해서 필요한 에너지의 양을 말한다.
② **측정 방법**
　㉠ 근육운동, 정신활동, 소화, 체온조절 등으로 인한 에너지소비를 최대한 줄이기 위해 절대안정시키고 금식상태와 체온조절용 에너지 소비가 없는 온도에서 측정한다.
　㉡ 1990년 이후 미플린이 창안한 기초대사량 산정 공식이 신뢰를 얻고 있다. 개인별 차이가 있지만 일반적으로 남성은 체중 1kg당 1시간에 1kcal를 소모하고, 여성은 0.9kcal를 소모하는 것으로 알려져 있다.

> **미플린의 성인 1일 기초대사량 산정 공식**
> 여자 : (6.25×cm 단위 자신의 키)+(10×kg 단위 자신의 체중)−(5×자신의 나이)−161
> 남자 : (6.25×cm 단위 자신의 키)+(10×kg 단위 자신의 체중)−(5×자신의 나이)+5

③ **기초 대사량에 영향을 주는 요인** : 기초대사량은 사람의 총 에너지 소비량 중 차지하는 비율이 가장 크다.
　㉠ **신체 구성 성분** : 근육을 많이 가지고 있는 사람은 체중과 신장이 같더라도 피하지방을 많이 가지고 있는 비만한 사람보다 기초 대사량이 크다. 또한 남자의 대사량이 여자보다 크다.
　㉡ **몸의 크기와 모양** : 몸집이 큰 사람이 작은 사람보다 그리고 체중이 같더라도 키가 크

추가 설명

기초대사
일정한 체온을 유지하는 일, 심장박동과 호흡운동, 신장이 끊임없이 혈액을 여과하는 작용, 모든 세포나 조직에서의 대사회전에 사용되는 에너지 등 생존하기 위하여 필요한 대사를 기초대사라 한다.

추가 설명

호흡기로 기초 대사량을 측정할 때에 정확성을 기하기 위한 조건
• 피험자가 잠자지 않고 정신적 육체적으로 휴식 상태에 있을 때
• 소화의 영향을 받지 않게 하기 위하여 식사 후 12~18시간 경과한 후
• 춥거나 덥지 않은 실내 온도 (20~22℃)

고 가냘픈 사람은 키가 작고 뚱뚱한 사람보다 기초 대사량이 크다.
- ⓒ **수면에 의한 영향** : 잠은 에너지 대사량을 절약해 주며, 수면으로 인한 기초 대사량이 감소되는 양의 계산은 체중에 0.1을 곱하고 그것에 수면 시간을 곱한다.
- ⓔ **호르몬의 영향** : 갑상선에서 분비되는 티록신은 글리코겐을 포도당으로 분해시키는 작용을 촉진시키는데, 이 호르몬이 비정상적으로 많이 분비되면 기초 대사량은 증가된다. 에피네프린도 기초대사를 높이는 작용이 있는데, 혈당을 높여 전신의 세포에 작용해 몸 전체의 기능을 심한 노동이나 운동에 적합한 상태로 유지하는 작용을 한다.
- ⓜ **연령** : 성장이 빠른 시기에는 기초 대사량이 높은데 성장 속도가 가장 빠른 시기는 생후 6개월이며 출생 시 체중의 2배가 되고, 생후 1년이 되면 3배로 증가한다. 체중이 증가하면 체표면적도 따라서 증가하는데 생후 2년 말 또는 3년이 시작될 때에는 체표면적 1제곱미터(m^2)당 기초 대사량이 일생을 통하여 가장 높아진다.
- ⓗ **건강 상태** : 보통 기초 대사량이라고 하면 건강한 사람의 대사량이다. 영양 불량인 사람의 기초 대사량은 같은 나이, 같은 성의 사람보다 낮다. 영양 불량의 정도가 심하면 심할수록 기초 대사량은 더욱 감소한다. 그 이유는 영양 불량이 되면 에너지 대사가 주로 일어나는 근육 조직이 감소하기 때문이고, 또한 각 세포 내에서의 에너지 대사율도 낮아지기 때문이다.
- ⓢ **기후의 영향** : 겨울은 춥고 체온의 손실량이 많아 그것을 보충하기 위해 열의 생산이 왕성하여 기초대사가 크다. 여름은 기온이 높은 만큼 체온을 유지하기 위한 열 생산이 적고, 기초대사량도 적다.
- ⓞ **여성 생리의 영향** : 여자의 기초대사는 생리 중에 최저가 되며, 그 후 차츰 증가해 생리 2~3일 전에 최고가 된다.

(3) 활동 대사량

① **활동 대사량의 정의** : 운동을 하거나 노래를 하는 것, 춤을 추는 것, 글씨를 쓰는 것, 짐을 나르는 것 등등 흔히 우리가 '활동'이라고 표현하는 모든 것들이 에너지를 필요로 한다. 이런 활동에 쓰이는 에너지를 활동 대사량이라 한다.

② 활동 대사량은 개인이 얼마나 활동적으로 움직이느냐에 따라 매일 달라질 수 있다.

(4) 음식 섭취에 의한 특이동적 작용

① 음식물을 섭취한 후에는 대사가 항진하며, 이 항진이 당질, 지질, 단백질의 영양소에 의하여 특이적으로 다르다. 특히 단백질 섭취 후의 음식물 섭취에 의한 대사항진을 특이동적작용(Specific Dynamic Action, SDA)이라고 부른다.

② 음식물 섭취에 따른 대사량의 증가는 영양소의 종류에 따라 다르며, 단백질의 섭취에 의해서 가장 크다. 대사량은 섭취 단백질량이 갖는 에너지의 약 30%이고, 지방의 섭취 시는 4%, 당질의 섭취는 약 5%이다.

📝 **추가 설명**

기초대사량에 영향을 미치는 인자
- 증가 요인 : 골격근 증가, 남자, 갑상선 기능 항진, 임신, 사춘기 등
- 저하 요인 : 지방조직 증가, 여자, 갑상선 기능 저하, 수면, 노령, 영양불량 등

📝 **추가 설명**

활동 대사량
일상 생활에서 운동이나 노동 등 활동을 하면서 소모되는 에너지의 양

📝 **추가 설명**

안정대사(휴식대사)
- 공복이 아닐 때 상반신을 일으켜 의자에 앉거나 그냥 앉아서 안정하고 있는 대사를 안정대사 또는 휴식대사라 한다.
- 식후 휴식상태에 있는 경우 에너지소비량의 실제 측정한 결과를 평균하면 기초대사량의 약 1.2배가 된다.

03 에너지 섭취와 체중조절

1 체지방 과다가 건강에 미치는 영향

(1) 서론

① 에너지 소비량·섭취량과 체중의 관계
  ㉠ 소비량이 적은 데도 에너지를 많이 섭취하면 필요 이상의 에너지는 체내에 저장되어 체중이 증가하여 비만해진다.
  ㉡ 소비량은 많은데 섭취량이 적으면 체내에 저장해 두었던 에너지를 소모하게 되므로 체중이 감소하고 마른다.

② **체중의 증가** : 근육이 발달하는 것이 아니라 체지방이 증가하는 것이다. 체지방은 지방, 단백질, 물로 구성되어 있는데 그 중 지방이 87%를 차지한다.

(2) 건강에 대한 위험 요인

① **조기 사망률** : 표준 체중보다 30% 이상 체중이 과다한 사람은 조기에 사망하는 율이 높다. 반대로 극도로 체중 부족인 사람도 조기에 사망하는 율이 높다.

② **체중 과다가 된 시기** : 50세 이전에 체중이 표준 체중을 초과했을 경우에는 그 이후에 초과한 경우보다 위험성이 크다.

③ **지방이 축적되는 장소** : 과잉의 지방이 허리와 복강(상체, 중앙, 몸통)에 축적된 것이 엉덩이나 다리에 축적된 것보다 위험성이 크다.

(3) 정신적 사회적 문제

보기에 아름답지 않을 뿐 아니라 소외감, 고독감을 느껴 정신적으로 이상이 올 수도 있다.

2 체격과 건강

(1) 체중

① **신장에 대한 체중** : 체중만을 사용하기보다는 신장에 대한 체중을 건강의 지표로 삼고 있다.

② 체질량지수(BMI : Body Mass Index)

  ㉠ $BMI = \dfrac{체중(kg)}{신장(m^2)}$

  ㉡ BMI는 인종과 성별, 근육량, 유전적 원인 등 다양한 이유로 단순한 적용을 하기에는 무리가 있으므로 정확한 비만도를 측정하기 위해서는 이외에도 근육량과 허리둘레 등을 포함해서 검사할 필요가 있다.

(2) 신체 구성 성분

① 건강을 위하여는 체중에 대한 체지방 함량만이 문제가 되는 것이 아니라 체지방이 몸의

추가 설명

비만인과 관련이 깊은 질병
 고혈압, 혈중 고LDL 콜레스테롤, 관상 동맥 심장병, 당뇨병, 암(여성의 경우 담낭, 유방, 자궁, 난소, 남성의 경우 결장, 전립선), 담낭 질병, 호흡 장애, 관절염과 통풍, 피부 질환, 월경 불순, 난소 이상, 임신 장애 등

추가 설명

카프만지수(WHR : Waist-Hip Ratio)
- 엉덩이둘레에 대한 허리둘레의 비로 측정한다.
- 복부에 지방이 많이 축적되어 있는 사람은 엉덩이에 지방이 많은 사람보다 고혈압, 심장병, 당뇨병이 발생할 위험이 크다.
- 성인 여자의 이상적인 수치는 0.75~0.80이고, 성인 남자는 0.86~0.90이다.

어느 부위에 축적되어 있는가가 더 큰 문제이다.

② **중앙부 비만의 위험** : 고콜레스테롤증, 고혈압, 흡연과 같은 주요 세 가지 위험 요인만큼이나 심장병 유발의 위험성을 가져온다.

③ **지방층 두께의 측정** : 체지방의 총량을 상당히 정확하게 산출할 수 있을 뿐 아니라 체지방의 분포도 비교적 정확하게 알 수 있다.

㉠ 피하 지방의 두께 : 바로 총 체지방의 양을 말한다.

㉡ 측정방법 : 칼리퍼를 사용하여 상박 뒤쪽이나 등의 살을 기술적으로 집어 그 두께를 재면 체지방의 총량과 그의 분포를 알 수 있다.

㉢ 피하 지방 두께 측정방법의 특징
- 측정한 수치는 심장병의 위험성과 직접적으로 상관관계가 있다.
- 복부 비만과 그와 관련된 위험성을 BMI보다 더 정확하게 알아낼 수 있다.

3 비만

(1) 비만의 원인

① **생리적 요인**(공복감과 포만감을 느끼게 하는 기작에 대한 설)

㉠ 가장 많은 학자들이 인정하는 설 : 뇌에 공복감과 포만감을 느끼는 중추가 있고, 혈액 내에 있는 포도당, 지방, 아미노산 또는 펩티드, 호르몬 또는 신경 충동 전달 물질들이 뇌의 중추를 자극함으로써 공복 또는 포만을 지각하게 된다.

㉡ 정상 체중이 깨졌을 때는 체내에 저장되어 있는 지방의 양이 지침이 되어 음식의 섭취를 조절함으로써 체중을 조절한다.

㉢ 세트 포인트(set-point)설 : 사람마다 각자의 체중, 즉 세트 포인트가 있어, 그 정해진 체중을 유지할 만큼의 음식을 먹고 그 체중보다 감소할 때는 배고픔을 느낀다.

② **심리적 요인** : 스트레스, 먹음직스러운 음식, 사회적 영향 등 세 가지 요인이 음식의 섭취를 조절한다.

③ **유전적 요인** : 부모가 모두 비만인 경우에는 아이들이 비만해지는 확률이 약 80%로 높은 데 비해 어느 한 쪽 부모가 비만한 경우에는 자식들의 약 10%만 비만하다고 한다.

(2) 지방의 패트닝 파워(fattening power)

① 체중은 주로 탄수화물과 지방의 섭취량과 산화 속도에 의한다.

② 지방은 소화되어 흡수되면 바로 지방 세포로 들어가 일단 저장되었다가 탄수화물이 부족할 때 연료로 사용되므로 지방을 많이 섭취하면 비만해질 수밖에 없다.

(3) 활동

사람은 필요 이상의 에너지를 계속 섭취해도 비만해지지만 활동을 너무 하지 않아도 비만해지기 쉽다.

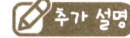
추가 설명

허쉬(Hirsh) 등의 비만에 대한 연구
- 체중 과다인 사람의 경우 지방 세포의 크기는 정상 체중을 가진 사람보다 2~2.5배 크다.
- 체중 초과인 사람은 큰 지방 세포를 유지하도록 혼란된 조절 시스템을 가지고 있다.
- 세포가 최대 크기에 도달하면 분열하여 수가 증가하므로 더 많은 지방을 저장할 수 있다.
- 한번 생긴 지방 세포는 영원히 생존한다.

> **추가 설명**
>
> 체중을 줄이기 위한 운동 조건
> - 대근육을 율동적으로, 그리고 계속적으로 사용할 수 있는 종류의 운동
> - 개인의 신체적 한도까지 적응할 수 있는 안전한 운동
> - 즐겁고 비교적 편리한 운동
> - 체중 감소를 위하여 적당한 강도, 적당한 시간, 그리고 적당한 횟수로 할 수 있는 운동

(4) 체중 감소 방법

① 체중을 감소시키기 위하여는 단시일 내에 갑작스럽게 체중을 감소시키는 것보다는 장기간을 두고 서서히 감소시키는 것이 바람직하다.

② 영양 섭취의 조절
  ㉠ 현재까지 섭취해 온 영양소 중 에너지를 제외하고는 모든 영양소는 충분히 섭취해야 한다.
  ㉡ 음식을 조리할 때 현재까지 먹던 재료로 음식의 맛을 종전과 같게 조리해야 한다.
  ㉢ 심하게 배가 고프거나 심하게 피로를 느끼게 음식을 먹어서는 안 된다.
  ㉣ 건강을 유지할 수 있어야 한다.
  ㉤ 섬유질이 많은 채소를 싱겁게 조리하여 많이씩 먹고 밥, 국수, 케이크, 떡, 튀긴 음식과 같은 탄수화물과 지방이 많은 음식을 적게 먹는다.

③ 운동 : 에너지 소비량을 증가시키고, 공복감을 조절하며 체내 근육 함량을 증가시킨다. 표준 체중의 130%의 체중을 가진 사람, 흡연하는 사람, 심장병의 위험이 있는 사람은 운동 프로그램을 시작하기 전에 건강 진단을 받는 것이 안전하다.

④ 정신적 의지력 : 체중을 줄이기 위한 프로그램을 계속하기 위하여는 단단한 의지력 또는 정신적 뒷받침이 있어야 한다.

실전예상문제

1 열량단위로 쓰이는 대칼로리(kcal)는 무엇을 말하는 것인가?

① 1g의 물을 1℃ 높이는데 필요한 열량
② 1g의 물을 10℃ 높이는데 필요한 열량
③ 1kg의 물을 1℃ 높이는데 필요한 열량
④ 1kg의 물을 10℃ 높이는데 필요한 열량

해설 칼로리의 분류
- 소칼로리 : 물 1g을 1℃ 높이는데 필요한 열량
- 대칼로리 : 물 1kg을 1℃ 높이는데 필요한 열량

2 다음 중 대체로 인체 에너지의 측정 단위로 쓰이는 것은?

① IU ② g ③ cal ④ kcal

해설 인체 에너지의 양을 표시할 때는 kcal라고 쓴다.

3 체내에 존재하는 에너지의 형태와 거리가 먼 것은?

① 전기에너지 ② 화학에너지 ③ 기계적 에너지 ④ 태양에너지

해설 사람은 식물이 저장해 가지고 있는 화학에너지를 직접간접으로 섭취하여 에너지를 얻는다. 인체 내에는 전기, 화학, 기계적, 열에너지의 4종의 형태가 존재한다.

4 영양소가 수분, 탄산가스, 질소화합물로 완전 산화하여 에너지를 얻는 과정을 무엇이라 하는가?

① 이화작용 ② 동화작용 ③ 상승작용 ④ 하강작용

해설 영양소가 수분, 탄산가스, 질소화합물로 완전 산화하여 에너지를 얻는 과정을 이화작용이라고 하며, 이 에너지를 고에너지 인산화합물의 형태로 취하는 것을 동화작용이라고 한다.

5 식품의 열량가가 모두 다른 이유에 해당하지 않는 것은?

정답 1.❸ 2.❹ 3.❹ 4.❶ 5.❹

① 음식에 있는 영양소의 함량 차이　　　　② 음식에 있는 영양소의 종류 차이
③ 영양소를 구성하는 원소 조성의 차이　　④ 영양소에 포함되어 있는 색소의 차이

해설 음식의 열량가는 식품에 있는 영양소의 함량, 종류, 원소 조성의 차이에 따라 다르다.

6 다음 중 에너지 함량이 가장 높은 영양소에 해당되는 것은?

① 단백질　　　　② 지방　　　　③ 무기질　　　　④ 탄수화물

해설 에너지 함량이 가장 높은 것은 지방이다.

7 지방을 다량 함유한 식품의 열량가가 높은 이유로서 적절치 않은 것은?

① 이 식품은 수분의 함량이 아주 낮다.
② 이 식품은 g당 열량 발생량이 높다.
③ 지방은 다량의 수소로 조성되어서 에너지를 많이 발생한다.
④ 지방은 산소함량비가 탄수화물보다 높아서 에너지를 많이 발생한다.

해설 지방은 수소함량이 가장 많고 탄소함량, 산소함량 순이므로 에너지발생량이 가장 많으며, 탄수화물은 수소함량이 가장 낮고 탄소함량도 적을 뿐 아니라 산소함량이 상당히 많으므로 세 영양소 중에서는 에너지 발생량이 가장 낮을 것이다. 또한 단백질은 탄소와 산소의 함량이 탄수화물과 지방의 중간이고 수소함량은 탄수화물과 비슷하므로 에너지 발생량은 탄수화물과 지방의 중간일 것이라고 추측할 수 있다.

8 영양소의 생리적 열량가가 바르게 짝지어진 것은?

① 탄수화물 − 9kcal　② 단백질 − 5.6kcal　③ 지방 − 9kcal　④ 알코올 − 9.4kcal

해설 탄수화물은 1g에 4kcal, 지방은 9kcal, 단백질은 4kcal를 발생시키고 있다.

9 인체의 에너지 평형에 대한 기술로 부적당한 것은?

① 에너지 저장의 변화=섭취한 에너지−소비한 에너지
② 대부분의 성인은 장기간 고정된 에너지 평형을 이룬다.
③ 나이가 들면서 에너지 평형이 깨져 체중이 감소하는 경향이 있다.
④ 체중변화에 관심을 가지고 에너지 섭취량과 운동으로 에너지의 평형을 이루도록 한다.

해설 나이가 들면서 에너지 평형이 깨져 체중이 증가하는 경향이 있다.

10 에너지의 섭취에 대한 기술로 옳지 않은 것은?

① 공복감과 포만감은 에너지의 평형상태에 의해 느껴진다.
② 공복감과 식욕은 반드시 동시에 일어난다.
③ 공복감 또는 포만감은 호르몬과 신경에 의해 신호가 뇌에 전달되어 느낀다.
④ 식행동은 주로 내부의 요구에 의해 좌우되지만 외부조건이나 환경에 의해서도 영향을 받는다.

해설 공복감은 육체적 또는 선천적 본능에 의한 것이고, 식욕은 음식에 대한 학습된 반응, 즉 정신적인 것이다. 그러므로 이 둘은 반드시 동시에 일어나지 않는다.

11 인체 내에서 음식으로 먹은 에너지가 일에너지로 전환되는 율은 얼마인가?

① 20%　　② 25%　　③ 55%　　④ 75%

해설 인체 내에서 음식으로 먹은 에너지가 일에너지로 전환되는 율은 25%에 지나지 않고, 75%는 열로 체외로 방출된다.

12 1일 에너지 소비량의 합계와 관련 없는 것은?

① 기초대사량　　② 활동대사량　　③ 음식에 의한 영향　　④ 방출대사량

해설 1일 에너지 소비량 = 기초대사량 + 활동대사량 + 음식에 의한 영향

13 기초대사와 관련 없는 사항은?

① 심장이 뛴다.　　② 오래된 세포는 죽고 새로운 세포가 합성된다.
③ 학습을 한다.　　④ 신장에서 배설물을 거른다.

해설 무의식중에 생명을 유지하기 위하여 이루어지는 대사과정을 기초대사라고 한다.

14 다음 중 일반적으로 남성은 체중 1kg당 1시간에 기초대사량 얼마를 소모하는 것으로 알려져 있는가?

① 0.5kcal　　② 1kcal　　③ 3kcal　　④ 5kcal

해설 일반적으로 남성은 체중 1kg 당 1시간에 1kcal, 여성은 0.9kcal를 소모하는 것으로 알려져 있다.

정답　6.❷　7.❹　8.❸　9.❸　10.❷　11.❷　12.❹　13.❸　14.❷

15 다음 중 기초대사량에 영향을 주는 요소에 대한 설명으로 옳은 것은?

① 겨울보다는 여름에 기초대사량이 많다.
② 키가 같지만 체중이 많으면 체중이 적은 사람보다 에너지 소모가 적다.
③ 생리 중에 기초대사가 최저가 된다.
④ 수면시간이 많으면 에너지 필요량은 증가한다.

해설 **기초대사량**
- 여름보다는 겨울이 기초대사가 크다.
- 체중이 많은 사람이 적은 사람보다 기초대사가 크다.
- 수면은 에너지 대사량을 절약해 준다.

16 다음 중 기초대사량에 영향을 주는 요소에 대한 설명으로 올바른 것은?

① 근육이 많을수록 기초대사량은 크다.
② 남성이 여성보다 기초대사량이 더 작다.
③ 영양이 불량하면 기초대사량은 증가한다.
④ 체중이 적을수록 기초대사량이 많다.

해설 **기초대사량에 영향을 주는 요인**
- 남성이 여성보다 기초대사량이 크다.
- 영양이 불량하면 기초대사량은 감소한다.
- 체중이 적을수록 기초대사량은 감소한다.

17 기초대사량과 관계되는 호르몬으로 옳은 것은?

① 에스트로겐   ② 프로게스테론   ③ 티록신   ④ 옥시토신

해설 티록신이 비정상적으로 많이 분비되면 기초대사량은 증가된다.

18 다음 중 기초대사량이 낮아지는 경우는?

① 영양실조   ② 기온하강
③ 갑상선 기능항진   ④ 질병으로 인한 체온상승

해설 기초대사량은 영양상태가 양호할 때 대사량이 많아진다.

19 체표면적 $1m^2$당 기초대사량이 일생을 통해 가장 높아지는 때는?

① 생후 6개월   ② 생후 2년 말   ③ 생후 4년 말   ④ 생후 5년 말

해설 생후 2년 말 또는 3년이 시작될 때에는 체표면적 $1m^2$당 기초대사량이 일생을 통해 가장 높아진다.

20 다음 중 체중 당 에너지 필요량이 가장 많은 시기는 언제인가?

① 영아기　　　② 청년기　　　③ 장년기　　　④ 노인기

해설 성장이 빠른 시기에는 기초대사량이 높다. 성장 속도가 가장 빠른 시기는 생후 6개월이며, 생후 6개월이 되면 출생 시 체중의 2배가 되고, 생후 1년이 되면 3배로 증가한다. 체중이 증가하면 체표면적도 따라서 증가하는데, 생후 2년 말 또는 3년이 시작될 때에는 체표면적 1제곱미터(m^2) 당 기초 대사량이 일생을 통하여 가장 높아진다. 그 후 사춘기에 이를 때까지 대사율은 약간 감소하다가 사춘기에 달하면 성장률과 대사율이 다시 크게 증가한다.

21 기초대사량이 가장 높은 기후에 살고 있는 사람들은?

① 아열대지방　　　② 열대지방　　　③ 온대지방　　　④ 한대지방

해설 기초대사량이 높은 기후에 사는 사람들은 한대 > 온대 > 열대 순이다.

22 일상생활에서 운동이나 노동 등 활동을 하면서 소모되는 에너지의 양을 무엇이라 하는가?

① 기초대사량　　　② 활동대사량　　　③ 휴식대사　　　④ 안정대사

해설 운동을 하거나 노래를 하는 것, 짐을 나르는 것 등 활동에 쓰이는 에너지를 활동대사량이라고 한다.

23 활동대사량과 거리가 먼 것은?

① 글씨 쓰는 것　　　② 짐을 나르는 것　　　③ 노래하는 것　　　④ 자는 것

해설 문제 22번 해설 참조

24 음식물을 섭취한 후에는 대사가 항진하는데, 특히 단백질 섭취 후 음식물 섭취에 의한 대사항진을 무엇이라 하는가?

① 활동대사　　　② 특이동적 작용　　　③ 기초대사　　　④ 안정대사

해설 단백질 섭취 후의 음식물 섭취에 의한 대사항진을 특이동적 작용이라 한다.

25 공복이 아닐 때 상반신을 일으켜 의자에 앉거나 그냥 앉아서 안정하고 있는 대사를 무엇이라 하는가?

정답 15.③ 16.① 17.③ 18.① 19.② 20.① 21.④ 22.② 23.④ 24.② 25.④

① 특이동적 작용　　② 기초대사　　③ 활동대사　　④ 안정대사

해설 안정대사(휴식대사)
- 공복이 아닐 때 상반신을 일으켜 의자에 앉거나 그냥 앉아서 안정하고 있는 대사를 안정대사 또는 휴식대사라 한다.
- 식후 휴식상태에 있는 경우 에너지소비량의 실제 측정한 결과를 평균하면 기초대사량의 1.2배가 된다.

26 다음 중 열량을 필요량보다 과다하게 섭취하였을 때 발생되는 질병은 무엇인가?

① 골다공증　　② 신장병　　③ 갈락토세미아　　④ 비만증

해설 에너지의 소비량과 섭취량은 체중과 밀접한 관계가 있다. 소비량이 적음에도 불구하고 에너지를 많이 섭취하면 필요 이상의 것은 체내에 저장되어 체중이 증가하여 비만해질 것이고, 반대로 소비량은 많은데 섭취량이 적으면 체내에 저장해 두었던 에너지를 소모하게 되므로 체중이 감소하고 마른다.

27 체지방의 구성성분 중 약 87%를 차지하고 있는 것은?

① 지방　　② 단백질　　③ 물　　④ 비타민

해설 체지방은 지방, 단백질, 물로 구성되어 있는데 그 중 지방이 87%를 차지한다.

28 비만은 많은 질병의 위험요소로서 알려졌다. 비만증 환자에게서 발병위험이 높은 질병이 아닌 것은?

① 골다공증　　② 고혈압　　③ 당뇨병　　④ 관상심장병

해설 비만증 환자에게 발병위험이 높은 질병 : 고혈압, 발작, 혈중 고LDL 콜레스테롤, 관상동맥심장병, 당뇨병, 암, 담낭질병, 호흡장애, 관절염과 통풍, 피부질환, 난소이상, 월경불순, 임신장애 등

29 몸무게(kg)를 키(m^2)로 나눈 값으로 비만도를 판단하기 위해 만들어진 지수는?

① 호흡지수　　② 체형지수　　③ 체질량지수　　④ 브로카지수

해설 BMI(체질량지수)는 주로 성인들의 비만도를 판단하기 위해 만들어진 지수이다.

30 심장병 유발요인과 관련 없는 것은?

① 고콜레스테롤증　　② 흡연　　③ 중앙부 비만　　④ 피부질환

해설 중앙부 비만은 고콜레스테롤증, 고혈압, 흡연과 같은 주요 세 가지 위험요인만큼이나 심장병 유발의 위험성을 가져온다.

31 성인여자의 WHR의 이상적인 수치는 얼마인가?
① 0.50~0.65   ② 0.60~0.70   ③ 0.75~0.80   ④ 0.86~0.90

해설 엉덩이 둘레에 대한 허리둘레의 비(WHR)는 성인여자의 이상적인 수치는 0.75~0.80, 성인 남자는 0.86~0.90이다.

32 다음 중 체중에 영향을 주는 요소에 대한 설명으로 가장 올바른 것은?
① 열량섭취량을 같게 한 사람들의 체중은 모두 비슷하게 나타난다.
② 비만인 가계의 자녀는 비만이 될 확률이 높다.
③ 스트레스와 음식물 섭취와는 상관관계가 없다.
④ 포만감을 지각하는 뇌기능이 항진될 때 비만증이 나타난다.

해설 화가 나거나 권태감, 울적할 때 충동적으로 음식을 많이 먹어대는 사람들이 있으며, 부모가 비만일 경우 아이들의 비만 확률이 높아진다.

33 다음 중 체중을 감소시키기 위한 식이요법에 대한 설명으로 옳지 않은 것은?
① 되도록 간식을 많이 한다.
② 심하게 배가 고프거나 피로를 느끼게 음식을 먹어서는 안된다.
③ 섬유질이 많은 채소 등을 많이 먹는다.
④ 먹는 음식의 양을 가능한 한 유지하되 탄수화물이나 지방이 많은 음식은 적게 먹는다.

해설 체지방을 감소시킬 수 있는 방법 : 영양섭취량 조절, 운동, 정신적 의지력

34 체중을 감소시키기 위하여 식품을 선택할 때 올바른 것은?
① 열량이 농축된 사탕, 버터, 초콜릿 등을 고른다.
② 쇠고기나 돼지고기는 기름이 적은 부위를 선택한다.
③ 수분이 되도록 적은 식품을 선택한다.
④ 채소는 식욕을 증진시키므로 되도록 적게 선택한다.

정답 26.④ 27.① 28.① 29.③ 30.④ 31.③ 32.② 33.① 34.②

해설 탄수화물과 지방이 많은 음식은 적게 먹는다.

35 체중을 감소시키기 위한 영양조절방법의 조건이 아닌 것은?
① 현재까지 섭취해 온 영양소 중 에너지를 제외하고는 모든 영양소를 충분히 섭취해야 한다.
② 음식을 조리할 때 음식의 맛은 종전처럼 해서는 안되고 소금없이 조리한다.
③ 심하게 배가 고프거나 심하게 피로를 느끼게 음식을 먹어서는 안된다.
④ 건강을 유지할 수 있어야 한다.

해설 음식을 조리할 때 현재까지 먹던 재료로 음식의 맛을 종전과 같게 조리해야 한다.

36 다음 중 비만한 사람에게 제한하여야 할 두 가지 식품이 바르게 연결된 것은?
① 두부 — 상추 ② 삼겹살 — 상추 ③ 두부 — 우유 ④ 난황 — 삼겹살

해설 비만의 식이요법 : 섬유질이 많은 채소를 싱겁게 조리하여 많이씩 먹고 밥, 국수, 케이크, 떡, 튀긴 음식과 같은 탄수화물과 지방이 많은 음식을 적게 먹는다.

37 다음 중 체지방이 증가하면 비만과 그에 의한 합병증이 오기 쉬운데 체중 증가를 막기 위한 방안에 대한 설명으로 가장 옳은 것은?
① 육류와 지방 섭취량을 늘리고 과일, 채소 등을 먹지 않는다.
② 표준 체중의 10~20%의 체중 증가는 건강에 좋으므로 섭취량을 줄이지 않는다.
③ 규칙적인 운동을 하고 서서히 체중을 줄인다.
④ 밥은 매끼 먹게 되므로 그 양을 줄이고, 채소류, 해조류 등의 반찬을 적게 먹는다.

해설 규칙적인 운동, 서서히 체중 감소, 열량 섭취 감소 등이다.

38 운동 프로그램을 시작하기 전에 건강 진단을 받는 것이 안전한 사람들이 있다. 해당되지 않는 것은?
① 표준체중의 130% 체중을 가진 사람 ② 흡연하는 사람
③ 심장병의 위험이 있는 사람 ④ 스트레스를 받는 사람

해설 ①, ②, ③의 사람들은 운동프로그램 시작 전에 건강진단을 받도록 한다.

39 체중을 줄이기 위한 운동 조건이 아닌 것은?

① 대근육을 율동적으로, 그리고 계속적으로 사용할 수 있는 종류의 운동
② 개인의 신체적 한도까지 적응할 수 있는 안전한 운동
③ 적당한 강도 · 시간 · 횟수로 할 수 있는 운동
④ 땀을 충분히 낼 수 있는 격한 지속적인 고강도 운동

해설 체중을 줄이기 위한 운동조건으로는 ①, ②, ③ 외에 즐겁고 비교적 편리한 운동 등이 있다.

정답 35.❷ 36.❹ 37.❸ 38.❹ 39.❹

MEMO

제1부 영양학

04 무기질과 체내 조절물

 단원 개요

무기질은 신체를 구성하는 중요한 요소로 에너지원은 아니지만, 여러 가지 생리기능을 조절한다. 소화액이나 세포 안과 주위에 있는 체액을 만들고 유지하는 데에도 반드시 필요하다. 우리 몸에 필요한 무기질 가운데 칼슘, 염소, 마그네슘, 인, 칼륨, 나트륨, 황은 많은 양이 필요하므로 대량 무기질이라고 한다. 이 밖에도 아주 조금씩 필요한 무기질들을 미량 무기질이라고 하는데 미량 무기질은 크롬, 구리, 불소, 요오드, 철분, 망간, 아연 등이다.

 출제 경향 및 수험 대책

이 단원에서는 무기질의 특성과 일반작용, 무기질의 인체 원소 조성, 수분의 체내작용과 체수분의 양, 나트륨의 특성, 체내 산·알칼리 평형유지, 칼슘의 특성, 흡수율이 가장 낮은 영양소, 철분 흡수의 증진 방법과 권장식품, 빈혈 예방 영양소, 요오드의 특성과 아연의 특징 등에 대해서 묻는 문제들이 출제될 수 있는 바, 자세하고 철저한 학습이 요구된다.

4

01 무기질의 이해

1 무기질(mineral)의 정의

무기염류, 광물질 또는 회분이라고도 하는데, 인체를 구성하고 있는 요소이며, 체내에서 유기물질이 완전히 산화된 후에도 남아 있는 생물체의 구성성분이다.

2 무기질의 기능

① **체조직의 형성** : 신체의 골격을 형성하는 것으로 뼈는 칼슘과 인의 결합 물질인 수산화인회석으로 형성되어 조직의 경직성을 준다. 황을 함유하고 있는 근육과 인을 함유하고 있는 신경조직은 연조직의 구성 성분이다.

② **생리작용의 조절**
  ㉠ 무기질은 체내의 산·알칼리 평형이 유지되도록 돕는다. 우리의 혈액과 체액은 중성에서 약알칼리성으로 기울어져 있다. 중요한 알칼리성 원소는 나트륨, 칼륨, 마그네슘이고, 산을 형성하는 원소는 염소, 인, 황 등이다.
  ㉡ 체내의 수분함량을 조절한다.

③ **호르몬과 효소의 구성요소** : 열량대사를 조절하는 티로신호르몬은 갑상선에 요오드 공급이 적당할 때 형성된다. 탄수화물대사를 조절하는 인슐린의 생산과 저장에는 아연이 있어야 한다. 또한 헤모글로빈은 철이 그 구성요소이고, 위 내의 효소를 활성화시키는 데 유용한 염산의 생성은 염소에 의존한다.

④ **신경 자극의 전달** : 신경이 외부에서 자극을 받으면 충동을 일으켜 뇌로 전달되는데 이때 나트륨과 칼륨이 세포막의 내외로 이동하여 신경 자극이 전도되는 것을 돕는다.

02 체내의 무기질 분류

1 대량 무기질

(1) 나트륨

① **나트륨의 작용**
  ㉠ 삼투압 유지와 수분평형에 관여한다.
  ㉡ 체내 산-알칼리 평형을 조절하고, 신경 자극을 전달하고 근육의 수축도 돕는다.
  ㉢ 소장에서 탄수화물과 아미노산의 흡수에도 관여한다.

② **나트륨의 대사** : 나트륨과 염소는 염화나트륨의 형태로 섭취되어 98% 정도가 소장에서 이온 형태로 흡수되고, 배설은 대부분 신장·위장관에서 일어나며, 그 외 폐·피부에서 배설된다.

추가 설명
무기질
극소량이지만 근육조직과 체액에서 많은 생리작용에 관계하고 있어 생명에 절대적으로 필요한 영양소이며, 골격의 주요성분이다.

추가 설명
가장 함량이 많은 무기질 뼈를 만드는 성분으로 칼슘과 인이며, 이는 체내 무기질의 66% 정도이다.

③ 나트륨의 기능
   ㉠ 나트륨 농도는 체내 삼투압 농도와 관련이 있기 때문에 여러 요인에 의해 조절되고 있다. 그렇지만, 급성적으로 또는 만성적으로 나트륨 섭취에 이상이 있으면 저나트륨혈증, 고나트륨혈증과 같은 의학적인 문제가 발생한다.
   ㉡ **나트륨 결핍** : 체액 결핍으로 발현한다. 혈장량이 줄어 들어 심박출량의 감소로 혈압이 저하되고, 교감신경계 활성화에 의한 피부와 근육의 혈관 수축이 발생한다.
   ㉢ **나트륨의 과잉** : 고혈압 발생, 뇌졸중, 심근경색, 심부전 등의 심장질환 및 신장질환의 발병과 진행 증가, 위암의 발생 위험 증가, 골다공증, 비만의 발병 증가
④ **나트륨의 섭취** : 성인(19~64세)의 나트륨 만성질환 위험 감소 섭취량은 1일 2,300mg이다.
⑤ **나트륨의 주요 급원** : 양념류, 국·찌개·탕류, 면류, 김치류 등이다.

(2) 염소

① 염소의 체내 역할
   ㉠ 체내 삼투압 유지와 수분 평형에 관여한다.
   ㉡ 위에서는 염소 이온이 염산의 일부로서 위액의 강한 산성을 유지해 주고 있다.
   ㉢ 일반적으로 나트륨과 결합하여 소금을 구성하기 때문에 고혈압의 원인이고 고혈압과 밀접한 관련이 있다.
② **염소의 섭취** : 가공 식품은 염소의 중요한 공급원이다.

(3) 칼륨

① 칼륨의 체내에서의 역할
   ㉠ 칼륨은 신체 총량의 98%가 세포 내에 존재하는 양이온이다. 칼륨은 세포내액의 주요 전해질로서 나트륨 이온과 함께 정상적인 삼투압을 유지시킴으로써 수분평형을 유지하며 세포액을 보전하는 기능을 한다.
   ㉡ 칼륨은 나트륨, 수소 이온과 함께 세포 내외의 농도, 전위, 전압차를 일으킬 수 있는 산, 염기 조절인자로 작용하며 근육, 특히 심장근육을 이완시키는 기능을 한다.
   ㉢ 칼륨은 혈당이 글리코겐으로 저장되는 과정과 근육단백질과 세포단백질 내에 질소가 저장되는 과정에서도 필요하다.
② 칼륨의 대사
   ㉠ 건강한 성인의 경우 식사로 섭취한 칼륨은 소장 벽을 통하여 쉽게 흡수된다. 정상인에서는 섭취한 칼륨의 약 85~90%가 흡수된다.
   ㉡ 흡수된 칼륨의 약 77~90%는 소변으로 배설되며 나머지는 주로 대변으로 배설되고 극히 일부는 땀을 통해 배설된다.
   ㉢ 체내 칼륨량이 상승되면 신장을 통하여 체외로 방출된다. 신장에서의 배설 촉진 요인으로는 이뇨제, 알코올, 커피, 설탕의 과다 섭취 등이 있다.

추가 설명

저나트륨혈증과 고나트륨혈증
- **저나트륨혈증** : 세포외액의 나트륨 농도가 135mmol/L 이하로 떨어진 경우
- **고나트륨혈증** : 세포외액의 나트륨 농도가 145mmol/L 이상으로 올라간 경우

추가 설명

염소의 장기적인 과잉 섭취
혈압 상승, 뇌졸중, 심근경색 및 심부전 등의 심장질환 및 신장질환의 발병과 진행을 촉진한다.

추가 설명

칼륨의 결핍과 과잉
- **칼륨 결핍증의 원인** : 지속적인 구토와 설사, 장기간의 칼륨 제한 식사, 알코올 중독증, 이뇨제 복용, 심각한 영양실조, 수술 등
- **칼륨의 결핍 증상** : 심부정맥, 근육 약화, 당불내성(생체 포도당 처리 능력이 정상적으로 저하된 증상) 등
- **칼륨의 과잉증상** : 신장 질환이 있을 경우에는 혈중 칼륨의 농도가 상승하여 고칼륨혈증이 나타날 수 있다.

📝 **추가 설명**

칼슘의 농도
- 성장기 : 골의 형성이 골의 용출보다 활발히 일어난다.
- 성인기 : 골 생성량과 용출량이 비교적 평형상태가 된다.
- 노년기와 폐경기 : 골 용출량이 골 생성량보다 많아지게 되어 골질량이 많이 감소하게 된다.

📝 **추가 설명**

칼슘의 흡수를 방해하는 인자
- 옥살산(수산) : 옥살산은 칼슘과 함께 불용성인 칼슘 옥살레이트를 형성한다. 옥살산은 순무잎, 근대, 시금치, 코코아 등에 많이 함유되어 있다.
- 피트산(피틴산) : 피트산은 통밀의 속껍질속에 존재한다. 피트산은 칼슘 피테이트를 형성하여 칼슘의 흡수를 방해한다.
- 섬유소 : 무기질 흡수를 크게 방해한다. 섬유소를 많이 섭취했을 때에는 칼슘(마그네슘, 아연, 인을 포함)은 마이너스 평형을 이룬다.

📝 **추가 설명**

장내 칼슘 흡수의 촉진
- 칼슘 섭취량이 지속적으로 부족할 경우 부갑상선호르몬의 자극에 의해서 흡수율이 증가한다.
- 활성형 비타민 D 합성도 직접, 간접적으로 증가되어 칼슘의 흡수를 돕는다.

③ 칼륨의 주요 급원 : 가공하지 않은 곡류, 채소와 과일 등이 있으며 특히 고구마, 감자, 토마토, 오이, 호박, 가지와 근채류에 칼륨이 많이 들어있고, 콩류, 사과, 바나나, 우유, 육류에도 상당량 들어있다.

(4) 칼슘

① 개요
　㉠ 인체의 칼슘 보유량은 체중의 약 1~2% 정도로써 체내 칼슘의 대부분(99%)은 치아와 뼈에 존재하고, 그 외에는 혈액을 포함한 세포외액 및 근육 등 여러 조직에 존재한다.
　㉡ 칼슘은 근육의 수축과 이완, 신경 전달, 세포 내의 신호 전달 과정 및 효소 작용 등에 관여한다. 또한, 칼슘은 뼈를 단단하게 만드는 역할을 한다.
　㉢ 정상적인 골격 대사와 골질량을 유지하기 위한 가장 중요한 생리적인 요인은 혈액의 칼슘 농도이다.

② 칼슘의 대사 과정
　㉠ 칼슘의 체내 흡수
　　• 칼슘 섭취량이 적을 경우 : 주로 능동 수송으로 운반 흡수되며, 이때 혈청 비타민 D의 활성형인 칼시트리올과 비타민 D 수용체의 영향을 받는다.
　　• 칼슘 섭취량이 많을 경우 : 주로 수동 확산에 의해 소장의 모든 부위에서 칼슘이 흡수된다.
　㉡ 칼슘의 항상성 유지 : 소장에서의 칼슘 흡수, 뼈에서의 칼슘 용출, 신장에서의 칼슘 재흡수와 배설 과정을 통해 조절된다. 이때에는 부갑상선호르몬, 칼시토닌, 비타민 D가 관여한다.
　㉢ 체내 칼슘의 손실 : 소변, 대변, 피부를 통해 손실된다.

③ 칼슘의 체내 작용
　㉠ 칼슘의 주된 기능 : 골격을 형성하고 유지하는 것이다.
　㉡ 혈액의 칼슘
　　• 혈액응고 조절 : 칼슘 이온은 혈액응고에 관여하는 단백질인 피브린을 형성하는 반응에 필수적이다.
　　• 신경자극 전달 : 신경세포에 활동전위가 도달하면 세포외액으로부터 신경세포 내로 칼슘 이온의 유입이 촉진되고 신경세포 내의 칼슘이온농도가 높아지면 신경전달물질이 방출되어 신경자극이 전달된다.
　　• 근육 수축 및 이완 : 신경자극으로 근육이 흥분되면 세포 안의 소포체에 저장된 칼슘이 방출되면서 근육을 구성하는 주요 단백질인 액틴과 미오신이 상호결합하여 근육이 수축하게 된다. 방출된 칼슘 이온이 세포 내 저장고로 되돌아가면 액틴과 미오신이 분리되면서 수축된 근육이 이완된다.
　　• 세포 대사 : 여러 조절단백질과 결합함으로써 세포 내에서의 신호전달 및 대사과정

을 돕는다.
④ 칼슘 섭취 상태 : 성장기의 최대 골밀도에 영향을 미치므로 아동기 또는 20세 이전의 칼슘 영양상태를 양호하게 유지하는 것은 골격의 최대 골밀도 유지에 중요하다. 또한 이 시기에 칼슘이 결핍될 경우 최대 골밀도 형성이 저해되어 성인기에 골 손실이 발생하는 시기가 빨라질 수 있다.
⑤ 칼슘의 급원과 섭취 실태
  ㉠ 식품 중의 칼슘
    - 우유 및 치즈, 호상요구르트 등의 유제품은 칼슘의 주요 급원이다. 그러나 우리나라는 서구 국가들에 비하여 우유 및 유제품의 섭취가 낮기 때문에 뼈째 먹는 생선류, 미역, 김 등의 해조류, 깻잎, 상추, 김치 등의 채소류 및 두부, 대두 등이 칼슘의 주요 급원이 된다.
    - 옥살산(수산)이나 피트산 함량이 높은 시금치, 고구마, 담황채소, 씨앗, 견과, 곡류에 함유된 칼슘은 생체이용률이 낮은 편이다.
  ㉡ 칼슘보충제 : 우유나 유제품에 대한 선호도가 낮거나, 유당불내증이 있는 경우에는 칼슘보충제를 사용할 수 있다.
  ㉢ 섭취 실태 : 국민건강영양조사에 따르면 칼슘은 한국인에게 부족하기 쉬운 영양소이다. 특히 여자의 경우 연령대가 높아질수록 골다공증 유병률이 급격하게 증가하므로 칼슘 섭취가 특히 필요하다.

(5) 인

① 인의 작용
  ㉠ 인은 인체에서 칼슘 다음으로 많은 구성영양소이다.
  ㉡ 인은 인체의 주요 장기에서 대사 기능을 수행하며 DNA와 RNA의 기본구조를 이루고 있다. 주요 에너지원인 ATP나 크레아티닌 인산, 포스포에놀피루브산 등에는 고에너지 인산결합이 존재한다.
  ㉢ 인지질은 모든 생체막의 구성성분이 된다.
  ㉣ 세포질에서는 에너지 대사 등에 필요한 인산화효소(kinase)나 탈인산효소(phosphatase)의 활성을 위하여 인산화와 탈인산화가 반복된다.
  ㉤ 체액에서 인산은 완충제로 작용하여 수소이온의 배설을 돕고 산도를 일정하게 유지하게 한다.
  ㉥ 혈중 인 농도는 부갑상선 호르몬에 의해 칼슘농도와 밀접하게 연관되어 조절된다.
  ㉦ 인이 부족하면 ATP나 인을 함유하고 있는 생리활성 물질들의 합성이 저하되므로 신경계, 근골격계, 혈액, 신장 기능에 영향을 줄 수 있다.
② 인의 급원 : 주로 질 좋은 단백질 식품으로 육류, 어류, 달걀, 우유가 있으며 식물성 식품으로는 견과류, 채소와 곡류, 두부 등이 있다.

추가 설명

칼슘의 결핍 증세
- 아동 : 성장 저지, 뼈와 치아의 질의 저하(충치 발생), 뼈의 기형(구루병) 등이 나타난다.
- 성인 : 골연화증과 골다공증이 있다.

추가 설명

칼슘의 과다 섭취 증상
- 변비의 발생
- 신장조직의 파괴 혹은 결석이 잘 생기는 사람의 경우 신장결석 위험도 증가

추가 설명

인의 특성(작용)
- 인은 세포막과 세포벽을 구성하는 성분이며, 뼈와 치아 등의 경조직을 구성한다.
- 세포의 에너지 대사, 체액의 산염기 균형 조절, 세포막의 구성, 생체 신호 전달 등의 기능을 수행한다.
- 식품 속의 인은 형태에 따라 흡수율이 다르다. 무기인은 쉽게 흡수되는 데 비해, 유기인은 흡수되기 전에 가수분해가 되어야 하므로 생체이용률이 다소 떨어진다.
- 인의 평형은 소장에서 흡수되는 양과 신장의 재흡수 및 골용출에 의한 유입량, 뼈 형성을 위해 뼈에 공급되거나 뇨로 배설되는 유출량에 의하여 결정된다.

(6) 마그네슘

① 마그네슘의 특성
   ㉠ 마그네슘은 뼈와 치아의 구성요소이며, 인체 내 300여종 이상 효소의 조효소 역할을 한다.
   ㉡ 마그네슘은 세포막을 안정시키고 신경의 자극을 전달하며 지방, 단백질, 핵산의 합성 등에 관여한다.
   ㉢ 마그네슘이 부족하면 테타니(tetany : 대사불균형의 한 증상인 경련의 일종), 혈청 칼슘 농도 저하 등의 증세를 보일 수 있으며, 식품 외 마그네슘으로 과잉 섭취할 경우에는 설사나 탈수 등과 같은 위장 질환이 초래될 수 있다.

② 마그네슘의 급원 : 정제되지 않은 곡류, 두류, 견과류, 종실류 등의 식물성 식품에 다량 함유되어 있다.

2 미량무기질

(1) 철분

① 개요
   ㉠ 철은 모든 생명체에서 발견되고 미량 영양소이다. 식이중의 철은 제1철(Fe^{2+}), 제2철(Fe^{3+}), 햄철의 형태로 존재하며, 인체내에서 시토크롬, 헤모글로빈, 미오글로빈 등 다양한 단백질의 구성 요소로 생명유지에 필수적인 역할을 담당한다.
   ㉡ 체내 철의 2/3가 적혈구내의 헤모글로빈에 존재하며, 25%는 쉽게 이용 가능한 저장 철의 형태로, 나머지 15%는 근육조직의 미오글로빈과 산화적 대사반응의 여러 효소의 구성성분으로 있다.

② 철분의 대사
   ㉠ 다양한 요구량에 따라 소장 상부에서의 흡수 조절에 의해 철의 평형은 잘 유지되며, 흡수는 육류에 들어있는 헤모글로빈과 미오글로빈으로부터 오는 햄철의 흡수와 식물성 식품이나 유제품에서 오는 비헴철의 흡수로 구분되며 비헴철의 경우 철은 위와 소장 내에서 우선 용해되어야 한다.
   ㉡ 일반적으로 제1철(Fe^{2+})이 제2철(Fe^{3+})보다 흡수율이 높고 제2철(Fe^{3+})은 소장에서 흡수되기 전에 제1철(Fe^{2+})로 환원되어야 한다.
   ㉢ 비타민 C는 쉽게 철과 결합하여 용해성의 화합물을 형성할 뿐 아니라, 효과적으로 제2철(Fe^{3+})을 제1철(Fe^{2+})로 환원시키기 때문에 철의 흡수에 도움이 된다.
   ㉣ 햄철의 흡수는 비헴철보다 좀 더 효율적으로 흡수되며 소장에서의 철 흡수조절 메카니즘에 의해 영향을 받지 않는다.
   ㉤ 체내 대부분의 철은 적혈구세포의 헤모글로빈에 결합되어 있으며, 10% 정도 근육조직의 미오글로빈을 구성하고 있다. 나머지 25% 정도는 골수에 다소 저장되며 일부는 간에 저장되어 있다가 철이 필요한 경우 분해되어 이용된다.

추가 설명

철결핍성 빈혈의 원인
식이로 섭취하는 철 부족, 궤양, 치질, 대장암 등의 내출혈이나 월경혈의 과다출혈, 위 절제 수술 후 혹은 다른 식이요인으로 인한 철분 흡수 저하, 감염, 관절염 등의 질병으로 인한 철분의 재사용 저하

추가 설명

비헴철의 흡수
- 비헴철의 흡수를 촉진하는 성분 : 유기산이나 비타민 C가 흡수를 촉진시키는데 철 보충제 섭취 시 오렌지 주스를 마시게 되면 보충제의 철 흡수율을 높일 수 있다. 육류 식품에 존재하는 저분자 펩티드는 비헴철의 흡수를 용이하게 해 주는 요인이다.
- 비헴철의 흡수를 저해하는 성분 : 곡류의 섬유질에 많은 피틴산(피트산), 채소류에 많은 옥살산, 적포도주 및 차의 성분인 폴리페놀(탄닌) 등

ⓑ 흡수된 신체 내 철의 함량은 매우 잘 보존되며, 월경 등의 출혈이 없고, 임신하지 않은 경우 1일 철의 손실량은 아주 적다.

③ **철분의 체내 작용**
　㉠ **적혈구 내 작용** : 체내 저장 철이나 식이로부터 헤모글로빈 합성에 필요한 철을 공급하지 못하면 혈액 내 적혈구 세포수가 감소할 뿐 아니라 헤모글로빈 농도가 떨어지게 된다.
　㉡ **골격근에 미치는 작용** : 빈혈의 경우 우선적으로 최대 산소 소비량에 영향을 미치며, 가벼운 빈혈의 경우 골격근의 산화적 대사기능을 손상시킴으로서 단시간, 강도가 센 운동의 수행력을 떨어뜨린다. 반면 골격근 세포의 철결핍의 경우에는 지구력 운동의 현저한 손상으로 나타난다.

④ **철의 급원** : 가장 좋은 식품은 대부분 헴철을 함유하고 있는 육류, 어패류, 가금류이다. 다음으로 좋은 급원식품은 곡류나 곡류로 만든 가공식품(빵, 면류), 콩류 및 진한 녹색채소 등이다.

⑤ **철분의 영양 상태 평가 방법** : 혈액 내 적혈구 세포의 비율(헤모토크릿)과 헤모글로빈의 농도, 혈액 내 철 함량 및 철 함유 단백질량을 이용한다.

(2) 아연

① **아연의 체내 작용**
　㉠ 아연은 체내 100여개의 효소 및 조효소의 구성원소로 작용하며 아연이 결핍되면 효소의 활성이 낮아지고 아연을 보충해 주면 효소의 활성이 높아진다.
　㉡ 아연은 효소가 생물학적 활성을 가지도록 단백질의 구조를 안정화시키는 역할을 한다.
　㉢ 아연은 면역 체계에서 중요한 역할을 하는데 특히 T세포와 림프세포의 발달과 분화에 관여하며, 아연이 부족하면 감염에 대한 초기 반응이 저해되며 복잡한 세포성과 체액성 면역과정이 저해된다.
　㉣ 아연은 세포분열과 증식에 필요한 효소와 호르몬의 구성 성분으로 DNA와 RNA 합성을 조절한다.

② **아연의 급원** : 붉은 살코기, 해산물, 콩류 등이며 동물성이 식물성 식품에 비해 체내 흡수율이 높다.

(3) 요오드

① **개요**
　㉠ 요오드는 인체의 필수 미량성분으로 특히 갑상선 호르몬 티록신(thyroxine, T_4)과 트리요오드티로닌(T_3)의 구성성분이다.
　㉡ 요오드는 인체 내에는 15~20mg 정도가 저장되어 있으며 체내 요오드 총량 중 70~80% 가량이 갑상선에 존재한다.
　㉢ 요오드가 갑상선 호르몬의 주요 구성성분으로써 관여하는 생리적인 반응으로는 수많

추가 설명

철 결핍 또는 과잉 증상
- 철의 부족 증상 : 철 결핍성 빈혈, 어린이의 운동실조, 발달장애, 인지능력 손상과 임신부의 임신성 빈혈, 조산, 미숙아, 사산 위험 등
- 철의 과잉 증상 : 위장 장애, 아연 흡수율 감소, 혈관질환이나 암 발생 위험율의 증가 등

추가 설명

아연의 결핍 및 과잉 증상
- 아연 결핍 : 심할 경우에는 세포증식이 저해되어 성장 및 성 성숙 지연, 설사, 염증, 면역 능력 감소, 식욕 감퇴, 탈모, 신경 장애 등이 있다. 결핍이 아주 심하지 않은 상태에서도 피부 변화, 식욕 감퇴, 상처 회복지연 등의 증상들이 나타난다.
- 아연의 과잉 증상 : 오심, 구토, 설사, 발열, 구리 등 다른 무기질의 흡수 저해 등

추가 설명

요오드 결핍 및 과잉 증상
- 결핍 증상 : 대체로 갑상선종, 갑상선 기능저하증, 핵방사선에 대한 민감도 증가이다. 그리고 태아에게 요오드 결핍증의 하나인 크레틴병을 초래한다.
- 과잉 증상 : 갑상선염, 갑상선종, 갑상선 기능항진증 및 저하증을 초래

은 생화학적 반응, 단백질 합성과 효소활성 등이 있다.

② **요오드의 기능** : 갑상선호르몬의 T_4와 T_3를 생성한다. 뇌하수체에서 분비되는 갑상선자극호르몬은 갑상선 호르몬의 생성과 분비를 조절한다.

③ **요오드의 급원** : 바다에서 자라나는 미역, 다시마, 김 등의 해초와 해양동물(예 고등어) 등에 비교적 다량의 요오드를 함유하고 있다.

(4) 구리

① **구리의 특성**
  ㉠ 구리는 인체 내 존재하는 미량무기질이다.
  ㉡ 구리는 여러 효소의 구성성분으로 산화환원반응에 관여하며 철의 운반, 항산화작용, 콜라겐과 엘라스틴에서 발견되는 리진을 기질로 하여 결합조직의 가교결합 형성을 비롯한 다양한 체내 기능을 수행하는 데에 필수적으로 사용된다.

② **구리의 급원** : 구리 함량이 많은 식품은 내장육, 곡류 및 코코아 제품이며, 주요 급원은 차, 감자, 우유, 생선 및 닭고기이다.

(5) 망간

① 망간은 생리학적으로 중요한 효소들의 구성성분으로 작용하거나 효소 활성을 증가시킴으로써 결합조직과 뼈의 형성을 돕는다.
② 망간은 탄수화물, 지방, 단백질 대사에 관여하며 면역기능, 혈당조절, 생식기능, 그리고 항산화작용에도 중요한 역할을 한다.
③ 뇌에서 망간은 신경전달물질을 합성하고 대사시키는 데 필요한 효소의 보조인자로 작용하므로, 정상적인 뇌 기능과 신경 기능을 위해서도 필수적이다.
④ 전곡류(도정하지 않은 곡류), 종실류, 차, 잎채소 등과 같은 다양한 식물성 식품이다.

(6) 불소

① 불소는 칼슘과의 친화력이 매우 높아서 주로 석회화된 조직에 존재한다.
② 불소의 가장 큰 기능은 충치예방 효과이다. 그 외에도 불소는 뼈 생성을 자극하고 뼈에 무기질이 축적되는 것을 돕는 기능이 있다.
③ 불소가 결핍되면 충치 발생률이 증가하고 노년기에 골다공증 위험이 높아진다.
④ 불소함량이 높은 식품으로는 차 및 음료, 곡류, 서류, 콩류, 어육류 및 가금류, 잎채소 등이 있다.

(7) 크롬

① 크롬은 탄수화물과 지질의 대사에 관여하는 중요한 미량 원소이다.
② 크롬은 혈당량의 항상성을 유지하는 것을 돕는다.
③ 크롬이 부족되면 당뇨병같은 고혈당 함량을 초래한다.

📝 추가 설명

갑상선호르몬의 기능
기초대사율을 결정하거나 체내 열발생, 신경계의 발달, 성장, 소화와 흡수의 조절, 키 성장 등 거의 모든 기관에 관여하기 때문에 요오드가 적절하게 공급이 되는 것이 매우 중요하다.

📝 추가 설명

구리의 부족 및 과잉 증상
• 구리의 부족 증상 : 빈혈, 저색소증, 호중구감소증, 신경학적 이상 초래
• 구리의 과잉 증상 : 위장 장애, 메스꺼움, 설사 및 조직 손상

📝 추가 설명

망간의 결핍 증상
태아기나 신생아기의 망간 결핍은 성장지연, 비정상적인 골격형성, 피부염, 혈액응고지연, 피부발진, 신경독성을 유발할 수 있다.

④ 주요 식품 급원은 치즈, 육류(특히 육가공품), 통밀빵 등이다.

(8) 기타

① **셀레늄**
   ㉠ 셀레늄은 인체에 매우 미량으로 존재하지만 강한 항산화성을 나타내는 영양소이다.
   ㉡ 셀레늄은 갑상선 호르몬 대사, T-cell 면역반응, 염증반응조절에 관여한다.
   ㉢ 셀레늄의 부족은 지방과산화를 초래하고, 섬유성 간 퇴화, 갑상선과 면역능 저하, 병원균 감염, 심혈관질환, 남성생식능 저하, 일부 암의 발생이 촉진된다.
   ㉣ 장기간의 셀레늄 부족으로 인한 질환으로는 토양의 세레늄 함량이 낮은 지역의 풍토병인 카신벡병과 케산병을 들 수 있는데, 그 증상으로 어린이와 가임기 여성에서 심근비대, 골관절 이상 등이다.

② **몰리브덴** : 다양한 산화효소의 보조인자로 인체 내 요산생성 과정에 관여한다. 주로 콩류, 견과류에 함유되어 있다.

③ **코발트** : 사람과 동물에게 비타민 B_{12}의 성분으로 작용한다.

> **참고** 수분
>
> ① **수분의 특성과 역할**
>   ㉠ **운반작용** : 영양소와 노폐물을 운반한다.
>   ㉡ **분비액의 성분** : 타액, 위액, 장액 등 분비액의 주성분은 수분이다.
>   ㉢ **체내 대사 과정의 촉매 작용** : 수분은 여러 영양소를 용해시켜 가지고 있고, 또한 세포 내에서 여러 가지 화학작용이 일어날 수 있도록 도와준다.
>   ㉣ **체온 조절 작용** : 체온을 조절해주는 역할을 한다.
>   ㉤ **보호 작용** : 내장 기관을 외부의 충격에 대하여 보호, 뼈 관절에는 관절활액이 존재하며 이것은 뼈가 움직일 때 마찰을 일으키는 것을 방지, 중추 신경 조직도 뇌척수액에 잠겨 보호, 우리 체내에 존재하는 물질의 농도를 조절함으로써 대사 작용을 도움.
> ② **체내 수분 함량** : 수분은 모든 신체 조직을 구성하는 성분 중에서 가장 많은 양을 차지하고 있다. 성인은 대개 체중의 55~60% 이상이 수분이다.
> ③ **체내 수분 함량의 평형**
>   ㉠ **체내 수분 함량을 일정하게 유지하는 방법**
>   • **수분 섭취 조절** : 갈증과 만족감이 수분의 섭취를 조절하는데, 이 감각은 입, 시상하부, 위에 의하여 감지된다.
>   • **수분 배설 조절** : 뇌와 신장에 의하여 조절되며, 시상하부는 뇌하수체를 자극하여 안티디유레틱 호르몬을 방출하도록 한다.
>   ㉡ **수분의 급원** : 음식이나 물을 마심으로써 흡수하게 되며, 여러 가지 영양소가 연소하여 에너지를 발생할 때에 수분이 생성된다.

추가 설명

셀레늄의 급원
육류의 내장, 생선류 및 난류, 육류의 살코기에 많이 함유되어 있고, 식물성 식품인 밀, 마늘, 브로콜리에도 함유되어 있다.

추가 설명

코발트의 특징
• 코발트의 결핍증과 과다증 : 결핍증은 아직 없고, 과다증으로 적혈구의 수가 증가하여 다혈구증이 발생한다.
• 코발트의 급원 : 옥수수, 분유, 무청 등에 함유되어 있다.

④ **수분의 주요 급원** : 음식과 액체이다. 음식은 식재료와 국물에 수분을 함유하고 있으며, 액체는 물과 음료에 수분을 함유하고 있다.
⑤ **수분의 탈수 및 과잉**
　㉠ **수분의 탈수** : 체내 수분이 지나치게 손실되는 현상으로 출혈, 화상, 구토와 설사의 지속 또는 심한 운동에 의해 땀으로 체수분의 손실이 일어나거나 이뇨작용이 일어날 경우에 발생할 수 있다. 체내 총수분량의 2%가 손실되면 갈증을 느끼며, 4%가 손실되면 근육의 강도와 지구력이 떨어져 근육 피로감을 쉽게 느끼게 되고, 12%가 손실되면 외부의 높은 기온에 신체가 적응하는 능력을 상실하여 무기력 상태에 빠지고, 20% 이상이 손실되면 사망할 수 있다.
　㉡ **수분의 과잉** : 세포외액의 전해질 농도가 낮아져서 세포내액 중의 칼륨이 세포외액으로 이동하거나 물이 세포내액으로 들어가게 된다. 그 결과 근육의 경련이 오고 세포외액의 감소로 혈압이 낮아져서 쇠약함을 느끼게 된다.

실전예상문제

1 무기질에 대한 설명으로 옳지 않은 것은?
① 무기질은 신체 내 극소량이지만 생명에 절대적으로 필요하다.
② 가장 함량이 많은 무기질은 나트륨과 칼륨이다.
③ 무기질은 골격의 주요 성분이다.
④ 대량 무기질에는 칼슘, 마그네슘, 나트륨 등이 있다.

> **해설** 무기질은 가장 함량이 많은 것이 칼슘과 인이며, 이는 체내 무기질의 66% 정도이다.

2 다음 중 무기질의 기능이라 할 수 없는 것은?
① 신경충동의 전달   ② 혈액의 생산   ③ 체내 생리작용의 조절   ④ 체조직 형성

> **해설** 무기질의 일반작용 : 체조직 형성, 체내 생리작용의 조절, 호르몬과 효소의 구성요소, 신경충동의 전달

3 삼투압 유지의 수분평형에 관여하고, 체내 산-알칼리 평형을 조절하는 주된 영양소는 무엇인가?
① 마그네슘   ② 인   ③ 탄수화물   ④ 나트륨

> **해설** 나트륨은 세포외액의 양이온으로서 삼투압 유지와 수분평형에 관여해서, 체내 산-알칼리 평형을 조절한다. 신경 자극을 전달하고 근육의 수축도 돕는다.

4 다음의 〈보기〉에서 설명하고 있는 영양소는 무엇인가?

> **보기** 수분평형에 관여, 산-알칼리 평형 조절, 신경 자극전달, 근육 수축 도움

① 나트륨   ② 마그네슘   ③ 크롬   ④ 칼슘

> **해설** 문제 3번 해설 참조

5 다음 중 나트륨에 대한 설명으로 올바른 것은?

정답 1.❷ 2.❷ 3.❹ 4.❶ 5.❸

① 나트륨을 다량 섭취하면 누구나 고혈압에 걸린다.
② 대체로 위에서 흡수된다.
③ 나트륨은 체내 산-알칼리 평형을 조절한다.
④ 나트륨은 맛을 위해서만 섭취한다.

> **해설** 나트륨은 다량 무기질로서 체내 혈액함량과 체내의 삼투압유지, 산·알칼리 평형에 필수적인 영양소이다. 섭취한 나트륨의 대부분은 소장에서 흡수되며, 나트륨 과잉으로 부종이 발생하며 장기화되면 고혈압을 유발할 수 있다.

6 다음 중 나트륨(Na)에 대한 설명이 옳은 것은?

① 나트륨을 적게 섭취하면 부종이 나타난다.
② 나트륨은 미량 무기질이다.
③ 나트륨은 위암 발생과 상관없다.
④ 고혈압과 관련이 있어서 적게 섭취할 것을 권장한다.

> **해설** 나트륨은 많이 섭취하면 부종이 나타나고, 고혈압·신장병·동맥경화·심장병 등을 악화시킨다. 그리고 위암 발생을 증가시킨다.

7 나트륨이 과잉되었을 때의 증세는?

① 두통　　　② 부종　　　③ 식욕부진　　　④ 피로감

> **해설** 나트륨 섭취가 과잉되었을 때는 부종이 일어난다.

8 다음 중 세포막 전압을 유지하는 중요한 인자로서 삼투압 유지와 수분평형에 관여하는 무기질과 과다증이 옳게 연결된 것은?

① 단백질－부종　　② 나트륨－고혈압　　③ 칼륨－고혈압　　④ 칼슘－구루병

> **해설** 나트륨(sodium, Na)과 염소(chloride, Cl)는 세포막 전압을 유지하는 중요한 인자로서, 세포외액의 양이온과 음이온으로서 삼투압 유지와 수분 형평에 관여하며, 산염기의 균형 조절 및 신경 자극 전달에도 중요한 역할을 한다. 또한 나트륨은 소장에서 탄수화물과 아미노산의 흡수에도 작용하며, 염소는 위산의 성분으로서 위액을 구성한다. 흡수된 나트륨은 세포외액에 남아 나트륨/칼륨 펌프를 통해 세포외액의 농도를 유지하게 된다.

9 다음 중 염소에 대한 설명으로 옳지 않은 것은?

① 가공식품은 염소의 중요한 공급원이다.

② 과잉섭취하면 혈압을 낮춘다.
③ 위에서는 염소이온이 염산의 일부로서 위액의 강한 산성을 유지해 주고 있다.
④ 체내 삼투압 유지와 수분평형을 유지하는데 중요 역할을 한다.

해설 과잉섭취 시 혈압 상승, 뇌졸증, 심장질환 등의 발병과 진행을 촉진시킨다.

10 체액의 정상적인 삼투압 유지와 수분평형에 관여하며, 체내의 산, 염기의 균형을 유지하는 것을 돕는 영양소는?
① Na, Cl   ② Ca, Fe   ③ Fe, I   ④ In, Mg

해설 문제 8번 해설 참조

11 다음 중 칼륨의 기능으로 옳지 않은 것은?
① 삼투압 유지   ② 수분평형 유지   ③ 산·염기 조절 인자   ④ 에너지 생성

해설 칼륨의 기능 : 삼투압 유지, 수분평형 유지, 산·염기 조절 인자, 심장 근육 이완 등

12 칼륨 결핍증의 원인으로 옳지 않은 것은?
① 지속적인 구토와 설사   ② 알코올 중독증   ③ 금연   ④ 심각한 영양 실조

해설 칼륨 결핍증의 원인 : 지속적인 구토와 설사, 알코올 중독증, 심각한 영양 실조, 이뇨제 복용, 수술 등

13 다음 중 땀을 심하게 흘리면서 운동을 하는 경우 보충해 주어야 할 무기질은 무엇인가?
① 나트륨과 철분   ② 나트륨과 인   ③ 망간과 나트륨   ④ 나트륨과 칼륨

해설 여러 가지 무기질 중 나트륨, 칼륨, 염소 등이 조직의 수분의 이동에서 중요한 역할을 한다.

14 다음 중 체중의 약 1~2%를 차지하는 무기질로서 뼈와 치아의 기본 구성성분인 영양소와 그 효율적인 급원식품이 옳게 연결된 것은?

정답 6.④ 7.② 8.② 9.② 10.① 11.④ 12.③ 13.④ 14.②

① 마그네슘 — 우유　　② 칼슘 — 멸치　　③ 철분 — 우유　　④ 인 — 쇠고기

해설 인체의 칼슘 보유량은 체중의 약 1~2% 정도로써 체내 칼슘의 대부분(99%)은 치아와 골에 존재하고, 그 외에는 혈액을 포함한 세포외액 및 근육 등 여러 조직에 존재한다. 칼슘은 근육의 수축과 이완, 신경 전달, 세포 내의 신호 전달 과정 및 효소 작용 등에 관여한다.

15 칼슘의 항상성 조절에 관여하는 인자가 아닌 것은?

① 부갑상선 호르몬　　② 비타민 D　　③ 칼시토신　　④ 프로트롬빈

해설 칼슘의 항상성 유지는 부갑상선 호르몬, 비타민 D, 칼시토닌 등이 관여한다.

16 칼슘의 흡수를 촉진하는 영양소는?

① 비타민 B_{12}　　② 비타민 A　　③ 비타민 D　　④ 티아민

해설 부갑상선 호르몬, 비타민 D 등이 칼슘 흡수를 촉진한다.

17 시금치에 들어 있는 칼슘이 체내에서 흡수가 잘 되지 않는 이유는?

① 칼슘이 섬유소와 결합하여 빨리 배설되기 때문에
② 칼슘이 옥살산과 결합하여 불용성염이 되어 있기 때문에
③ 시금치에 있는 비타민 C가 칼슘의 용해도를 낮추기 때문에
④ 시금치에 있는 단백질이 칼슘의 흡수를 방해하기 때문에

해설 칼슘의 흡수방해 인자 : 옥살산, 피트산, 섬유소

18 칼슘 흡수에 방해되는 인자가 아닌 것은?

① 섬유소가 많은 식사　　② 피트산　　③ 옥살산　　④ 비타민 D

해설 섬유소가 많은 식사, 피트산, 옥살산 등은 칼슘 흡수에 좋지 않은 영향을 준다.

19 다음 중 칼슘의 작용에 해당하는 것은?

① 체액의 삼투압 조절, 소화에 관여　　② 호흡작용조절, 산소운반

③ 유즙분비, 지방대사 관여   ④ 혈액응고 조절, 신경 전달

해설 칼슘의 체내작용과 급원
- **칼슘의 체내작용** : 뼈와 치아 형성, 생리 기능 조절(근육의 수축·이완, 신경자극 전달, 혈액 응고, 세포대사)
- **급원** : 치즈, 우유, 멸치, 해조류, 상추 등

20 다음 중 칼슘의 체내작용과 좋은 급원 식품이 옳게 연결된 것은?
① 산알칼리 평형 유지 — 쌀밥, 우유
② 신경 흥분 전달 — 쇠고기, 꿀
③ 골격, 치아 유지 — 멸치, 우유
④ 골격, 치아 유지 — 쇠고기, 커피

해설 문제 19번 해설 참조

21 무기질의 체내 작용에 대한 설명으로 올바른 것은?
① 요오드 — 인슐린 호르몬의 구성성분이다.
② 인 — 갑상선 호르몬을 생성한다.
③ 마그네슘 — 혈액 응고를 돕는다.
④ 칼슘 — 근육의 수축과 이완작용을 돕는다.

해설 칼슘의 체내작용
- 뼈와 치아의 형성
- 근육의 수축과 이완의 작용
- 신경자극의 전달과정에서의 작용
- 혈액 응고

22 혈액 응고에 관여하는 단백질인 피브린을 형성하는 반응에 필수적인 무기질은 무엇인가?
① 칼슘   ② 칼륨   ③ 나트륨   ④ 염소

해설 칼슘은 프로트롬빈을 트롬빈으로 전환시키는데 작용하여 트롬빈이 피브리노겐을 불용성의 피브린으로 전환시킴으로써 혈액을 응고시키는 작용을 한다.

23 다음 중 골격과 치아의 건강과 골다공증의 예방을 위해 특히 섭취해야 할 영양소는?
① 요오드   ② 칼슘   ③ 마그네슘   ④ 철분

해설 칼슘은 골격을 형성하고 유지하며, 골밀도 유지에 중요한 역할을 한다.

정답 15.④ 16.❸ 17.❷ 18.④ 19.④ 20.❸ 21.④ 22.❶ 23.❷

24 다음 중 골격의 성장과 건강을 위하여 특히 충분히 섭취하여야 할 영양소로 이루어진 것은 무엇인가?

① 지방, 철분, 비타민 E
② 단백질, 철분, 비타민 D
③ 지방, 칼슘, 비타민 E
④ 단백질, 칼슘, 비타민 D

해설
- 칼슘은 뼈와 치아의 형성, 체내 대사 과정의 조절에 중요하다.
- 단백질은 신체 조직의 성장과 유지에 중요, 뼈와 결합조직, 혈액 유지에도 중요하다.
- 비타민 D는 칼슘의 체내 흡수율을 높인다.

25 다음 중 아동에게서 볼 수 있는 칼슘 결핍 증세가 아닌 것은?

① 뼈와 치아의 질 저하　② 성장 저지　③ 구루병　④ 각기병

해설 아동의 칼슘 결핍증은 성장 저지, 뼈와 치아의 질 저하, 뼈의 기형(구루병) 등이다.

26 다음의 〈보기〉에서 설명하고 있는 것은?

> **보기**　성인기에 칼슘 결핍으로 나타나는 대표적 증상 또는 질병이다.

① 골다공증　② 성장 저지　③ 고혈압　④ 당뇨병

해설 성인에게 나타나는 칼슘 결핍증 : 골연화증이나 골다공증

27 칼슘의 좋은 급원과 결핍증이 바르게 짝지어진 것은?

① 멸치 — 각기병　② 우유 — 펠라그라　③ 멸치 — 골다공증　④ 시금치 — 야맹증

해설 칼슘의 결핍증은 성장기에는 성장 저지, 뼈의 기형(구루병)이 발생한다. 성인기에는 골연화증·골다공증이 발생한다. 좋은 급원은 뼈째 먹는 생선, 우유와 유제품, 진녹색 채소이다.

28 국민건강 영양조사에서 우리 국민이 가장 부족하게 섭취하고 있는 것으로 나타난 영양소는?

① 칼슘　② 나트륨　③ 단백질　④ 비타민 C

해설 국민건강 영양조사에 따르면 칼슘은 한국인에게 부족하기 쉬운 영양소이다. 특히 여자의 경우 연령이 높아질수록 골다공증 유병률이 급격하게 증가하므로 칼슘 섭취가 특히 필요하다.

29 우리나라에서 20~30대 남자 성인의 1일 칼슘 권장섭취량은?

① 500mg ② 600mg ③ 750mg ④ 800mg

해설 20~30대 남자 성인의 칼슘의 1일 권장섭취량은 800mg이다.

30 다음 중 칼슘의 효율적인 급원과 계속 결핍 시 중년 이후 발병될 수 있는 질병은?

① 달걀, 돼지고기 — 각기병 ② 간, 시금치 — 야맹증
③ 멸치, 우유 — 골다공증 ④ 미역, 우유 — 포상각화증

해설 칼슘의 급원과 결핍 증세
 • 칼슘의 급원 : 우유 및 유제품, 뼈째 먹는 생선류, 미역, 김, 깻잎, 상추, 두부 등
 • 칼슘의 결핍 증세 : 아동에게는 성장저지, 구루병 등, 성인에게는 골연화증과 골다공증 등

31 다음 중 칼슘의 가장 좋은 급원식품은 무엇인가?

① 고구마 ② 보리밥 ③ 우유 ④ 감자

해설 문제 30번 해설 참조

32 다음 중 칼슘과 단백질을 동시에 공급해주는 좋은 급원이라 할 수 없는 것은?

① 뱅어포 ② 우유 ③ 멸치 ④ 견과류

해설 칼슘의 급원은 치즈, 우유, 뼈째 먹는 생선, 콩으로 만든 음식, 상추 등이다. 그러나 곡류, 견과류 등은 생체이용률이 낮다.

33 인의 특성으로 옳지 않은 것은?

① 뼈와 치아 등의 경조직 구성 ② 세포의 에너지 대사 수행
③ 체액의 산·염기 균형 조절 ④ 혈액의 생성 및 저장

해설 인의 특성 : 뼈와 치아 등의 경조직 구성, 세포의 에너지 대사 수행, 체액의 산·염기 균형 조절, 세포막의 구성, 생체 신호 전달 등

정답 24.④ 25.④ 26.① 27.③ 28.① 29.④ 30.③ 31.③ 32.④ 33.④

34 다음 중 인의 좋은 급원이 아닌 것은?

① 돼지고기　　② 우유　　③ 콜라　　④ 달걀

> **해설** 콜라도 인함량이 있으나 좋은 급원으로 볼 수 없다.

35 다음 마그네슘의 특성으로 거리가 먼 것은?

① 뼈와 치아의 구성 요소　　② 세포막의 안정
③ 산·염기 조절　　④ 지방·단백질·핵산의 합성

> **해설** 마그네슘의 특성 : 뼈와 치아의 구성 요소, 세포막의 안정, 지방·단백질·핵산의 합성, 신경의 자극 전달

36 다음 중 정상 성인에서 영양소의 체내 흡수율이 높은 것부터 차례로 된 것은 무엇인가?

① 단백질 〉 칼슘 〉 철분　　② 단백질 〉 철분 〉 칼슘
③ 칼슘 〉 단백질 〉 철분　　④ 철분 〉 칼슘 〉 단백질

> **해설** 영양소의 흡수율은 종류나 같이 먹는 식품에 따라 많이 달라진다. 일반적 흡수율을 보면 철분 10%, 칼슘 30~40%, 단백질 80%, 나트륨 95%이다. 성장기, 임신기, 질환 후 회복기에는 영양소의 흡수율이 증가된다.

37 다음 중 철분에 대한 설명으로 옳지 않은 것은?

① 철분은 미량영양소이다.
② 철분은 헤모글로빈, 미오글로빈 등 다양한 단백질 구성요소이다.
③ 철분은 체내 철의 2/3가 적혈구 내의 헤모글로빈에 존재한다.
④ 흡수된 신체 내의 철의 함량은 손실량이 매우 크다.

> **해설** 철분은 체내 흡수율은 낮으나 흡수된 신체 내 철의 함량은 매우 잘 보존되며 월경 등의 출혈이 없고 임신하지 않은 경우 1일 철의 손실량은 아주 작다.

38 다음 중 철분의 작용에 대한 설명으로 옳은 것은?

① 금속 효소의 구성 성분으로서 사람의 생리 작용에 관여한다.
② 항산화 효소의 구성 성분으로서 다중 불포화 지방산의 산화를 방지한다.
③ 헤모글로빈의 구성 성분으로서 생명유지에 필수적인 역할을 담당한다.

④ 비타민 A가 활성형인 레티날로 전환되는 것을 돕는다.

해설 철분은 헤모글로빈의 구성성분으로 산소와 결합하여 조직으로 운반한다.

39 다음 철분의 흡수를 증진시키기 위한 방안 중 가장 효과적인 것은 무엇인가?
① 우유를 많이 먹는다.　　　　　　② 치즈를 먹는다.
③ 귤을 많이 먹는다.　　　　　　　④ 귤과 육류고기를 같이 먹는다.

해설 식물성 식품에 존재하는 대부분의 철분은 제1철(Fe^{2+})과 일단계 산화된 형태인 제2철(Fe^{3+})의 형태로 존재한다. 그러나 제이철보다는 제일철이 더 잘 용해되고 따라서 더 잘 흡수된다. 비타민 C는 제1철이 제2철로 산화되는 것을 방지할 뿐 아니라 제2철로 산화된 것을 제1철로 환원시킴으로써 철분의 흡수를 돕는다. 중요한 것은 철분이 함유되어 있는 음식과 비타민 C를 동시에 먹어야 한다는 사실이다.

40 다음 식품의 배합 중 철분의 흡수율이 가장 높은 것은?
① 식빵과 우유　　② 고구마와 아이스크림　　③ 쇠고기와 귤　　④ 크림빵과 감자구이

해설 문제 39번 해설 참조

41 철분의 흡수를 돕는 인자로 알맞은 것은?
① 유당, Vit D　　② Vit C, D　　③ Vit C, 유기산　　④ Mg, P

해설 철분의 흡수를 돕는 인자는 유기산, 비타민 C, 저분자 펩티드(MPF) 등

42 22세의 영희는 빈혈증세를 자주 느끼는데, 영희가 특히 섭취해야 할 영양소와 이의 흡수를 증가시키기 위해서 권장해야 할 식품이 옳게 연결된 것은?
① 철분 — 현미밥, 미역　　　　　② 철분 — 귤, 짙푸른 채소
③ 비타민 C — 현미밥, 미역　　　④ 비타민 C — 귤, 짙푸른 채소

해설 철분의 특징
- 결핍증세 : 빈혈
- 급원 : 육류, 달걀, 어패류, 콩류, 진한 녹색채소 등

정답 34.❸　35.❸　36.❶　37.❹　38.❸　39.❹　40.❸　41.❸　42.❷

43 다음 중 우리나라 사람은 철분을 대부분 식물성 식품에서 섭취하는데, 이 철분의 흡수를 증진시키기 위하여 같이 섭취하여야 할 식품은 무엇인가?

① 감귤류 및 고기류
② 비타민 A가 많은 등황색 채소류
③ 통밀국수 및 통밀빵
④ 섬유질이 많은 고구마와 채소류

해설 문제 39번 해설 참조

44 다음 중 철결핍성 빈혈을 예방하기 위하여 특히 강조하여야 할 두 가지 영양소끼리 서로 연결된 것은?

① 비타민 B_6 — 비타민 B_{12}
② 비타민 B_{12} — 아연
③ 철분 — 구리
④ 단백질 — 철분

해설 철은 효소 및 시토크롬, 헤모글로빈, 미오글로빈 등 다양한 단백질의 중요한 구성요소이다. 체내 철의 2/3가 헤모글로빈에 존재하며, 헤모글로빈은 대사를 위해 체내 조직에 산소를 운반한다.

45 철분 흡수를 촉진하는 인자가 아닌 것은?

① 비타민 C
② 저분자 펩티드
③ 유기산
④ 옥살산

해설
- 철분흡수를 촉진하는 인자 : 비타민 C, 저분자 펩티드, 유기산 등
- 철분흡수를 방해하는 인자 : 피틴산, 옥살산, 폴리페놀(탄닌)

46 다음 중 체내 철분의 대부분을 함유한 물질은 무엇인가?

① 미오글로빈
② 아미노산
③ 헤모글로빈
④ 혈장페리틴

해설 혈액 내에 존재하는 대부분의 철분은 적혈구에 있고 적혈구에서도 헤모글로빈에 결합되어 있다. 헤모글로빈은 철분을 가지고 있는 색소인 헴부분과 단백질인 글로빈이 결합하여 형성되어 있다.

47 철 결핍 증상으로 옳지 않은 것은?

① 철 결핍성 빈혈
② 조산 위험
③ 설사
④ 발달장애

해설 철 결핍 증상 : 철 결핍성 빈혈, 조산 위험, 발달장애, 어린이의 운동실조, 인지능력 손상과 임신부의 임신성 빈혈, 미숙아, 사산 위험 등

48 다음 중 철분의 작용에 대한 설명으로 옳지 않은 것은?

① 철분은 다양한 단백질 구성 요소로 생명유지에 필수적이다.
② 철분은 식이 중 제1철(Fe^{2+})의 형태로만 존재한다.
③ 헤모글로빈 합성에 필요한 철을 공급하지 못하면 적혈구 세포수가 감소한다.
④ 골격근세포의 철 결핍의 경우 지구력 운동의 현저한 손상이 나타난다.

해설 식이 중의 철은 제1철, 제2철, 헴철의 형태로 존재한다.

49 철분의 영양 상태 평가 방법이 아닌 것은?

① 혈청 헤모글로빈 농도 측정
② 혈액 내 철 함량 및 철 함유 단백질량 측정
③ 헤마토크릿 농도 측정
④ 히드록시아파타이트를 측정

해설 철분의 영양 상태 평가 방법에는 ①, ②, ③이 있다.

50 다음 중 가임기 성인 여성의 영양 권장섭취량이 남성보다 높은 영양소는?

① 비타민 C ② 철분 ③ 칼슘 ④ 단백질

해설 우리나라 20~40대 성인 남자의 철분 1일 권장섭취량은 10mg이고, 20~40대 여성의 1일 권장섭취량은 14mg이다.

51 다음 20~40대 성인 남녀의 권장섭취량 중 여성의 권장량이 높은 영양소와 권장섭취량이 옳게 연결된 것은?

① 칼슘 — 700mg ② 철분 — 14mg ③ 단백질 — 55mg ④ 비타민 C — 70mg

해설 남자의 영양권장량은 여성보다 평균 신체 크기가 크므로 여성보다 많으나 철분만은 여성이 높다. 매월 월경으로 철분 손실이 일어나기 때문이다.

52 다음 중 철결핍성 빈혈 환자에게 다량 공급하여야 할 영양소와 급원식품이 옳게 연결된 것은?

① 철분과 지방 — 간과 유지류
② 단백질과 비타민 C — 두유와 짙푸른 채소
③ 철분과 비타민 B군 — 간과 우유

정답 43.❶ 44.❹ 45.❹ 46.❸ 47.❸ 48.❷ 49.❹ 50.❷ 51.❷ 52.❹

④ 단백질과 철분 — 육류와 짙푸른 채소

해설 철결핍성 빈혈 환자는 단백질과 철분을 공급한다. 철의 급원으로는 육류, 어패류, 가금류, 곡류나 곡류로 만든 가공식품, 콩류 및 진한 녹색채소 등이다.

53 다음 중 아연의 체내작용으로 옳지 않은 것은?
① 효소 및 조효소의 구성원소로 작용한다.　② T세포와 림프세포의 발달과 분화에 관여한다.
③ 체온유지를 조절한다.　④ DNA와 RNA 합성을 조절한다.

해설 아연 작용 : 효소 및 조효소의 구성원소로 작용, T세포와 림프세포의 발달과 분화에 관여, DNA와 RNA의 합성 조절, 효소가 생물학적 활성을 가지도록 단백질의 구조를 안정화시키는 역할

54 다음 중 아연의 결핍 증상이 아닌 것은?
① 성장 지연　② 설사　③ 구리의 흡수 저해　④ 면역 능력 감소

해설 아연이 부족하면 성장 지연, 식욕 감퇴, 설사, 염증, 면역 능력 감소, 탈모, 신경장애 등이 나타나고, 과잉으로 섭취하면 구리 등 다른 무기질의 흡수 저해 등이 나타난다.

55 인체 내 요오드 총량 중 70~80% 가량이 어디에 존재하는가?
① 췌장　② 갑상선　③ 담낭　④ 신장

해설 요오드는 인체 내 15~20mg 정도 저장되어 있으며 체내 요오드 총량 중 70~80% 가량이 갑상선에 존재한다.

56 다음 중 요오드에 대한 설명으로 옳지 않은 것은?
① 인체의 필수 미량 성분이다.　② 갑상선 호르몬의 주요 구성성분이다.
③ 미역, 다시마 등이 주요 급원이다.　④ 포도당의 연소과정에 관여하는 효소와 존재한다.

해설 요오드는 갑상선 호르몬인 T_4와 T_3를 생산한다.

57 다음 중 요오드가 다량 함유된 식품과 요오드를 함유한 활성형의 호르몬 및 요오드 결핍증이 옳게 연결된 것은?

① 조개류, 바다생선 — 티록신 — 구루병　　② 조개류, 바다생선 — 옥살산 — 갑상선종
③ 미역, 다시마 — 티록신 — 갑상선종　　④ 미역, 다시마 — 피브린 — 크레틴병

해설 갑상선에서 갑상선 호르몬인 티록신을 분비하는데 티록신은 요오드를 함유하고 있으며, 요오드는 미역과 다시마 등의 해조류에 많이 함유되어 있고, 결핍되면 갑상선종 등이 발병한다.

58 다음 중 요오드의 좋은 급원식품과 결핍증을 옳게 연결한 것은?

① 달걀 — 펠라그라　② 미역 — 갑상선종　③ 달걀 — 콰시오커　④ 미역 — 당뇨병

해설 요오드의 결핍증세와 급원
- 결핍증세 : 갑상선종, 갑상선기능저하증 등
- 급원 : 다시마, 미역, 김, 해양 동물(예 고등어) 등

59 티록신 호르몬의 구성성분으로 성장과 정상적인 활동에 중요한 역할을 하는 요오드의 가장 좋은 급원식품은?

① 미역　　② 근대　　③ 귤　　④ 쌀

해설 요오드는 해조류 등에 다량 함유되어 있다. 요오드는 갑상선 호르몬인 티록신과 트리요오드티로닌의 구성성분이다.

60 다음 중 요오드가 가장 많이 함유되어 있는 식품은?

① 당근　　② 해조류　　③ 배추　　④ 무

해설 요오드는 해조류(예 미역, 다시마)에 다량 함유되어 있다.

61 구리와 관련된 설명으로 옳지 않은 것은?

① 항산화제로 작용한다.　　② 산화환원반응에 관여한다.
③ 결합조직의 가교결합 형성에 관여한다.　　④ 에너지 흡수 반응에 관계한다.

해설 구리의 작용
- 항산화제로 작용한다.
- 산화환원반응에 관여한다.
- 결합조직의 가교결합 형성에 관여한다.

정답 53.❸　54.❸　55.❷　56.❹　57.❸　58.❷　59.❶　60.❷　61.❹

62 태아기나 신생아기 결핍되면 성장지연, 피부염, 혈액응고 지연, 피부발진, 신경독성 등을 유발하는 무기질은?

① 불소　　　　② 망간　　　　③ 코발트　　　　④ 아연

해설 망간은 태아기나 신생아기 결핍되면 성장지연, 비정상적인 골격 형성, 피부염, 혈액응고 지연, 피부발진, 신경독성을 유발할 수 있다.

63 혈당량의 항상성을 유지하는 것을 돕고 부족되면 당뇨병 같은 고혈당 함량을 초래하는 무기질은?

① 아연　　　　② 망간　　　　③ 크롬　　　　④ 불소

해설 크롬은 탄수화물과 지질의 대사에 관여하는 중요한 미량원소이다.

64 다음은 불소(F)에 대한 설명이다. 잘못된 것은?

① 불소는 치아의 건강과 매우 밀접한 관계가 있다.
② 나이 많은 사람들의 뼈의 파괴를 방지한다.
③ 어육류, 홍차 등에 다량 함유되어 있다.
④ 불소가 과잉되면 충치 발생률이 증가한다.

해설 불소가 결핍되면 충치 발생률이 증가한다.

65 장기간의 부족으로 생기는 풍토병인 카산벡병 및 케산병과 관련이 있는 무기질은?

① 망간　　　　② 셀레늄　　　　③ 몰리브덴　　　　④ 코발트

해설 셀레늄 함량이 낮은 지역의 풍토병인 카산벡병과 케산병이 있는데, 증상으로는 어린이와 가임기 여성에게 심근비대, 골관절 이상이 알려져 있다.

66 코발트(Co)와 가장 관련 깊은 비타민은?

① 비타민 C　　　　② 비타민 B_6　　　　③ 비타민 D　　　　④ 비타민 B_{12}

해설 사람과 동물에 있어서 코발트는 비타민 B_{12}의 성분으로 작용한다.

67 다음 중 수분의 체내 작용이라 할 수 없는 것은?

① 에너지원
② 내장 기관 보호
③ 체온조절 작용
④ 영양소와 노폐물의 운반

해설 수분의 체내 작용 : 영양소와 노폐물의 운반, 분비액의 성분, 체내 대사과정의 촉매작용, 체온조절 작용, 내장 기관 보호

68 다음 중 체내 수분의 중요한 작용이라 할 수 없는 것은?

① 호흡 운동
② 영양소와 노폐물의 운반
③ 타액, 위액, 장액 등 분비액의 성분
④ 체내 대사과정의 촉매작용과 보호작용

해설 문제 68번 해설 참조

69 다음 중 수분의 중요한 체내작용에 대한 설명이라 할 수 없는 것은?

① 수분은 모든 분비액의 성분이며 체내 화학작용이 일어날 수 있다.
② 수분은 체온조절 작용을 한다.
③ 수분은 혈액의 성분으로 영양소를 용해시키고 각 조직에 운반토록 한다.
④ 수분은 몸의 구성성분으로 약 30%를 차지한다.

해설 수분은 신체의 약 55~60% 이상을 차지하는 가장 많은 구성성분이며 혈액, 체액, 내장액, 생체 내 모든 생리작용의 조절과 산염기의 평형, 체온조절과 윤활유로서의 역할을 한다. 따라서 음식이나 음료에서 섭취하여야 한다. 목이 마른 것은 몸에 물이 필요하다는 신호이다.

70 우리 몸의 체온을 조절하는데 관계 깊은 영양소는?

① 비타민 C
② 비타민 A
③ 칼슘
④ 수분

해설 문제 69번 해설 참조

71 다음의 〈보기〉에서 설명하고 있는 영양소는 무엇인가?

정답 62.❷ 63.❸ 64.❹ 65.❷ 66.❹ 67.❶ 68.❶ 69.❹ 70.❹ 71.❶

| 보기 | 우리 인체의 가장 많은 부분을 차지하며, 장기간 섭취하지 않으면 갈증에 시달리다가 사망하게 된다. |

① 수분　　　　② 나트륨　　　　③ 탄수화물　　　　④ 칼슘

해설 수분은 우리 체내에서 가장 기본이 되는 성분이다. 모든 신체조직을 구성하는 성분 중에서 수분이 가장 많은 양을 차지하고 있다. 성인은 대개 체중의 55~60% 이상이 수분이다. 수분의 20% 정도를 잃으면 사망할 수 있다.

72 다음 중 우리 몸에 가장 많은 성분이며 이 성분의 20%를 잃으면 사망할 수 있는 영양소는 무엇인가?

① 무기질　　　　② 지방　　　　③ 단백질　　　　④ 수분

해설 문제 71번 해설 참조

정답 72.❹

제1부 영양학
05 비타민

 단원 개요

비타민은 대부분의 동물이 음식물을 통해 어느 정도의 적은 양은 반드시 섭취해야 하는 유기화합물이다. 특히 대사과정을 조절하는 데 조효소와 조효소의 전구 물질로 작용한다. 대량영양소(단백질·탄수화물·지방)와는 달리 에너지를 내거나 신체 구성 물질로 작용하지 않는다.

사람에게 이용되는 영양소로서 비타민은 수용성 비타민과 지용성 비타민으로 분류된다. 수용성 비타민은 장(腸)에서 흡수되어 순환계를 통해 비타민이 사용되는 특정한 세포조직으로 운반된다. 지용성 비타민은 담즙산염에 의해 장에서 흡수된다. 림프계는 흡수한 비타민을 신체의 각 부위로 전달한다. 인체는 수용성 비타민보다 지용성 비타민을 더 많이 저장하고 있다.

 출제 경향 및 수험 대책

이 단원에서는 비타민의 특성 및 종류, 비타민의 단위와 대사, 비타민 C의 체내 작용과 결핍증, 비타민 B_1·비타민 B_2의 결핍증 및 급원식품, 악성빈혈을 일으키는 비타민 B_{12}의 급원식품, 니아신·폴산 등 기타 수용성 비타민의 결핍증과 급원식품 등에 대해서 묻는 문제들이 출제될 수 있는 바, 자세하고 철저한 학습이 요구된다.

5

01 비타민의 이해

1 비타민의 정의 및 분류

① 정의 : 비타민은 미량이기는 하지만 생리작용의 조절이 필요하며, 동물체 내에서 합성하기 어려운 여러 가지 유기물을 섭취해야 하는데 이들의 성분을 비타민(vitamin)이라고 한다. 비타민은 주로 세포 내에서 화학적 반응의 촉매로의 기능을 담당하고 에너지의 방출, 조직의 구성, 음식에 대한 신체의 작용을 조절하는 데 필수적이다.

② 비타민의 분류 : 지용성 비타민은 비타민 A, D, E, K이고, 수용성 비타민은 비타민 B 복합체와 비타민 C로 크게 나누고 있다.

2 체내 비타민 역할

① 체내에서 생리적 메커니즘의 조절로서 중요하다. 비타민은 극히 소량이어도 체내에서의 물질대사를 위한 촉매작용을 하며, 분해나 합성의 화학반응을 원활하게 하도록 촉진하여 생리기능의 조절을 해 나가는 영양소이다.

② 비타민의 최고의 유용가치는 비타민 결핍증의 치료와 예상되는 비타민 결핍증의 예방에 있다.

| 표 5-1 | 비타민의 임상효과

비타민 종류 / 효과	A	B_6	B_{12}	C	D	E	K
임상효과	야맹증 및 안구 건조증 예방	빈혈, 피부병, 신경계통 손상 방지	악성 빈혈 예방	괴혈병 및 탈치 예방, 지혈 강화	구루병 예방	흡수정체 섬유 증식 및 빈혈 예방	출혈 예방

③ 임신, 수유부, 회복기 환자, 약물복용, 흡수력이 떨어질 때에는 권장량보다 더 많은 비타민을 필요로 한다. 다이어트 때는 영양소의 균형을 위해서 비타민 B군의 섭취를 증가시켜야 한다.

02 비타민 분류

1 지용성 비타민

(1) 비타민 A

① 개요
  ㉠ 비타민 A의 형태 : 비타민 A는 체내 생리작용에 필수적인 지용성 비타민으로 비타민

추가 설명

지용성 비타민
- 소화, 흡수, 운반, 저장 등 모든 과정이 지질에 의존하여 이루어진다.
- 액체 상태로 체내에 저장되어 있기 때문에 그 과다량은 독성을 일으킬 가능성이 있다.

추가 설명

수용성 비타민
- 체내에서 저장되지 않으므로 항상 필요량을 음식에 의해 공급해야 한다.
- 혈중의 비타민 농도가 높아지면 소변으로 쉽게 배설된다.
- 부족증을 일으킬 수 있고 과잉에 의한 독성은 지용성 비타민보다 적다.

추가 설명

비타민 A
체내 세포 성장, 시각, 면역 증진에 필요한 기능을 할 뿐만 아니라 염증 억제, 항산화작용, 암 발생 억제효과가 있다.

A의 기본구조를 가진 화합물인 레티노이드와 비타민 A 활성을 갖는 카로티노이드를 총칭한다.
- 비타민 A는 기본 분자인 레티놀(retinol)과 시각색소로 작용하는 레티날(retinal), 세포 분화를 조절하는 세포내 신호전달물질인 레티노산(retinoic acid) 등과 같이 다양한 레티노이드 형태로 존재한다.
- 카로티노이드는 식물성 식품에 존재하는데 그 중 베타-카로틴, 알파-카로틴 및 베타-크립토잔틴은 비타민 A 전구체로서 비타민 A의 생물학적 활성을 가진다.

ⓒ 비타민 A의 단위 : 비타민 A의 단위는 RAE(retinol activity equivalents, 레티놀 활성 당량)로 발표된 이래 많은 나라에서 이를 채택하였으며, 우리나라에서는 그 동안 RE(retinol equivalents)를 사용하여 왔으나, 2015년 개정된 한국인 영양소 섭취기준에서 국제적인 추세에 따라 RAE 단위를 채택하였다.

② 비타민 A의 대사
ⓐ 레티놀의 흡수 : 식품에 함유되어 있는 레티놀은 거의 100% 흡수된다.
ⓑ 카로틴의 흡수 : 카로틴의 흡수에는 반드시 담즙이 필요하고 α-토코페롤이나 레시틴은 카로틴의 산화를 방지하여 카로틴의 흡수를 돕는다.
ⓒ 카로틴의 레티놀로의 전환 : 카로틴은 장벽과 간에서 레티놀로 전환되고, β-카로틴의 이용률은 흡수율이 1/3, 그리고 전환율이 1/2이므로 섭취량의 1/6이다.
ⓓ 저장
- 체내 저장량은 어릴수록 적고 나이를 먹음에 따라 많아지며 혈액 내의 비타민 A 함량은 섭취한 음식 내의 비타민 A의 함량과 관계없이 거의 일정하다. 그리고 약 90% 이상이 간에 저장되어 있다.
- 비타민 C와 비타민 E는 레티놀을 절약해 주는 작용이 있다.

③ 비타민 A의 작용
ⓐ 시력 제공 : 시각세포인 원추세포의 시홍색소와 간상세포 내의 시자홍색소(로돕신)에서 레티날은 구성 성분이다.
ⓑ 배아 발생과 성장 : 비타민 A와 그 유도물질은 생물학적인 발달과 노화에 관여한다. 비타민 A는 그 수준에 의존적으로 세포 증식과 세포 분화를 조절하고 배아 형성 및 조직 항상성을 통한 세포 사멸을 유도한다. 특히 태아의 폐 형성에 필수적이어서 폐의 완전한 성숙과 유지를 돕는다.
ⓒ 면역 체계 및 뼈의 재생 : 면역 체계를 도와주고 성장과 뼈의 재생을 돕는다.
ⓓ 기타 : 점막 세포와 피부의 건강을 유지한다.

④ 비타민 A의 결핍 증세
ⓐ 시력과의 관계
- 어린이에게 비타민 A가 부족하면 야맹증이 발생한다.
- 비타민 A가 계속 결핍되면 결막 건조증이 발생하고 계속 더 결핍되면 각막 연화증

추가 설명
로돕신
눈의 망막에 있는 막대 모양의 감광세포에 들어 있는 색소 단백질이다. 로돕신은 눈이 약한 빛에 적응하게 한다. 눈이 밝은 빛에 노출되면 로돕신의 색이 없어지지만 어두운 곳으로 가면 다시 적자색으로 환원된다. 로돕신에서 색을 나타내는 성분은 비타민 A의 산화 물질인 레티날이고 단백질 부분은 옵신이다. 밝은 빛에서 로돕신은 레티날과 옵신으로 분리되며, 어두운 곳에서는 다시 결합한다.

추가 설명
비타민 A를 과다하게 섭취하는 경우
- 급성 증상 : 오심, 현기증, 무력감, 가려움증 등
- 만성 증상 : 두통, 탈모증, 피부건조, 골관절 통증 그리고 간독성 등
- 기타 : 골밀도 감소와 둔부골절 위험률 증가

이 발생한다. 증세가 악화되면 실명을 초래한다.
ⓒ 상피 세포와의 관계 : 비타민 A가 결핍되면 여러 곳의 상피 세포가 각질화된다. 호흡기의 점막 건조, 소화기의 건조로 균의 침입, 생식기와 비뇨기의 염증, 피부 발진인 포상각화증 등이 발생한다.
ⓒ 치아와의 관계 : 에나멜을 형성하는 상피세포가 활발하게 활동을 못하여 건강한 치아를 형성하지 못한다.
ⓔ 암과의 관계 : 카로티노이드 색소를 부족하게 섭취하면 암이 발생할 확률이 높다. 카로티노이드는 항산화 활성과 발암물질의 대사를 조절하고 발암유전자의 발현을 억제하여 세포와 세포 간의 면역능력과 상호작용에 영향을 준다.
ⓜ 철 결핍성 빈혈 초래 : 빈혈이 유발되는 원인은 비타민 A 섭취 부족이 적혈구 생성의 변이, 감염에 대한 면역체의 변형 및 철 대사 변이를 초래하기 때문이다.

⑤ 비타민 A 급원
㉠ 동물성 식물인 간, 육류, 난황, 생선, 비타민 A 강화 마가린에 주로 함유되어 있다.
㉡ 비타민 A로 전환될 수 있는 전구체인 베타 및 알파-카로틴은 당근, 깻잎, 시금치, 감자, 근대, 망고, 오렌지와 같은 식물성 식품에 포함되어 있다.

(2) 비타민 D

① 비타민 D의 주요 형태
㉠ 비타민 D_2(에르고칼시페롤)는 대부분 인공적으로 합성되어 식품에 첨가되는 형태이고, 비타민 D_3(콜레칼시페롤)는 사람의 피부에서 7-디하이드로콜레스테롤로부터 합성되거나 주로 동물성 식품으로부터 섭취되는 형태이다.
㉡ 비타민 D_2와 D_3 모두 인공적인 합성이 가능하여 식사보충제나 비타민 D 강화식품에 사용되기도 한다.

② 비타민 D의 대사
㉠ 비타민 D_2와 D_3는 모두 지용성 비타민이므로 식사 중 다른 지방성분과 함께 소장에서 흡수된다. 비타민 D는 소장 내에서 콜레스테롤, 중성지방, 지단백 및 다른 지방성분들과 함께 유미지립(지방이 소화·흡수되어 혈류속에서 유화된 지방의 입자)을 형성한다.
㉡ 비타민 D는 급원에 관계없이 모두 프로비타민의 비활성형이므로 호르몬 형태로 대사된 이후부터 그 기능을 할 수 있다. 피부 또는 림프액으로부터 혈중으로 유입된 비타민 D는 수시간 내에 간 또는 저장 조직으로 운반된다.
㉢ 비타민 D의 대사산물은 대부분 담즙을 통해 대변으로 배출되며, 극히 소량이 소변으로 배출된다.

③ 비타민 D의 작용
㉠ 비타민 D는 **뼈의 형성과 유지**에 이바지한다. **뼈의 석회화 증진**, 혈액 내의 칼슘과 인의

농도를 높임으로써 이들 무기질이 뼈를 견고하게 하기 위하여 뼈에 축적되도록 한다.
- ⓒ 비타민 D의 칼슘, 인의 혈액 함량 증가방법
  - 소화관에서의 칼슘과 인의 흡수를 촉진한다.
  - 이들 무기질이 뼈에서 빠져 나오는 것을 촉진한다.
  - 체내에서 일단 사용되었던 이들 무기질이 신장에서 재흡수되는 것을 돕는다.
- ⓒ 비타민 D는 체내 다른 부분에서 칼슘과 인을 필요로 할 때 칼슘과 인의 저장 장소인 뼈로부터 이들 영양소를 이동시키는 역할을 한다.

④ 비타민 D의 급원
- ⓐ 피부 합성 : 인간의 피부는 290~320nm 파장의 자외선 B(ultraviolet B, UVB)에 노출되면 7-디하이드로콜레스테롤로부터 비타민 D_3를 합성한다. 피부에서 생성되는 D_3의 양은 진피에 도달하는 자외선 B의 양과 7-디하이드로콜레스테롤의 양, 계절, 위도, 피부색, 자외선 차단제 사용 여부, 의복, 노출된 피부 면적, 연령 등에 의해 크게 영향을 받는다.
- ⓒ 식사 섭취 : 비타민 D의 자연적인 급원 식품은 등푸른 생선, 어류의 간유, 계란 노른자 등이다. 우리나라 사람들이 상용하는 식품 중 어류와 버섯류(예 건버섯)가 함량이 높은 식품군에 속한다. 또한 우유나 치즈, 요구르트 등 일부 식품에 비타민 D가 첨가된 비타민 D 강화식품도 주요 식품 급원이 된다.

(3) 비타민 E

① 비타민 E의 특성
- ⓐ 비타민 E의 화학명 : 토코페롤이다.
- ⓒ 비타민 E의 종류 : 알파, 베타, 감마, 델타 토코페롤과 역시 알파, 베타, 감마, 델타 토코트리에놀의 8종이 있고, α-토코페롤이 가장 강한 활력을 가지고 있다.

② 비타민 E의 체내 작용
- ⓐ 비타민 E는 항산화 작용을 하는데, 항산화작용은 자유라디칼의 연쇄반응을 차단하여 산화적 스트레스를 억제하는 것이다. 비타민 E는 주로 세포막과 지단백질 표면에서 작용하게 되는데 이들을 구성하는 인지질의 다불포화지방산에서 생성되는 페록실 라디칼을 제거하는 역할을 한다.
- ⓒ 비타민 E는 민무늬 근육, 혈소판, 단핵구 등에서 단백질 인산화요소 C(protein kinase C, PKC)의 활성을 저해한다.
- ⓒ 비타민 E는 단핵구가 혈관 내피세포에 부착되는 것을 억제한다.

③ 비타민 E의 급원 : 마가린, 마요네즈, 면실유 등 식물성 기름, 해바라기씨 등 견과·종자류

(4) 비타민 K

① 비타민 K의 유형
- ⓐ 자연계에서 비타민 K는 비타민 K_1(phylloquinone, 필로퀴논)과 비타민 K_2(menaquinone,

---

추가 설명

일광으로 비타민 D 합성
피부를 일광에 노출시키면 7-디하이드로콜레스테롤이 비타민 D_3로 전환되고 이것이 혈액을 통하여 전신으로 운반되어 사용된다.
- **자외선의 강도** : 위도상으로는 적도지역, 온대·한대 지방에서의 여름철, 오전 10시부터 오후 2시까지 자외선이 강하다.
- **방해물** : 구름과 안개, 비가 오거나 흐린 경우, 연기, 먼지, 매연, 그늘이나 유리창, 옷, 피부의 색소 등이 자외선의 통과를 방해한다.

추가 설명

비타민 D 섭취 부족 및 과잉 섭취 시 문제
- **섭취 부족 시 문제** : 소아에서는 구루병, 성인에서는 골연화증 및 골다공증의 위험을 높이며, 노인 등 취약 인구에서 낙상 및 신체 기능 약화의 위험 인자가 된다.
- **과잉 섭취 시 문제** : 햇빛을 통한 비타민 D의 과잉 합성 현상이 유발되지 않는다. 그러나 식품을 통한 과잉 섭취는 비타민 D 중독증 및 과다증을 유발할 수 있다. 비타민 D 과다증은 고칼슘혈증을 유발하고 연조직의 석회화 및 신장 및 심혈관계의 손상을 유발한다.

추가 설명

비타민 E 섭취 부족 시 문제
- 운동실조, 골격근증, 색소침착 망막증 등
- 적혈구의 용혈 현상(적혈구가 파괴되어 적혈구 속 헤모글로빈이 밖으로 흘러 나오는 것)

> **추가 설명**
>
> **비타민 K**
> - 비타민 K는 혈액응고와 골 대사에 관련된 단백질을 활성화시키는 조효소 역할을 한다.
> - 비타민 K는 혈액응고에 관여하고, 칼슘 대사에 관여하여 골밀도를 증가시키며, 칼슘 균형 향상에 영향을 준다.
> - 약물복용, 지방흡수불량, 간질환이 있는 경우 결핍증이 나타날 수 있고, 특히 항생제를 장기 복용하는 경우 장내 미생물에 의해 합성되는 메나퀴논의 양이 줄어들 수 있다.
> - 비타민 K가 결핍될 경우 혈액응고 지연 현상이 나타나고 심하면 출혈이 일어난다.

메나퀴논)의 활성형으로 존재한다. 비타민 K의 주요 급원인 비타민 K_1은 식물의 광합성 작용에 의해 합성되어 녹색잎 채소에 풍부하다.

  ⓒ 메나퀴논 즉, 비타민 K_2는 장내 박테리아에 의해 합성이 가능하여 동물성 식품이 주요 급원이며 특히 발효식품, 치즈 등에 풍부하다.

  ⓒ 주로 치료제로 사용되는 합성된 물질인 비타민 K_3(menadione, 메나디온)가 있는데 이는 수용성이다.

② 비타민 K는 열, 공기, 습기 등에는 비교적 안정적이지만, 강한 산, 알칼리, 빛에 의해서는 쉽게 파괴되는 특징을 가진다.

③ 비타민 K의 급원 : 녹색 채소류는 비타민 K_1(필로퀴논)의 주요 급원 식품이며 메나퀴논은 함유하지 않는다. 녹색 채소류 중 파슬리, 케일, 민들레, 쑥갓, 시금치, 녹차, 낫토 등에서 비타민 K 함량이 높다.

④ 비타민 K의 기능

  ⊙ 간에서 혈액응고에 필요한 인자 합성에 관여한다. 즉, 비타민 K는 혈액응고인자 전구체 단백질인 글루탐산을 간에서 카르복실화하여 감마 카르복실 글루탐산으로 전환시키고, 이를 통해 프로트롬빈을 생성시켜 정상적인 혈액응고를 돕는다.

  ⓒ 골 대사 시 여러 관련 단백질을 활성화시키는 조효소로서의 역할도 한다.

  ⓒ 비타민 K는 칼슘이 뼈 속에서 안정적으로 유지되는데 필요하다. 골다공증 환자의 뼈 미네랄 밀도를 증가시킬 뿐 아니라 파괴 속도를 줄일 수 있으며, 골 대사에서 가장 필요한 칼슘 균형을 높일 수 있다.

⑤ 비타민 K의 결핍 증상

  ⊙ 혈액응고가 지연되어 쉽게 멍이 들거나, 코피, 잇몸 출혈, 혈뇨, 혈변, 생리혈 증가 등이 나타날 수 있다.

  ⓒ 결핍증이 장기화될 경우 뼈의 약화, 골절, 골다공증 발생위험이 증가하며, 출혈 경향 증가, 혈액 응고의 결함 등이 나타날 수 있다.

  ⓒ 신생아의 경우 모유의 비타민 K 함량이 낮고, 장내에 미생물도 거의 없는 상태이므로 비타민 K 결핍에 취약하고 그에 따른 출혈의 위험도 크다.

⑥ 비타민 K의 과잉 섭취 문제 : 거의 독성을 보이지 않으나 합성 비타민 K인 비타민 K_3는 영아에게서 황달, 출혈성 빈혈의 독성을 일으킨다.

2 수용성 비타민

(1) 비타민 C

① 비타민 C의 대사

  ⊙ 소장에서 아스코르빈산은 능동 운반, 디하이드로아스코르빈산은 촉진 확산으로 운반되어 흡수되는데, 하루 30~200mg 정도 섭취할 경우 약 79~90% 정도 흡수되며 섭취량이 과도할 경우 흡수율은 감소하고 신장을 통한 배설량이 증가한다.

> **추가 설명**
>
> **비타민 K 결핍의 원인**
> - 만성적인 영양결핍(알코올 중독 등), 지방흡수가 불량한 경우, 담도폐색이나 담즙의 생산이 불가능한 경우 뿐만 아니라 간질환(간염, 간경변 등)으로 인해 간에 있는 혈액응고인자의 활성과 비타민 K의 저장이 제한된 경우 결핍이 나타날 수 있다.
> - 일부 약물(항생제 등)에 의해 장내 합성이 제한된 경우 비타민 K_2의 양이 감소될 수 있다.
> - 대장염, 장 절제(특히 지용성 비타민이 흡수되는 장 폐색 말기인 경우)와 같이 비타민 흡수에 제한이 있는 경우 비타민 K 결핍증이 나타날 수 있다.

ⓛ 흡수된 비타민 C는 모든 조직에 저장될 수 있다. 특히 뇌하수체, 부신, 백혈구, 안구 그리고 뇌에서 저장량이 가장 높으며 혈액과 침에서 가장 낮다.

② 비타민 C의 체내 작용
㉠ **항산화 작용** : 비타민 C는 위에서 암을 유발시키는 니트로사민의 형성을 감소시키고, 엽산의 조효소를 원래대로 유지시켜서 그것의 파괴를 막는 등의 항산화 작용을 한다. 그 밖에 비타민 C가 풍부한 식사는 백내장의 위험을 감소시킨다.
㉡ **철의 흡수와 비타민 C** : 비타민 C는 산화되면서 제이철을 환원시켜 제일철로 만들어 흡수가 용이하게 해 준다.
㉢ **콜라겐 합성** : 콜라겐은 결합조직, 뼈, 치아, 힘줄, 혈관에 많이 농축되어 있고, 상처 치유에 중요하다. 콜라겐의 아미노산 조성은 주로 글리신, 알라닌, 프롤린, 하이드록시프롤린 등으로 이루어지는데, 비타민 C는 콜라겐에 있는 아미노산들 사이에서 결합조직을 증가시켜 조직을 강하게 한다.
㉣ **다른 물질의 합성과 대사에 밀접한 관련**
  • 비타민 C는 갑상선호르몬인 티록신 합성을 위하여 필요하다.
  • 비타민 C는 에피네프린, 노에피네프린, 세로토닌, 담즙산, 스테로이드 호르몬, DNA 합성에 사용되는 퓨린체의 합성에도 중요한 역할을 한다.
  • 비타민 C가 부족하면 결체조직의 형성에 결함을 가져와 신체의 각 부위에서 출혈이 나타난다.
  • 비타민 C가 신경전달 물질의 합성과 대사에 밀접한 관련이 있으나 부족 시 결함이 생겨 심리적인 장애 증세를 일으키기도 한다.

③ 비타민 C의 결핍증
㉠ 비타민 C 섭취가 부족할 때 콜라겐 합성을 저해시키므로 괴혈병을 일으켜 잇몸 부종, 출혈 등이 나타난다. 또한 만성 피로, 코피, 소화 장애, 우울증 등이 나타난다.
㉡ 유아의 비타민 C 결핍증은 주로 골격 이상으로 나타난다.

④ 비타민 C의 급원
㉠ 신선한 채소와 과일은 종류에 따라 함량은 다르나 상당한 양이 함유되어 있다.
㉡ 배추, 무, 양배추, 갓 등의 녹색 채소는 비교적 비타민 C를 많이 함유하고 있다.
㉢ 과일 중에는 귤, 자몽, 딸기 등에 많이 들어 있다.
㉣ 햇볕을 받아 빨갛게 익은 토마토는 비타민 C 함량이 높고 잎에 가려 색이 옅게 익은 토마토는 함량이 낮다.

(2) 비타민 B_1(티아민)

① **티아민의 대사** : 티아민은 섭취된 후 주로 공장에서 흡수된다. 흡수된 티아민은 적혈구와 혈장을 통해 각 조직으로 운반된다. 티아민의 농도가 높은 경우 일부만이 흡수되어 혈중 농도를 상승시키고 티아민과 티아민 대사물은 소변으로 빠르게 배설된다. 체내에 저장

추가 설명
비타민 C의 특성
• 비타민 C는 모든 생명체의 생명유지에 필수적인 수용성의 영양소로 사람의 경우 체내에서 합성이 되지 않아, 반드시 섭취해야 한다.
• 비타민 C는 환원형인 아스코르빈산과 산화형인 디하이드로아스코르빈산이 있으며, 모두 비타민 C 활성을 갖는다.
• 철, 구리, 알칼리, 열, 공기 중의 노출 등은 비타민 C의 산화적 파괴를 촉진시킨다.

추가 설명
괴혈병
잇몸이 붓고 출혈이 생긴다. 또한, 이가 빠지고 관절이 아프고 뻣뻣해지며, 뼈가 약해지고 피하에 내출혈이 생기고, 체중이 감소하며, 근육에 힘이 없어진다.

추가 설명
비타민 C 과잉 섭취 문제
구토, 설사 등의 문제가 있을 수 있는데, 이는 장내 다량의 비타민 C가 존재하여 발생하는 삼투압의 불균형 때문이다. 그리고 철 흡수를 촉진하므로 철 과다증이 유발될 수 있다.

할 수 있는 티아민의 양은 소량이다.

② 티아민의 작용 : 티아민이 결핍되면, 탄수화물의 에너지 대사가 원활하지 않아 ATP 합성이 저조해지며, 지방산과 핵산 합성에 이상을 초래하게 되고, 이로 인해 신경전달 및 조절 장애가 오게 된다.

③ 티아민 결핍의 임상 증세 : 다리 힘이 약해지고 저림 등으로 제대로 걷지 못하며, 식욕부진, 체중감소, 무감각, 단기 기억력 감소, 혼란 등의 정신적 증세와 과민성, 근육 무력증, 심장비대 등의 심혈관계 증상을 수반하며, 심한 결핍 시에는 신경계 및 심혈관계 장애를 나타내는 각기병을 유발한다.

④ 티아민의 급원 : 돼지고기를 포함한 육류, 간, 삼치, 전곡, 두류, 감자류 등이 티아민의 좋은 급원식품이다. 수용성인 티아민은 열과 산화에 의해 쉽게 파괴되며, 특히 중성 또는 알칼리성 조건에서 더 잘 파괴된다.

(3) 비타민 B_2(리보플라빈)

① 비타민 B_2(리보플라빈)의 특성
  ㉠ 수용성이기는 하나 물에 쉽게 녹지 않는다.
  ㉡ 산과 열에 대하여는 비교적 안정하나, 알칼리와 자외선을 받으면 쉽게 파괴된다.

② 비타민 B_2(리보플라빈)의 체내 작용
  ㉠ 리보플라빈에는 조효소인 플라빈 모노클레오티드(FMN)와 역시 조효소인 플라빈 아데닌 디뉴클레오티드(FAD)가 있다. 이들은 체내 산화, 환원 반응에 관여한다.
    • FMN : 아미노산에서 아미노기($-NH_2$)를 제거하는 것을 촉진시킨다.
    • FAD : 아미노산, 지방, 탄수화물의 대사를 촉진시킨다.
  ㉡ 리보플라빈은 항산화효소인 글루타티온 환원 효소의 조효소로 작용하여 글루타티온을 환원 상태로 유지함으로써 항산화 기능을 수행할 수 있도록 돕는다.

③ 리보플라빈 결핍증
  ㉠ 구각염, 구순염, 설염 및 빈혈과 함께 입이나 코 주위의 안면부, 음낭, 외음부의 지루성 피부염이 대표적이다.
  ㉡ 리보플라빈이 결핍될 경우 특히 지방산의 베타 산화가 감소되고, 이로 인해 지방간이나 체내 지방산 조성의 변화가 야기될 수 있다.

④ 비타민 B_2(리보플라빈)의 급원 : 급원 식품으로는 육류, 닭고기, 생선과 같은 동물성 식품과 유제품이 있으며, 이 외에 두류, 녹색채소류, 곡류, 난류 등도 급원으로 이용되고 있다.

(4) 니아신

① 니아신의 특성
  ㉠ 니아신은 니코틴아미드, 니코틴산 및 그 유도체 중 니코틴아미드 생리활성을 나타내는 화합물을 총칭한다. 아미노산 중 트립토판은 체내에서 니아신으로 전환된다.

추가 설명

비타민 B_1(티아민)의 특징
• 티아민은 물에 쉽게 용해되고 이스트 냄새를 가지며 소금 같은 맛을 가진다.
• 각기병 : 습성과 건성으로 구분되며, 습성 각기병의 경우 부종이 나타나고, 건성 각기병에서는 근육 소모증이 나타난다.

추가 설명

심각한 티아민 결핍증 : 주로 과다한 알코올 섭취자에서 나타나는데, 이는 과잉의 알코올 섭취가 식품 섭취를 제한할 수 있고, 또는 직접적으로 티아민의 흡수와 체내 대사 장애를 초래하기 때문이다.

추가 설명

리보플라빈의 작용
 리보플라빈은 탄수화물, 지방, 아미노산의 산화에 관여함으로써 체내 에너지 합성에 매우 중요한 역할을 수행하며, 이 밖에 글리코겐과 케톤체 합성을 위해서도 반드시 필요하다.

  ② 니아신의 섭취량은 식품에 들어 있는 니아신과 트립토판으로부터 전환된 니아신을 포함하므로, 식품에 함유된 니아신과 트립토판의 양을 합하여 니아신 당량(Niacin Equivalent, NE)이라는 측정 단위를 사용한다.
  ③ 곡류의 니아신은 대부분 단백질과 결합되어 있어 흡수율이 30% 정도로 낮지만, 육류의 경우 체내 이용률이 높다. 유리형으로 존재하고 있고, 식품 강화 또는 첨가에 사용하는 니아신도 유리형이므로 체내 이용률이 높다.
 ② **니아신의 결핍증**
  ① 펠라그라병이 발생하며 증세는 피부, 소화관, 신경 계통의 3면으로 나타난다.
  ② 펠라그라 증세를 '4Ds'라고 부른다. 즉 피부염, 설사, 치매, 사망 등이다.
  ③ 현대 사회에서 펠라그라의 발생은 흔하지 않으나, 만성 알콜중독자, 트립토판 대사 장애를 가진 사람에서 니아신이 결핍되기 쉽다.
 ③ **니아신의 급원** : 니아신의 함량이 높은 식품으로는 효모, 표고버섯(말린 것), 땅콩(볶은 것), 가다랑어, 쇠간, 돼지간, 참다랑어, 송어, 닭간, 멸치, 고등어, 해바라기씨(말린 것), 정어리 등이 있다. 니아신은 열, 조리, 장기간 보존에 비교적 안정하다.

(5) 판토텐산

① 판토텐산은 비타민 B-복합체 영양소 중 하나이며, CoA와 ACP(acyl carrier protein, 아실기 운반단백질)의 구성 성분으로 에너지 영양소의 산화과정과 지방산, 콜레스테롤, 스테로이드 호르몬 같은 지질 합성에 참여하고, 신경전달물질과 헴의 합성에도 관여한다.
② 판토텐산은 모든 동·식물체의 대사활동에 관여하는 영양소이기 때문에 동식물성 식품에 널리 분포할 뿐 아니라, 장내 미생물군에 의한 합성도 이루어지기 때문에 일상 식이 섭취량의 부족으로 인한 결핍증 발생은 극히 드물다.
③ 과일류와 우유 및 유제품을 제외한 모든 식품군 식품이 판토텐산의 급원이라 할 수 있다. 곡류 중에서는 현미, 호밀, 수수, 귀리 같은 잡곡이, 채소류 중에서는 버섯과 브로콜리 같은 화채류, 육류 중에서는 돼지고기, 닭, 오리 등이 풍부하다.

(6) 비오틴

① 비오틴은 포도당 합성, 지방산 합성, 측쇄 아미노산 대사에서 작용하는 4가지 카르복실라아제의 조효소이다.
② 비오틴은 다양한 식품에 적은 양이 함유되어 있으나, 체내 비오틴 회로를 통하여 재사용될 수 있기 때문에 단순 결핍 증상은 나타나지 않는다.
③ **결핍 시 증상** : 피부염, 결막염, 탈모증, 무기력증, 우울증 등이 나타난다.
④ **비오틴의 주된 급원 식품** : 대두, 계란 난황, 간, 견과류, 효모, 버섯, 밀 등이다.

(7) 비타민 B₆

① 비타민 B_6는 피리독신(pyridoxine, PN), 피리독살(pyridoxal, PL), 피리독사민

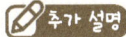

니아신의 생애주기별 고려
 니아신은 탄수화물, 지방 및 단백질로부터 에너지를 생성하는 대사반응에 있어서 중요한 역할을 담당하므로, 니아신 필요량을 산정할 때 남녀간의 에너지 소모량의 차이, 임신기의 에너지 소모량 증가, 수유기의 모유 생산에 사용되는 에너지 사용량 등을 고려해야 한다.

니아신의 과잉증
 메스꺼움, 구토, 간 독성 등 유발

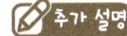

비오틴
 생난백에는 비오틴 결합단백질인 아비딘이 있으므로 가열하여 섭취하면 비오틴의 흡수를 증가시킬 수 있다.

(pysidoaxamine, PM)과 각각의 인산화 형태인 여러 유도체로 구성되어 있다.

② 비타민 B_6의 기능
　㉠ 100여 종의 아미노산 대사에 관여하는 효소의 조효소로 아미노기전이반응, 탈탄산반응, 헴신생합성, 단일탄소대사, 지질 및 탄수화물대사와 면역계 및 신경전달물질 합성, 스테로이드호르몬 작용에 관여한다.
　㉡ 호모시스테인의 이화작용 및 인산화효소 반응의 조효소로 작용한다.
　㉢ 탈탄산반응의 조효소로서 호르몬, 에피네프린, 세로토닌, 도파민 등의 신경전달물 합성에도 관여하는데, 비타민 B_6가 결핍되면 탈탄산효소의 활성이 감소하고 비정상적인 트립토판 대사물이 축적되어 경련 및 뇌파계 이상증상이 나타난다.

(8) 폴산(엽산)

① 엽산은 핵산, 합성과 아미노산 대사에서 단일 탄소를 전달해주는 조효소 역할을 하는 수용성 비타민이다.
② 엽산은 세포분열이 활발하게 일어나는 유아기, 성장기, 임신기, 수유기에 그 필요량이 매우 증가하여 이 시기에 엽산이 부족되기 쉽다.
③ 엽산 결핍 시
　㉠ 엽산 결핍 시 나타나는 빈혈은 적혈구가 성숙하지 못하고, 크기가 큰 거대적아구성 빈혈로 산소운반 능력이 떨어져 허약감, 피로, 불안정, 가슴이 두근거림 등의 증세를 수반한다.
　㉡ 엽산이 결핍되면 세포분열이 매우 빨리 일어나는 위장 점막에 영향을 주어 위장장애가 나타나며, 백혈구의 수도 감소한다.
　㉢ 임신 초기에 엽산이 부족하면 태아의 신경관 형성에 장애가 생겨 신경관 결손증의 기형아를 출산할 확률이 높다.
　㉣ 체내 엽산이 부족하면 혈장 호모시스테인이 상승하고, 혈장 호모시스테인의 상승은 심혈관계 질환과 뇌졸중의 위험 요인이 된다.

(9) 비타민 B_{12}

① 코발트(Co)를 가지고 있는 단 하나의 비타민으로 코발아민이라고도 부른다.
② 비타민 B_{12}의 결핍증
　㉠ 비타민 B_{12} 결핍의 임상 증상인 악성빈혈은 일종의 자가면역질환으로 2개의 항체가 혈액과 위점막에서 발견되는데 이들의 작용으로 위점막이 지속적으로 손상되어 위산과 내적 인자의 분비가 저하되면서 심각한 비타민 B_{12} 결핍을 초래한다.
　㉡ 비타민 B_{12} 결핍으로 인한 대표적인 혈액학적 이상은 거대적아구성 빈혈이지만 모든 결핍 환자에서 나타나는 것은 아니다. 거대적아구성 빈혈의 경우 비타민 B_{12} 결핍 시에는 창백함, 피로, 기운 없음, 두통, 숨가쁨, 운동능력 감소 등의 증세가 동반된다.

추가 설명

비타민 B_6의 결핍증
- 리보플라빈 결핍 시 증상이 악화된다.
- 임상적 결핍 증상으로 간질성 혼수, 피부염, 구내염, 구순염, 설염, 우울증, 뇌파계의 이상 등이 있다.

추가 설명

비타민 B_6의 급원
　육류, 가금류, 생선류, 돼지고기, 난류, 닭고기, 동물의 내장(간, 콩팥) 등의 동물성 식품과, 바나나, 현미, 시금치, 대두, 감자 등을 들 수 있다. 양파, 마늘, 고등어, 달걀 등도 주요 급원이다.

추가 설명

엽산의 급원
　엽산은 신선한 푸른잎 채소와 과일(딸기, 참외), 두류, 해조류에 풍부하게 들어 있으며, 그 외에 달걀, 김, 시금치, 콩나물 등도 엽산의 좋은 급원 식품이다.

ⓒ 비타민 B_{12} 결핍 환자의 26% 정도에서 소화기 장애가 동반된다. 대표적인 증상으로는 혀의 통증, 위염, 위궤양, 식욕감퇴, 설사 또는 변비, 배에 가스 차는 증세 등이 있다.

③ 비타민 B_{12}의 주요 급원
ⓐ 어패류, 육류, 난류 등의 동물성 식품이다. 특히, 바지락, 맛살, 모시조개 등은 비타민 B_{12} 함량이 매우 높고, 꽁치, 고등어, 오징어, 낙지, 굴, 홍합 등에도 많다.
ⓑ 육류 중에서는 소고기에 비타민 B_{12} 함량이 높고, 돼지고기나 닭고기, 달걀, 우유 등에서의 함량은 그보다 낮지만 섭취빈도가 높거나 1회 섭취량이 많아 좋은 급원식품이 될 수 있다.

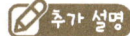

비타민 B_{12}의 결핍 요인
- 비타민 B_{12}의 급원 식품은 주로 동물성이기 때문에 채식주의자, 노인, 환자, 심한 다이어트를 하는 사람 등에서 영양 불량과 함께 비타민 B_{12} 부족의 가능성은 높아진다.
- 위나 소장 하부를 절제한 경우 비타민 B_{12}의 흡수과정에 필수적인 위산, 내적인자 등이 부족하게 되대문에 비타민 B_{12} 결핍이 초래되기 쉽다.
- 췌장을 절제하거나 만성 췌장염이 있는 경우 비타민 B_{12}의 흡수 불량으로 결핍이 올 수 있다.
- 만성 알코올중독도 결핍 요인이 될 수 있다.

실전예상문제

1 미량이지만 주로 세포 내에서 화학적 반응의 촉매로서의 기능을 담당하고 에너지의 방출, 조직의 구성, 음식에 대한 신체의 작용을 조절하는 데 필수적인 영양소는?

① 단백질　　　② 지방　　　③ 비타민　　　④ 탄수화물

> **해설** 비타민 : 미얄이기는 하지만 생리작용의 조절이 필요하며, 동물체 내에서 합성하기 어려운 여러 가지 유기물을 섭취해야 하는데 이들의 성분을 비타민이라고 한다.

2 다음 중 지용성 비타민이 아닌 것은?

① 비타민 A　　　② 비타민 D　　　③ 비타민 B_1　　　④ 비타민 K

> **해설** 비타민의 분류 : 지용성 비타민은 비타민 A, D, E, K이고, 수용성 비타민은 비타민 B 복합체와 비타민 C로 나누고 있다.

3 비타민의 임상 효과 중 비타민 A의 효과로 옳은 것은?

① 야맹증 및 안구건조증 예방
② 피부병, 빈혈 예방
③ 괴혈병 예방, 지혈 강화
④ 구루병 예방

> **해설** 비타민 A의 임상 효과 : 야맹증 및 안구건조증 예방

4 비타민 A의 형태 중 레티노이드 형태와 관련 없는 것은?

① 레티놀　　　② 레시틴　　　③ 레티날　　　④ 레티노산

> **해설** 비타민 A는 기본 분자인 레티놀과 시각색소로 작용하는 레티날, 세포분화를 조절하는 세포 내 신호전달물질인 레티노산 등과 같이 다양한 레티노이드 형태로 존재한다.

5 체내 저장된 비타민 A가 대부분 저장되는 장소는?

① 혈액　　　② 간　　　③ 근육　　　④ 상피세포

> **해설** 체내 저장된 비타민 A의 90% 이상이 간에 저장된다.

6 토비콤 등 눈을 좋게 하는 약에 들어 있는 영양소는?

① 비타민 B   ② 비타민 D   ③ 비타민 A   ④ 비타민 E

> **해설** 시력과의 관계에서 비타민 A가 부족하면 결막과 각막이 건조한 후 물러지고 드디어는 굳는다. 이 증세는 결막건조증, 각막연화증이라고 한다.

7 다음 중 비타민 A의 주된 작용으로 옳지 않은 것은?

① 시각 기능에 관여한다.
② 점막세포와 피부의 건강을 유지한다.
③ 면역체계를 돕는다.
④ 혈액응고를 돕는다.

> **해설** 비타민 A의 작용으로는 ①, ②, ③ 외에 성장과 뼈의 재생을 돕는다.

8 비타민과 체내 작용이 옳게 연결된 것은?

① 비타민 E — 산·알카리 평형, 항산화 작용
② 비타민 K — 항산화 작용, 혈액 응고
③ 비타민 C — 포상각화증, 콜라겐 생성
④ 비타민 A — 시각기능에 관여, 배아 발생과 성장

> **해설** 비타민 A는 시자홍 색소의 구성성분으로 야맹증을 예방한다. 배아 발생과 성장에 관여하며, 상피세포의 형성과 유지에 중요하다. 이는 눈, 코, 입, 소화기, 생식기, 비뇨기, 피부와 치아 건강에 필수적인 작용을 한다. 또한 항산화제로서 작용하며 암발생률을 억제하는 것으로 알려졌다.

9 다음 중 비타민 A의 급원식품과 체내 작용이 옳게 연결된 것은?

① 돼지고기 — 세포분화를 돕는다.
② 미역 — 성장을 촉진한다.
③ 시금치 등 녹색 채소 — 철분의 흡수를 돕는다.
④ 간 — 시각세포인 간상세포 내의 시자홍 색소의 구성성분이다.

> **해설** 문제 8번 해설 참조

10 비타민 A를 많이 함유하고 있는 식품은 어떤 것인가?

① 깻잎   ② 무   ③ 쌀   ④ 우유

정답 1.❸ 2.❸ 3.❶ 4.❷ 5.❷ 6.❸ 7.❹ 8.❹ 9.❹ 10.❶

해설 카로틴을 많이 함유하고 있는 것은 간, 육류, 계란, 생선, 당근, 시금치, 무청, 감자, 고추, 깻잎 등이다.

11 다음 중 비타민 A의 작용과 이에 따른 결핍증이 옳게 연결된 것은?

① 망막에 레티날을 공급한다. — 구루병
② 치아 상피세포의 활동인 에나멜 생성으로 치아를 보호한다. — 각막연화증
③ 상피세포의 조직유지에 필수적인 콜라겐 생성에 필요하다. — 야맹증
④ 간상세포 내의 시자홍 색소(로돕신)의 구성성분이다. — 야맹증

해설 비타민이 결핍되면 때에 따라 여러 면으로 결핍 증세가 나타난다.

12 다음 중 비타민의 작용, 결핍증 및 좋은 급원 식품이 옳게 연결된 것은?

① 니아신 : 에너지 생성을 도움 — 펠라그라 — 시금치
② 비타민 C : 콜라겐 형성을 도움 — 괴혈병 — 돼지고기
③ 비타민 D : 시홍세포 성분 — 구루병 — 건버섯
④ 비타민 A : 간상세포 성분 — 야맹증 — 당근

해설 • 비타민 D : 칼슘 흡수 도움 — 구루병 — 건버섯
• 비타민 C : 콜라겐 형성을 도움 — 괴혈병 — 짙푸른 채소, 감귤류
• 니아신 : 에너지 생성을 도움 — 펠라그라 — 육어류 · 콩류

13 다음 중 비타민 A의 작용과 가장 좋은 급원이 옳게 연결된 것은?

① 각막연화증 예방 — 마가린
② 구루병 방지 — 쇠간
③ 로돕신 형성으로 시각 작용 — 간
④ 상피세포 형성과 유지 — 고등어

해설 비타민 A
• 비타민 A의 주된 작용 : 시각 기능에 관여, 점막 세포와 피부의 건강을 유지, 면역 체계를 도움, 성장과 뼈의 재생을 도움.
• 비타민 A의 급원 : 간, 버터, 난황, 등황색 채소나 녹색 채소

14 비타민 A의 결핍 증상이 아닌 것은?

① 야맹증 ② 결막건조증 ③ 포상각화증 ④ 신장병

해설 비타민 A의 결핍
- **시력** : 야맹증, 결막건조증, 각막연화증
- **상피세포** : 호흡기의 점막 건조, 비뇨기계 염증, 포상각화증
- **치아** : 건강치 못한 치아
- **암** : 높은 암 발생률

15 비타민 A의 결핍증으로 야맹증·시력 상실 등을 들 수 있다. 비타민 A의 가장 좋은 급원 식품은?

① 콩   ② 오이   ③ 간   ④ 백미

해설 동물성 식품 중에서 비타민 A를 많이 함유하고 있는 것은 간, 육류, 난황, 생선, 마가린 등이다.

16 당근에 함유된 영양소 중 카로틴의 흡수 증진을 위한 가장 좋은 조리법은?

① 기름에 살짝 볶는다.   ② 생으로 먹는다.
③ 생채를 만들어 먹는다.   ④ 물에 살짝 데쳐서 먹는다.

해설 카로틴의 용해성은 지방과 지용성 용매에만 용해되기 때문에 당근에 함유된 카로틴을 흡수하려면 기름에 볶아 먹는 것이 체내로의 흡수에 도움을 준다.

17 비타민의 발견이 인류의 삶에 이바지한 공헌에 대한 설명으로 옳지 않은 것은?

① 비타민 결핍증으로부터의 해방은 이미 16세기에 비타민의 발견 이후 시작되었다.
② 인간을 풍토병이나 그외 결핍증으로부터 해방시키고 수명을 연장시켰다.
③ 인간의 건강유지와 삶의 질을 향상시켰다.
④ 생체 내의 많은 대사 및 생화학 작용이 규명되었다.

해설 1906년에서 1912년에 걸쳐 영국의 홉킨스라는 학자가 그때까지 알려진 모든 영양소로 인공합성사료를 만들어 쥐에게 먹이며, 동물의 성장실험을 행한 결과로 비타민이 알려졌다.

18 근래에 와서 국제단위(I.U.)에서 RAE(레티놀 활성 당량)으로 바꾸어 사용하는 비타민은?

① 비타민 A   ② 비타민 C   ③ 비타민 D   ④ 비타민 E

해설 그동안 RE(레티놀 당량)를 사용했으나 국제적 추세에 따라 RAE 단위를 채택했다.

정답 11.④ 12.④ 13.③ 14.④ 15.③ 16.① 17.① 18.①

19 비타민 D의 특성으로 부적합한 것은?

① 지용성 비타민이다.
② 대사산물은 대부분 담즙을 통해 대변으로 배출된다.
③ 호르몬 형태로 대사된 이후 부터 그 기능을 할 수 있다.
④ 식품 섭취만을 통해 합성된다.

해설 비타민 D는 식품을 통한 섭취 이외에도 햇빛을 통해 피부에서 비타민 D가 합성된다.

20 다음 중 태양광선을 차단시켜 인체의 비타민 D 생성에 방해를 주는 요인이 아닌 것은?

① 유리창　　② 안개　　③ 바람　　④ 나무그늘

해설 태양광선 특히 자외선을 차단시켜 인체에서 비타민 D의 생성을 억제하는 요인으로는 구름, 안개, 매연, 나무그늘, 유리창, 연기와 먼지, 고층건물의 그늘, 옥내생활, 옷 등이 있다.

21 일광의 도움을 받아 체내에서 합성되는 것으로, 칼슘 흡수를 높이는 비타민은?

① 비타민 A　　② 비타민 E　　③ 비타민 D　　④ 비타민 C

해설 비타민 D의 작용
• 칼슘의 흡수를 촉진시킨다.
• 칼슘과 인이 뼈에 축적되는 것을 도와준다.
• 칼슘과 인이 뼈에서 빠져나가 다른 조직에서 이용되는 것을 도와준다.
• 체내에서 일단 사용되었던 칼슘과 인이 재흡수되어 다시 사용되는 것을 돕는다.

22 다음 중 비타민 D의 결핍증으로 거리가 먼 것은?

① 골다공증　　② 골연화증　　③ 골수증　　④ 구루병

해설 비타민 D의 결핍증 : 골다공증, 구루병, 골연화증 등

23 비타민 D의 급원으로 부적당한 것은?

① 청어　　② 난황　　③ 우유　　④ 곡류

해설 채소, 과일, 곡류에는 비타민 D가 거의 없다.

24 비타민 E에서 가장 강한 활력을 가지고 있는 것은?

① α-토코페롤　　② β-토코페롤　　③ γ-토코페롤　　④ 델타 토코페롤

해설 비타민 E의 화학명은 토코페롤이다. α-토코페롤이 가장 강한 활력을 가지고 있다.

25 다음 중 불포화지방산이 많은 유지류에는 비타민 E의 함량이 많은데 그 이유는 무엇인가?

① 비타민 E는 불포화지방산이 포화지방산으로 전환되는 것을 돕기 때문이다.
② 비타민 E는 불포화지방산의 연소 시 필수적 조효소이기 때문이다.
③ 비타민 E는 불포화지방산의 산화를 돕기 때문이다.
④ 비타민 E는 불포화지방산의 산화를 방지하기 위한 항산화제로 자가보호메카니즘이다.

해설 비타민 E는 체내에서 산화를 방어하는 으뜸가는 물질이다. 비타민 E는 지용성 산화제로서 자기 자신이 산화되어 다른 물질이 산화되는 것을 방지한다.

26 다음 중 항산화제와 관련 없는 것은?

① 비타민 E　　② 비타민 B_{12}　　③ 비타민 C　　④ β-카로틴

해설 비타민 E는 지용성 항산화제, 비타민 C는 수용성 항산화제, β-카로틴도 항산화제이다.

27 비타민 E의 결핍증이 아닌 것은?

① 구루병　　② 적혈구의 용혈현상　　③ 운동실조　　④ 색소침착 망막증

해설 비타민 E의 결핍증세로는 적혈구의 용혈현상, 운동실조, 색소침착 망막증 외에 골격근증 등이 있다.

28 다음 중 항생제를 계속 복용할 때 결핍될 수 있으며, 혈액응고가 필요할 때 공급해야 할 비타민은?

① 비타민 A　　② 비타민 C　　③ 비타민 D　　④ 비타민 K

해설 항생제를 장기 복용하는 경우 장내 미생물에 의해 합성되는 비타민 K_2인 메나퀴논의 양이 줄어들 수 있다. 그리고 비타민 K가 결핍될 경우 혈액응고 지연 현상이 나타난다.

정답 19.④　20.③　21.③　22.③　23.④　24.①　25.④　26.②　27.①　28.④

29 비타민 K의 작용 및 기능으로 옳지 않은 것은?

① 혈액 응고 과정에 작용한다.
② 전구체로부터 프로트롬빈이 합성되는 것을 돕는다.
③ 산화방지제 작용을 한다.
④ 칼슘 대사에 관여하여 골밀도를 증가시킨다.

해설 비타민 K의 작용 및 기능
• 혈액 응고 과정에 작용한다.
• 전구체로부터 프로트롬빈이 합성되는 것을 돕는다.
• 칼슘 대사에 관여하여 골밀도를 증가시킨다.
• 골 대사 시 여러 관련 단백질을 활성화시키는 조효소로서의 역할을 한다.

30 다음 중 이 영양소가 결핍될 경우 혈액응고 지연 현상이 나타나고 심하면 출혈이 일어나는 것은?

① 지방　　② 탄수화물　　③ 비타민 K　　④ 비타민 D

해설 비타민 K가 결핍될 경우 혈액응고 지연 현상이 나타나고 심하면 출혈이 일어난다.

31 비타민 K가 결핍될 경우 증상으로 거리가 먼 것은?

① 혈액응고 지연　　② 잇몸 출혈　　③ 뼈의 약화　　④ 황달

해설 비타민 K의 과잉 섭취 : 합성 비타민 K인 비타민 K_3는 영아에게서 황달, 출혈성 빈혈의 독성을 일으킬 수 있다.

32 비타민 K의 주요 급원으로 거리가 먼 것은?

① 케일　　② 당근　　③ 시금치　　④ 낫토

해설 비타민 K는 파슬리, 케일, 민들레, 쑥갓, 시금치, 녹차, 낫토 등에 많다.

33 비타민 C에 대한 설명으로 옳지 않은 것은?

① 섭취량이 과도할 경우 흡수율이 감소하고 신장을 통한 배설량이 증가한다.
② 알칼리에 약하다.
③ 열에 강하다.
④ 반드시 섭취해야 한다.

해설 비타민 C는 열에 약하다.

34 비타민 C의 체내 작용으로 부적당한 것은?
① 항산화작용을 한다.
② 철의 흡수에 도움을 준다.
③ 콜라겐 형성에 관여한다.
④ 지방대사를 돕는다.

해설 비타민 C의 체내작용으로는 ①, ②, ③ 외에 아미노산의 대사를 돕고, 티록신 합성 등에 필요하다.

35 콜라겐 합성에 관여하여, 상처치료 등에 중요한 역할을 하나 결핍되면 괴혈병을 일으키는 비타민은?
① 비타민 A
② 비타민 B_{12}
③ 비타민 C
④ 비타민 D

해설 비타민 C가 콜라겐 합성에 관여한다.

36 다음 중 비타민 C의 뼈, 연골 결합조직의 형성과 관련되어 생성을 증진시키는 작용과 결핍증이 옳게 연결된 것은?
① 티록신 호르몬 합성 도움 — 단순갑상선종
② 콜라겐에 필수적인 하이드록시프롤린 합성 도움 — 괴혈병
③ 항산화 작용 — 크레틴증
④ 철분의 흡수 증진 — 괴혈병

해설 비타민 C
- **체내작용** : 항산화 작용, 철의 흡수를 도움, 콜라겐의 합성, 아미노산의 대사를 도움 등
- **결핍증** : 괴혈병

37 비타민 C의 결핍증과 가장 좋은 급원 식품끼리 서로 연결된 것은?
① 구루병 — 버섯
② 괴혈병 — 귤
③ 각기병 — 상추
④ 구순구각염 — 우유

해설 비타민 C의 결핍증은 괴혈병이 대표적이며 잇몸에서 피가 나고 치근이 약해진다. 1일 권장섭취량은 성인 남녀 100mg이며 감귤류, 녹황색 채소 등에 다량 함유되어 있다.

정답 29.❸ 30.❸ 31.❹ 32.❷ 33.❸ 34.❹ 35.❸ 36.❷ 37.❷

38 비타민 C가 결핍되면 나타나는 증상이 아닌 것은?

① 철 과다증　② 출혈　③ 만성 피로　④ 우울증

해설 비타민 C를 과잉 섭취할 경우 구토, 설사 등의 문제가 있을 수 있고, 철흡수를 촉진하므로 철 과다증이 유발될 수 있다.

39 다음 중 비타민의 급원과 결핍증이 옳게 연결된 것은?

① 비타민 B1 — 간 — 골연화증
② 비타민 C — 진녹색채소 — 괴혈병
③ 비타민 A — 황록색채소 — 구루병
④ 비타민 D — 말린 버섯 — 야맹증

해설 비타민의 급원과 결핍증
- **비타민 D** : 구루병, 뼈의 기형 — 버섯(말린 버섯), 어패류
- **비타민 A** : 야맹증 — 간, 버터, 난황, 등황색채소, 녹색채소
- **비타민 C** : 괴혈병 — 녹색채소, 과일(귤, 자몽 등)
- **비타민 B$_1$** : 각기병 — 간, 곡류·두류 같은 종자

40 다음 중 비타민 C의 결핍 증상을 예방하기 위한 성인의 1일 영양권장섭취량과 좋은 급원 식품이 옳게 연결된 것은?

① 50mg — 돼지고기, 풋고추
② 100mg — 귤, 자몽
③ 300mg — 달걀, 간
④ 700mg — 귤, 오렌지

해설 문제 39번 해설 참조

41 다음 중 비타민 C의 가장 좋은 급원 식품 두 가지는 무엇인가?

① 딸기, 당근　② 토마토, 귤　③ 귤, 딸기　④ 당근, 사과

해설 과일 중에서는 귤, 자몽, 딸기 등에 많이 들어 있다.

42 다음 중 티아민에 대한 설명으로 옳지 않은 것은?

① 이스트같은 냄새를 갖고 있으며 소금같은 맛이 난다.
② 물에 쉽게 용해한다.
③ 열과 산화에 의해 쉽게 파괴된다.
④ 체내 흡수된 티아민은 모두 저장된다.

해설 체내에 저장할 수 있는 티아민의 양은 소량이다.

43 다음 중 비타민 B₁(티아민)에 대한 설명으로 옳지 않은 것은?
① 티아민 결핍 시 식욕부진, 체중감소, 각기병 등이 생긴다.
② 티아민은 탄수화물의 에너지 대사와 관련된다.
③ 티아민이 결핍되면 건성 각기병만 생긴다.
④ 티아민은 섭취된 후 주로 공장에서 흡수된다.

해설 티아민이 부족되면 각기병이 발생하는데 습성과 건성으로 구분된다.

44 티아민이 결핍되면 어떤 증세가 나타나는가?
① 각기병   ② 괴혈병   ③ 펠라그라   ④ 안질

해설 티아민이 부족하면 각기병이 발생하는데, 일명 다발성 신경염이라 한다. 각기병에는 습성각기병과 건성각기병이 있다.

45 다음 중 비타민 B₁의 결핍증과 좋은 급원 식품끼리 옳게 연결된 것은?
① 펠라그라 — 딸기   ② 각기병 — 돼지고기
③ 구순구각염 — 표고버섯   ④ 구루병 — 말린 버섯

해설 비타민 B₁(티아민)의 결핍증은 각기병, 근육무력증, 심장비대 등이며 돼지고기, 간, 삼치, 전곡, 감자류 등에 다량 함유되어 있다.

46 다음 중 에너지 섭취량과 비례하여 권장량을 정하는 비타민끼리 연결된 것은?
① 비타민 A — 비타민 B₁   ② 비타민 B₆ — 비타민 B₁₂
③ 비타민 B₁ — 니아신   ④ 비타민 A — 비타민 D

해설 비타민 B₁(티아민)과 니아신은 에너지의 섭취량과 밀접한 관계를 가지고 있으므로 총에너지 섭취량에 근거를 두고 권장량을 책정한다.

정답 38.① 39.② 40.② 41.③ 42.④ 43.③ 44.① 45.② 46.③

47 다음 중 탄수화물의 체내 이용과 대사에 꼭 필요한 비타민과 급원식품이 옳게 연결된 것은?

① 비타민 B_2 — 사과
② 비타민 B_1 — 돼지고기
③ 비타민 A — 당근
④ 비타민 C — 귤

해설 비타민 B_1(티아민)은 체내에서 탄수화물 대사 과정 중 포도당이 연소해서 에너지를 발생하는 과정과 포도당이 5탄당인 리보스와 NADPH를 형성하는 과정에서 작용한다. 비타민 B_1(티아민)은 돼지고기에 많이 들어 있다.

48 다음 중 비타민 B_2(리보플라빈)에 대한 설명으로 옳지 않은 것은?

① 수용성이므로 물에 쉽게 녹으며, 열에도 안정하다.
② 자외선에 쉽게 파괴된다.
③ 탄수화물, 지방, 아미노산의 산화에 관여하여 에너지 합성에 중요 역할을 한다.
④ 글리코겐과 케톤체 합성에 필요하다.

해설 리보플라빈은 수용성이기는 하나 물에 쉽게 녹지 않으며 산과 열에 대해 비교적 안정하다. 그러나 알칼리나 자외선을 받으면 쉽게 파괴된다.

49 비타민 B_2(리보플라빈)의 결핍증이 아닌 것은?

① 구각염   ② 설염   ③ 환각   ④ 구순염

해설 비타민 B_2(리보플라빈)의 결핍증으로는 구각염, 구순염, 설염, 빈혈 등이다.

50 비타민과 급원 식품이 바르지 않은 것은?

① 비타민 B_{12} — 살코기, 우유
② 비타민 B_2 — 백미, 백설탕
③ 비타민 E — 마가린, 면실유
④ 비타민 D — 간유, 난황

해설 비타민 B_2(리보플라빈)의 급원 식품은 육류, 닭고기, 생선, 유제품, 녹색채소류, 곡류 등이다.

51 다음 중 니아신의 결핍증으로 옳은 것은?

① 각기병   ② 펠라그라병   ③ 구루병   ④ 괴혈병

해설 니아신이 부족되면 펠라그라병이 발생한다.

52 다음 중 펠라그라 증세인 '4Ds'가 아닌 것은?

① 피부염　　　② 설사　　　③ 근육이완　　　④ 사망

해설 펠라그라 증세인 4Ds는 피부염, 설사, 치매, 사망이다.

53 다음 중 니아신의 주요 급원으로 거리가 먼 것은?

① 쇠간　　　② 멸치　　　③ 효모　　　④ 시금치

해설 니아신의 주요 급원 : 효모, 말린 표고버섯, 가다랑어, 쇠간, 송어, 정어리, 멸치 등

54 다음 중 달걀 흰자에 있는 아비딘이라는 결합단백질이 있어 가열하여 섭취하면 이 비타민의 흡수를 증가시킬 수 있는데 어떤 것인가?

① 비타민 E　　　② 비오틴　　　③ 판토텐산　　　④ 폴산

해설 생난백에는 비오틴 결합단백질인 아비딘이 있으므로 가열하여 섭취하면 비오틴의 흡수를 증가시킬 수 있다.

55 CoA와 아실기 운반 단백질의 구성 성분으로 모든 식물성, 동물성 식품에 함유되어 있는 비타민은?

① 티아민　　　② 리보플라빈　　　③ 판토텐산　　　④ 피리독신

해설 판토텐산은 CoA와 아실기 운반 단백질의 구성 성분으로 에너지 영양소의 산화과정과 지방산, 콜레스테롤, 스테로이드 호르몬과 같은 지질 합성에 참여한다.

56 비타민 B_6의 좋은 급원이 아닌 것은?

① 돼지고기　　　② 빵　　　③ 달걀　　　④ 내장(간)

해설 비타민 B_6의 좋은 급원은 간, 살코기, 달걀, 고등어, 대두, 감자, 양파 등이다.

57 폴산(엽산)의 결핍증이 아닌 것은?

① 신경관 결손증 기형아　　　② 거대 적아구성 빈혈증

정답 47.❷　48.❶　49.❸　50.❷　51.❷　52.❸　53.❹　54.❷　55.❸　56.❷　57.❹

③ 위장장애　　　　　　　　　　④ 각기병

해설 엽산의 결핍증으로는 신경관 결손증 기형아, 거대 적아구성 빈혈증, 위장장애 등이 있다.

58 다음 중 장기간 결핍 시 악성빈혈을 일으키는 비타민과 급원 식품이 옳게 연결된 것은?

① 비타민 K — 간과 유류고기　　② 비타민 B_{12} — 바지락
③ 비타민 E — 달걀　　　　　　　④ 비타민 B_6 — 달걀

해설 비타민 B_{12}는 주로 동물성식품에 함유되어 있어서 채식주의자에게 결핍의 발생빈도가 높다. 또한 비타민 B_{12}의 흡수 저해가 나타나는 위장질환 환자, 소장질환 환자에게도 나타날 수 있다.

59 코발트(Co)를 가지고 있는 단 하나의 비타민은?

① 비타민 B_6　　② 비타민 B_{12}　　③ 비타민 E　　④ 비타민 K

해설 비타민 B_{12}를 코발아민이라고도 한다.

60 다음 중 채식주의자에게서 특히 걸리기 쉬운 영양 결핍증과 그 결핍 영양소가 옳게 연결된 것은?

① 야맹증 — 비타민 A　　　　　② 악성 빈혈 — 비타민 B_{12}
③ 빈혈 — 칼슘　　　　　　　　④ 구루병 — 칼슘

해설 문제 58번 해설 참조

정답 58.❷　59.❷　60.❷

제2부 생활주기영양

01 모성영양과 태아영양

 단원 개요

여성에게는 월경이라는 생리적 주기가 있고 가임기에 임신을 할 수 있는 가능성도 있다. 임신, 분만, 산욕에 대한 기본 지식은 임신을 성공시켜 태아의 성장발육을 순조롭게 진행시키는 데 도움이 된다. 모성영양의 적부(適否)는 태아영양에 많은 영향을 주며 모성의 저영양 및 과잉영양은 모자에게 적지 않은 장애를 준다. 임신·수유기의 영양소 섭취기준은 비임신 시보다 증가되므로 임신월령에 따라 영양소 섭취기준이 변동된다.

 출제 경향 및 수험 대책

이 단원에서는 여성의 특질, 여성생식기 및 여성호르몬, 월경·임신·분만·산욕의 생리, 모자영양의 상관관계, 모성영양이 태아에게 미치는 영향, 모성의 저영양 및 과잉영양, 모성의 내분비 이상, 임신에 의한 기타 질병, 임신·수유기의 영양소 섭취기준, 태아의 발육과 임신·수유기의 영양관리 등에 대해서 묻는 문제들이 출제될 수 있는 바, 자세하고 철저한 학습이 요구된다.

1

01 여성의 특질

1 여성생식기 및 여성호르몬

여성의 성기는 내성기인 난소, 난관(자궁관), 자궁 및 질 등과 외생식기인 외음부와 유방 등으로 분류된다.

(1) 난소

① **위치 및 크기** : 골반 내 자궁의 양쪽에 하나씩 있고, 엄지손가락의 윗부분 정도의 크기를 가진 타원형의 기관으로 이동성이 있다.
② **구조** : 외층인 피질과 내층인 수질로 형성된다.
③ **기능** : 여성의 성선(생식샘)으로, 한 성주기에 한 개의 난포가 성숙하여 난자를 생산하고 배란이 이루어지며, 여성호르몬을 분비한다.
④ **난포(소포)의 성숙과 황체의 형성**
   ㉠ 뇌하수체의 성선자극호르몬(생식샘자극호르몬)의 작용으로 난포가 성숙하고, 성숙된 난포는 파열된다.
   ㉡ 배란은 난자가 난소로부터 복강으로 나와 난관 내에 흡수되는 과정이다.
   ㉢ 배란이 이루어진 난포는 황체로 변하며, 황체는 난자가 수정되면 임신 말기까지 남아 프로게스테론을 분비하고, 난자가 수정되지 않으면 백체(白體)가 되어 없어진다.
⑤ **난소의 성주기** : 난포의 성숙, 배란, 황체의 형성, 백체의 형성은 약 28일을 주기로 한다.

(2) 난관(자궁관)

① 좌우 한 개씩 자궁저부로 뻗어나가는 나팔 모양의 관으로, 길이는 11~12cm이다.
② 난포로부터 나온 난자를 받아 자궁으로 내보내는 작용을 한다. 수정은 난자가 난관을 통과하는 동안에 일어난다.

(3) 자궁

① 골반 안쪽에 위치하며, 앞에는 방광, 뒤에는 직장이 있고, 위로는 양쪽 난관이, 아래로는 질이 연결되어 있다.
② 주머니 모양의 장기이며, 위쪽의 자궁체부와 아래쪽의 자궁경부로 나누어진다.
③ 수정된 난자가 착상하고 성장하는 기관이다.

(4) 질

① 질은 외음부와 자궁을 연결시켜 주는 통로로, 길이 약 7cm 가량 되는 관상의 기관이다.
② 정자의 수송로가 되고, 분만 시에는 태아의 산도가 된다.
③ 내부는 강한 산성으로 유지되고 있으므로 세균 번식을 예방하고 감염으로부터 안전을 지키고 있다.

추가 설명

모성영양의 의의
- 모성영양은 임신을 하기 전부터 시작해서 임신, 분만, 산욕기 및 수유기를 대상으로 한 영양이다.
- 모성영양 상태는 태아의 건강발달에 직접적인 영향을 미치므로 중요시되어야 할 부분이다.

(5) 난소에서 분비되는 호르몬

난소로부터 난포호르몬(소포호르몬), 황체호르몬, 테스토스테론(남성호르몬), 리라키신의 4종류의 호르몬이 분비된다.

| 표 1-1 | 여성호르몬의 생식기에 대한 작용

작용 부위	난포호르몬(에스트로겐)	황체호르몬(프로게스테론)
자궁	• 자궁내막의 비후 • 자궁근의 흥분성 상승(옥시토신의 감수성 촉진) • 자궁점막층의 증식과 자궁점액선의 관의 발육 촉진 • 자궁점막층 내의 혈관의 분기 촉진 • 자궁점막 상피세포의 원주화 • 자궁경관의 점액의 분비 촉진 • 점액의 알칼리화 • 수정란의 착상 촉진	• 자궁근의 흥분성 저하(옥시토신의 감수성 저하) • 자궁근의 난포호르몬에 의한 증식의 억제 • 자궁점막 내의 분비세포의 분비기능 촉진 • 자궁점막층의 수분 저류의 촉진 • 자궁점막층 내의 탈락막세포 형성의 촉진 • 자궁점막 내에 있는 탄산탈수효소의 활성 분비 촉진 등
난관	• 흥분성 및 운동성 촉진	• 분비 기능에 영향
질	• 상피세포층의 비후·각화 • 글리코겐 침착 • 질 내용의 pH의 산성화	
유선	• 유선의 발육	• 유선세포의 증식 촉진
기타	• 체형 및 발모 등의 여성다운 체질 형성 • 수분 및 나트륨의 저류와 골세포의 증식 촉진	• 중추마비 작용 • 배란 후 또는 임신 시 기초체온 상승

난포호르몬(에스트로겐)
난포막세포 및 황체세포에서 분비된다.

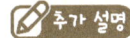

황체호르몬(프로게스테론)
황체세포에서 분비되며, 임신의 성립과 유지에 필요하다.

2 월경과 임신의 생리

(1) 월경의 생리

① 사춘기의 특징
  ㉠ 신체적 성숙 현상이 생기는 이유 : 뇌하수체 전엽에서 분비되는 성선자극호르몬의 영향을 받아 여성은 난소로부터 여성호르몬이 분비되기 때문이다.
  ㉡ 신체적으로 지방이 많아지고 골반과 유방이 커지며 음모가 생기고, 월경 및 배란현상이 나타난다.
  ㉢ 사춘기는 12~18세까지가 해당되며, 이때는 성숙에 따라 이성의식이 발달되며 심리적으로나 정서적으로 커다란 변화가 나타난다.

② 월경 및 배란
  ㉠ 성선자극호르몬인 난포자극(소포성숙)호르몬은 뇌하수체의 전엽에서 분비되며 난소에 있는 원시난포세포를 자극해서 성숙난포세포로 발육시킨다.
  ㉡ 혈액 내의 난포호르몬인 에스트로겐이 일정량 이상 있으면 뇌하수체 전엽을 자극해

서 난포자극호르몬의 분비를 억제한다.

ⓒ 난포자극호르몬의 분비가 억제되면 뇌하수체 전엽으로부터 황체호르몬인 프로게스테론이 분비되어 성숙난포 세포를 파열시켜 그 속에 있는 난자를 내보내고 황체를 형성한다.

② 월경 : 배출된 난자가 정자와 수정을 못했을 때 황체는 퇴화하여 황체호르몬의 분비가 중단되고 자궁내막이 떨어지게 되는데, 이를 월경이라 한다.

⑩ 난소의 주기적 변화 : 난소에서는 난포 성숙 → 배란 → 황체 형성 → 황체 퇴화 등의 과정이 매달 한 번씩 되풀이된다.

③ 자궁내막의 주기적 변화

ⓐ 증식기(난포기) : 월경이 시작된 날부터 약 5~14일에 해당하는 기간으로, 자궁내막은 초기에는 얇으나 난포호르몬(에스트로겐)의 영향을 받아 비후해지고, 증식 말기의 자궁내막은 처음의 2~3배가 된다.

ⓑ 분비기(황체기) : 월경주기의 후반기인 15~28일간의 기간으로, 배란 후 황체호르몬(프로게스테론)의 영향으로 자궁내막은 더욱 두꺼워지고 자궁분비샘이 더욱 커지며, 굴곡이 생겨 분비기능이 시작된다. 수정란 착상에 가장 적합한 시기이다.

ⓒ 박탈 및 재생기 : 월경 출혈기가 되면 비후한 자궁내막은 약 4/5 정도가 탈락되어 기저층이 노출된다. 이 때 자궁내막의 조직이 섞여서 질을 거쳐 몸 밖으로 배출되는 것을 월경이라 한다.

④ 월경 현상

ⓐ 월경주기 : 보통 28~30일의 주기, 3~7일간 지속

ⓑ 월경량 : 젊은 여성 110mL 전후, 35세 이상 36~60mL 정도

ⓒ 월경 전이나 월경 중의 증상 : 하복통, 요통, 두통, 권태, 우울증, 흥분, 유방의 긴장 등

(2) 임신의 생리

① 임신의 정의 : 모친으로부터 배란된 난자 한 개와 부친으로부터의 많은 정자 가운데에서 한 개가 결합되어 수정란이 된 것이 모체 내의 자궁내막에 착상되어 새로운 생명체가 생기는 것을 의미한다.

② 임신 기간 : 정상 임신의 경우는 280일(40주)이며 한 달을 4주, 즉 한 달을 28일로 하면 10개월이 된다.

③ 임산부의 생리

ⓐ 피부 : 임신선이 생기고 색소 침착 등이 나타나며, 정맥류가 생긴다.

ⓑ 소화기 : 위·장·간 등에는 기질적 변화는 없으나 기능적 변화가 일어난다.

ⓒ 순환기 : 심장이 비대해지고 1분간의 심박출량(心拍出量)이 증가한다. 모세혈관은 구축되는 경향을 나타내며, 하반신의 정맥은 확대되고 정맥류가 생기기 쉽다. 전혈액량, 전혈장량은 증가하나, 적혈구수, 헤마토크리트값, 혈색소량은 저하된다. 백혈구수, 혈장피브리노겐이 증가하고, 골수의 조혈기능도 높아진다.

추가 설명

여성 월경의 특징
- 월경은 난소·자궁 등의 발달이 이루어졌음을 나타내는 현상이다.
- 월경주기 중 증식기 이후에 배란이 일어난다.
- 월경에 영향을 주는 호르몬에는 성선자극호르몬(난포자극호르몬), 에스트로겐, 프로게스테론이 있다.

추가 설명

폐경기 특징
- 여성은 연령이 45~50세가 되면 월경이 자연적으로 없어지는데 그 이유는 난소의 기능이 소실 또는 감퇴되기 때문이다.
- 신체적으로 난자의 생산이 중지되고 생화학적 통제가 불순하게 된다.
- 심리적 영향으로는 불안, 우울 등의 반응을 보이며 자아 통제의 능력이 감소된다.

② 혈액생화학 : 총 단백질, 알부민이 저하되며, 요소 질소치도 저하된다. 총 콜레스테롤, 중성지방이 증가하며 고지혈증이 되기 쉬우나 무기질(Na, K, Cl, Ca, P)은 변함이 없다.
⑩ 비뇨기 : 방광염, 신우염에 걸리기 쉽고 신장기능이 항진한다.

④ 입덧 : 임신 초기에 임신으로 말미암아 일어나는 소화기관 증상을 주로 나타내는 증후군이다.
㉠ 주된 증상 : 욕지기, 구토, 식욕부진 외에 두통, 현기증, 귀울림, 권태감, 불면 등으로 이 가운데에서 증상이 가볍고 영양장애를 일으키지 않는 정도이면 입덧이라고 말한다.
㉡ 입덧의 시기 : 약 2~3개월 계속되며, 4개월경부터는 차츰 가시게 된다. 공복 시에 더 많이 느끼므로 가벼운 식사를 하는 편이 좋다.
㉢ 입덧의 원인물질 : 태반으로부터 분비되는 고나도트로핀이며, 고나도트로핀은 분비량이 증가하면 오조현상을 일으키는데 임신 2~3개월이 되면 혈중 농도가 정상이 된다. 고나도트로핀에 대한 감수성은 개인차가 있다.

임신의 종류
- 태아의 수에 따른 분류 : 단태임신, 다태임신
- 임신 중의 이상 유무에 따른 분류 : 정상임신, 이상임신

③ 분만의 생리

(1) 분만의 요소 및 분류

① 분만의 요소 : 분만의 세 가지 요소는 만출력, 산도, 태아 및 그 부속물이다.
② 분만의 분류
　㉠ 분만의 시기에 의한 분류
　　• 유산 : 임신 제15주 말까지의 경우
　　• 미숙산 : 임신 제16~27주 말까지의 경우
　　• 조산 : 임신 제28~37주 말까지의 경우
　　• 정기산 : 임신 제38~41주 말까지의 경우
　　• 만기산 : 임신 제42주 이후의 경우
　㉡ 분만의 경과에 의한 분류
　　• 정상분만 : 정상적인 분만으로 모자가 건강한 경우
　　• 이상분만 : 분만의 경과 중에 이상이 생긴 경우
　㉢ 인공개요의 유무에 의한 분류
　　• 자연분만 : 자연의 만출력으로 분만을 하는 경우
　　• 인공분만 : 인공적으로 분만을 하는 경우
　㉣ 신생아의 생사에 의한 분류
　　• 생산(生産) : 태아가 살아서 만출된 경우
　　• 사산(死産) : 태아가 죽어서 만출된 경우
　㉤ 신생아의 수에 의한 분류
　　• 단태분만(單胎分娩) : 태아가 하나인 경우
　　• 다태분만(多胎分娩) : 태아가 둘 이상인 경우

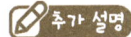
만출력의 요소
- 진통 : 자궁근의 갑작스런 수축, 수축발작은 수축이 차츰 강해지고, 그 강도가 가장 강해지다가 차차 완만해지며 쉬게 된다.
- 복압 : 복벽근 및 횡격막의 수축에 의해 생긴다. 태아가 하강해서 직장을 압박하면 복압이 높아진다.

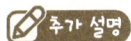
분만의 전조 증상
태아 하강감, 태동 경감, 배뭉침과 허리 통증, 질분비물 증가 등

(2) 분만의 경과

① **제1기(개구기)**
  ㉠ 주기적인 진통이 일어나 그 압박에 의해 자궁하부와 내자궁구가 서서히 열리고, 자궁경관도 부드러워지면서 넓게 열린다.
  ㉡ 소량의 출혈이 있고 자궁구는 직경 약 10cm 정도가 된다.

② **제2기(만출기)**
  ㉠ 자궁구가 커지면서 태아가 만출될 때까지를 말한다.
  ㉡ 양수가 터지고 태아가 하강하며, 머리·어깨·몸 순서로 만출된다.

③ **제3기(후산기)**
  ㉠ 태아가 만출되고 태반도 밖으로 나올 때까지를 말하며, 진통 발작이 중지되고 15~30분 후, 후산 진통이 일어나면서 태반이 만출된다.
  ㉡ 자궁근의 수축에 의해 태반이 자궁벽으로부터 떨어져 만출되는 시기를 이른다.

④ **분만 경과시간** : 개인차가 있긴 하나 초산(初産)일 때는 12~15시간, 경산(經産)일 때는 5~8시간 정도이다.

(3) 분만이 모체에 미치는 영향

① 분만 시 심한 불안감과 근육 노동으로 인해 피로를 느낀다.
② 분만 시 가장 부담이 큰 조직은 심장이며, 혈압이 높아지고 심장이 비대하며, 식욕 감퇴, 갈증, 구토 등을 느낀다.

4 산욕의 생리

① **산욕기** : 임신분만에 의한 모성의 생식기 및 전신성 변화가 임신되기 전의 상태로 회복되는 기간이다.
② **산욕기간** : 6~8주 정도
③ **수유부** : 산욕기에 유즙을 분비하고 아기에게 모유영양을 공급하는 모체를 말한다.

02 모자영양의 상관관계

1 태아(胎芽)

① 2개월 반까지는 태아(胎兒)라 하지 않고 태아(胎芽) 또는 태싹이라고 한다.
② 태아는 융모조직에 둘러싸여 자궁벽을 통해서 모체로부터 영양분을 취하며 태아의 융모조직에서 특별한 호르몬이 대량 분비되므로 모체에도 여러 가지 변화가 일어난다.
③ 태아(胎芽)는 스스로 신진대사(물질대사)를 이루어 가면서 태아(胎兒)로 발육하며, 이 때 필요한 영양분은 자궁벽을 통해 전부 모체로부터 받고, 신진대사의 결과에서 생긴 불필

추가 설명

분만의 과정
개구기(이슬)-만출기(태아 나옴)-후산기(태반, 탯줄 배출)

추가 설명

후산진통
산후에 자궁이 수축됨으로써 배가 아픈 것을 말한다.

추가 설명

분만 예정일
- 최종 월경의 제1일부터 280일 되는 날을 분만 예정일로 한다.
- 최종 월경이 1~3월인 경우 : 최종 월경 시작 달 + 9, 최종 월경 시작 일 + 7
- 최종 월경이 4~12월인 경우 : 최종 월경 시작 달 - 3, 최종 월경 시작 일 + 7

추가 설명

모체의 영양장애
- 직접적 요인 : 섭취 영양량의 부족이나 과잉에 의해 일어난다.
- 간접적 요인 : 섭취 영양량은 적당하나 체내 대사과정에 장애가 생긴 경우이다.

요한 물질은 모두 모체로 돌아가 배설된다.

2 모체

① 모체 자신의 대사뿐만 아니라 태아의 성장에 필요로 하는 대사까지 맡게 된다.
② 임신기에 필요한 영양 필요량은 임신 전보다 많아지며, 모체 내에서는 임신 전과는 다른 특이한 대사가 나타난다.
③ 모체는 영양학적으로 태아와 대단히 밀접한 상관을 갖는다.

03 모성영양이 태아에게 미치는 영향

1 모성의 저영양

(1) 열량

① 임신이 되면 모체의 기초대사가 촉진되고 태아 발육에 의한 활동 원형질이 증가되어 필요 열량이 증가한다.
② 모체의 열량 섭취 부족은 태아의 발육에 간접·직접적으로 중대한 장애를 일으킨다.
③ 모체가 극단적·만성적으로 저열량 상태가 계속되면 만기 임신중독증에 걸리기 쉽다.

(2) 단백질

① 단백질의 섭취가 부족할 경우
  ㉠ 모체의 만기 임신중독증 발생
  ㉡ 태아를 구성하는 주요 성분 부족
② 필수아미노산 중 히스티딘, 메티오닌이 부족하거나 트립토판 대사 이상 시 만기 임신중독증이 나타난다.
③ 모체가 저단백질 상태에 있고 특히 어떤 종류의 필수아미노산이 결핍되면 출생 시의 신생아 체중 및 생활력이 몹시 저하되고 사망률도 높다.
④ 모체 내에서 태아는 단백질에 의해 발육되며 임신 6개월까지 태아 발육의 기초는 질소 성분이다. 따라서 단백질 섭취량이 부족하거나 단백질 대사에 이상이 생기면 태아의 발육에 장애가 생긴다.

(3) 지방

① 모체에 지질이 부족할 경우에는 에너지원 부족, 태아의 신체 구성성분 부족, 임신중독증 발생, 지용성 비타민 부족 등이 나타날 수 있다.
② 임신 시 많은 에너지를 소모하는 것에 대비해 생리적으로 지방을 축적하려 하는데, 따라서 모체의 지방 섭취가 저하되면 태아 발육과 지질대사에 장애를 가져온다.

추가 설명

임신 시 모성영양이 태아에게 미치는 영향
- 단백질의 장기 결핍은 만기 임신중독증의 원인이 된다.
- 모체의 만성적 영양결핍은 조산과 미숙아의 발생빈도를 높인다.
- 비타민 B_2의 결핍증이 있는 산모에게서 태어난 아기는 다발성 신경염의 발생빈도가 높다.
- 모체의 철 부족은 임신빈혈의 원인이 된다.

③ 임신중독증 환자에게는 지질대사, 즉 중성지방의 복합화, 필수지방산의 활성화 등이 저하된다.
④ 모체의 저지질은 지용성 비타민의 섭취 부족으로 인하여 일어나기 쉬우며, 특히 비타민 E의 부족은 자궁 내 태아장애를 일으킬 수 있다.

(4) 탄수화물

① 에너지원인 탄수화물 섭취가 부족하면 단백질 분해, 축적 지방의 이용이 증가되며 이에 따라 대사 이상이 일어나기 쉽다.
② 임신 시 모체의 말초 조직 부분에서의 당 처리 기능이 저하되는 것은 말초 부위에서의 이용을 억제함으로써 모체의 열량을 저장하여 탄수화물대사 기능을 높여 태아의 발육·성숙을 도우려는 것으로 생각된다.
③ 임신 후반기에는 티아민이 부족하면 탄수화물 대사에 장애를 일으켜 2차적으로 탄수화물 부족이나 탄수화물 이용을 저하시키게 된다.

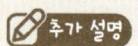

모성의 저영양
신생아에게 유해작용을 일으켜 선천성 기형, 유산, 조산, 사산 등이 발생하기 쉽다.

(5) 칼슘

① **모체가 섭취한 칼슘** : 일단 모체 속에 축적된 다음에 태아의 요구에 따라 이행되고 축적되므로, 임신 초기부터 충분히 섭취할 필요가 있다.
② **임신 시 칼슘의 의의** : 모체에서는 체내 각 기관의 증식과 비대를 위해 이용되거나 체내의 산·염기 평형유지에 있어서 염기로서 작용하여 임신 시 산과다증(acidosis)을 완화하고, 태아에게는 신체 구성 성분으로 필요하다.
③ **태아에 축적되는 칼슘** : 임신 5개월 후부터 축적되며 임신 최종월에 가장 많이 축적된다.
④ **태아의 칼슘 부족** : 신생아기에 치상(齒床)의 형성 장애를 일으켜 생치가 늦어지거나 유치와 성인 치아 건강에 장해를 준다.

(6) 철

① 모체의 철 부족은 임신빈혈의 원인이 된다.
② 적혈구는 태아 발생 초기부터 생성된다.
③ 태아로의 철 이동 속도는 빠르며, 모체보다 태아의 철 농도가 높다.
④ 임신기에는 혈액이 증가되며 태아의 간에서도 철이 축적되므로 비임신기와 비교하면 철이 부족되기 쉽다.
⑤ 철의 태반 통과성을 보면 모체에서 태아로는 쉽게 이행되나 태아에서 모체로 이행되기는 어렵다.
⑥ 태아의 간에는 철이 축적되므로 모체로부터 철의 공급이 불충분한 경우에도 어느 정도 태아 빈혈을 막을 수 있지만 궁극적으로 모체의 철 부족은 잠재적인 빈혈을 내포할 수 있다.

(7) 비타민

① 비타민 A
  ㉠ 기능 : 세포의 증식 촉진, 핵산 합성 촉진, 발육·성장, 임신 시 임신의 지속 및 태아 발육 등에 관여한다.
  ㉡ 결핍증 : 야맹증, 각막건조증, 점막의 저항력 저하, 체중 감소, 세균감염에 대한 저항력 저하 등이 일어난다.

② 티아민(비타민 B_1)
  ㉠ 탄수화물대사를 중심으로 지질대사, 수분대사 등에 관여한다.
  ㉡ 모체의 심한 티아민 결핍 : 조산(早産) 또는 사산(死産)을 초래하며 또 태아에게서 전형적인 다발성 신경염이 보이는 경우도 있다.

③ 리보플라빈(비타민 B_2)
  ㉠ 세포의 산화, 환원에 작용하므로 대사가 왕성해지는 임신 시에는 수요량이 많아진다.
  ㉡ 부족 시 : 태아의 발육 과정에 영향을 미친다.

④ 피리독신(비타민 B_6) 및 니아신
  ㉠ 피리독신 : 지질대사, 트립토판대사에 관여하며, 태아 발육에 이용된다.
  ㉡ 니아신 : 탄수화물, 당질, 단백질, 포르피린 등의 대사에 관여한다.

⑤ 비타민 C
  ㉠ 임산부의 임신황체, 부신피질, 태반 등에 많이 들어 있다.
  ㉡ 임신의 지속과 태아 발육에 관여한다.

⑥ 비타민 D
  ㉠ 조직 중의 인산과 칼슘을 결합시켜서 뼈와 치아에 침착시키는 역할을 한다.
  ㉡ 부족 시 : 뼈의 발육과 석회화가 느리게 진행되며, 탄수화물대사의 중간 과정에 장애가 생겨 요중(尿中) 케톤체를 증가시킨다.

⑦ 비타민 E
  ㉠ 성세포의 기능을 유지한다.
  ㉡ 부족 시 : 수태를 어렵게 하거나 태반의 형성장애를 초래한다.

2 모성의 과잉영양

① 태반 : 모체와 태아 사이의 완충조절 작용을 하면서 모체의 과잉영양이 태아에 미치는 영향을 억제하여 영양 환경을 일정하게 유지할 수 있다.
② 모체의 과잉영양 : 모체의 과잉영양이 극단적으로 만성화될 때 태아에게 좋지 못한 영향을 주게 된다.

3 모성의 내분비 이상

① 당뇨병
  ㉠ 임신기에 당뇨가 생기기 쉽다.

추가 설명

비타민과 기능
- 비타민 A : 발육·성장에 관여
- 비타민 B_2 : 세포의 산화·환원
- 비타민 B_6 : 지질대사, 트립토판 대사
- 비타민 C : 임신의 지속·태아 발육
- 비타민 E : 성세포의 기능 유지

   ⓒ 당뇨병이 걸린 임신부로부터 거대아, 기형아 등의 출산이나 유산, 조산, 태아사망 등이 간혹 보이며 신생아의 혈당치도 정상치보다 낮은 경우가 많다.
  ② 바제도병(그레이브스병)
   ㉠ 모체의 갑상선 기능이 병적으로 왕성하거나 더욱 촉진되어 바제도병까지 악화되어 있는 경우 임신이 잘 안 되는 수가 있다. 갑상선 호르몬이 과잉분비되거나 갑상선이 전체적으로 커지며 안구돌출증 등의 증상이 나타난다.
   ⓒ 모체가 바제도병인 경우 태아의 태반계도 비정상적인 영향을 받는다.

4 임신에 의한 기타 질병

① 임신오조
  ㉠ 입덧이 비정상적으로 심하게 되풀이되고 더욱 악화되면 물도 마실 수 없게 되며, 체중 감소, 피부 건조, 요량 감소 등이 생기면서 탈수 상태가 되는 현상이다.
  ⓒ 임신오조는 영양장애와 대사장애를 일으키므로 식이요법이 가장 중요하다.

② 임신성 빈혈
  ㉠ 임신성 빈혈의 대부분은 철결핍성 빈혈로서, 이것은 혈액 중의 혈색소인 헤모글로빈의 농도가 저하되어 생긴다.
  ⓒ 임신기에는 혈액 수분량이 증가하므로 생리적으로 빈혈 경향을 나타내며, 정상인 경우에도 임신부는 혈색소 농도가 약간 저하한다.
  ⓒ 임신성 빈혈이 진행되면 시각적으로 안색, 입술, 결막의 색깔이 창백해진다.

③ 임신중독증
  ㉠ **임신중독증의 증상** : 다른 특별한 합병증은 없으나 임신부에 부종, 단백뇨, 고혈압 중 한 가지 이상의 증상을 동반한다.
  ⓒ **임신중독증의 치료** : 안정을 취하면서 섭취 에너지를 줄이고 임신 후기에는 태아의 발육이 왕성하므로 단백질의 필요량이 많아진다.

04 임신·수유기의 영양권장량

1 영양권장량(영양소 섭취기준)

① 영양소 섭취기준은 국민의 건강증진 및 질병예방을 목적으로 에너지 및 각 영양소의 적정 섭취량을 나타낸 것이다.
② 초기에는 영양결핍증을 예방하기에 충분한 양을 의미하는 영양권장량을 제정하였으나 영양결핍으로 인한 건강문제와 함께 일부 영양소의 과잉섭취 또는 불균형으로 인한 만성질환이 주요 건강문제로 대두되면서, 영양소의 결핍과 과잉으로 인한 문제를 예방하기 위한 새로운 개념의 영양소 섭취기준을 제정하게 되었다.

추가 설명

임신중독증의 특징
- 임신중독증의 치료 기본은 안정이다.
- 양질의 단백질을 충분히 섭취하여야 한다.
- 체중이 갑자기 증가하고 부종이 생기고 요량이 줄면 나트륨과 수분 감소를 해야 한다.

추가 설명

임신시 기초대사의 항진 이유
- 임신시 태아의 성장, 모체의 임신성 변화에 의한 조직의 증식 발육
- 내분비선 기능의 변화로서 갑상선 기능항진 상태와 비슷한 변화
- 임신에 의한 교감신경 항진 등의 신경인자, 심장·간·신장 등의 기능과 대사의 항진

③ 영양소 섭취기준에는 평균필요량과 권장섭취량, 충분섭취량, 상한섭취량 등이 있다.

2 임신·수유기의 영양권장량(영양소 섭취기준)

① 기초대사와 에너지 권장량
   ㉠ 임신기 : 임신 월수의 증가에 따라 기초대사량이 상승하며, 특히 임신 후반기 및 임신 말기는 많이 상승한다.
   ㉡ 임신 4~5개월에 기초대사량이 임신 전보다 저하되는 이유
      • 임신 초기의 입덧 또는 오조에 의한 식사 섭취량의 감소
      • 모체 신진대사의 저하 및 임신에 의한 호르몬 조절의 변화
   ㉢ 산욕 1주일에 기초대사가 갑자기 감소하여 거의 임신되기 전의 수준까지 저하하는데 이것은 분만에 의해 태아의 대사에 필요한 인자가 없어지기 때문이다.
   ㉣ 에너지 필요추정량 : 임신 중반기에는 하루 340kcal, 임신 후반기에는 하루 450kcal를 가산하며, 수유기에는 하루 340kcal를 가산한다.

② 단백질 권장량
   ㉠ 임신부의 권장섭취량은 중반기에는 하루 15g, 후반기에는 30g 가산하고, 수유부의 권장섭취량은 하루 25g 가산한다.
   ㉡ 3분의 1은 동물성 단백질로 섭취해야 한다.

③ 비타민 권장섭취량 : 임신기에는 요구량이 증가하여 권장량이 높으며 수유기에는 더 많이 필요하다.

추가 설명

임신·수유기의 철 권장섭취량
• 임신기에는 철 흡수항진과 이용이 높아져 임신빈혈이 생기기 쉬우므로 철분이 많은 식사, 철분제 등을 복용한다.
• 임신·수유기의 철 권장섭취량(19~49세) : 임신기 10mg 가산해서 24mg, 수유기 가산 없이 14mg이다.

추가 설명

임신 전기의 영양관리 기본방침
• 태아의 뼈와 주요 장기의 형성기를 위한 양질의 단백질과 칼슘 섭취
• 비타민, 무기질류의 필요량 증가
• 규칙적인 식사와 편식 제한

| 표 6-2 | 임신부·수유부의 영양소 섭취기준

연령(세)	에너지(kcal)	단백질(g)	수분(mL)	비타민 A(μg RAE)	비타민 D(μg)	비타민 E(mg α-TE)	비타민 C(mg)	티아민(mg)
19~29	2,100	55	2,100	650	10	12	100	1.1
30~49	1,900	50	2,000	650	10	12	100	1.1
임신부	+0/340/450*	+15/+30**	+200	+70	+0	+0	+10	+0.4
수유부	+340	+25	+700	+490	+0	+3	+40	+0.4

연령(세)	리보플라빈(mg)	니아신(mg NE)	비타민 B_6(mg)	엽산(μg DFE)	칼슘(mg)	인(mg)	나트륨(mg)	철(mg)	아연(mg)
19~29	1.2	14	1.4	400	700	700	1,500	14	8
30~49	1.2	14	1.4	400	700	700	1,500	14	8
임신부	+0.4	+4	+0.8	+220	+0	+0	+0	+10	+2.5
수유부	+0.5	+3	+0.8	+150	+0	+0	+0	+0	+5.0

주 • *은 임신부 1, 2, 3분기별 부가량임.   • **은 임신부 2, 3분기별 부가량임.
  • 에너지는 필요추정량임.
  • 단백질, 비타민 A, 비타민 C, 티아민, 리보플라빈, 니아신, 비타민 B_6, 엽산, 칼슘, 인, 철, 아연 등은 권장섭취량임.
  • 수분(총수분), 비타민 D, 비타민 E, 나트륨은 충분섭취량임.

05 태아의 발육과 임신·수유기의 영양관리

1 임신 10개월간의 태아 발육

① **임신 1개월** : 이때는 배란하고 수정된 다음부터 약 14일 경과된 상태이며, 태아는 아직 사람의 형체가 아니고 비둘기 알만한 크기로 융모조직에 둘러싸여 있다.

② **임신 2개월** : 수정된 다음 약 6주 후이며 경도가 없어지고 두 번째의 월경 예정일이 되며, 태아의 지느러미와 꼬리는 없어지고 머리와 상체가 확실해지면서 눈, 귀, 입, 사지 등을 분별할 수 있게 된다.

③ **임신 3개월** : 내장의 원형이 생기기 시작하고 머리, 목, 배의 형체가 구분될 만큼 커진다.

④ **임신 4개월** : 태아의 얼굴에는 솜털이 생기며 태아의 태반이 완성이 되어 모체로부터의 영양분의 흡수가 왕성해진다.

⑤ **임신 5개월** : 머리털이 돋기 시작하고 얼굴 모습도 뚜렷해진다.

⑥ **임신 6개월** : 두 발이 명백해지고 눈썹, 속눈썹이 나고 골격도 견고해지며 모체의 복부를 진찰하면 태아의 위치도 어느 정도 알 수 있게 된다.

⑦ **임신 7개월** : 임신선이 나타나고 태아의 피부색깔은 진홍색이며 주름투성이에 눈을 뜨게 된다.

⑧ **임신 8개월** : 임신 8개월이 되면 남 태아는 음낭 속에 고환이 들어가며, 여 태아는 좌우의 대음순이 생긴다.

⑨ **임신 9개월** : 태아는 9~10개월 사이에 두 배로 발육하기 때문에 모체는 영양섭취에 주의가 필요하다.

⑩ **임신 10개월** : 피하지방이 침착하여서 피부가 윤이 나며 탄력있게 된다.

2 임신·수유기의 영양관리

① **임신부 식사의 기본방침**
  ㉠ 계절식품을 선택한다.
  ㉡ 한 끼의 식사량은 줄이고 식사횟수를 증가시키거나 간식으로써 보충한다.
  ㉢ 소화가 잘되는 음식을 섭취한다.
  ㉣ 염분이 많은 음식을 피한다.
  ㉤ 신선한 유지류를 충분히 섭취한다.
  ㉥ 향신료를 적당히 사용한다.
  ㉦ 알코올, 청량음료, 커피 등의 과음은 피한다.
  ㉧ 임신부 본인의 금연은 물론 가족과 주위 사람도 금연한다.

② **입덧이 있을 때의 영양관리**
  ㉠ 입덧을 할 때의 식사는 영양소 섭취기준에 구애받지 않고 기호에 맞는 것을 먹도록 한다.

추가 설명

임신 중기의 영양관리 기본방침
- 균형 잡힌 식사와 비만 예방
- 임신중독증, 빈혈, 변비, 부종 예방
- 태아발육을 위한 필요량 섭취

추가 설명

임신 후기의 영양관리 기본방침
- 부종과 임신중독증 예방
- 모체의 분만, 산후의 체력유지를 위해 필요량 섭취
- 간식을 적절히 하여 굶은 상태와 같은 현상이 없도록 함.

ⓒ 심신의 안정을 제일로 생각하고 먹고 싶을 때 먹고 싶은 것을 먹도록 한다.
　　ⓒ 향기가 좋은 과일과 섬유질이 많은 채소를 많이 섭취하도록 한다.
　　ⓔ 일반적으로 담백한 맛을 좋아하고, 기름에 튀겼거나 기름기가 많은 것을 싫어한다.
　　ⓜ 변비는 입덧에 좋지 못한 영향을 주기 쉬우므로 변비예방 또는 변비치료를 위한 식사를 하도록 한다.
　　ⓗ 입덧이 났을 때에는 식사 분위기와 기분전환을 위해 쾌적한 환경에서 외식하는 것도 도움이 된다.
　　ⓢ 입덧을 가장 많이 느끼는 시간은 공복 시이며 아침식사 전 또는 점심과 저녁 식사 전에 기분이 나빠지기 쉽다.
　　ⓞ 식사의 횟수는 하루 세 끼라는 원칙에 따를 것 없이 공복이 되지 않도록 여러 번에 나눠서 먹도록 한다.

③ 변비를 개선하는 영양관리
　ⓐ 임신기에는 복부의 압박에 의해 변비가 일어나기 쉬우므로 되도록이면 약제를 사용하지 말고 식이요법, 운동 등으로 개선한다.
　ⓑ 변비를 개선하는 식사
　　• 잡곡류, 콩류, 채소 등의 고섬유소 식이
　　• 곤약, 한천, 김, 미역, 파래 등
　　• 냉수, 과즙 등
　　• 꿀, 엿, 잼 등
　　• 과즙, 과실, 우유, 요구르트, 식초 등
　　• 버터, 크림, 마요네즈, 식물유, 지방분이 많은 식품
　　• 향신료

④ 임신성 빈혈 시 영양관리
　ⓐ 임신기의 빈혈은 단백질·철의 부족으로 일어나기 쉬우므로 양질의 단백질, 철이 많은 식품을 충분히 공급한다.
　ⓑ 육류, 생선, 조개류, 콩, 녹색채소, 해조류 같은 식품을 권장한다.
　ⓒ 규칙적인 식생활을 지키고 영양 균형이 잘 잡힌 식사를 충분히 섭취한다.

⑤ 분만 시의 영양관리
　ⓐ 분만 시간은 그리 길지 않으므로 분만 시의 영양에서는 정해진 필요량은 없으나, 진통에 의한 근육운동에 의해 아픔과 불안 등으로 스트레스가 가해지므로 에너지 소비량은 증가된다.
　ⓑ 분만이 개시되면 분만 경과를 배려한 식사를 취하도록 한다.
　ⓒ **분만 시의 식사에 있어 유의점**
　　• 소화·흡수가 잘되는 음식을 선택하며, 에너지원으로는 탄수화물을 주로 해서 수용성 비타민이 많은 식사를 한다.

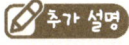

임신중독증 시의 영양관리
• 에너지 섭취량을 제한하고 임신부의 장기 부담을 경감(예 저탄수화물식, 저동물성 지방식)시킨다.
• 임신부에 필요한 영양소인 양질의 단백질과 단백뇨로 인한 충분한 단백질 섭취와 비타민 등을 충분히 섭취한다.
• 부종·고혈압에 대해서 나트륨과 수분을 제한한다.

> **추가 설명**
>
> 산후 체력 회복과 수유·육아 활동을 위한 영양관리
> - 양질 단백질을 충분히 섭취한다.
> - 영양을 고루 갖춘 식사를 한다.
> - 모유 중의 비타민 K 부족을 예방한다.
> - 영양 과잉을 예방한다.
> - 국·수프·과즙 등으로 영양이 있는 수분을 섭취한다.

- 소량씩 나누어 식사를 한다.
- 분만 종료 시에는 우선 수분을 많이 섭취한다.

⑥ 수유기의 영양관리

㉠ 모친의 건강 유지와 모유 분비 촉진을 위해 영양을 충분히 섭취하고 잠을 잘 자도록 한다.

㉡ 편식을 피하고 영양의 균형이 잘 잡힌 식사를 한다.

㉢ 모유 분비를 위해 충분히 수분을 섭취한다.

실전예상문제

1 다음 중 난소에 대한 설명으로 옳은 것은?

① 좌우 한 개씩 자궁저부로 뻗어 나가는 나팔 모양의 관으로서 길이는 11~12cm이다.
② 골반 속에 위치하며 앞에는 방광, 뒤에는 직장이 있다.
③ 외음부와 자궁을 연결시켜 주는 통로이며 정자의 수송로가 되고 태아의 분만시에는 산도가 된다.
④ 엄지손가락의 윗부분 정도 크기의 타원형 기관으로 외층인 피질과 내층인 수질로 형성된다.

해설 ① : 난관, ② : 자궁, ③ : 질

2 다음 중 여성의 생식기에 대한 설명으로 옳은 것은?

① 자궁은 위로는 난소와 아래로는 질과 직접 연결되며, 수정란의 착상과 분화가 일어난다.
② 난관은 수정이 이루어지고 착상이 일어나는 조직이다.
③ 난소는 난자를 생성하여 배출하는 기관이다.
④ 자궁은 난자를 생성하고 수정이 일어나는 기관이다.

해설 여성의 성선은 난소이며 여기에서 한 성주기에 한 개의 난포(소포)가 성숙하여 난자를 생산하고 배란이 이루어지며, 여성호르몬을 분비한다. 난소는 골반 내의 자궁의 양쪽에 하나씩 있으며 엄지손가락의 윗부분 정도 크기의 타원형 기관으로 이동성이 있다.

3 다음 중 여성의 성선(性腺)은 어느 것인가?

① 자궁　　　　② 난소　　　　③ 질　　　　④ 난관

해설 문제 2번 해설 참조

4 다음 중 황체에 대한 설명으로 옳은 것은?

① 남성의 2차적 성 특징을 발현시키는 호르몬　② 성숙한 난자를 지니고 있는 난포
③ 난자를 배출한 난포　　　　　　　　　　　　④ 여성의 2차적 성 특징을 발현시키는 호르몬

해설 배란이 일어난 다음의 난포(소포)는 황색의 조직으로 바뀌며 이를 황체라고 한다.

정답 1.❹　2.❸　3.❷　4.❸

5 다음 중 수정이 일어나는 곳은 어디인가?

① 난관　　② 자궁　　③ 정소　　④ 난소

해설 난소에서 배란된 난자는 난관으로 들어가 그곳에서 수정을 마친다.

6 다음 중 난포호르몬에 대한 설명으로 옳은 것은?

① 프로게스테론(progesterone)이라고 한다.　　② 에스트로겐(estrogen)과는 별개의 물질이다.
③ 난포막세포에서만 분비된다.　　④ 난포막세포와 황체세포에서 분비된다.

해설 난포(소포)호르몬은 난포막세포와 황체세포에서 분비되며 에스트로겐이라 불린다.

7 다음 중 난소에서 분비된 호르몬이 아닌 것은?

① 난포호르몬　　② 글루카곤　　③ 리라키신　　④ 황체호르몬

해설 난소에서 분비되는 호르몬에는 난포호르몬, 황체호르몬, 남성호르몬(테스토스테론), 리라키신 등이 있다.

8 다음 중 난포호르몬의 생리작용에 대한 설명으로 옳지 않은 것은?

① 옥시토신의 감수성 촉진　　② 자궁내막의 비후
③ 체형 및 발모 등의 여성다운 체질 형성　　④ 배란 후 또는 임신 시 기초체온 상승

해설 ④는 황체호르몬의 생리작용이다.

9 다음 중 프로게스테론(progesterone)에 대한 설명으로 옳은 것은?

① 난포막세포에서 분비된다.　　② 질에서 분비된다.
③ 황체호르몬이다.　　④ 난포호르몬이다.

해설 황체호르몬은 황체세포에서 분비되며 프로게스테론이라고도 한다.

10 다음 중 여성의 월경주기에 영향을 주는 호르몬이 아닌 것은?

① 성선자극호르몬　　② 테스토스테론　　③ 에스트로겐　　④ 프로게스테론

해설 월경과 관련된 호르몬에는 성선자극호르몬(난포자극호르몬), 에스트로겐, 프로게스테론이 있다.

11 다음 중 에스트로겐을 분비하게 하는 호르몬은 어느 것인가?

① 황체호르몬(LH) ② 난포자극호르몬(FSH)
③ 황체자극호르몬(LTH) ④ 젖분비자극호르몬(Prolactin)

해설 난포자극호르몬(소포성숙호르몬, FSH) : 에스트로겐을 분비한다.

12 다음 중 배란을 일으키는 황체호르몬을 분비하는 선은 무엇인가?

① 뇌하수체 ② 시상하부 ③ 부신수질 ④ 부신피질

해설 난포자극호르몬의 분비가 억제되면 뇌하수체 전엽으로부터 황체호르몬이 분비되어 성숙난포세포를 파열시켜 배란이 일어난다.

13 다음 중 난소의 주기적 변화를 바르게 배열한 것은?

① 난포 성숙 → 배란 → 황체 형성 → 황체 퇴화   ② 배란 → 난포 성숙 → 황체 형성 → 황체 퇴화
③ 황체 형성 → 배란 → 황체 퇴화 → 난포 성숙   ④ 황체 형성 → 난포 성숙 → 배란 → 황체 퇴화

해설 난소의 주기적 변화 : 난포 성숙 → 배란 → 황체 형성 → 황체 퇴화

14 다음 중 여성의 월경에 대한 설명으로 옳지 않은 것은?

① 월경주기 중 분비기 이후 배란이 일어난다.
② 월경주기 중 증식기 이후 배란이 일어난다.
③ 월경은 난소에서 분비되는 에스트로겐과 프로게스테론에 의해서 일어난다.
④ 월경은 난소, 자궁 등의 발달이 이루어졌음을 나타내는 현상이다.

해설 월경주기 중 증식기에서 분비기로 넘어가는 시기에 배란이 일어난다.

15 다음 중 자궁내막의 증식기는 언제부터인가?

정답 5.❶ 6.❹ 7.❷ 8.❹ 9.❸ 10.❷ 11.❷ 12.❶ 13.❶ 14.❶ 15.❷

① 월경주기의 후반기인 15~28일　　② 월경이 시작된 날부터 약 5~14일
③ 월경이 시작된 날　　④ 월경이 시작된 날부터 2년간

해설 자궁내막의 증식기 : 월경이 시작된 날부터 약 5~14일에 해당하는 시기로, 자궁내막이 점점 비후해진다.

16 자궁내막의 주기적 변화 중 증식기에 대한 설명으로 옳은 것은?

① 수정된 난자가 착상하여 임신이 되도록 준비하는 시기라고 할 수 있다.
② 난포에서 분비되는 에스트로겐의 영향에 의해 자궁내막이 점점 두꺼워지는 시기이다.
③ 배란 후 황체호르몬의 영향으로 자궁내막이 더욱 두꺼워진다.
④ 배출된 난자가 정자와 수정을 하지 못하면 난소의 황체가 퇴화됨으로써 자궁내막이 떨어져 나온다.

해설 ④는 월경기, ①, ③은 분비기이다.

17 자궁내막의 주기적 변화 중 분비기에 대한 설명으로 옳지 않은 것은?

① 월경주기의 후반기인 15~28일을 말한다.　　② 황체호르몬의 영향을 받는 시기를 말한다.
③ 월경이 시작된 날부터 약 5~14일을 말한다.　　④ 수정란의 착상에 가장 적합한 시기이다.

해설 분비기는 월경주기의 후반기인 15~28일로, 배란 후 황체에서 분비되는 황체호르몬의 영향을 받는 시기로써 자궁내막은 더욱 두꺼워지고 굴곡이 생겨 분비기능이 시작된다. 분비기는 수정란 착상에 가장 적합한 시기이다.

18 다음의 〈보기〉에 제시된 내용은 어느 시기에 대한 설명인가?

> **보기**
> • 여성의 연령이 45~50세가 되면 월경이 자연적으로 없어진다.
> • 그 이유는 난소의 기능이 소실 또는 감퇴되기 때문이다.
> • 신체적으로 난자의 생산이 중지되고 생화학적 통제가 불순하게 된다.
> • 심리적 영향으로는 불안, 우울 등의 반응을 보이며 자아통제의 능력이 감소된다.

① 월경기　　② 초경기　　③ 임신기　　④ 폐경기

해설 폐경이 되는 갱년기가 되면 신체적·정신적으로 장애가 따르는 경우가 많다.

19 다음 중 임산부의 생리에 대한 설명으로 옳지 않은 것은?

① 임신선이 생기고 색소침착의 증강이 나타난다.
② 총 콜레스테롤, 중성지방이 감소한다.
③ 심장이 비대해지고 1분간의 심박출량이 증가한다.
④ 방광염이나 신우염에 걸리기 쉽다.

해설 임산부는 총 단백질, 알부민이 저하되며, 요소질소치도 저하된다. 총 콜레스테롤, 중성지방이 증가하며, 고지혈증이 되기 쉬우나 무기질(Na, K, Cl, Ca, P)은 변함이 없다.

20 다음 중 입덧에 대한 설명으로 옳은 것은?

① 입덧은 초산부보다 경산부가 더 많이 호소를 한다.
② 입덧이 있을 때에는 굶어야 한다.
③ 입덧을 가장 많이 느끼는 시간은 공복시이다.
④ 최종 월경일로부터 15주 경과한 다음에 일어난다.

해설 입덧의 시기는 2~3개월 계속되며, 4개월경부터는 차츰 가시게 된다. 공복시에 더 많이 느끼므로 가벼운 식사를 하는 편이 좋다.

21 다음 중 고나도트로핀에 대한 설명으로 옳은 것은?

① 태반에서 분비된다.
② 뇌하수체 후엽에서 분비된다.
③ 임신을 한 후에도 계속 많이 분비된다.
④ 황체에서 분비된다.

해설 입덧의 원인물질은 태반으로부터 분비되는 고나도트로핀이며, 고나도트로핀의 분비량이 증가하면 오조현상을 일으키는데 임신 2~3개월이 되면 혈중 농도가 정상이 된다. 고나도트로핀에 대한 감수성은 개인차가 있다.

22 다음 중 입덧의 원인 물질은 무엇인가?

① 에스트로겐   ② 고나도트로핀   ③ 테스토스테론   ④ 프로게스테론

해설 문제 21번 해설 참조

23 다음 중 분만에 대한 설명으로 옳은 것은?

① 분만 만출기에는 태아, 탯줄과 태반이 같이 모체 밖으로 나온다.

정답 16.❷ 17.❸ 18.❹ 19.❷ 20.❸ 21.❶ 22.❷ 23.❹

② 분만시의 만출력은 복압과 산도로 이루어진다.
③ 유산은 임신 25주 정도에 분만한 경우를 이른다.
④ 분만 경과시간은 개인차가 있으나 초산 12~15시간, 경산 5~8시간 정도이다.

해설 분만시 태아가 먼저 만출된 후 15~30분 경과된 다음 태반이 만출된다. 분만 시 만출력의 요소는 진통과 복압이며, 유산은 임신 15주 말 이전에 분만한 경우를 말한다.

24 태아를 분만할 때 분만의 3요소에 속하지 않는 것은?

① 자궁 ② 태아 및 부속물 ③ 산도 ④ 만출력

해설 분만의 세 가지 요소는 만출력, 산도, 태아 및 부속물이다. 만출력의 요소는 진통과 복압이다.

25 다음 중 분만의 전조 증상과 관계 없는 것은?

① 태아 하강감 ② 후산진통 증가 ③ 태동 경감 ④ 질분비물 증가

해설 후산진통은 산후에 자궁이 수축됨으로써 배가 아픈 것을 말한다.

26 다음 중 분만의 시기에 대한 분류로 바르지 못한 것은?

① 임신 15주 말까지의 분만을 유산이라고 한다.
② 임신 38~41주 말까지의 분만은 정기산이다.
③ 임신 42주 이후의 분만은 만기산이다.
④ 임신 25주 이전의 분만은 조산이다.

해설 조산은 임신 28~37주 말까지의 경우이고 미숙산(실산)은 임신 16~27주 말까지의 경우이다.

27 최종 월경 시작일이 5월 20일이라면 산부의 분만 예정일은?

① 2월 20일 ② 2월 27일 ③ 3월 20일 ④ 다음해 5월 20일

해설 최종 월경의 제1일부터 280일 되는 날을 분만 예정일로 한다. 즉, 최종 월경이 1~3월인 경우 최종 월경이 있던 달에 9를 더하고 최종 월경 시작일에 7을 더하거나 최종 월경이 4~12월인 경우 최종 월경이 있던 달에 3을 빼고 최종 월경 시작일에 7을 더하면 예정일이다.

28 다음 중 분만의 과정을 바르게 나열한 것은?

① 만출기 — 후산기 — 개구기
② 개구기 — 만출기 — 후산기
③ 개구기 — 후산기 — 만출기
④ 만출기 — 개구기 — 후산기

해설 분만의 과정 : 개구기(이슬) — 만출기(태아 나옴) — 후산기(태반, 탯줄 배출)

29 다음 중 분만 제2기에 대한 설명으로 옳은 것은?

① 혈액이 혼합된 점액이 보인다.
② 자궁구가 태아의 머리가 나올만큼 열린다.
③ 태아의 몸 전체가 어머니 몸 밖으로 나온다.
④ 자궁벽에서 태반이 떨어져 나온다.

해설 분반의 과정 : 분만 제1기(개구기) → 분만 제2기(만출기) → 분만 제3기(후산기)

30 다음 중 초산인 경우 대체로 아이를 낳는 데 걸리는 시간은?

① 5~6시간
② 7~8시간
③ 12~15시간
④ 20~24시간

해설 분만의 경과시간 : 개인차가 있긴 하나 초산부는 12~15시간이며, 경산부는 5~8시간 정도이다.

31 다음 중 분만 제3기(후산기)에 대한 설명으로 옳은 것은?

① 자궁근의 수축에 의해 태반이 자궁벽으로부터 떨어져 만출되는 시기를 이른다.
② 주기적인 진통이 일어나며 내자궁구가 서서히 열리는 시기이다.
③ 양수가 터지고 태아의 머리가 아래로 내려온다.
④ 자궁구가 커지면서 태아가 만출될 때까지를 이른다.

해설 ②는 분만 제1기, ③, ④는 분만 제2기에 대한 설명이다.

32 다음 중 모자영양의 상관관계에 대한 설명으로 옳은 것은?

① 태아(태싹)는 자궁벽을 통해서 모체로부터 영양분을 취한다.
② 모체가 섭취한 영양의 양과 질이 부족해도 태아에게는 아무런 상관이 없다.
③ 태아의 신진대사의 결과에서 생긴 불필요한 물질은 모두가 태아 체내에 남는다.
④ 임신을 하면 태아의 호르몬 분비와 관계없이 모체에 여러 가지 변화가 생긴다.

정답 24.❶ 25.❷ 26.❹ 27.❷ 28.❷ 29.❸ 30.❸ 31.❶ 32.❶

해설 태아(胎芽)는 스스로 신진대사를 이루어 가면서 태아(胎兒)로 발육하는데 이때 필요한 영양분은 자궁벽을 통해 전부 모체로부터 받고, 신진대사의 결과에서 생긴 불필요한 물질은 모두 모체로 돌아가 배설된다.

33 다음 중 임신 시 모성영양이 태아에게 미치는 영향으로 볼 수 없는 것은?

① 모체 혈액 중의 철분농도보다 태아 측의 혈중 철분농도가 낮으므로 임신성 철분결핍은 흔히 발생하지 않는다.
② 비타민 B_1의 결핍증이 있는 산모에게서 태어난 아기는 다발성 신경염이 보이는 경우도 있다.
③ 모체의 만성적 영양결핍은 조산과 미숙아의 발생빈도를 높인다.
④ 단백질의 장기 결핍은 만기 임신중독증의 원인이 된다.

해설 모체 혈액 중의 철분농도보다 태아측의 혈중 철분농도가 높으므로 모체의 임신성 철분 결핍이 발생할 수 있다.

34 다음 중 임신부의 극심한 단백질 섭취 부족 증상으로 볼 수 없는 것은?

① 임신부에게 당뇨병 발생률이 높다. ② 신생아의 체중이 정상보다 낮다.
③ 태아의 발육에 장애가 나타난다. ④ 임신부에게 만기 임신중독증의 발생률이 높다.

해설 ①은 모성의 내분비 이상의 경우이다.

35 모체가 저단백질 상태에 있을 때 출생하는 신생아에게 미치는 영향이 아닌 것은?

① 발육 장애   ② 사망률 저하   ③ 신생아의 체중 저하   ④ 생활력 저하

해설 모체가 저단백질 상태에 있고 특히 어떤 종류의 필수아미노산이 결핍되면 출생 시의 신생아 체중 및 생활력이 몹시 저하되고 사망률도 높아진다.

36 만기 임신중독증과 관계있는 필수아미노산끼리 바르게 짝지어진 것은?

① 히스티딘, 아르기닌   ② 라이신, 메티오닌   ③ 메티오닌, 트레오닌   ④ 히스티딘, 메티오닌

해설 필수아미노산 중 히스티딘, 메티오닌이 부족하면 만기 임신중독증을 일으키기 쉽다.

37 다음 중 임신 시 열량과 단백질 부족이 태아에게 미치는 영향은 무엇인가?

① 과체중아 분만　　② 다발성 신경염　　③ 태아의 빈혈　　④ 태아의 발육 장애

해설 모체의 열량 섭취 부족은 태아의 발육에 간접 또는 직접적으로 중대한 장애를 일으킨다. 모체의 단백질 섭취량이 부족하거나 단백질 대사에 이상이 생기면 태아의 발육에 장애가 생기게 된다.

38 다음 중 임신시 칼슘의 의의에 대한 설명으로 옳은 것은?

① 모체가 섭취한 칼슘은 바로 태아에게 이행된다.
② 임신 시의 산과다증을 완화한다.
③ 칼슘은 임신 후반기에만 충분히 섭취하면 된다.
④ 태아의 체내에서는 칼슘이 축적되지 않는다.

해설 모체가 섭취한 칼슘은 일단 모체 속에 축적된 다음에 태아의 요구에 따라 이행되고 축적되므로, 임신 초기부터 충분히 섭취할 필요가 있다. 특히 태아에게 축적되는 칼슘은 대부분 임신 5개월 후부터 축적된다. 태아의 칼슘 부족은 신생아기에 치상(齒床)의 형성장애를 일으켜 생치가 늦어지거나 유치와 성인 치아 건강에 장해를 준다.

39 다음 중 태아 시기에 결핍되면 유치와 성인 치아 건강에 장해를 주는 영양소는?

① 비타민 C　　② 철분　　③ 칼슘　　④ 지방

해설 문제 38번 해설 참조

40 다음 중 철에 대한 설명으로 옳은 것은?

① 적혈구는 태아 발생 후기에 생성된다.
② 태아와 모체의 철의 농도를 비교하면 태아 측의 농도가 높다.
③ 철의 태반 통과성을 보면 모체로부터 태아로 또는 태아로부터 모체로 쉽게 이동된다.
④ 태아의 간에는 철이 축적되지 않는다.

해설 철의 특징
- 적혈구는 태아 발생 초기부터 생성된다.
- 태아의 간에는 철이 축적되므로 모체로부터 철의 공급이 불충분한 경우에도 태아의 빈혈 발생을 어느 정도 막을 수 있다.
- 철의 태반 통과성을 보면 모체로부터 태아까지는 쉽게 이행되나 그 역으로 태아로부터 모체에 이행되기는 어렵다.

정답 33.❶　34.❶　35.❷　36.❹　37.❹　38.❷　39.❸　40.❷

41 다음 중 비타민 A의 결핍증이 아닌 것은?

① 야맹증　　② 각막건조증　　③ 점막의 저항력 저하　　④ 다발성 신경염

해설 비타민 A의 결핍증 : 야맹증, 각막 건조증, 점막의 저항력 저하, 체중 감소, 세균감염에 대한 저항력 저하를 들 수 있다. ④번의 다발성 신경염은 티아민의 결핍증이다.

42 다음 중 비타민과 그 기능이 바르게 연결된 것은?

① 비타민 A — 세포의 산화 · 환원　　② 비타민 E — 뼈의 발육 및 석회화
③ 비타민 C — 임신의 지속 · 태아발육　　④ 비타민 B_2 — 지질대사 및 트립토판대사

해설 비타민과 기능
- 비타민 A : 발육 · 성장에 관여
- 비타민 E : 성세포의 기능 · 유지
- 비타민 B_2 : 세포의 산화 · 환원
- 비타민 B_6 : 지질대사, 트립토판대사

43 다음 중 임신중독증의 특징이 아닌 것은?

① 고혈압　　② 단백뇨　　③ 부종　　④ 체중 증가

해설 임신중독증 : 부종, 단백뇨, 고혈압 등이 중요한 증세이다.

44 다음 중 임신부의 영양소 섭취기준이 성인여성보다 많아진 영양소와 그 양에 해당하는 것은?

① 비타민 C — +35mg　　② 비타민 A — +500mg
③ 단백질 — +15g　　④ 에너지 — +700kcal

해설 임신부와 수유부의 증가된 필요추정량(에너지)과 권장섭취량(단백질, 비타민C, 비타민 A)
- 임신부 : 에너지(중반기 +340kcal, 후반기 +450kcal), 단백질(전반기 +15g, 후반기 +30g), 비타민C(+10mg), 비타민 A(+70mg)
- 수유부 : 에너지(+340kcal), 단백질(+25g), 비타민 C(+40mg), 비타민 A(+490mg)

45 다음 중 임신기의 영양에 대한 설명으로 옳은 것은?

① 임신이 되면 모체의 기초대사량은 저하된다.
② 임신이 되면 모체의 기초대사량은 촉진된다.
③ 임신 4~5개월에서 기초대사량이 임신 전보다 증가한다.

④ 모체의 임신성 변화에 의한 조직의 증식 발육으로 기초대사가 저하된다.

> **해설** 임신기의 영양
> - 임신 월수가 증가하면 기초대사량도 상승하며 특히 임신 후반기 및 임신 말기에는 많이 상승한다.
> - 임신 4~5개월에서 기초대사량이 임신 전보다 저하되는 이유는 임신 초기의 입덧, 오조에 의한 식사섭취량의 감소, 모체 신진대사의 저하 또는 임신에 의한 호르몬 조절의 변화 등의 영향으로 추측된다.
> - 임신시 기초대사의 항진 이유
>   i) 임신시의 태아의 성장, 모체의 임신성 변화에 의한 조직의 증식 발육, 즉 자궁과 유방의 발육
>   ii) 내분비선 기능의 변화로서 특히 갑상선 기능 항진 상태와 비슷한 변화
>   iii) 임신에 의한 교감신경 항진 등의 신경인자, 심장·간·신장 등의 기능과 여러 가지 대사의 항진 등

46 다음 중 한국인 영양소 섭취기준에 따른 임신부(19~29세)의 에너지 필요추정량은 얼마인가?

① 임신 후반기 — 2,400kcal, 수유기 — 2,100kcal
② 임신 후반기 — 3,000kcal, 수유기 — 3,200kcal
③ 임신 후반기 — 2,550kcal, 수유기 — 2,440kcal
④ 임신 후반기 — 2,150kcal, 수유기 — 2,350kcal

> **해설** 임산부의 에너지 필요 추정량
> - 임신 중반기 : 하루 340kcal 가산(2,440kcal)
> - 임신 후반기 : 하루 450kcal 가산(2,550kcal)
> - 수유기 : 하루 340kcal 가산(2,440kcal)

47 다음 중 28세 수유기 여성의 영양소 섭취기준에 따른 권장섭취량이 옳게 짝지어진 것은?

① 칼슘 — 800mg
② 철 — 18mg
③ 단백질 — 80g
④ 비타민 A — 720㎍ RAE

> **해설** 19~29세 여성의 단백질 권장섭취량이 55g인데 임신부에게는 중반기에 하루 15g을, 후반기에 30g을 가산하며, 수유부에게는 하루 25g을 각각 가산한다. 철 권장섭취량이 14mg, 칼슘 권장섭취량이 700mg, 비타민 A 권장섭취량이 1,140㎍ RAE이다.

48 다음 중 태아의 발육에 대한 설명으로 옳은 것은?

① 임신 3개월에는 눈, 귀, 입, 사지 등을 분별할 수 있게 된다.
② 임신 5개월에는 모체의 복부를 진찰하면 태아의 위치도 어느 정도 알 수 있게 된다.
③ 임신 7개월에는 임신선이 나타나고 태아의 피부색깔은 진홍색이다.

정답 41.④ 42.③ 43.④ 44.③ 45.② 46.③ 47.③ 48.③

④ 임신 9개월에는 머리털이 돋기 시작하고 얼굴 모습도 뚜렷해진다.

해설 임신 7개월에는 임신선이 나타나고 태아의 피부색깔은 진홍색이며, 주름투성이에 눈을 뜨게 된다.

49 다음 중 태아의 머리, 목, 배의 형체가 구분될 만큼 커져 인간적 형태가 되는 임신시기는?
① 1개월 ② 3개월 ③ 5개월 ④ 7개월

해설 임신 3개월부터 태아는 대체로 머리, 목, 배의 형체가 구분될 만큼 크고 내장의 원형이 생기기 시작한다.

50 다음 중 임신 기간의 태아 발육에 대한 설명으로 옳지 않은 것은?
① 임신 5개월이 되면 태아에게는 머리털이 돋기 시작한다.
② 임신 6개월이 되면 두발이 명백해진다.
③ 임신 7개월이 되면 태아의 피부빛깔은 진홍색이며 눈을 뜨게 된다.
④ 임신 8개월이 되면 태아는 피하지방이 많이 침착해서 피부는 윤이 난다.

해설 ④는 임신 10개월일 때의 설명이다.

51 다음 중 임신 시 식사의 기본원칙으로 옳지 않은 것은?
① 식사횟수를 줄이고 한 끼의 식사량을 늘린다. ② 염분이 많은 음식을 피한다.
③ 계절식품을 선택한다. ④ 소화가 잘되는 영양가 높은 음식을 선택한다.

해설 임신 시 한 끼의 식사량은 줄이고 식사횟수를 증가시키거나 간식으로써 보충한다.

52 다음 중 입덧이 있을 때의 영양관리로 옳지 않은 것은?
① 공복이 되면 입덧이 심해지므로 가벼운 음료와 음식을 먹는다.
② 영양소 섭취기준에 맞춰 식사하도록 한다.
③ 신선한 과일과 채소를 많이 섭취한다.
④ 변비는 입덧에 좋지 않으므로 변비 치료를 위한 식사를 한다.

해설 입덧을 할 때의 식사는 영양소 섭취기준에 구애를 받지 않고 기호에 맞는 것을 먹도록 한다. 특히 이때의 영양관리로는 향기가 좋은 과일과 섬유질이 많은 채소를 많이 섭취하도록 한다.

53 입덧이 있을 때의 영양관리에 대한 설명으로 옳은 것은?

① 하루 세 끼라는 원칙에 따라 식사하도록 한다.
② 향기가 좋은 과일과 섬유질이 많은 채소를 많이 섭취한다.
③ 토기와 구토가 있을 때는 되도록 공복을 유지한다.
④ 일반적으로 담백한 것보다 기름진 것을 좋아한다.

해설 문제 52번 해설 참조

54 다음 중 임신부의 변비 개선책으로 바르지 못한 것은?

① 섬유소가 많은 식품을 먹는다.
② 해조류를 많이 먹는다.
③ 변비약을 꼭 복용한다.
④ 수분을 충분히 섭취한다.

해설 임신 시 변비는 가능한 약제를 사용하지 않고 식이요법으로 개선한다.

55 다음 중 임신중독증의 증상과 식이요법이 바르게 짝지어진 것은?

① 부종, 단백뇨 — 고비타민식 · 고탄수화물식
② 부종, 고혈압, 단백뇨 — 저탄수화물식 · 저염식
③ 단백뇨, 부종 — 저탄수화물식 · 고동물성 지방식
④ 고혈압, 단백뇨 — 고탄수화물식 · 저염식

해설 임신중독증은 특히 임신 8개월 이후에 부종, 단백뇨, 고혈압 등이 나타나는 상태를 말한다. 임신중독을 위한 식이요법의 기본방침은 저열량식, 저탄수화물식, 저동물성 지방식, 양질의 단백질식, 저나트륨식, 고비타민식, 수분섭취 감소 등이다.

56 다음 중 임신중독증의 식사관리에 대한 설명으로 옳은 것은?

① 비타민을 충분히 섭취한다.
② 지방과 탄수화물을 많이 섭취한다.
③ 나트륨을 많이 섭취해야 한다.
④ 단백질을 감소시킨다.

해설 임신중독증의 식이요법
- 저열량식
- 양질의 단백질식
- 고비타민식
- 저탄수화물식 · 저동물성 지방식
- 나트륨식 제한
- 수분섭취 감소

정답 49.② 50.④ 51.① 52.② 53.② 54.③ 55.② 56.①

57 다음 중 분만 전후 특별히 공급해야 할 영양상의 중요한 두 가지는?

① 단백질, 지방　　② 탄수화물, 비타민 A　　③ 단백질, 칼슘　　④ 탄수화물, 수분

해설 분만 시의 영양관리 : 에너지원으로 탄수화물을 주로 해서 수용성 비타민이 많은 식사를 한다. 식사는 소화가 잘되는 음식을 소량씩 나누어 섭취하고, 분만 종료시에는 우선 수분을 많이 섭취한다.

58 다음 중 분만 종료 시의 영양관리에 대한 설명으로 옳은 것은?

① 지방식품을 다량 준다.
② 단백질식품을 다량 준 다음에 한잠 자게 한다.
③ 우선 수분이 많은 가벼운 음식을 소량 준다.
④ 아무것도 주지 않는다.

해설 분만이 끝나면 중노동을 한 다음이나 마찬가지로 매우 피로를 느끼게 되므로 우선 수분이 많은 음식을 소량 취한 다음 한잠 자고 피로가 가신 후에 본격적인 식사를 한다.

정답 57. ❹　58. ❸

제2부 생활주기영양

02 영유아 영양

 단원 개요

영유아의 성장발육을 평가하는 데에는 신체 부위별의 발육표준치 및 지수가 있으며 그 활용법을 알 필요가 있다. 영유아의 소화 및 영양대사에는 각기 특수성이 있고 신장의 배설기능도 미숙하다. 영유아의 섭취영양량의 기준에 대한 이해는 영유아의 바람직한 영양균형 유지에 중요하다. 영아 영양법에는 모유영양, 인공영양, 혼합영양 등이 있으며 이 단원에서는 각종 영양법에 대하여 살펴보기로 한다.

 출제 경향 및 수험 대책

이 단원에서는 영유아 영양의 의의와 목적, 영유아의 성장과 발달, 성장발달의 일반적 원리, 신체적 성장, 발육영양상태의 평가, 영유아의 소화 및 영양대사, 영유아 섭취영양량의 기준, 영아의 모유 영양, 인공 영양, 유아영양의 특수성, 유아의 심신발달과 영양, 영양과 식생활에 관한 주의, 유아의 식사행동, 유아와 간식 등에 대해서 묻는 문제들이 출제될 수 있는 바, 자세하고 철저한 학습이 요구된다.

2

01 영유아 영양의 의의와 목적

1 영유아 영양의 의의

영유아기는 출생 후 대체로 6세까지의 시기로, 평균수명에 비하면 짧은 기간이지만 인간성을 형성하는 시기이며, 이 시기의 성장과 발육은 소아기를 통틀어 현저하며, 성장과 발달은 영양과 가장 밀접한 관계를 가지고 있다.

2 영유아 영양의 목적

영유아 영양의 목적은 성장하고 발달하는 영유아에게 좋은 영양을 주며, 가장 좋은 건강의 기초를 확립해서 성장과 발달의 가능성을 되도록이면 높이려는 데 있다.

02 영유아의 성장과 발달

영유아의 성장과 발달은 연속적·동시적이며 양면이 밀접하고 복잡하게 관여하고 있다.

1 성장·발달의 일반적 원리

① 성장·발달은 대부분의 경우 일정한 순서로 진행된다.
② 성장·발달은 연속적이다.
③ 체내의 어느 기관이나 어느 기능의 성장·발달에는 결정적으로 중요한 시기가 있다.
④ 발육 현상은 개인차가 매우 크다.

2 신체적 성장

(1) 신장

① 영유아는 누워서 신장을 재는 것이 더 정확하다.
② 신생아의 신장은 남아는 51.4cm, 여아는 50.5cm 정도이다.
③ 신장의 증가율은 출생부터 3개월까지 약 10cm 정도 자란다. 그리하여 생후 1년이 되면 출생 시 신장의 약 1.5배 정도 된다.

(2) 체중

① 신생아의 경우 남아는 3.4kg, 여아는 3.3kg이다.
② 출생 후 3~5일이 경과되면 태변, 요의 배설, 폐 및 피부로부터 수분이 상실되는 등 여러 가지 현상이 일어나므로 아기는 출생 시 체중의 5~10% 가량이 감소된다. 이를 생리적 체중 감소라고 한다.
③ 출생 후 3~5개월이 되면 출생 시 체중의 약 2배 가량이 되고, 생후 1년이 되면 출생 시

추가 설명

일반적인 소아기의 분류
• 출생기 전
  - 태아기(胎芽期) : 수정 후 3개월간
  - 태아기(胎兒期) : 임신 3개월부터 출생까지
• 신생아기 : 생후 1개월간
  - 조기 신생아기 : 생후 1주
  - 만기 신생아기 : 생후 1~4주
• 영아기(광의) : 생후 1개월~2년
  - 영아기(협의) : 생후 1년까지
  - 만기 영아기 : 생후 1~2년
• 유아기 : 2~6년
• 학동기 : 7~12년
• 사춘기 : 12~15년

추가 설명

영유아의 성장·발달에 영향을 주는 요인
• 영양
• 유전인자
• 인종차
• 성별
• 내분비호르몬
• 질병
• 계절의 영향
• 사회·경제적 여건
• 정신적 여건
• 운동

체중의 3배가 되며, 생후 2년이 되면 4배 가량 된다.

(3) 좌고(앉은 키)
① 앉은 키는 체중과 신장의 성장과 같이 빠르게 성장한다.
② 신장과 마찬가지로 영유아를 뉘어 허벅다리를 90° 각도로 굴곡시킨 뒤 잰다.

(4) 두위(머리둘레)
① **두위** : 앞 이마로부터 뒤통수의 두드러진 부분으로서, 위로 돌려 잰 머리의 가장 큰 둘레를 뜻한다.
② 신생아의 두위는 보통 남아가 34.1cm, 여아가 33.5cm 정도이다.
③ 두위는 두개(頭蓋) 내의 용적이나 뇌의 발육과 관련이 있어 중요한 계측의 하나가 된다.
④ 출생 시 두개골은 전두골, 후두골, 측두골, 두정골이 각각 좌우 두 개 씩 있어 합하여 8개로 형성되어 있다.

(5) 흉위(가슴둘레)
① 출생 시의 흉위는 두위보다 작다. 만 1세가 되면 두위와 흉위는 거의 같아지다가 점차 흉위가 두위보다 커진다.
② 흉위는 피하지방, 근육조직 등의 발달 여하에 따라 달라지며, 흉위의 증가는 체중과 거의 병행관계에 있게 된다.

(6) 상완위
① 팔꿈치 윗부분인 상완은 중앙부의 가장 굵은 부분을 잰 것을 뜻한다.
② 상완위는 생후 1년 반까지는 월령에 따라서 증가하나 그 이후의 측정은 별 의미가 없다.

(7) 신체 각 부위의 균형과 얼굴 모양
① **신체 각 부위의 균형**
　㉠ 신생아는 4등신, 6세아는 6등신, 12세아는 7등신, 15세~성인이 되면 대개 7.5~8등신이 된다.
　㉡ 뇌두개와 안면두개의 비율은 나이가 어릴수록 뇌두개가 크다.
② **배꼽의 높이** : 신생아기에는 몸의 중심보다 아랫 부위에 있으나 2세가 되면 배꼽이 약간 몸의 중심에 위치하게 되며, 연령이 높아짐에 따라 위쪽으로 올라오게 된다.
③ **다리의 길이** : 신생아기에는 전신의 1/3보다 약간 긴 정도이나 점점 길어져서 성인의 경우 약 1/2을 차지한다.
④ **얼굴 모양의 변이** : 뇌는 발육이 왕성한 어린 나이일수록 현저하다.

(8) 치아
① 태생기에 있어서의 치아의 원기

천문
- 대천문은 양측 두정골과 전두골 사이에 있고 다이아몬드형이며, 소천문은 두정골과 후두골 사이에 있으며 삼각형 모양이다.
- 소천문은 출생 후 6~8주 이내에 자연히 막히게 되고, 대천문은 12~18개월이 되면 완전히 폐쇄된다.

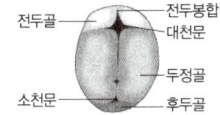

> **추가 설명**
> 튼튼한 치아를 만드는 데 필요한 영양소
> 칼슘, 인, 비타민 D, 비타민 A, 비타민 C, 비타민 B, 양질의 단백질 등이다.

㉠ 태생 6주경 태아 체내의 이의 원기(原基)는 이미 생기고 있다.
㉡ 입 주위의 세포는 자꾸 분열하여 상아질, 에나멜질의 치아를 만든다.
㉢ 젖니는 태아기 시절에 대부분 기초가 완성되므로 튼튼한 이 또는 약한 이가 생기는 본질은 이때 결정된다.

② 젖니(유치) 시기
㉠ 젖니는 생후 6~7개월이 되면 아래의 가운데 앞니부터 나오기 시작한다.
㉡ 젖니는 모두 20개이며 생후 2세에서 2세 반 사이에 대개 다 나오게 된다.

③ 영구치
㉠ 영구치는 6세를 전후하여 나오기 시작하며, 영구치가 모두 완성되면 32개가 되나 제3큰어금니인 사랑니가 나오지 않는 사람도 있다.
㉡ 영구치가 나온 다음에는 평생 동안 교체되지 않는다.

(9) 뼈의 성장

① 뼈의 성장은 소아의 신체적 성숙도를 알아보는 데 하나의 지표로서 중요하다.
② 성장기 뼈 양쪽 끝에는 연골판이라는 연골 세포의 집합이 있다. 뼈가 성장할 때는 이 연골판이 증식해서 뼈가 변해서 세로 방향으로 늘어난다.

> **추가 설명**
> 스카폰의 기관별 발육곡선(성장곡선)
> • 일반형 : 신장, 체중, 흉위, 두위, 좌고 등 일반적인 계측치 및 호흡기, 소화기, 순환기, 비뇨기, 근육, 골격 등이 해당되는 특유한 S상을 나타내는 발육형이다.
> • 신경형 : 뇌, 척수 등의 발육 경과로, 안구의 크기, 머리의 크기 등이 여기에 속하며, 두뇌는 영유아기에 급속한 발달을 보인다.
> • 림프형 : 흉선, 편도, 아데노이드, 림프절 등의 림프조직의 발육형으로, 소아기에는 현저한 발육을 나타내어 성인의 배에 가까운 발육을 나타내는 시기도 있다.
> • 성선형(性腺型) : 생식기의 발육에서 볼 수 있는 형으로, 사춘기에 급증하는 비율이 일반형과 비교해서 더 크다.

(10) 기능적 발달

① 체온
㉠ 인체의 체온이 환경의 변화에 구애를 받지 않고 일정한 온도를 유지하고 있는데 이것은 체내에서 생긴 열과 체외로 나가는 열이 균형을 지키고 있기 때문이다.
㉡ 체온을 항상 일정하게 지키기 위해서는 복잡한 신경지배가 뒤따라야 하며, 이것을 통제하는 중추가 있어야 한다.
㉢ **신생아기의 체온** : 신생아는 체온조절 기능의 불완전하여 체온 변동이 심하다. 출생 직후 체온이 내려가기 쉬우나 생후 24시간 경부터 3일째까지는 비교적 체온이 높아지고, 생후 4일째경부터 내려가기 시작해서 생후 7일째까지 계속되며 이때는 체온의 변동이 심하다. 생후 8일경 체온은 높아지며 변동도 감소된다.
㉣ **영아기의 체온**
• 영아기에는 기후, 기온, 환경의 영향을 많이 받으며, 추위와 더위의 기상적 동요의 영향도 받기 쉽다.
• 이 시기에는 체온을 인위적으로 조절해서 외계의 기온의 변화에 적응되도록 주의를 해야 한다.
㉤ **유아기의 체온** : 유아기는 성인보다 발한량(發汗量)이 많고 식사의 섭취량도 안정되며 신체적 활동이 왕성해지므로 성인보다 체온이 높다.
㉥ **학동기의 체온** : 체온은 더욱 안정도가 높아지나 성인과 비교하면 아직도 체온이 높

으며 특히 오후가 되면 37℃가 넘는 경우가 많다.
② 호흡
　㉠ 신생아의 1분간 호흡수는 40~50회로 성인의 약 2배이고 불규칙하지만 영아기가 되면 호흡은 규칙적으로 안정되고 호흡수도 30회 정도로 떨어진다.
　㉡ 폐포 수는 8세까지는 증가하고 8세 이후는 폐포가 확장되어 폐가 커진다.
③ 순환 : 순환기능은 태아가 신생아가 되고 영아기, 유아기, 학동기 등 점차 성장함에 따라 매우 현저한 변화를 나타낸다.
④ 혈액
　㉠ 골수
　　• 신생아기와 영아기에는 적색수로서 활동적이고 조혈작용이 왕성하다.
　　• 연령이 진행된 소아나 성인에 있어서는 조혈을 사지골 이외의 다른 뼈, 즉 늑골, 흉골, 추골, 두개골(頭蓋骨), 쇄골, 견갑골 등으로 진행된다.
　㉡ 림프조직 : 출생 후 림프조직은 서서히 발육하며 2~3세경부터 급속하게 증가하고, 림프조직에서 림프구와 면역항체가 생성된다.
⑤ 맥박
　㉠ 신생아와 영아는 울거나 젖을 먹는 일 등 약간의 일에도 맥박수에 동요를 일으킨다.
　㉡ 연령이 높아지면서 1분간의 맥박수는 점차 감소하여 영아기는 100~140회, 유아기는 90~120회가 된다.
⑥ 혈압 : 영유아는 심장과 대혈관의 지름이 신체에 비해서 크며 혈관도 탄력성이 커서 저항이 작으므로 혈압이 낮다. 특히 신생아 및 미숙아에서 낮게 나타난다.

3 발육 영양 상태의 평가

(1) 신체 발육의 판정

① 신체 발육 표준치와의 비교
　㉠ 신체 발육 표준치 : 신장, 체중, 흉위 및 두위 등을 계측하여 남녀별로 각 연령층의 표준치를 계시하고 있다.
　㉡ 수치는 현상의 평균치이며 이상치는 아니다.
　㉢ 발육이란 항상 움직이는 것이므로 현재치만으로 평가하지 않고 발육의 경과를 보고 평가해야 한다.
② 퍼센타일(percentile)치
　㉠ 같은 월령의 어린이를 모아 크기의 순서로 나란히 하였을 때 작은 쪽으로부터 3%치에 해당되는 수치를 3퍼센타일치라 하며, 10%치에 해당되는 수치를 10퍼센타일치라 한다.
　㉡ 만약 어린이가 10퍼센타일치 이하라 해도 그 후의 발육치가 상향하면 문제는 없다. 그와 반대로 발육곡선이 점점 하향이 되면 발육에 문제점이 있다.

추가 설명

영유아의 적혈구
- 출생 시 적혈구는 600만 개, 헤모글로빈은 20g/dL이다.
- 신생아의 생리적 황달 : 신생아가 아직 간 기능이 미숙하여 혈액 중에 빌리루빈이 많아지면서 피부가 노랗게 된다.
- 영아의 생리적 빈혈 : 생후 2~4개월경이 되면 적혈구 수와 헤모글로빈 양이 감소하여 빈혈을 나타낸다.
- 출생 시 체내에 보유된 철의 양은 헤모글로빈이 감소되면서 생후 2~4개월까지 사용되며, 특히 미숙아에게서 더욱 심하게 감소되므로 빈혈인 경우 철을 보충해야 한다.

추가 설명

영유아의 백혈구
- 백혈구는 감염을 막아주고 세포파괴로 생긴 물질을 제거한다.
- 출생 시 백혈구 수는 15,000~20,000개 정도이며, 2~3일에 10,000개 정도까지 감소하다가 성인기에는 7,000~6,000개가 된다.

추가 설명

비체중
- 발육과 영양 상태를 판정할 때 많이 이용하며 연령의 증가에 따라 비체중치는 증가하므로 연령에 따른 변동을 생각해야 한다.
- 비체중은 체형을 보는 데 이용되며 학동기에 적합하다.

$$\frac{체중(kg)}{신장(cm)} \times 100$$

ⓒ 소아의 신체 발육 표준치가 10퍼센타일치 곡선과 90퍼센타일치 곡선의 사이에 있으면 정상이고, 3퍼센타일치 이하, 97퍼센타일치 이상인 경우 정밀검사의 산출기준으로 본다.

③ 신체 계측의 지수에 의한 평가 : 상대적 발육도를 알기 위해 또 그 평가를 수량적으로 내기 위해 신장·체중·좌고·흉위 등의 계측치로부터 여러 가지 계산식(발육지수)이 고안되어 발육 판정에 이용되고 있다.

㉠ 카우프(Kaup)지수
- 원래 체형을 보는 지표의 하나로서 고안되었으나 영유아 전기의 영양 상태 평가에도 널리 이용된다.

$$카우프지수 = \frac{체중(g)}{신장(cm)^2}$$

너무 수척	수척 경향	보통	뚱뚱 경향	너무 뚱뚱
13	15	18	20	

- 종래의 발육치를 기준으로 해서 카우프지수를 산출하여 연령별로 검토를 해 보면 연령이 많아짐에 따라 카우프지수는 감소된다.

㉡ 로러(Rohrer)지수(학동기의 신체지수) : 영유아기에는 급속히 감소하고 학동기 후반에는 연령에 따른 변화는 적어지며, 신장이 낮으면 로러지수는 높아진다.

$$로러지수 = \frac{체중(g)}{신장(cm)^3} \times 1,000만$$

(2) 종합적 평가

발육 평가는 매우 다면적인 내용을 가지고 있으므로 종합적으로 평가해야 한다.

4 영유아의 소화 및 영양대사

(1) 소화

① 구강

㉠ 영아의 구강은 형태적·기능적으로 흡유하기 쉽게 되어 있다.

㉡ 미각이 예민해지는 것은 3개월이 지나면서부터이며 만 4개월이 지나면 반고체형을 삼키게 되고, 7개월 이후에는 불완전하나마 컵으로 액체를 마실 수 있게 된다.

ⓒ 신생아기에는 침 분비가 미량이나 이유 개시경부터 증가한다. 침에는 침 아밀레이스와 구강 리파아제 등이 함유되어 있다.

② 위

㉠ 유아의 위는 만곡이 성인보다 훨씬 적기 때문에 분문의 기능이 발달되지 못해 토하기 쉽다.

비좌고

신장과 좌고와의 비로, 다음과 같이 계산한다.

$$\frac{좌고(cm)}{신장(cm)} \times 100$$

비흉위

흉위의 신장에 대한 비(比)로, 다음과 같이 계산한다.

$$\frac{흉위(cm)}{신장(cm)} \times 100$$

- ⓒ 위액 속에는 펩신, 리파아제, 염산 등이 들어 있어 소화를 시킨다.
- ⓒ 영아가 젖을 먹을 때 또는 호흡을 할 때 공기가 위 안으로 들어오게 된다. 이렇게 들어온 공기의 일부는 장으로 보내지게 되나 대부분은 트림이 되어서 배출된다.
③ 장
- ㉠ 영아의 소장과 대장의 비율은 5~7 대 1이다.
- ㉡ 유아는 소화·흡수기능이 미숙하므로 단백질이나 지방 등의 분해가 완전히 되지 않은 채 흡수되어 과민증 또는 중독증을 일으키는 원인이 된다.
④ 간
- ㉠ 간의 기능은 연령이 낮은 영아일수록 미숙하고 불완전해진다.
- ㉡ 간의 구조가 성인처럼 되는 시기는 8세 정도이다.
⑤ 분변
- ㉠ **태변** : 흑갈녹색이며 냄새가 별로 나지 않는 변으로, 장벽에서 떨어진 상피, 출생 시 입으로 들어간 양수의 잔사 및 소량의 혈액으로 형성된다. 태변은 출생 후 조금 있다가 배설되기 시작하며, 3~4일경에 끝나는 것이 보통이다.
- ㉡ **영아 변**
  - **모유영양아의 변** : 수분이 많고 부드러우며, 냄새가 없거나 약한 산성이다.
  - **인공영양아의 변** : 수분이 적고 딱딱하며, 담황색이고 변의 냄새가 심하게 나거나 약알칼리성이다.
  - **혼합영양아의 변** : 모유영양과 인공영양의 중간 상태이다.

| 표 2-1 | 영양에 따른 영유아 변의 성상

성 상	모유영양아의 변	인공영양아의 변
색 깔	난황색	담황색
냄 새	방향성 산취	부패 냄새
조 직	부드럽다	약간 굳어 있다
반 응	산성(pH 5.6~6)	약알칼리성
세 균	비피더스균	대장균

- ㉢ **유아 변** : 완전히 이유(離乳)가 끝나면 차차 어른의 변과 비슷해진다.

(2) 신장과 배설기능
① 신장의 기능 발달 문제가 되는 것은 미숙아, 신생아, 영아 그리고 2세 미만의 유아 등이다.
② 영아의 배뇨는 반사적으로 일어난다. 1년 6개월~2년쯤에는 점차로 영아의 의사에 의해 배뇨를 할 수 있으며, 4세 이후가 되면 대부분 야뇨현상이 없어진다.

(3) 영양대사
① 단백질 대사
- ㉠ 단백질은 아미노산으로 분해되어 흡수된다.

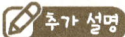

영아의 수유 후 토하는 것을 방지하기 위한 대책
수유 후 트림을 시킨 다음 눕힌다.

신장의 기능
요 생성, 수분 조절, 산과 알칼리의 평형 조절, 체액의 조정

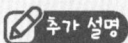

유아기에 알레르기가 자주 일어나는 원인
장 기능의 미숙으로 분해되지 않은 단백질이 항원 항체반응을 일으켜 발생한다.

지방의 역할
- 과잉발효의 억제
- 수분침착의 억제
- 칼슘·인 등 무기질 흡수를 좋게 함.

영양의 수분 대사
- 영아의 수분량은 체중의 70~85%이다.
- 수분은 물질대사의 화학반응과 그의 운반 및 배설, 체온조절, 조직유지 등에 필수적이다.
- 영아는 수분량이 많아 고온환경이나 체온이 높아졌을 때, 구토 또는 설사에 의해 수분의 상실량이 많으면 쉽게 물의 균형이 깨어져 탈수현상이 일어난다.

ⓒ 조직 내의 단백질은 쉴 새 없이 분해되고 합성되어 재생·갱신된다. 단백질의 합성은 조성 아미노산의 전부가 필요하기 때문에 음식 중에 충분히 들어 있어야 한다.

ⓒ 일정량 이상의 아미노산이 흡수된 경우에는 체내에서 분해가 심해져서 다른 물질로 전환되거나 요 중으로 배설된다.

ⓐ 발육기의 어린이, 임신부, 회복기의 환자들에게는 단백질의 섭취량에 비해서 그 배설량은 적으며 체내에 축적된다.

② 지질 대사
 ㉠ 음식에 지방과 단백질이 고르게 들어 있으며 체내에서 단백질 소화는 더욱 잘되므로 효율적으로 이용된다.
 ㉡ 포화지방산은 탄수화물이나 단백질로부터 형성될 수 있으나 불포화지방산은 식이에 의존하여야 한다.
 ㉢ 지방은 비타민의 운반역할을 하며 신체 내의 여러 기관을 외력으로부터 방어하고, 영아의 뺨의 피하지방으로서 흡철력을 돕는다.

③ 탄수화물의 대사
 ㉠ 탄수화물은 생명유지를 위한 에너지의 급원이다.
 ㉡ 탄수화물은 체조직의 구성에 참여하고 있다. 이 밖에 산·염기 균형, 골 형성뿐만 아니라 탄수화물 자신의 대사에 참여하고 있다.
 ㉢ 탄수화물은 간에서 아미노산의 탈아미노작용의 속도를 감소시켜서 단백질을 절약한다.

④ 무기질 대사
 ㉠ 칼슘
  - 치아와 뼈의 형성에 관여하며 신경의 흥분성을 억제하는 작용을 한다.
  - 혈액 속의 칼슘은 혈액응고에 필요하며, 칼슘의 감소는 젖(乳)의 칼슘함량에 영향을 미치게 하는 것보다 오히려 유즙분비를 감소시킨다.
  - 흡수된 칼슘 중에서 체액 속에 들어가는 기능 칼슘은 소량이며, 그 밖의 것은 곧바로 뼈에 침착되어 저장 칼슘이 된다.
 ㉡ 인 : 인은 체세포 및 체액 내에 널리 분포되어 있으며, 약 80%는 골격 속에 들어 있고 약 10%는 근육 속에 그리고 나머지는 연조직 속의 함질소 조직에 분포되어 있다. 모유영양을 하면 보통 혈청 인치는 저하된다.

⑤ 비타민 대사
 ㉠ 비타민 A
  - 피부와 점막을 정상으로 유지하는 작용을 한다. 부족하면 야맹증, 건조성 안질, 각막연화증 등이 생긴다.
  - 비타민 A를 충분히 섭취하면 체내에 저장되나, 신생아의 비타민 A의 저장은 극히 적다.
 ㉡ 비타민 D : 칼슘 및 인의 흡수를 촉진시켜 골조직에 인산칼슘을 침착시킨다. 부족하

면 구루병에 걸리기 쉬우며 발육기에는 특히 비타민 D의 부족이 없도록 해준다.
ⓒ **비타민 K** : 프로트롬빈의 형성 또는 그 동화를 촉진시켜 프로트롬빈 양을 정상적으로 유지하는 역할을 한다. 비타민 K는 태반을 거쳐서 태아로 이행하여 프로트롬빈 신생이 증가하며, 출생 직후의 혈액응고 시간이 단축된다.
ⓔ **비타민 E** : 체내에서 항산화제로 작용한다. 소아의 토코페롤치는 출생 시에 비해 약간 증가한다.
ⓜ **티아민** : 티아민이 체내에서 부족하면 탄수화물은 불완전연소를 하게 되며, 그 중간 대사 산물인 피루브산 및 젖산이 체내에 축적된다.
ⓑ **리보플라빈** : 단백질과 결합해서 성장촉진, 세포의 호흡작용을 도우며, 생식 및 유즙 분비에도 관계한다.
ⓢ **니아신** : 건강유지, 성장촉진, 소화 · 흡수작용, 피부건강유지 등의 작용을 한다.

03 영아 영양

1 모유영양

(1) 모유영양의 의의

사람은 포유동물로서 모유영양은 가장 간편하고 자연스러운 영양법이며, 생명을 위한 아름다운 영위라 할 수 있다.

(2) 모유영양의 이점

① 모유의 영양성분
  ㉠ 유아의 뇌 발육에 알맞은 젖당, 시스테인, 메티오닌이 들어 있다.
  ㉡ 단백질의 소화가 잘된다.
  ㉢ 영아의 성장 · 발육에 필요한 리놀레산 함량이 많고, 소화가 잘된다.
  ㉣ 나트륨, 칼륨, 칼슘, 인 등이 우유보다 적어서 영아의 신장 기능에 부담을 줄 우려가 없다.
  ㉤ 기타 미량원소가 알맞게 조성되어 있다.
② 항감염성 인자 : 모유에는 여러 면역물질이 함유되어 있으며 특히 초유에 많이 들어 있어서, 신생아를 감기 · 기관지염 · 폐렴 등의 호흡기질환이나 설사와 같은 소화기질환 등으로부터 보호해 주는 역할을 한다.
③ 항알레르기 인자
  ㉠ 모유 속의 SIgA는 잠재적인 알레르겐을 결합시키며 그 흡수를 억제시킨다.
  ㉡ 모유의 단백질은 인체의 단백질과 같은 종류이므로 알레르기를 일으킬 가능성은 없다.

추가 설명

비타민 C의 대사
- 모유영양을 하는 어머니의 비타민 C 농도는 낮다.
- 태아 및 신생아의 체내에는 성인에 비교해서 훨씬 많은 비타민 C를 부신 속에 저장하고 있다.
- 태반은 비타민 C를 저장하는 능력을 갖고 있으며 모체에서 비타민 C가 **부족**할 때 태아를 비타민 C 결핍으로부터 보호한다.

추가 설명

모유영양 감소 원인
- 인공영양법의 개발과 모성의 성의가 부족
- 유제품이 우수한 것으로 오인
- 병원분만의 증가
- 모유영양지도의 결여
- 여성의 취업기회 확대
- 모유영양이 모성의 미용에 영향을 주는 것처럼 오인
- 인공영양의 시대적 유행

추가 설명

모유의 항감염성 인자
- **항생물질** : SIgA, IgG, IgM
- **락토페린** : 세균 성장 억제
- **라이소자임** : 세균 파괴
- **대식세포** : 식균작용, 락토페린 · 라이소자임 등의 합성
- **비피더스 인자** : 장내 병원균의 번식 억제
- **인터페론** : 세포 내 바이러스 증식 억제

추가 설명
모유분비를 촉진시키는 방법
- 모유를 잘 빨게 하는 방법 : 모유분비에 있어서 흡유자극이 최유 호르몬을 분비시키기 때문에 모유는 빨면 빨수록 잘 분비된다.
- 생활을 조정하는 방법 : 생활을 규칙적으로 하고 수면과 휴식, 정신의 안정에 주의해야 한다.

추가 설명
유즙과 유방발달에 작용하는 호르몬
프로락틴, 옥시토신, 프로게스테론 등

추가 설명
초유
- 초유는 분만 후 처음 며칠 간 분비되는 유즙을 말하는데, 분량이 적고 노란빛을 띠며 다소 점성을 나타낸다.
- 초유는 성숙유에 비해 지질과 탄수화물을 적게 함유하여 에너지 함량은 낮으나, 무기질과 단백질 함량은 성숙유보다 높으며 β-카로틴은 성숙유보다 10배 정도 많이 함유되어 있다.
- 초유에는 면역성분의 함량이 많아서 신생아를 감염으로부터 보호하는 역할을 한다.

④ **모체의 생리에 주는 영향** : 터울에 영향, 자궁을 회복시키는 기능, 임신으로 인한 체중 증가를 쉽게 조절, 산후우울증 예방, 유방암 발생 감소

⑤ **사회 · 경제성 및 기타**
  ㉠ 모유는 경제적이다.
  ㉡ 모유는 인공영양보다 편리하다.
  ㉢ 모유영양아의 분변은 냄새가 덜 나지만 인공영양아는 분변에서 냄새가 심하게 나며 변비에 걸리기 쉽다.

⑥ **심리적 영향** : 모자간의 친밀감 형성, 안정된 모자관계 확립 등이다.

(3) 모유의 분비

① **모유분비의 생리**
  ㉠ 모유분비는 뇌하수체 전엽으로부터 분비되는 프로락틴 등의 최유호르몬에 의해 일어난다.
  ㉡ 분만 뒤 최유억제호르몬의 분비가 갑자기 쇠퇴하여 모유의 분비가 시작된다.
  ㉢ 출산 후 10~14일경에는 거의 필요량만큼의 모유가 분비된다.
  ㉣ 모유영양이 확립되면 대체로 하루 약 800~1,000mL의 모유가 분비된다. 그러나 일반적으로 모유의 분비량은 개인차가 심하다.

② **모유분비에 영향을 미치는 요인**
  ㉠ **비유기의 영향** : 모유는 일반적으로 분비가 시작된 다음에 갑자기 분비량이 증가하며 7~10일간 경과하면 증가 속도는 둔해지다가 영아의 수유량이 증가함에 따라 분비량도 증가한다.
  ㉡ **출산횟수에 따른 영향** : 초산부는 경산부에 비해 모유분비량이 적다. 출산이 빈번해질수록 모유의 질은 저하된다.
  ㉢ **모성의 연령에 따른 영향** : 모성의 연령이 증가함에 따라 유량은 감소되며 질소함량도 저하된다.
  ㉣ **식사의 영향** : 고단백질, 고비타민식을 취할 때 모유량이 많으며, 고지방 · 고탄수화물식을 장기간 계속 섭취할 경우 유단백질이 저하된다.
  ㉤ **계절적 차이** : 여름의 모유성분은 단백질, 카로틴, 비타민 C 등의 함량이 겨울보다 많고, 겨울에는 젖당이 많다.
  ㉥ **하루 동안에 일어나는 변동** : 모유분비량은 이른 아침에 가장 많으며, 저녁으로 갈수록 감소한다. 또 수유 간격이 짧을수록 모유량이 감소된다.

(4) 모유의 성분 및 성질

① **외관 및 풍미** : 백색 또는 담황색의 불투명한 액체로 신선한 모유는 감미가 강하고 무취이다.

② **모유의 영양 조성** : 모친의 영양 섭취가 심하게 나쁘면 모유분비량의 감소뿐만 아니라 그

조성에도 변화가 온다.
- ㉠ **수분** : 모유 성분의 87%를 차지한다.
- ㉡ **단백질**
  - 단백질 함량은 우유보다 상당히 적게 함유되어 있다. 모유의 단백질은 크게 유청단백질과 카세인으로 나뉘며, 카세인은 모유 내 총 단백질의 40%(우유는 80%) 정도를 차지한다. 유청단백질에는 락트알부민, 락토페린, 분비형 면역글로불린(SIgA) 등이 있다.
  - 모유에는 필수아미노산과 비필수아미노산이 골고루 들어 있는데, 특히 우유에 비해 시스틴과 타우린이 풍부하다.
- ㉢ **지질** : 모유의 지방산 조성은 우유에 비해 필수지방산인 리놀레산의 함량이 많고, 두뇌발달 초기에 중요한 DHA가 많이 들어 있다. 또한 우유에 비해 콜레스테롤 함량이 높다.
- ㉣ **탄수화물** : 모유에 함유된 탄수화물의 약 90%는 유당(lactose)이며 그 외 포도당, 갈락토오스, 과당, 올리고당, 글루코사민(아미노당) 등이 함유되어 있다. 모유의 유당 함량은 약 7%로 우유보다 높다.
- ㉤ **무기질** : 모유와 우유의 무기질 함량을 비교해 보면 우유에는 모유보다 인은 6배, 칼슘은 4배, 총 무기질 함량은 3배 가량 많이 함유되어 있다. 그러나 우유에 비해 모유의 체내 이용률은 상당히 높다.
- ㉥ **비타민** : 모유에는 비타민 A, 니아신, 비타민 C, 비타민 D, 비타민 E 등이 많다.

(5) 모유영양의 수유법

① **초유 먹이는 방법**
  - ㉠ 정기적으로 3시간에 한 번 정도 젖을 먹이는 일이 일반적이나 아기가 먹고 싶어 할 때는 자주 준다.
  - ㉡ 아기에게 젖을 충분히 빨리는 데는 상당한 인내심이 필요하다.

② **모유 먹이는 방법** : 유두륜을 전부 아기의 입 속에 들어가게 깊이 물려준다.

③ **젖 먹이는 자세** : 앉아서 아기를 비스듬히 눕힌 자세로 먹인다.

④ **수유량 및 흡유시간**
  - ㉠ 아기가 세찬 힘으로 빠는 처음 5분동안에 빨아 먹는 분량이 아기가 한 번에 먹는 전체 분량의 반 가량이 된다.
  - ㉡ 30분 이상이 되도록 젖을 빨면 젖의 분량이 부족한 것이다.

(6) 모유분비 부족

① **모유분비 부족의 판정**
  - ㉠ 아기가 30분 이상 젖을 빤다.
  - ㉡ 수유간격이 짧아진다.
  - ㉢ 체중, 발육의 부조화가 보인다.
  - ㉣ 깊이 잠을 못자고 빨리 눈을 뜬다.

추가 설명

모유와 우유의 비교
- 일반조성 : 모유는 우유에 비해 단백질과 무기질이 적으며 젖당이 많다.
- 단백질 : 우유에는 카세인이, 모유에는 락토알부민이 많다.
- 아미노산 : 필수아미노산은 우유에 많으나 모유에는 시스틴 함량이 많아 장내에서 비피더스균의 번식을 돕는다.
- 지질 및 지방산 : 모유와 우유 사이에 큰 함량 차이는 없다.
- 탄수화물 : 모유 및 우유의 탄수화물은 대부분 젖당(유당)이다. 그러나 우유는 모유에 비해 젖당의 함량이 적다.
- 무기질 : 우유는 모유의 3배의 무기질을 갖고 있다.
- 비타민 : 우유의 비타민으로서 모유보다 적은 것은 비타민 A, 니아신, 비타민 C, 비타민 D, 비타민 E 등이다.

추가 설명

모유 수유 간격 및 수유 횟수
- 아기가 배가 고파 젖을 원할 때는 언제든지 준다.
- 1회 먹는 분량이 일정하지 않으므로 아기가 배고파 보이면 서슴지 말고 준다.
- 자율영양법 : 각 아기의 고유의 생활리듬을 존중하여 아기의 욕구에 맞추어서 수유한다.

추가 설명

모유수유를 금하는 경우
- 모친에게 대사병, 심부전, 만성신염, 악성종양에 있어서 중환인 경우
- 모친에게 감염병이 있을 경우
- 모친에게 간질병, 정신병이 있을 경우

> **추가 설명**
>
> **인공영양**
> - 정확한 농도로 혼합한다.
> - 물은 꼭 끓였다 식힌 물을 사용한다.
> - 인공영양에 필요한 물품은 꼭 소독하여 사용한다.
> - 수유 후 트림을 하게 한다.
> - 안고 수유한다.

> **추가 설명**
>
> **영아의 영양 문제**
> - **선천성 대사장애**: 태어날 때부터 체내에 필요한 효소결합에 의하여 모유나 우유를 소화하지 못하고 비대사물질들이 체내에 축적되면서 장애를 가져오는데, 출생 후 1주 경에 신생아의 혈액검사로 선천성 대사장애 유무를 판단한다.
> - **성장장애**: 성장장애의 가장 중요한 원인은 영양결핍(에너지와 단백질 결핍, 철분·아연 등의 미량 영양소 결핍)이다.
> - **빈혈**: 영아기에 철분 결핍이 발생하는 원인은 불충분한 식품섭취, 이유식품의 부적절한 이용, 빠른 신체 성장과 혈액량 증가로 인한 철분 필요량의 급증, 그리고 소화기 질환 및 감염 등으로 인한 출혈이나 혈액손실 등을 들 수 있다.
> - **치아우식증**: 영아나 어린 유아의 젖니에 충치가 발생하는 것으로 영아가 젖병을 문 채 잠들게 해서는 안 되며, 반드시 먹인 후에는 젖병을 빼고, 물로 입을 씻은 다음 재우는 것이 바람직하다.
> - **알레르기**: 알레르기를 잘 일으키는 식품은 가능한 늦게 이유식에 첨가하는 게 좋다.

ⓜ 변비 또는 설사를 한다.

② 모유부족의 원인 및 대책

　ⓐ 원인
　　- 신생아기의 혼합영양
　　- 유방별 수유간격
　　- 정신적·육체적 피로
　　- 영양불량
　　- 유방을 완전히 비우지 않았을 경우

　ⓑ 대책
　　- 마음의 안정을 기한다.
　　- 충분한 영양을 섭취한다.
　　- 젖을 완전히 비운다.
　　- 유방을 마사지한다.
　　- 모유분비가 잘 되도록 최선을 다한다.

2 인공영양

(1) 조제유

① 조제유는 영양학적으로 모유성분에 가장 가깝게 우유나 두유단백질에 젖당, 지질, 무기질, 비타민 등을 첨가하여 만든 유즙이다.

② 조제유는 젖당이 적으므로 모유와 비슷하게 젖당을 첨가하고, 단백질은 우유에 많은 카세인을 줄이는 대신 알부민과 글로불린을 첨가하여, 유청단백질과 카세인의 비율을 60 : 40으로 모유와 가깝게 만든다.

③ 무기질은 우유에 너무 많이 함유되어 있어 영아의 신장기능에 부담을 주므로 다량 무기질인 칼슘, 인, 나트륨, 염소 등을 줄이고 대신 철분, 아연, 구리 등의 미량 무기질을 강화한다.

(2) 조제유 조유방법

① 시판되는 조제유는 모두 분유의 형태로, 물로 희석하여 용액을 만들 수 있도록 되어 있다.

② 지시된 농도보다 진하게 공급하면 아기에게 신장에 부담을 주며 탈수 현상을 일으키게 되고 너무 묽은 용액으로 공급하면 성장 발육에 지장을 준다.

③ 조유하는 사람의 위생 상태, 기구, 물의 살균을 하여 오염에 주의한다.

3 혼합영양

(1) 혼합영양의 원인

① 모유 부족
② 모친의 직장생활
③ 혼합영양이 이유하기 쉬워서
④ 모유영양만으로 영아가 비만해질 때

(2) 혼합영양의 방법

① 매 수유 후에 부족량을 혼합영양으로 보충하는 방법

② 하루의 수유 중 모유만 또는 인공유만으로 따로 수유시기에 따라 주는 방법

③ 모유와 우유를 교대로 주는 방법

(3) 혼합영양의 문제점
① 영아가 우유를 싫어하거나 모유를 싫어하게 한다.
② 우유를 싫어하는 것은 모친과 떨어지는 데 대한 불안감을 갖기 때문이다.

04 이유기 영양

1 이유에 대한 이해

(1) 이유의 정의
① 이유란 젖떼기이며, 영아가 젖 이외의 어른이 먹는 음식에 가까운 것으로 점차 옮겨감으로써 마시는 유량이 줄어들면서 드디어는 젖을 떼게 되는 것을 말한다.
② 이유 완료란 주된 영양소가 유즙 이외의 음식이 된다는 것을 의미한다.

(2) 이유의 준비
① 스푼에 익숙해지도록 하여 젖과 다른 맛을 경험하게 할 것
② 수유시간을 결정할 것

(3) 이유의 개시
① 어머니의 수유능력 고려
② 젖이 영아에게 불완전 식이가 되는 월령
③ 고형식을 섭취하는 생리적 적응(운동기능 및 소화기능)
④ 이유에 대한 심리적·정서적 적응, 이유 개시 후의 진행이 순조로워진 월령

2 이유 진행의 원칙

(1) 이유식의 조건
① 간은 싱겁게 한다.
② 안전과 위생을 생각한다.
③ 식품의 조리 형태를 영아가 먹기 편리하게 한다.

(2) 이유 시기
① 영아의 성장·발달은 개인차가 크므로, 이유는 고정된 계획표에 의하지 말고 영아의 상태를 고려하여 진행해야 한다.
② 일반적인 이유의 시작 시기는 4~6개월 정도로 출생 시 체중의 약 두배에 가까워졌을 때 시작한다.

추가 설명

이유의 목적(필요성)
- 영양소의 공급 : 영아에게 필요한 영양을 충족시킬 수 있도록 한다. 태아기에 철분, 구리 등의 영양소를 여분으로 저장해서 출생하나, 생후 5~6개월이 되면 그 저장량은 고갈되므로 보충식으로 보충할 필요가 있다.
- 소화기능 발달 및 저작능력 습득 : 영아기에는 음식을 조금씩 주면서 소화기관을 자극하여 그 발달을 촉진시키고, 음식을 씹어 삼키는 능력을 익히는 것이 필요하다.
- 올바른 식습관 확립 : 이유기는 음식에 대한 첫인상을 형성하는 매우 중요한 시기이므로 바람직한 식습관 확립을 위한 기초를 다지는 것이 필요하다.
- 지적·정서적 발달 : 영아의 발달단계에 따라 새로운 질감, 색, 맛을 가진 식품을 먹는 연습 등을 통해 지적·정서적 발달을 돕도록 해야 한다.

(3) 이유 시의 주의 사항

① **이유 준비** : 생후 3개월경부터 과즙, 채소즙, 미음, 희석시킨 된장국 등을 조금씩 숟가락으로 주면서 젖과 다른 새로운 맛에 대해 경험하게 하고, 숟가락 사용에 익숙해지도록 한다. 과즙 중 오렌지주스는 알레르기를 초래할 수 있으므로 처음에는 사과주스를 제공하는 것이 좋다.

② **시간** : 대개 4시간 간격으로 하며, 아기의 기분이 좋고 공복일 때 먼저 먹이고, 그 후에 모유나 조제유를 준다.

③ **종류 및 분량** : 새로운 식품은 하루에 한 숟가락 정도 주고 양을 차츰 늘려 나가며, 하루에 두 종류 이상의 새로운 식품을 주지 않으며, 새로운 음식을 첨가할 때에는 1주 정도의 간격을 두고 시행한다. 가능한 한 다양한 식품을 접하게 한다.

④ **조리 형태** : 조리법은 단순하고 부드러운 형태로 조리하여 제공한다. 미음, 죽, 밥의 순서로 진행한다.

⑤ **안전과 위생** : 이유식에 사용하는 식품은 신선하고 깨끗하며 소화가 잘되는 것을 선택하도록 한다.

05 유아 영양

1 유아 영양의 이해

(1) 유아 영양의 특수성

① 중요한 발달 단계로서 장차의 성장기에 큰 영향을 미친다.
② 이 시기는 식습관을 형성하는 시기이다.
③ 유아는 성인의 축소판이 아니므로 영양관리상 주의가 필요하다.

(2) 유아의 심신 발달과 영양

① **신체적 발육**
  ㉠ 신체의 발육은 영아기의 후반에서부터 점차 완만하게 증가한다.
  ㉡ 화골(化骨)의 진행이 충실해진다.

② **정신적 발달**
  ㉠ 정신적 · 정서적으로 복잡하게 진화한다.
  ㉡ 언어의 수, 사회성도 차차 늘게 된다.

(3) 영양과 식생활에 관한 주의

① 영양 보급에 충분히 유의한다.
② 올바른 식습관을 기른다.

추가 설명

이유의 원칙
- 싫어하는 것을 억지로 먹이지 않는다.
- 4시간 간격으로 이유식을 먼저 주고 나중에 우유를 준다.
- 자극 심한 조미료는 절대 금한다.
- 식단에 변화를 주어 골고루 섭취시킨다.
- 부패된 것, 오염된 것은 주지 않는다.
- 끈적끈적한 것은 피한다.
- 이유 시 유쾌한 분위기를 조성해 준다.
- 새로운 음식을 추가할 때는 알레르기 여부를 파악하기 위해서 4~7일 정도의 간격을 두고 한 가지씩 시도해야 하며 소량씩 주다가 점차 양을 늘려야 한다.
- 이유식을 젖병에 혼합하여 구멍이 큰 젖꼭지로 먹여서는 안 된다. 이는 영아에게 새로운 맛을 배우는 즐거움과 미각의 발달을 저해하기 때문이다.

추가 설명

유아 영양
- 유아기는 심신의 성장 · 발달이 왕성한 시기이므로 영양의 보급에 충분히 유의해야 한다. 이 시기에 만약 저영양이 되면 신체발육에는 물론 지적 발달에도 장애가 일어나며, 감염에 대한 저항력이 약해진다.
- 편식, 식욕부진 등의 문제가 생기기 쉬우므로 깊은 이해를 가지고 좋은 식사습관을 확립시켜야 한다.

2 유아의 식행동

(1) 식사의 자립

연 령	발달 과정의 표준
2년 전후	• 컵을 손에 쥐고 음료를 잘 마신다. • 음식물을 적극적으로 원한다. • 음식이 오는 것을 앉아서 기다리는 등 욕구 통제의 능력이 나타난다. • 좋아하는 음식과 싫어하는 음식이 생기며, 일시적으로 식욕이 저하되는 시기이다.
2년 후	• 식사 중에 흘리지 않고 깨끗하게 먹는 아이도 있으나 아직도 많이 흘린다. • 자립과 의존심의 두 가지가 섞여 있다. • 컵이나 공기를 한 쪽 손으로 잡고 잘 마실 수 있게 된다. • 숟가락을 손에 쥐는 방법이 좋아진다. • 식단을 차릴 때 도와주려고 한다.
2년 반~3년 반	• 편식이 고착되거나 편식 없이 좋은 식습관이 형성되는 시기이다. • 식사하는 데 손을 사용하는 능력이 향상된다. • 젓가락질을 하게 된다. • 음식을 잘 씹어 먹게 된다. • 3세가 넘으면 운동량이 늘어서 식욕이 상당히 왕성해진다.
4년	• 식사예절을 배우게 된다. • 식사를 빨리 하게 된다.
5년	• 식사를 하면서 다른 가족들의 대화를 듣고 함께 이야기하게 된다.

(2) 식욕부진

① 이유기에 이유식의 조리법이나 주는 방법에 문제가 있거나, 유아가 새로운 음식에 순응할 수 없을 때 식욕부진이 일어나기 쉽다.

② 유아의 식욕이 다소 저하되더라도 지나치게 신경 쓰지 말고, 식사를 즐겁고 편안한 분위기에서 할 수 있도록 배려해야 하며, 너무 심하게 야단을 치거나 강제적으로 식사를 하게 하면 역효과가 난다.

③ 한 끼의 식사는 먹거나 안 먹거나에 상관없이 20~30분 정도로 끝내도록 하고 간식을 너무 많이 주지 않아야 하며 신체활동을 많이 하게 해야 한다.

(3) 식품 기호

① 유아의 식품 기호가 중요시되는 것은 이것을 만약 방치해 두면 후에 편식이 고정될 우려가 있기 때문이다.

② 유아보다는 여아에게서 식품 기호의 발현이 많이 나타나며, 성격적으로 신경질적이고 육

식욕부진 해소
- 식단 다양화
- 식품재료를 쓰는 방법과 그릇, 식사 분위기 등에 변화를 줌.
- 때로는 집 밖에서 식사를 하거나 같은 또래의 친구를 불러 함께 식사

아 태도에 있어서 과잉 보호를 받은 어린이에게 많이 나타난다.

③ 유아기에는 지금까지 좋아하던 음식이 싫어지거나 싫어하던 음식을 좋아하게 되는 등 매우 유동적이다.

(4) 편식

① 편식의 정의 : 어떤 종류의 식품만을 좋아하고 다른 식품을 거부하여 먹지 않는 것으로서, 영양적으로 불균형하고 발육과 성장 및 영양상태가 뒤떨어지는 경우에 한해서 말한다.

② 유아의 편식 원인

㉠ 이유기에 경험한 미각적·촉각적 이유 : 이유기에 단맛이 있는 이유식만을 먹이면 다른 맛을 배울 기회가 없으므로 편식의 원인이 된다.

㉡ 생리적·심리적 요인 : 생리적·감각적으로 혀의 점막 및 여러 감각기의 감수성에 기인한 것이며 연령에 따라 변화한다. 즉, 유아기에는 냄새와 향기에 예민한 반응을 나타내며, 불쾌한 경험 등 심리적 요인으로 편식하게 되기도 한다.

㉢ 사회적·경제적 요인 : 사회적 상황이나 경제 상황에 기인한다.

㉣ 가정의 식사환경 : 편식의 원인 중 가장 큰 원인으로 육아태도가 크게 영향을 미친다.

③ 편식의 예방 : 편식은 유아기, 특히 자아의식이 발달하는 3세경부터 많아지며 학동기를 거쳐 사춘기에 고정화된다.

㉠ 이유기 편식의 예방 : 이유를 잘해야 하고, 단계적으로 진행시킨다. 이유식의 조미는 자극성 없이 연하게 한다.

㉡ 유아기 편식의 예방 : 가족이 편식하지 않아야 하고, 조리법을 다양하게 한다. 음식을 강제로 주지 않고, 식사 환경을 즐겁게 한다. 유아가 싫어하는 음식은 조리법을 개선하고, 식사량은 적게 하되 영양 공급은 충분히 한다.

(5) 유아와 간식

① 간식의 의의

㉠ 간식의 의미 : 세 끼 식사로 부족한 영양소를 보충하는 보충식의 의미와 기분을 상쾌하게 하고 원기를 북돋우게 하는 등 정서적인 만족을 주는 의미도 가지고 있다.

㉡ 간식의 역할 : 부족한 에너지와 영양 보충이며 정서적으로 만족시키는 것이다.

② 간식의 양과 횟수

㉠ 하루 에너지 필요량의 10~15%가 적합하며, 다음 식사까지 2시간 정도의 간격이 있어야 한다.

㉡ 유아기에는 하루 세 끼 식사만으로 적절한 에너지를 섭취할 수 없다. 유아 초기에는 오전과 오후에 각 한 번씩 간식을 주며, 유아 후기에는 간식을 오후 한 번만 준다.

③ 간식의 내용 : 단백질·비타민·무기질·수분 공급을 공급하고 소화가 잘 되는 것이어야 한다.

📝 **추가 설명**

유아의 영양문제

- **유아 빈혈** : 이유기에 시작되는 철분 저장량의 감소는 충분한 철분 섭취가 이루어지지 않을 경우 철분결핍성 빈혈로 이어지게 된다. 다른 음식은 먹지 않고 과량의 우유나 음료만을 섭취하는 어린이의 경우에는 철분결핍에 의한 빈혈이 생길 수 있다.

- **비만** : 최근 우리나라는 성인 비만의 증가는 물론 유아 비만도 증가 추세에 있다. 어렸을 때 너무 일찍 고형 음식을 주거나, 이유식으로 인공 유아용 조제품을 과다하게 사용하는 추세도 유아 비만을 초래한 요인이 되고 있다.

- **충치** : 적절한 식사는 유아기의 충치 발생을 줄이는 지름길이며, 특히 젖병에 길들여진 유아에게는 중요하다. 젖니가 나기 시작하면 바로 구강위생관리를 시작하고 칫솔질을 시키도록 한다.

실전예상문제

1 다음 중 성장·발달의 일반적 원리에 대한 설명으로 옳지 않은 것은?

① 성장·발달은 비연속적이다.
② 성장·발달은 일정한 순서로 진행된다.
③ 성장·발달에는 결정적 중요 시기가 있다.
④ 발육 현상은 개인차가 매우 크다.

해설 성장·발달은 연속적이다.

2 다음 중 영유아의 성장·발달에 영향을 주는 가장 큰 두 요소는?

① 유전과 교육
② 영양과 교육
③ 기후와 주거
④ 영양과 유전

해설 영유아의 성장·발달에 영향을 주는 요인 : 영양, 유전인자, 인종에 의한 차, 성별, 내분비호르몬, 질병, 계절, 사회·경제적·정신적 여건, 운동 등

3 다음 중 생후 1년간의 영아 성장에 대한 설명으로 옳은 것은?

① 출생 시 체중의 약 2배가 된다.
② 생후 1년간 신장은 약 25cm 정도 자란다.
③ 출생 시 신장의 약 2.5배가 된다.
④ 생후 1년간 체중은 약 16kg 정도 증가한다.

해설 생후 1년이 되면 출생 시 신장의 약 1.5배 정도, 즉 평균 25cm 정도 자란다. 체중은 신생아 때의 3배가 되어 약 9~10kg 정도 증가한다.

4 다음 중 영유아의 대천문이 완전히 닫히는 시기는 언제인가?

① 3개월
② 5개월
③ 9개월
④ 12~18개월

해설 소천문은 출생 후 6~8주 이내에 자연히 막히게 되고, 대천문은 12~18개월이 되면 완전히 폐쇄되면서 두개골의 각 부위가 유착된다.

5 다음 중 체중이 신생아 시의 약 3배가 되는 시기는?

① 3개월
② 12개월
③ 만 2세
④ 만 3세

해설 생후 1년이 되면 체중은 신생아 때의 3배가 되며, 만 2세가 되면 4배 가량 된다.

정답 1.① 2.④ 3.② 4.④ 5.②

6 다음 중 치아의 발달에 대한 설명으로 옳은 것은?

① 치아의 원기는 임신 말경에 생성된다.
② 유치는 모두 20개이며 생후 2세에서 2세 반 사이에 다 나온다.
③ 영구치는 유치가 빠진 후 잇몸 안에서 생성된다.
④ 영구치는 4세를 전후하여 나오기 시작한다.

해설 젖니(유치)는 생후 6~7개월에 아래의 가운데 앞니부터 나오기 시작하며, 유치는 모두 20개로 생후 2~2.5세 사이에 대부분 다 나온다.

7 다음 중 스카몬의 기관별 발육곡선에 대한 설명으로 옳은 것은?

① 성선형은 학동기에 가장 급속히 발달된다.
② 신체 내 각 조직의 성장속도는 비슷하다.
③ 뇌는 생후 3년간 급속히 발달되며 이 시기의 영양결핍은 뇌 발달에 큰 영향을 준다.
④ 림프선은 청년기 이후 급속히 발달된다.

해설 스카몬의 기관별 발육곡선(성장곡선)
- 일반형 : 신장, 체중, 흉위, 두위, 좌고 등 일반적인 계측치 및 호흡기, 소화기, 순환기, 비뇨기, 근육, 골격 등이 해당되는 특유한 S상을 나타내는 발육형이다.
- 신경형 : 뇌, 척수 등의 발육경과로, 안구의 크기, 머리의 크기 등이 여기에 속하며, 두뇌는 영유아기에 급속한 발달을 보인다.
- 림프형 : 흉선, 편도, 아데노이드, 림프절 등의 림프조직의 발육형으로, 소아기에는 현저한 발육을 나타내어 성인의 배에 가까운 발육을 나타내는 시기도 있다.
- 성선형 : 생식기의 발육에서 볼 수 있는 형으로, 사춘기에 급증하는 비율이 일반형과 비교해서 더 크다.

8 다음 중 신생아기의 특징으로 옳지 않은 것은?

① 1분간 맥박수가 성인보다 많다.
② 1분당 호흡수가 성인보다 적다.
③ 기초체온이 성인보다 높다.
④ 조혈작용이 왕성하다.

해설 신생아의 1분간 호흡수는 40~50회로 성인의 약 2배이다.

9 다음 중 신생아의 생리적 기능에 대한 설명으로 틀린 것은?

① 1분간 신생아의 호흡수는 성인과 같다.
② 신생아의 호흡기능은 생후 2~3일 후에는 안정된다.
③ 신생아기에는 조혈작용이 왕성하다.

④ 신생아의 체온은 1주일 후에 안정된다.

해설 신생아의 호흡수는 성인의 약 2배이다.

10 유아기의 생리적 특징에 대한 설명으로 옳지 않은 것은?
① 체표면적당 기초대사량이 성인보다 높다.   ② 성인보다 발한량이 많다.
③ 기초체온이 성인보다 높다.   ④ 1분당 맥박수가 성인보다 적다.

해설 연령이 높아지면서 1분간의 맥박수는 점차 감소하여 영아기는 100~140회, 유아기는 90~120회, 성인은 60~100회가 된다.

11 다음 중 적혈구에 대한 설명으로 옳은 것은?
① 감염을 막아주고 세포파괴로 생긴 물질을 제거하는 기능이 크다.
② 출생 시 적혈구의 수는 15,000~20,000개 정도이다.
③ 생후 2~4개월경이 되면 적혈구 수와 헤모글로빈 양이 감소되어 생리적 빈혈이 생기기 쉽다.
④ 출생 시 체내에 보유된 철의 양은 만 1세가 될 때까지 충분하다.

해설 적혈구와 백혈구의 특징
- 적혈구 : 출생 시 적혈구는 600만 개, 헤로글로빈은 20g/dL이다. 출생 시 체내에 보유된 철의 양은 헤모글로빈이 감소되면서 생후 2~4개월까지 사용되며, 특히 미숙아에게서 더욱 심하게 감소되므로 빈혈인 경우 철을 보충해야 한다.
- 백혈구 : 백혈구는 감염을 막아주고 세포파괴로 생긴 물질을 제거한다. 출생 시 백혈구 수는 15,000~20,000개 정도이며, 2~3일에 10,000개까지 감소하다가 성인기에는 7,000~6,000개가 된다.

12 다음 중 소아의 신체 발육 표준치를 알아보는 데 있어서 정상인 것은?
① 10퍼센타일치 곡선과 90퍼센타일치 곡선 사이
② 3퍼센타일치 곡선과 99퍼센타일치 곡선 사이
③ 4퍼센타일치 곡선과 98퍼센타일치 곡선 사이
④ 5퍼센타일치 곡선과 97퍼센타일치 곡선 사이

해설 소아의 신체 발육 표준치가 10퍼센타일치 곡선과 90퍼센타일치 곡선의 사이에 있으면 정상이고, 3퍼센타일치 이하, 97퍼센타일치 이상인 경우 정밀검사의 산출기준으로 본다.

정답 6.❷ 7.❸ 8.❷ 9.❶ 10.❹ 11.❸ 12.❶

13 다음 중 영유아의 영양상태 평가방법으로 가장 적절한 것은?

① 비좌고 ② 퍼센타일치 ③ 카우프지수 ④ 로러지수

해설 카우프지수(Kaup-Davenport Index) : 원래 체형을 보는 지표의 하나로서 고안되었으나 영유아 전기의 영양상태 평가에도 널리 이용된다. 생후 3개월 정도까지는 수치에 변동이 많으나 그 다음의 영유아의 평가에 편리하다.

$$카우프지수 = \frac{체중(g)}{신장(cm)^2}$$

14 다음 중 카우프지수의 설명으로 옳은 것은?

① 성인의 체형을 알아보는 지수이다.
② 성인의 체형과 영양상태를 알아보는 지수이다.
③ 영유아의 체형과 영양상태를 알아보는 지수이다.
④ 신생아의 빈혈도를 보는 지수이다.

해설 문제 13번 해설 참조

15 영아 초기에는 위의 만곡이 작고 젖 먹을 때 공기 유입으로 토하기 쉬운데 이를 방지하기 위한 대책으로 옳은 것은?

① 많은 양을 한꺼번에 수유한다.
② 수유 후 업어서 내려가도록 한다.
③ 수유 후 트림을 시킨 다음 눕힌다.
④ 수유 후 바로 엎드려 놓는다.

해설 영아가 젖을 먹을 때 또는 호흡을 할 때 공기가 위 안으로 들어오게 된다. 이렇게 들어온 공기의 일부는 장으로 내보내게 되나 대부분은 트림이 되어서 배출된다.

16 다음 중 유아가 젖을 토하는 가장 큰 이유는 무엇인가?

① 위가 작아서 ② 소화불량으로
③ 위의 만곡이 작아서 ④ 건강상태가 좋지 않아서

해설 유아의 위는 만곡이 성인보다 훨씬 적기 때문에 분문의 기능이 발달하지 못해 토하기 쉽다.

17 다음 중 모유영양아와 인공영양아의 대변의 특징에 대한 설명으로 옳은 것은?

① 모유영양아의 대변은 약알칼리성이다.

② 모유영양아의 대변색은 더 연한 노란색이다.
③ 모유영양아의 대변에는 대장균이 더 많다.
④ 인공영양아의 대변의 냄새는 부패 냄새가 더 심하다.

해설 영아변의 종류
- 모유영양아의 대변 : 수분이 많고 부드러우며, 냄새가 없거나 방향성 산취가 나며 약한 산성인 변 배설로 비피더스 균이 많다. 보통 pH 5.6~6, 난황색(때로 장내의 산화작용에 의해 녹색)이다.
- 인공영양아(우유영양아)의 대변 : 수분이 적으며 약간 굳은 변으로 색은 담황색이며 냄새가 심하게 나고 pH는 대개 알칼리성으로 대장균이 많다.

18 다음 중 영아의 의사에 의해 배뇨할 수 있는 시기는?

① 3개월　　　　　② 6개월　　　　　③ 1년　　　　　④ 1년 6개월~2년

해설 1년 6개월~2년쯤에는 점차로 영아의 의사에 의해 배뇨를 할 수 있으며, 4세 이후가 되면 대부분 야뇨현상이 없어진다.

19 다음 중 영유아기에 알레르기가 자주 일어나는 원인은 무엇인가?

① 간 기능의 미숙으로 아미노산이 완전 분해되지 못하여 발생한다.
② 단백질 분해효소의 부족으로 분해가 완전히 일어나지 못하기 때문이다.
③ 항체 합성이 제대로 되지 않아서 발생한다.
④ 장 기능의 미숙으로 분해되지 않은 단백질이 항원 항체반응을 일으켜 발생한다.

해설 단백질은 원래의 형태로는 장에서 흡수되지 않는데, 만약 그대로 고분자의 형태로 흡수되면 혈액 속에서 항체가 생겨 다음에 흡수된 단백질과의 사이에 항원 항체반응이 일어나 알레르기 증상이 일어나기 쉽다.

20 다음 중 영유아기 지방의 역할에 대한 내용으로 잘못된 것은?

① 수분 침착을 억제한다.　　　　　② 수분 침착을 조성한다.
③ 칼슘, 인 등 무기질 흡수를 돕는다.　　　　　④ 과잉 발효를 억제한다.

해설 탄수화물은 연소가 신속해서 신진대사를 촉진시키고, 수분 침착을 조성하는 반면, 지방은 연소가 완만해서 신진대사를 느리게 하며 수분 침착을 억제시킨다.

21 다음 중 유치와 성인치아 건강에 영향을 주는 영양소는?

정답 13.③　14.③　15.③　16.③　17.④　18.④　19.④　20.②　21.④

① 인　　　　② 비타민 C　　　　③ 철분　　　　④ 칼슘

해설 칼슘은 치아와 뼈를 형성하고 혈액응고에 필요하며, 유즙을 응고시키는 데 관여한다.

22 다음 중 모유에 다량 함유되어 뇌발달을 촉진시키는 영양소이며 조제분유에 첨가되는 성분은?

① 칼슘, 카세인　　② 시스테인, 섬유소　　③ 카세인, 철분　　④ 젖당, 시스테인

해설 모유의 영양분은 유아의 뇌의 급격한 발달에 알맞게 되어 있다. 모유 속에는 많은 젖당이 들어 있으며, 젖당의 성분인 갈락토오스는 신경조직을 합성하는 데 관여한다. 특히 모유에 들어 있는 시스테인과 메티오닌의 두 가지 아미노산의 비는 뇌신경조직의 발달에 알맞게 되어 있다.

23 다음 중 모유의 장점으로 옳지 않은 것은?

① 모유에는 우유보다 칼슘, 철분 등 무기질 함량이 높다.
② 모유수유는 신생아, 영아에 정서적 안정감을 전해준다.
③ 모유에는 뇌 발달에 필요한 젖당 함량이 우유보다 높다.
④ 모유에는 우유보다 필수지방산인 리놀레산이 다량 함유되어 있다.

해설 모유의 장점
- 모유에는 뇌 발달에 필요한 젖당 함량이 우유보다 높다.
- 모유에는 우유보다 필수지방산이 다량 함유되어 있다.
- 모유수유는 신생아, 영아에 정서적 안정을 전해준다.
- 산모의 우울증 예방과 유방암 발생을 감소시켜 준다.
- 임신 전 체중으로의 회복이 용이하다.

24 다음 중 모유수유로 인한 모체의 이점으로 옳지 않은 것은?

① 임신 전 체중 회복 용이　　② 알레르기 발병 감소
③ 유방암 발생 감소　　　　　④ 산후 우울증 예방

해설 문제 23번 해설 참조

25 다음 중 모유영양의 특징으로 옳지 못한 것은?

① 비피더스 인자는 장내 병원균의 번식을 억제한다.
② 모유 속에는 락토페린이 많다.

③ 모유 속에는 비타민 A, 비타민 C 등이 우유보다 많다.
④ 나트륨, 칼륨 등이 우유보다 많다.

해설 모유에는 나트륨, 칼륨, 칼슘, 인 등이 우유보다 적어서 영아의 신장 기능에 부담을 주지 않는다.

26 다음 중 모유의 항감염성 인자로 거리가 먼 것은?
① 아드레날린　　② 락토페린　　③ 비피더스 인자　　④ 라이소자임

해설 모유에는 락토페린, 라이소자임, 대식세포, 비피더스 인자 등 항감염성 인자가 있다.

27 다음 중 분만 전 모유분비가 일어나지 않도록 태반에서 분비되는 호르몬은 무엇인가?
① 프로락틴　　② 최유억제호르몬　　③ 에스트로겐　　④ 최유호르몬

해설 모유의 분비는 뇌하수체 전엽으로부터 분비되는 프로락틴(prolactin) 등의 최유호르몬에 의해 일어나나 임신 중에는 난소와 태반으로부터 분비되는 최유억제호르몬의 작용에 의해 최유호르몬의 분비가 억제되므로 모유의 분비는 일어나지 않는다.

28 다음 중 모유분비의 생리에 대한 설명으로 옳지 않은 것은?
① 모유의 분비는 프로락틴에 의해 일어난다.　　② 모유가 분비되려면 흡유자극이 필요하다.
③ 모유는 유선(젖샘)에서 분비된다.　　④ 모유 분비량은 개인차가 없다.

해설 일반적으로 모유 분비량은 개인차가 심하다.

29 다음 중 유즙과 유방 발달에 작용하지 않는 호르몬은?
① 프로락틴　　② 옥시토신　　③ 프로게스테론　　④ 테스토스테론

해설 젖은 유방 속에 있는 젖샘에서 만들어진다. 젖을 주면 프로락틴이나 그외 젖샘자극호르몬 분비가 자극되고 옥시토신의 분비가 자극되어 젖이 나오게 된다. 그리고 프로게스테론의 분비가 촉진되어 유즙분비에 관여한다.

30 다음 중 모유에 대한 설명으로 옳은 것은?

정답 22.❹ 23.❶ 24.❷ 25.❹ 26.❶ 27.❷ 28.❹ 29.❹ 30.❷

① 초산부는 경산부에 비해서 모유 분비량이 많다.
② 출산횟수가 많을수록 모유의 질은 저하된다.
③ 출산횟수가 적을수록 모유의 질은 저하된다.
④ 모유는 젖당 함량이 극히 적다.

해설 초산부는 모유 분비량이 적으며 출산이 빈번해질수록 모유의 질은 저하된다.

31 다음 중 우유보다 모유에 다량 함유된 성분이 아닌 것은?

① 비타민 C ② 시스틴 ③ 칼슘 ④ 젖당

해설 일반적으로 모유는 우유와 비교하여 무기질은 적으나 젖당은 많은 점이 특징이다.

32 다음 중 모유와 우유를 비교한 것으로 옳은 것은?

① 모유에는 뇌 발달에 필요한 젖당의 함량이 높다.
② 모유에는 비타민 C가 우유보다 적다.
③ 모유에는 우유에 비해 리놀레산의 함량이 적다.
④ 모유에는 칼슘, 철분 등 함량이 우유보다 높다.

해설 우유 및 모유의 탄수화물은 대부분 젖당(유당)이며 유당과 유당이 균형상태로 들어 있다. 그러나 우유는 모유에 비교해서 젖당의 함량이 적다.

33 다음 중 초유에 대한 설명으로 옳지 못한 것은?

① 무기질과 단백질 함량이 성숙유보다 높다.
② 출산 후 처음 며칠간 분비되는 유즙이다.
③ 첫 임신에 의한 출산 시의 유즙을 말하며 경산부에게는 해당되지 않는다.
④ 분비량이 적고 황색의 빛을 띤다.

해설 초유(colostrum)
• 출산 후 며칠간 분비되는 유즙이다.
• 분량이 적고 황색이며, 점성이 있는 액체로서 무기질과 단백질 함량이 높고, 면역 성분의 함량도 많다.

34 다음 중 신생아기에 초유를 먹이는 것이 매우 유익하다고 보는 이유는 무엇인가?

① 초유에는 일반 모유성분보다 수분 함량이 훨씬 높다.
② 초유에는 일반 모유성분보다 단백질 함량이 낮다.
③ 초유에는 항감염인자인 항생물질, 락토페린, 비피더스인자 등이 있다.
④ 초유에는 무기질 성분이 거의 없다.

해설 모유의 분비시기에 따라 출산 1~5일에 나오는 유액을 초유라고 말한다. 초유는 성숙유에 비교해서 무기질과 단백질이 많고 이 밖에 효소, 세포성분, 면역체의 함량도 많다.

35 다음 중 모유를 금하는 경우로 거리가 먼 것은?

① 제왕절개 수술을 한 경우
② 산모에게 감염병이 있을 때
③ 산모에게 정신질환, 간질 등이 있을 때
④ 산모가 악성종양·심부전 등의 중환인 경우

해설 모유의 수유를 금하는 경우
- 모친에게 대사병, 심부전, 만성신염, 악성종양이 있어서 중환인 경우
- 모친에게 감염병이 있을 때, 모친에게 간질병 및 정신병이 있을 때

36 조제분유의 성분 중 뇌의 성장에 필수적인 성분으로 첨가된 영양소는 무엇인가?

① 철분
② 젖당
③ 비타민 A
④ 비타민 D

해설 젖당 중의 갈락토오스는 신경조직을 합성한다.

37 다음 중 조제유를 줄 때 주의하여야 할 점은 무엇인가?

① 수유의 온도는 차가운 것이 가장 좋다.
② 조제분유에 제시된 분유 분량보다 더 많이 넣어 사용하는 것이 아기 성장을 빠르게 한다.
③ 조제유는 어머니의 시간을 절약하여 준다.
④ 조제유에 필요한 젖병, 젖꼭지 등은 소독하여 사용한다.

해설 조제유에 있어 가장 중요한 것은 우유의 세균 오염을 피하며 계량을 정확하게 하는 일이다. 수유 시에는 체온 정도로 데워 마시게 해야 하는 등 어머니의 시간이 많이 소요된다.

38 다음 중 영아에게 조제유를 줄 때에 대한 설명으로 옳지 않은 것은?

정답 31.③ 32.❶ 33.③ 34.③ 35.❶ 36.❷ 37.④ 38.❶

① 수유 후 트림을 시키지 않고 바로 눕힌다.
② 물은 끓였다 식힌 물을 사용한다.
③ 젖병, 젖꼭지 등은 반드시 소독하여 사용한다.
④ 조제유는 반드시 설명서에 나온 분량에 따라 계량하여 혼합하여 준다.

해설 수유 후 등을 문질러 트림을 하게 한다.

39 다음 중 영아 초기의 인공수유 시 가장 적절한 자세는?

① 젖을 먹고 자는 아기는 젖먹는 시간이 되면 깨워서 먹이도록 한다.
② 젖병을 베개에 고여서 아기에게 병을 빨도록 한다.
③ 아기가 누운 채로 옆에 누워 조제유를 먹도록 한다.
④ 아기를 비스듬히 눕혀 안고 조제유를 먹도록 한다.

해설 수유는 영아와 모친이 결부되는 중요한 시간이므로 가능한 한 모친의 손으로 영아를 안고 조용한 환경 속에서 침착한 기분으로 수유에 전념한다.

40 다음 중 이유식에 대한 설명으로 옳지 않은 것은?

① 이유식은 영양섭취와 정서적·지적 발달을 위하여 다양한 식품, 조리형태, 색깔을 접하도록 한다.
② 이유식은 발달 단계에 따라 마시는 것에서 떠먹는 형태로 바뀌어야 한다.
③ 이유식은 부드럽게 하고 수분이 많은 것으로 일관한다.
④ 이유식은 월령의 발달 단계에 따라 거의 씹지 않는 조리형태에서 씹는 형태로 바뀌어야 한다.

해설 이유는 젖만으로의 영양으로부터 영아에게 여러 가지 반고형식을 주고 차차 그 횟수와 양을 증가시켜 유아의 고형식 형태에 도달하게 하는 것을 말한다. 액체에 가까울수록 소화가 잘된다고 생각해서는 안 된다.

41 다음 중 이유의 필요성에 대한 설명이 잘못된 것은?

① 모유만으로는 불충분하다.
② 영아의 체내의 영양소 저장량이 감소되었기 때문에 이유식을 시작한다.
③ 소화기능을 발달시키기 위해서 이유식을 시작한다.
④ 식습관을 확립시키는 기초는 유아기이므로 이유는 늦을수록 좋다.

해설 **이유의 필요성**
- 영양 보급은 모유만으로는 불충분, 체내의 영양소 저장량의 감소로 영양 보급 필요
- 소화기의 발달
- 올바른 식습관 확립
- 지적·정서적 발달의 조장

42 다음 중 이유식을 준비할 때 주의 사항으로 중요도가 가장 낮은 것은?
① 이유식은 어른이 맛을 보아 맛있이야 한다.
② 이유식은 무엇보다 신선한 식품으로 안전하고 위생적이어야 한다.
③ 이유식은 가능한 싱겁게 간을 한다.
④ 이유식은 소화가 잘되는 음식이어야 한다.

해설 이유기 음식에 대한 첫인상을 형성하는 매우 중요한 시기이므로 바람직한 식습관 확립을 위한 기초를 다지는 것이 필요하다.

43 이유 시의 주의 사항으로 옳지 않은 것은?
① 숟가락 사용에 익숙해지도록 한다.
② 아기 기분이 좋고 공복일 때 먼저 먹이고 그 후에 모유나 조제유를 준다.
③ 하루에 두 종류 이상의 새로운 식품을 다양하게 준다.
④ 단순하고 부드러운 형태로 조리하여 제공한다.

해설 새로운 식품은 하루에 한 숟가락 정도 주고 양을 차츰 늘려 나가며, 하루에 두 종류 이상의 새로운 식품을 주지 않는다.

44 다음 중 이유 초기에 일반적으로 주지 말아야 하는 식품은?
① 희석시킨 된장국 ② 미음 ③ 사과주스 ④ 달걀 삶은 것

해설 알레르겐이 되기 쉬운 식품은 초기에는 피해야 한다.

45 다음 중 유아가 컵을 손에 쥐고 음료를 마시기 시작하며 음식의 기호가 나타나는 시기는?
① 생후 6개월 ② 생후 1년 ③ 생후 2년 ④ 생후 5년

정답 39.④ 40.③ 41.④ 42.① 43.③ 44.④ 45.③

해설 **생후 2년 전후의 발달 과정**
- 컵을 손에 쥐고 음료를 잘 마신다.
- 일시적으로 식욕이 저하된다.
- 음식물을 적극적으로 원한다.
- 음식의 기호가 뚜렷해진다.
- 음식이 오는 것을 앉아서 기다리는 등 욕구 통제의 능력이 나타난다.

46 유아기 식욕부진과 관련된 설명으로 옳지 않은 것은?

① 강제적으로라도 식사를 하게 한다.
② 간식을 너무 많이 주지 않는다.
③ 식단을 다양하게 구성한다.
④ 한 끼의 식사를 먹거나 안 먹거나에 상관없이 20~30분 정도로 끝내도록 한다.

해설 식사를 즐겁고 편안한 분위기에서 할 수 있도록 배려해야 하며, 너무 심하게 야단을 치거나 강제적으로 식사를 하게 하면 역효과가 난다.

47 유아의 식욕부진에 대한 설명으로 옳지 않은 것은?

① 식욕부진과 편식이 일어나기 쉬운 시기이다.
② 좋아하는 간식을 많이 주어 식욕을 증가시킨다.
③ 집 밖에서 운동을 충분히 하도록 시킨다.
④ 그릇에 담는 식기나 식사분위기 등에 변화를 준다.

해설 간식을 많이 주지 않아야 하며, 신체 활동을 많이 하게 한다.

48 다음 중 유아 편식의 원인인 모친의 육아 태도로 옳지 않은 것은?

① 유전에 의한 경우
② 가족이 편식하는 경우
③ 음식을 강요하여 먹이거나 간섭이 너무 심할 때
④ 이유 시 다양한 식품을 접하지 못하였을 때

해설 **유아 편식의 원인**
- 음식에 대한 강제
- 이유 방법에 잘못이 있을 때
- 이유식 식품 제공이 다양하지 못할 때
- 식사 중 지나친 간섭
- 과잉보호
- 양친 또는 가족 중에 편식하는 사람이 있을 때

49 다음 중 편식의 예방에 대해 잘못 설명한 것은?

① 안 먹는 음식은 강제로 먹여서 차츰 먹도록 한다.
② 식사 환경을 즐겁게 한다.
③ 이유식의 조미는 자극성 없이 연하게 한다.
④ 조리법을 다양하게 한다.

해설
- 편식의 예방 : 편식은 유아기, 특히 자아의식이 발달하는 3세경부터 많아지며 학동기를 거쳐 사춘기에 고정화된다.
- 이유기 편식의 예방 : 이유를 잘해야 하고, 단계적으로 진행시킨다. 이유식의 조미는 자극성 없이 연하게 한다.
- 유아기 편식의 예방 : 가족이 편식하지 않아야 하고, 조리법을 다양하게 한다. 음식을 강제로 주지 않고, 식사 환경을 즐겁게 한다. 유아가 싫어하는 음식은 조리법을 개선하고, 식사량은 적게 하되 영양공급은 충분히 한다.

50 다음 중 유아기 간식에 대한 설명으로 옳지 않은 것은?

① 간식은 유아의 식욕을 떨어뜨리므로 주지 않는 것이 좋다.
② 간식은 유아의 정서를 풍부하게 만든다.
③ 간식은 세끼의 식사에서 부족한 영양소를 보충한다.
④ 간식은 1일 필요한 유아 에너지의 10~15%가 적합하다.

해설 유아기는 발육·성장기이므로, 신체가 작은 데 비해서 많은 에너지와 영양소가 필요하다. 아침, 점심, 저녁만으로는 유아에게 충분한 에너지와 영양소를 공급할 수 없으므로 유아의 간식은 영양보충에 주된 목적이 있다.

51 다음 중 유아의 간식에 대한 설명이 바르게 된 것은?

① 간식은 총열량 필요량 30~40%를 공급하는 것이 적절하다.
② 간식은 하루에 세 번 식사 바로 전에 준다.
③ 간식은 세끼의 식사로 부족한 열량 등을 보충하며, 총열량 필요량 10~15% 내외가 적절하다.
④ 다음 식사의 식욕을 감소시키지 않도록 하되 단백질, 지방식품을 주로 준다.

해설 유아에게 있어 간식은 세 번의 식사로 모자라는 영양소를 보충하며, 정서적인 만족을 주는 역할을 한다.

정답 46.❶ 47.❷ 48.❶ 49.❶ 50.❶ 51.❸

MEMO

제2부 생활주기영양

03 학동기 영양

 단원 개요

이 단원에서는 학동기 영양의 중요성을 알고 학동기의 성장발육과 생리적 특성을 파악하도록 하고, 또한 성장에 영향을 주는 요소는 유전·영양·질병·내분비이며, 어떻게 영향을 주는지 알도록 한다. 학동기 성장을 위한 영양소별 필요량을 알고 급식 방안을 강구하도록 하며, 영양문제를 파악하여 예방할 수 있도록 자세히 살펴보도록 한다.

 출제 경향 및 수험 대책

이 단원에서는 신체 각 기관의 성장에 대한 기본적인 내용, 영양상태의 평가방법, 성장호르몬의 작용, 기초대사량에 영향을 주는 요소, 성장기 지방을 섭취해야 하는 이유, 칼슘의 체내작용 등에 대해서 묻는 문제들이 출제될 수 있는 바, 자세하고 철저한 학습이 요구된다.

3

01 학동기 영양의 의의

1 학동기의 의의

① 학동기 : 대략 7·8세부터 12·13세까지의 초등학교 연령을 의미한다.
② 학동기의 특징
  ㉠ 심신의 균형이 비교적 잘 취해지고 질병에 걸리는 수도 적고, 성장기 중에 완만한 성장을 이루나 신체 각 기관과 조직발달이 꾸준히 이루어진다. 대개 여아는 남아보다 성장과 성숙이 빠르다.
  ㉡ 개인의 독립성과 가치관이 생기는 시기이다.
  ㉢ 학동기 동안 아동은 심신의 성장과 발달면에서 인생의 새로운 장으로 들어간다.
  ㉣ 성장기 아동의 성장 발육을 위해서는 적절한 영양 공급 및 운동과 휴식이 필요하다.
  ㉤ 이 시기에는 개인 간의 성장과 활동 양상, 영양 필요, 인성 발달, 식품 섭취 등의 차이가 두드러진다.

2 건강

① 학동기의 건강은 청년기의 성장은 물론 성적 성숙과 성인 건강의 밑거름이 된다.
② 허약한 체질은 성장과 성숙을 지연시키며, 이에 따른 심리적·지적 발달도 느리게 일어난다.

02 성장·발육과 생리적 특성

1 신체 발육과 성장 특성

(1) 신체 발육

① 신장
  ㉠ 신장 발육의 증가량은 남자는 12~14세 사이에 가장 크고, 여자는 남자보다 2~3년 빠르다.
  ㉡ 신장은 연간 약 5~7cm 정도 자란다.
② 체중
  ㉠ 체중은 대체로 10~13세에는 여자가 남자를 상회한다.
  ㉡ 학동기의 연간 체중 증가량은 약 2~5kg 정도이다.
② 흉위와 좌고
  ㉠ **흉위(가슴둘레)** : 남자는 13~14세, 여자는 10~12세에 발육이 정점에 이른다.
  ㉡ **좌고(앉은 키)** : 남자는 12~14세에, 여자는 10~12세에 정점에 이른다.

추가 설명

학동기 영양

- 영양의 불량이나 과다로 인하여 건강에 장해가 오면 정서적으로나 지적 발달에 큰 영향을 미치게 된다.
- 충분한 영양을 공급하기 위해서 균형 잡힌 식이를 제공하여야 한다.
- 설탕이나 과다한 열량섭취는 비만의 원인이 되므로 삼가며 영양소를 공급하는 식품의 선택에도 주의하여야 한다.

ⓒ 대체로 신장, 좌고 등은 체중, 흉위보다 빨리 발육이 완성되며 17세경에는 성인에 가깝게 발육하고 특히 여자는 15세경에 발육이 완성된다.

(2) 성장 특성

① 기관과 조직
- ㉠ 뇌 : 뇌는 생후 1년에 성인의 약 60% 이상 성장, 생후 6년에는 약 90%로 성장한다.
- ㉡ 림프절 : 12세를 전후하여 20세의 2배의 비율로 성장하고 그 후 감소하는 경향이 있다.

② 골격
- ㉠ 학동기 동안 다리가 다른 부분보다 급격히 자란다. 골격 성장으로 긴 다리를 가지게 되어, 신체 비율상 유아기 아동보다 머리는 작아지면서 날씬해지고 우아해진다.
- ㉡ 골격의 정상적인 성장에는 단백질 양, 칼슘·인 비율, 혈액 pH, 지질대사, 적절한 비타민 D와 부갑상선호르몬, 비타민 C 등이 관여하게 되므로, 균형 있는 영양섭취가 중요하다.
- ㉢ 성장호르몬 부족인 경우 조기 발견하여 성장호르몬을 투여하면 성장을 촉진시킬 수 있다.

③ 근육과 지방조직
- ㉠ 근육 성장은 성장호르몬, 갑상선호르몬, 인슐린의 영향을 받아 학동기 동안 꾸준히 증가한다.
- ㉡ 생애주기 전체에서 볼 때 학동기에서의 체지방량과 체질량지수는 다른 시기에 비해 가장 낮다.

❷ 학동기의 영양 성장 상태

(1) 신체계측 및 식이 섭취 조사

① **신체계측** : 체중, 신장, 머리둘레, 체중과 신장, 상완위, 피부두겹집기 등을 측정한다.
② **식이 섭취 조사** : 섭취한 식이의 내용을 식품과 영양소별로 분석하여 연령별 아동의 필요량이나 권장량의 도달 정도를 평가하는 방법이다.
- ㉠ 기존의 식이 기록을 이용해서 집계하는 방법
- ㉡ 피조사자가 식이 내용을 조사표에 기입하는 방법
- ㉢ 조사자가 섭취 식품을 직접 측량하는 방법(식품분석표 이용)
- ㉣ 조리된 섭취 식품을 채취하여 영양소를 화학분석하는 방법

(2) 임상 증상

임상적 변화는 여러 복잡한 원인이 복합적으로 일어나는 것이므로 임상 증상에만 의존하지 말아야 하며 다른 평가법을 함께 활용하여 임상 증상의 원인을 규명한다.

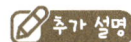
추가 설명

신체계측법
- **머리 둘레** : 어린이, 특히 출생 후 2년까지의 유아를 대상으로 만성적인 단백질, 열량의 결핍 여부를 판정하는 지표로 흔히 이용된다.
- **체중** : 생장기 어린이의 경우 영양상태 또는 비만도를 반영하는 지표로 체중이 이용될 수 있지만, 성인의 경우에는 체중만으로 영양상태를 판정하기가 어렵다.
- **체중과 신장** : 성인의 경우에는 비만도를 체중과 함께 연령, 신장과 함께 보고 평가되어야 한다. 비체중[실제 체중(kg) / 신장(cm) × 100] 또는 체질량 지수 [BMI : Body Mass Index, 체중(kg) / 신장(m^2)]가 흔히 이용된다.
- **피부두겹집기** : 캘리퍼를 사용해서 피부를 가볍게 집어 올렸을 때 접힌 피하지방의 두께를 측정하는 것이다. 측정 부위로는 주로 삼두근, 이두근, 견갑골 아래 등을 이용한다.
- **상완위** : 상완은 피하 지방 조직으로 둘러싸인 근육과 뼈로 구성되어 있으므로, 영양상태 평가의 좋은 척도가 된다. 어깨와 팔 뒤꿈치 중간 지점의 팔 둘레를 줄자로 측정한다.
- **허리 엉덩이 둘레비(WHR : Waist Hip circumference Ratio)** : 체지방량, 특히 복부 지방량을 반영하는 지표이다.

(3) 생화학적 평가

① 신체조직, 혈액, 요(尿), 기타의 체액, 분비 또는 분비물 중의 물질을 측정한다.
② 생화학적 측정의 대상은 혈액과 요에 함유된 성분이다.

03 성장에 영향을 주는 요소

1 유전과 영양 및 질병

(1) 유전
적절한 영양섭취와 질병에 걸리지 않는 것이 유전적 형질을 최대로 보장받는 지름길이다.

(2) 영양
① 영양소의 공급은 성장에 영향을 주는 가장 중요한 외적 요인이다.
② 태아에서부터 생후 2~3년간의 지질과 단백질, 열량이 극도로 불량하면 발달에 치명적인 영향을 준다.

(3) 질병
① 질병에 걸리면 성장이 정지되거나 정상 성장곡선보다 느리게 된다.
② 질병 시에는 단백질의 산화를 증진시킨다.

2 호르몬

(1) 성장호르몬
① 뇌하수체 전엽에서 분비되는 호르몬이다.
② 성장호르몬은 모든 조직과 기관에서 세포증식과 단백질 합성을 촉진시킨다.
③ 연골과 뼈의 성장을 촉진한다.(단백질합성 촉진, 골아세포의 세포분열속도 증가)
④ 24시간 동안 성장 호르몬 분비는 대부분 수면 중에 이루어진다.
⑤ 영유아기와 학동기에 가장 많이 분비되고 성인기에는 가장 적다.

(2) 갑상선호르몬
① 에너지 생산작용과 탄수화물, 단백질과 지방대사에 영향을 준다.
② 포도당 흡수율을 증가시키며, 산소 소모량을 증가시킨다.
③ 중추신경계를 발달시키고 기능을 촉진시킨다.
④ 갑상선 호르몬은 연골의 골화와 치아의 성장, 안면의 윤곽과 신체의 비율에 영향을 미친다.

(3) 인슐린
① 혈중 포도당을 근육세포와 지방조직세포로 운반시키는 데 관여하는 인슐린호르몬은 정

추가 설명

학동기 영양 문제
- 영양관련 문제는 철분결핍성 빈혈, 과체중, 비만과 충치 등이다. 이 외에도 인공색소, 향, 설탕 등이 많이 든 특정 식품을 과다하게 섭취하여 행동에 영향을 주는 것이다.
- 식사 섭취 양상이 달라지면서 아동들의 심혈관질환이 발생하고 있으며, 이것은 지질과 소금 섭취와 함께 활동량 감소, 비만 등에 기인하게 된다.

추가 설명

성장호르몬
학동기의 성장에 가장 많은 영향을 미치는 호르몬이다.

추가 설명

갑상선호르몬의 부족으로 인한 크레틴증
난쟁이 또는 유아적인 체형을 특징으로 하는데, 성인이 되어도 어린이의 모습을 하며 정신지체현상을 동반한다.

상적인 성장에도 필수적인 호르몬이다.
② 아미노산의 체내 이용을 증진시키고, 단백질의 합성을 증진시켜 성장을 촉진시킨다.

04 영양소 필요량

1 에너지

(1) 개인의 열량 필요량에 영향을 미치는 요소

① 기초대사
  ㉠ 기초대사는 생명유지에 필요한 기본적 체내 대사 활동으로 호흡, 심상박동, 체온유지, 근육의 탄력성 유지 등의 필수기능을 포함한다.
  ㉡ 기초대사량에 영향을 주는 요소
   • **체표면적당 기초대사** : 기초대사율은 생후 1년과 2년 사이에 가장 높으며, 아동기 초기에 감소하고 사춘기에는 약간 증가된다. 전체적으로 체표면적당 기초대사량은 연령이 증가함에 따라 점차 감소된다.
   • **성별** : 기초대사량의 차이는 남자와 여자의 체구성 성분의 차이에 기인한다. 여성은 남성보다 지방이 많은 반면 비지방조직과 활동적인 조직은 적다. 따라서 여성의 기초대사량은 남성보다 약 10% 정도 낮다.

② **신체활동에 필요한 열량** : 신체 크기에 따라 달라지는데, 조그만 체구보다 큰 체구를 움직이는 데에 열량이 더 많이 필요하다. 또한 신체활동 에너지는 활동 정도에 따라 다르다. 앉아서 책을 읽거나 TV를 보면서 주로 앉아 있는 아동과 뛰거나 점프하거나 부산하게 행동하는 아동과는 에너지 소모량에 큰 차이가 있다.

③ **식품의 열량효과** : 단백질 섭취 후 열량 생산의 증가는 탄수화물과 지질의 경우에서보다 아주 높다.

(2) 학동기의 에너지 필요량

① 아동은 계속 성장·발육하고 있으므로 발육에 지장이 없고 충분히 활동할 수 있도록 열량을 공급해야 한다. 그러므로 성장기의 열량 필요량은 기초대사량, 열생산작용, 활동량 외에 성장 요소를 감안하여야 한다.

② 우리나라 학동기 에너지 권장량은 성장 속도가 높은 시기, 질병 후 회복기 등에는 에너지와 영양소 필요량이 급증한다.

2 탄수화물과 지방

(1) 탄수화물

① 탄수화물의 대부분은 쌀, 소맥, 옥수수 등의 곡류와 감자 등에서 섭취된다.

추가 설명

학령기 아동 영양
충분한 성장과 체력증진을 위해 체중 1kg당 필요한 영양소의 양이 성인에 비해 훨씬 많다.

추가 설명

학동기의 에너지 필요량
• 체중이 증가하면 활동량에 필요한 에너지는 더 많아진다.
• 운동이나 활동 강도가 높으면 에너지 필요량은 많아진다.
• 조그만 체구보다 큰 체구를 움직이는 데 열량이 더 필요하다.

② 탄수화물의 분해산물인 포도당은 뇌 활동의 주된 에너지원으로 뇌의 포도당 함유량은 약 0.1% 정도이다.
③ 탄수화물은 지방의 케톤 분해를 방지하기 위해 일정량이 필요하다.

(2) 지방

① 지방은 g당 열 발생량이 많아서 효율적이며 체세포의 구성성분으로 중요한 역할을 한다.
② 지방성분 중 지방산과 인지질은 세포막의 구성성분이며, 레시틴, 스핑고마이엘린과 콜레스테롤은 뇌, 신경계통, 간장, 골수 및 체액의 성분이다.
③ 지용성 비타민의 흡수 매체로서 필수적이다.
④ 필수지방산의 부족 시에는 성장지연과 피부염이 나타난다.

3 단백질

(1) 단백질의 역할

① 성장기에는 체조직 성장을 위해 많은 양질의 단백질이 요구된다.
② 단백질은 생명의 기본물질로, 체내에 필요한 각종 효소와 호르몬의 성분이 되어 생체 내 대사와 성장에 지대한 영향을 준다.
③ 근육세포의 주성분을 이루며, 근육의 수축·이완 작용에도 중요한 역할을 한다.
④ 병원체에 대한 저항력을 가지는 항체, 면역현상 등에도 불가분의 관계가 있다.
⑤ 단백질은 연골, 골격, 피부, 모발, 손·발톱 등의 동물체의 지지조직으로서도 역할을 한다.
⑥ 필수아미노산과 함께 비필수아미노산도 매우 중요하므로, 아동들에게는 양질의 단백질은 물론 충분한 단백질을 제공하는 것이 중요하다.

(2) 단백질 권장량

① 성장기인 학동의 단백질 필요량은 체중유지를 위한 필요량과 신체 크기와 구성 성분의 변화와 함께 나타나는 체중증가를 위한 필요량에 근거하여 책정되어야 한다.
② 매끼의 식사에서 각 영양소가 필요량에 적합하도록 분배·섭취해야 하며, 특히 동물성 단백질은 매 식사에서 1/2 이상 섭취하도록 노력해야 한다.
③ 성장기 단백질 이용 효율은 79%로 추정된다.
④ 정상적인 발육을 위한 대사에 필요불가결한 무기질, 비타민과 단백질이 결핍되었을 때 신체의 단백질은 손실되므로 단백질 대사에 필요한 무기질과 비타민이 부족해서는 안 된다.
⑤ 단백질 대사에 중요한 효소 구성 성분으로 작용하는 비타민 B_6(피리독신) 외에 니아신, 칼슘, 칼륨, 인 등도 단백질대사와 관계가 깊다.
⑥ 단백질의 양이 충분해도 지방이나 탄수화물에서 필요한 열량이 부족하면 단백질이 에너지원으로 사용된다.

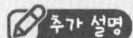

탄수화물 섭취
복합전분으로 섭취하는 것이 좋으며 열량의 약 60%를 탄수화물로 섭취하는 것이 좋다.

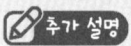

단백질
- 단백질은 생명의 기본물질로 세포에도 다량 함유되어 있다.
- 근육세포의 주성분을 이루며, 근육의 수축·이완작용에도 중요한 작용을 한다.
- 단백질은 연골, 골, 피부, 모발, 손·발톱 등의 동물체의 지주로서의 의의를 가지며, 생체의 질소, 유황분의 공급원이기도 하다.

4 비타민

(1) 비타민 C

① 작용
- ㉠ 뼈, 연골, 결합조직에 많은 콜라겐의 형성을 도와주므로 연골결합조직의 성장이 이루어지는 성장기에 필요량이 증가된다.
- ㉡ 트립토판, 티로신의 대사에도 관여하며 철분의 흡수를 돕고 지방대사와 엽산의 대사에도 관여한다.
- ㉢ 수용성으로서 열, 산, 알칼리에 약하므로 조리에 특히 유의해야 한다.

② 결핍증 : 괴혈병, 성장지연, 근육쇠약, 정신불안증, 관절이 붓는 현상

③ 1일 권장섭취량 : 6~8세(남) 50mg, 6~8세(여) 50mg, 9~11세(남) 70mg, 9~11세(여) 70mg

④ 함유 식품 : 짙푸른 채소와 당근 등의 황색채소, 감귤류 등에 다량 함유

(2) 비타민 B 복합체

① 작용 : 뇌 활동과 신체활동의 주된 에너지원인 포도당의 산화분해과정에 필수적인 조효소로서 작용한다.

② 티아민(비타민 B_1) : 부족하면 각기병, 졸음이 오고 의욕이 떨어진다.

③ 리보플라빈(비타민 B_2) : 부족 시 열량대사의 장해, 발육저지와 구각염 발생, 피부와 점막이상 등이 발생한다.

④ 니아신
- ㉠ 부족 시 : 피부, 소화관, 신경계통에 장해, 펠라그라 등이 발생한다.
- ㉡ 함유 식품 : 버섯, 보리, 땅콩, 강낭콩 등에 많다.

⑤ 비타민 B_6 : 단백질대사에 필수적, 지방산대사에도 관여, 뇌와 신경의 발달에 관여한다. 따라서 성장에 필수불가결하다.

⑥ 엽산과 비타민 B_{12} : 적혈구의 생성과 숙성을 돕고 결핍되면 거대적아구성 빈혈이 나타난다.

(3) 비타민 A

① 성장을 촉진시키며 시각세포의 구성성분이 된다. 상피세포의 성장과 분화에 중요한 역할을 한다.

② 부족 시 : 늑골·턱에 이상, 성장지연, 야맹증, 결막건조증, 각막연화증 등이 생긴다.

③ 함유 식품 : 간, 버터, 난황, 고추, 당근, 호박, 고구마 등

(4) 비타민 D

① 칼슘의 흡수, 이용을 증대시킨다.

② 비타민 D는 식품 외에 자외선으로부터 피부 내에서 만들어진다.

추가 설명

비타민 C
신체의 저항력을 증가시켜 주기도 하므로 스트레스에 견디기 위해서는 필요량보다 많은 양을 권장하고 있다.

비타민 B 복합체
비타민 B 복합체 중 티아민(비타민 B_1), 리보플라빈(비타민 B_2)과 니아신은 뇌활동과 신체활동의 주된 에너지원인 포도당의 산화분해과정에 필수적인 조효소로서 작용한다. 그러므로 이들 비타민의 필요량은 섭취하는 에너지양에 따라 달라진다.

니아신
아동기에 결핍되면 성장이 지연되고 쇠약해지게 된다.

비타민 D의 특징
비타민 D는 칼슘의 체내 이용을 촉진하는 물질로서 주로 음식보다는 체내에서의 합성에 의해서 공급되고 있다.

추가 설명
무기질
- 무기질은 성장발육에 필요한 조직의 구성 그리고 생체기능 조절 역할을 하는 중요한 물질이다.
- 무기질의 함량은 출생 시에는 체중의 약 3%이나 아동기를 거치면서 상승하여 성인은 4.3% 정도를 함유하게 된다.
- 성장발육이 현저한 아동기에 무기질의 필요량이 증대되며 결핍증도 쉽게 나타난다.

추가 설명
학동기의 수분
인체에 함유된 수분은 성인이 65%이지만, 어릴수록 수분의 비율이 크다.

추가 설명
학교급식의 의의
- 아동에 적절한 영양 공급
- 식습관 습득
- 교육적인 효과
- 국민 식생활 개선

5 무기질

(1) 칼슘
① 체내 칼슘의 99%가 골격과 치아를 구성하고 있다.
② **학동기 칼슘의 중요성** : 발육이 왕성한 학동기에는 골격의 생성, 영구치로의 전환 등으로 칼슘의 필요량이 높다.
③ **권장섭취량** : 6~8세 700mg, 9~11세 800mg
④ **급원** : **뼈째 먹는 생선**, 치즈, 우유, 아이스크림, 콩 제품, 색이 진한 녹색엽채류
⑤ **칼슘 흡수를 돕는 것** : 단백질, 락토오스(유당, 젖당), 비타민 D

(2) 철분
① 철분은 혈액의 헤모글로빈의 성분이다.
② 매일의 체내 이용 철분은 25mg이며 이 중 23~24mg은 헤모글로빈의 파괴로부터 생긴 철분을 재이용한다.
③ 식이의 철분은 생체의 필요량에 따라 흡수이용률이 다르다. 생체의 필요량이 많은 성장기와 임신기에 약 30~50%에 달한다.
④ **권장섭취량** : 9~11세(남) 11mg, 9~11세(여) 10mg

(3) 마그네슘, 요오드
① 마그네슘
　㉠ 뼈와 치아의 구성성분, 체내 여러 가지 물질의 동화와 이화과정에서 효소의 활성제로 작용, DNA 합성과 분해과정에 작용한다.
　㉡ 녹색엽채류와 견과류 및 대두류에 다량 함유되어 있다.
② 요오드
　㉠ 갑상선호르몬의 구성성분이며 단백질합성을 자극한다.
　㉡ 결핍되면 난쟁이증(크레틴증)이 생긴다.
　㉢ 해조류에 다량 함유되어 있으며 생선류 등에도 함유되어 있다.

05 학동기의 급식

1 식사 및 식이 구성

(1) 식사
① 어린이의 식습관은 가족의 식습관과 직접적인 관련이 있다.
② 학동들은 활동에 따라 식욕에 변화를 보인다.
③ 성장기 아동은 어른보다 자주 식품을 섭취해야 하므로 간식이 필요하다.

④ 하교 후의 간식은 저녁식사에 영향을 주지 않을 만큼만 준다.
⑤ 아동의 먹는 문제는 부모의 기대와 관련이 많다.
⑥ 아동의 급식은 기호, 습관, 활동 등의 요인을 고려하여야 한다.

(2) 식이 구성

식품군별 구성은 가정의 경제, 기호, 식습관에 따라 다르지만, 기초식품이 골고루 들어 있는 균형 잡힌 식이를 제공하는 일이 중요하다.

2 학교급식

(1) 학교급식의 종류
① **완전 급식** : 한 끼의 완전 식사 형태로 급식되는 것이다.
② **보충 급식** : 어느 특수한 식품 또는 영양소를 식사 중에 혹은 간식으로 보충 급여하는 것이다.

(2) 학교급식의 식단 및 효과
① 아동들의 영양권장량의 1/3을 보충할 수 있어야 한다.
② **학교급식의 효과** : 신체 성장, 식습관 개선, 어머니의 가사부담 감소, 친구간의 평등의식과 갈등 해소

06 학동기의 영양문제

1 영양소 부족

(1) 영양성 빈혈
① 철결핍성 빈혈이 가장 일반적인 형태의 빈혈이다.
② 영양성 빈혈은 철분의 부족뿐만 아니라 단백질, 그 외 조혈에 필요한 비타민B_{12}, 엽산, 비타민 C 등의 부족으로 인한 복합적 결과이다.
③ 전체적인 영양의 균형을 고려하고, 철분 급원식품을 충분히 섭취하도록 하며, 특히 철분의 체내 흡수와 이용을 돕는 동물성 단백질과 비타민 C의 섭취를 증가시켜서 철분의 이용률을 증가시키도록 해야 한다.

(2) 칼슘과 비타민 D 부족
① 칼슘과 비타민 D의 부족으로 성장이 지연되며 뼈와 치아가 단단해지는 작용이 약화되어 구루병, OX형의 다리가 생기게 된다.
② 생선, 우유를 자주 먹고 햇볕을 많이 받도록 한다.

추가 설명

칼슘의 섭취
우유 및 유제품, 마른 잔생선(멸치, 뱅어포, 정어리) 등을 이용한 조리식품 등을 많이 섭취하도록 하고, 칼슘의 이용률을 높이는 식품들과 같이 섭취하는 것이 중요하다.

> **추가 설명**
>
> 학동기의 식행동 문제
> - 아침 결식(시간이 없고 피곤함, 귀찮아서) → 빈혈, 집중력 저하
> - 열량 위주의 간식(인스턴트 식품의 범람, 청량음료, 설탕의 다량 섭취) → 비만
> - 무절제한 다이어트(외모의 변화에 대한 경계심, 비만에 대한 두려움 등) → 신경성 식욕부진, 저체중
> - 편의식 선호(정규식사의 번거로움 회피, 즉석식품 이용 증가) → 영양 불균형, 지방과다
> - 외식(경제적·사회적 환경의 변화, 식사 해결의 방법) → 과다한 염분 섭취, 자극적인 조미료 과다, 채소 섭취 부족

2 비만 및 충치

(1) 비만증

① 정의 : 비만이란 체지방이 과잉으로 침착된 상태로서 체중 과다가 생긴 경우이다.

② 비만의 원인

  ㉠ 장기간에 걸쳐서 소비 열량보다 훨씬 많은 칼로리를 섭취하여, 과잉 열량이 체지방으로 저장되어 체중이 증가되기 때문이다. 비만의 원인은 단순하지 않으나 유전적 요인 외에 환경적 요인이 특히 중요하다.

  ㉡ 식이 섭취의 과잉과 신체 활동의 부족, 심리적 원인과 식습관을 들 수 있다.

  ㉢ 환경적 요인 중에 식생활은 가족생활에 기반을 두고 있으며 부모의 식습관은 그 자녀에게 영향을 준다. 이것은 비만은 유전적인 소질 위에 과식 및 영양 과잉 섭취 등의 식습관이 영향을 미쳐 유발된다는 것을 보여 준다.

③ 학동기는 유아기보다 비만의 발생 빈도가 높으며, 대부분 단순성 비만이며 과식과 운동 부족에서 기인한다.

④ 비만의 치료 : 저칼로리 식이, 충분한 단백질·탄수화물 공급, 충분한 비타민 및 무기질 공급, 철저한 영양교육, 운동

(2) 충치

① 충치 원인 : 주로 설탕류(사탕류, 캐러멜, 아이스크림, 초콜릿, 과자류 등)의 과잉 섭취와 관리 소홀에서 온다.

② 학동기는 치아를 영구치로 갈고 일부 치아는 영구치로 일생을 지녀야 하므로 정제된 식품류의 섭취를 줄여야 한다. 그리고 식후의 칫솔질로 건강한 치아를 유지하도록 해야 한다.

실전예상문제

1 다음 중 학동기의 성장에 대한 설명으로 옳은 것은?

① 학동기 이후 가장 급격히 발달되는 조직은 뇌이다.
② 학동기의 신체 성장은 남아가 여아보다 빠르게 진행된다.
③ 학동기에는 장 기관 및 조직 발달이 꾸준히 이루어진다.
④ 학동기의 성장은 성호르몬의 영향을 가장 크게 받는다.

> **해설** 성장 과정에 있는 학동은 먼저 유아기의 왕성한 고비를 지나 비교적 완만한 성장을 계속하면서 멀지 않아 청소년기의 왕성한 제2의 고비를 맞이한다. 완만한 성장을 계속한다고는 하나 내장의 여러 기관의 조직이나 기능은 충실해지고 있으며, 골격 형성 등의 발달도 현저하다.

2 다음 중 생후 1년에 성인의 약 60% 이상, 생후 6년에는 약 90%가 성장하는 신체 기관은?

① 뇌 ② 심장 ③ 폐 ④ 신장

> **해설** 뇌는 생후 1년에 성인의 약 60% 이상, 생후 6년에는 약 90%가 성장한다.

3 다음 중 학동기 신체 각 기관이나 조직의 성장에 대한 설명으로 옳지 않은 것은?

① 림프 조직은 12세를 전후하여 성인보다 발달된다.
② 뇌의 크기는 성인기에 주로 커진다.
③ 골격 중 다리가 다른 부분보다 급격히 자란다.
④ 근육이 학동기 동안 꾸준히 증가한다.

> **해설** 문제 2번 해설 참조

4 다음 중 학동기 성장과 관련하여 이 시기에 가장 발달되는 부위나 조직은?

① 생식기관 ② 폐 ③ 머리둘레 ④ 림프조직

> **해설** 림프절은 12세를 전후하여 20세의 2배의 비율로 성장한다.

정답 1.③ 2.① 3.② 4.④

5 신체계측법 중 피부를 가볍게 집어 올렸을 때 접힌 피하지방의 두께를 측정하는 것은?

① 체질량 지수   ② 비체중   ③ 피부두겹집기   ④ 상완위

해설 피부두겹집기는 캘리퍼를 사용해서 피부를 가볍게 집어 올렸을 때 접힌 피하지방의 두께를 측정하는 것이다.

6 체지방량, 특히 복부 지방량을 반영하는 신체계측지표로 알맞은 것은?

① BMI   ② WHR   ③ 상완위   ④ 비체중

해설 허리 엉덩이 둘레비(WHR) : 체지방량, 특히 복부 지방량을 반영하는 지표이다.

7 다음 중 성장에 영향을 주는 가장 중요한 외적 요소는?

① 휴식   ② 운동   ③ 영양   ④ 환경

해설 영양은 성장에 영향을 주는 가장 중요한 외적 요인으로 영양이 불량하면 성장 · 발달이 지체된다.

8 다음 중 학동기의 성장에 가장 많은 영향을 미치는 호르몬은?

① 안드로겐   ② 성장호르몬   ③ 성호르몬   ④ 갑상선호르몬

해설 성장호르몬은 신체조직의 대사에 다양한 영향을 미친다. 성장촉진 효과는 모든 조직과 기관에서 단백질 합성을 촉진시키기 때문이다. 단백질 합성에 필수적인 아미노산을 세포 내로 끌어들이는 세포막의 투과성을 증가시키고, 리보솜의 활동도 증가된다. 또한 성장호르몬은 세포분열, 즉 성장의 주 요인인 세포를 증식시킨다.

9 다음 중 성장호르몬의 작용으로 거리가 먼 것은?

① 단백질 합성 촉진
② 세포 증식 촉진
③ 연골과 뼈의 성장 촉진
④ 뼈 내 무기질 침착 증가

해설 성장호르몬의 작용
- 단백질 합성 촉진, 세포 증식 촉진
- 연골조직과 골단의 뼈 끝에서 단백질 합성을 촉진시키고 골아세포의 세포분열 속도를 증가시켜서 뼈의 성장을 촉진시킨다.

10 다음 중 학동기 신장 증가에 가장 큰 영향을 주는 호르몬은?

① 티록신　　　② 테스토스테론　　　③ 성장호르몬　　　④ 에스트로겐

해설 문제 8번 해설 참조

11 다음 중 갑상선호르몬에 대한 설명으로 옳지 않은 것은?

① 갑상선 호르몬의 부족은 크레틴증을 유발시킨다.
② 중추신경계를 발달시키고 그 기능을 촉진시킨다.
③ 뇌하수체 전엽에서 분비되는 호르몬이다.
④ 에너지 생산 작용과 탄수화물, 단백질과 지질 대사에 영향을 준다.

해설 갑상선호르몬은 중추신경계를 발달시키며 기능을 촉진시킨다. 크레틴증은 이 호르몬의 부족현상이다. 이 호르몬은 갑상선의 여포세포가 생성하는 호르몬이다.

12 다음 중 학동기 에너지 필요량과 관련된 설명으로 옳지 않은 것은?

① 체표면적당 기초대사량은 연령이 증가함에 따라 점차 감소된다.
② 체중이 증가하면 활동량에 필요한 에너지는 더 적어진다.
③ 여성의 기초대사량은 남성보다 약 10% 정도 낮다.
④ 운동이나 활동 강도가 더 높으면 에너지 필요량은 많아진다.

해설 체중이 증가하면 활동량에 필요한 에너지는 더 많아진다.

13 다음 중 체표면적(m^2)당 기초대사량에 대한 설명으로 옳은 것은?

① 기초대사량이 가장 큰 시기는 15세 전후이다.
② 같은 연령에서 남성은 여성보다 이 기초대사량이 적다.
③ 연령이 증가할수록 이 기초대사량이 감소한다.
④ 연령이 증가할수록 이 기초대사량이 증가한다.

해설 체표면적당 기초대사량은 연령이 증가함에 따라 점차 감소된다.

14 학동기 아동에게 탄수화물의 적절한 공급이 중요한 이유와 관계가 없는 것은?

정답 5.❸　6.❷　7.❸　8.❷　9.❹　10.❸　11.❸　12.❷　13.❸　14.❶

① 탄수화물은 단백질 필요량을 언제나 감소시키기 때문이다.
② 포도당은 뇌 활동의 주된 에너지원이다.
③ 탄수화물은 에너지원으로 사용되어 단백질의 체내 작용을 돕는다.
④ 탄수화물의 양이 극히 감소하면 열량원으로 지방과 단백질이 사용되기 때문이다.

해설 탄수화물의 과잉 섭취는 단백질의 필요량을 감소시킨다.

15 다음 중 성장기에 지방을 반드시 섭취해야 하는 이유로 가장 타당한 것은?
① 효율적인 에너지원이므로
② 소화기의 부담을 줄이기 위하여
③ 필수지방산을 섭취해야 하므로
④ 음식의 맛을 돕기 위하여

해설 필수지방산은 체내에서 합성되지 않거나 그 양이 필요량보다 적은데, 이의 부족은 성장지연, 피부염을 일으킨다.

16 학동기 단백질에 관한 설명으로 옳지 않은 것은?
① 성장기 체조직 성장을 위해 많은 양질의 단백질이 요구된다.
② 단백질은 생체 내 대사와 성장에 지대한 영향을 준다.
③ 근육세포의 주성분을 이루며, 근육의 수축·이완 작용에도 중요 역할을 한다.
④ 학동기에는 필수 아미노산만 중요하므로 비필수 아미노산은 섭취하지 않아도 된다.

해설 필수아미노산과 함께 비필수아미노산도 매우 중요하므로, 아동들에게는 양질의 단백질은 물론 충분한 단백질을 제공하는 것이 중요하다.

17 성장기 단백질 이용 효율은 어느 정도로 추정되는가?
① 40%
② 55%
③ 72%
④ 79%

해설 성장기 단백질 이용 효율은 79%로 추정된다.

18 성장기인 학동기 단백질 권장량과 관련된 설명으로 옳지 않은 것은?
① 동물성 단백질은 매 식사에서 1/4 가량 섭취하도록 한다.
② 단백질 양이 충분해도 지방이나 탄수화물에서 필요한 열량이 부족하면 단백질이 에너지원으로 사용된다.
③ 단백질 대사에 필요한 무기질과 비타민이 부족해서는 안된다.

④ 단백질 필요량은 체중유지를 위한 필요량과 신체 크기와 구성성분의 변화와 함께 나타나는 체중증가를 위한 필요량에 근거하여 책정되어야 한다.

해설 동물성 단백질은 매 식사에서 1/2 이상 섭취하도록 노력해야 한다.

19 다음 중 학동기 9~11세 남자의 단백질 1일 권장 섭취량은 얼마인가?

① 40g ② 50g ③ 55g ④ 60g

해설 남자의 경우 6~8세는 35g, 9~11세는 50g, 12~14세는 60g이다. 여자는 6~8세는 35g, 9~11세는 45g, 12~14세는 55g이다.

20 다음 중 학동기 6~8세 여자의 1일 단백질 권장 섭취량은 얼마인가?

① 35g ② 40g ③ 45g ④ 50g

해설 문제 19번 해설 참조

21 수용성으로서 열, 산, 알칼리에 약하므로 조리에 유의해야 하며 부족 시 괴혈병이 나타날 수 있는 비타민은?

① 비타민 A ② 비타민 C ③ 비타민 D ④ 비타민 E

해설 비타민 C는 뼈, 연골, 결합조직에 많은 콜라겐의 형성을 도와주므로 연골·결합조직의 성장이 이루어지는 성장기에 필요량이 증가된다.

22 성장기인 학동기에 비타민 C 필요량이 증가하는데, 비타민 C의 성장 관련 작용과 급원 식품으로 옳은 것은?

① 시각 세포 구성 성분 - 당근, 돼지고기
② 각기병 예방 - 멸치, 굴
③ 철분 흡수 증진 - 멸치, 우유
④ 뼈, 연골, 결합조직의 성분인 콜라겐 형성 도움 - 시금치, 귤

해설 문제 21번 해설 참조

정답 15.❸ 16.❹ 17.❹ 18.❶ 19.❷ 20.❶ 21.❷ 22.❹

23 다음 중 비타민과 무기질의 급원과 결핍증이 바르게 연결된 것은?

① 칼슘 — 우유, 잔 생선 — 악성빈혈
② 철분 — 간, 잔 생선 — 골연화증, 구루병
③ 비타민 A — 간, 난황, 등황색 채소 — 각막연화증, 야맹증
④ 비타민 D — 감귤류, 짙푸른 채소 — 괴혈병

해설 비타민 A는 동물성 식품 중 간, 버터, 난황 등에 많이 함유되어 있다. 섭취하였을 때 비타민의 작용을 하는 카로티노이드계 색소가 들어 있는 등황색 채소, 즉 붉은 고추, 당근, 늙은 호박, 고구마와 같은 짙푸른 채소 등은 비타민 A의 좋은 급원이다. 만약 비타민 A가 부족하게 되면 늑골, 턱에 이상이 생기며 성장이 지연된다. 시각세포 중 간상세포의 생성이 적어져서 암순응이 지연되고 야맹증이 생긴다. 결막건조증이나 각막연화증이 생기며, 심해지면 각막이 녹아나와 액화되며 홍채가 튀어나와 실명될 수도 있다.

24 다음 중 비타민 B 복합체와 그 결핍 증상이 바르게 연결되지 않은 것은?

① 비타민 B_1 - 각기병   ② 니아신 - 펠라그라   ③ 비타민 B_2 - 구각염   ④ 비타민 B_{12} - 야맹증

해설 엽산과 비타민 B_{12}는 적혈구 생성과 숙성을 돕고 결핍되면 거대적아구성 빈혈이 나타난다.

25 학동기 칼슘의 좋은 급원으로 거리가 먼 것은?

① 멸치   ② 우유   ③ 치즈   ④ 고구마

해설 칼슘의 좋은 급원으로 멸치, 치즈, 우유, 콩제품, 색이 진한 녹색엽채류 등이 있다.

26 다음 중 칼슘의 흡수를 돕는 것으로 옳지 않은 것은?

① 단백질   ② 락토오스   ③ 비타민 A   ④ 비타민 D

해설 칼슘의 흡수를 돕는 것으로 단백질, 락토오스(유당), 비타민 D 등이 있다.

27 혈액의 헤모글로빈의 성분으로 생체의 필요량이 많은 성장기와 임신 시에 흡수율이 약 30~50%에 달하는 영양소는?

① 비타민 C   ② 철분   ③ 마그네슘   ④ 요오드

해설 철분은 혈액 헤모글로빈의 성분이므로 성장속도에 비례하여 필요량을 요한다.

28 더운 여름 햇볕 아래에서 과격한 운동을 한 아동에게 가장 먼저 공급해야 할 영양소는 무엇인가?

① 마그네슘　　　② 아미노산　　　③ 수분　　　④ 철분

해설 어릴수록 수분 섭취량이 감소하거나 또는 배설량이 증가할 경우 탈수증이 생기기 쉽다. 특히 학동기는 유아기보다도 운동량이 많으며, 특히 더운 여름 햇볕 아래에서 과격한 운동을 할 때 발한량이 증가되어 탈수증이 되는 수가 많다.

29 다음 중 학교급식에서 급식을 통해 얻을 수 있는 궁극적 효과로 가장 옳은 것은?

① 가계경제의 고려　　　② 주식, 부식 개념의 탈피
③ 완벽한 영양 공급　　　④ 식습관 형성

해설 학교급식이 아동들에게 적절한 영양을 공급함으로써 체위, 체력과 건강을 증진시킬 뿐만 아니라 학교급식과 관련된 경험을 통하여 영양지식과 식사예법을 습득하는 기회가 된다. 또한 아동들에게 올바른 식사태도와 식습관을 가지도록 할 수 있다.

30 다음은 학교급식의 목적에 대한 설명으로 가장 옳은 것은?

① 좋은 영양을 공급하는 동시에 영양교육을 실천하기 위해서
② 결석아동을 예방하기 위해서
③ 비만 예방을 위해서
④ 영양공급을 위해서

해설 학교급식은 아동들에게 적절한 영양을 공급하면서 또 영양지식과 식사예법 습득 기회를 제공한다.

31 다음 중 학동기 영양문제가 아닌 것은 무엇인가?

① 충치　　　② 관상심장병　　　③ 빈혈　　　④ 비만증

해설 학동기의 영양문제 : 열량 부족과 단백질 부족, 영양성 빈혈, 칼슘과 비타민 D 부족, 에너지 과잉 또는 비만증, 충치 등이 있다.

32 다음 중 학동기 골격 성장에 작용하는 영양소로 거리가 먼 것은?

① 비타민 D　　　② 단백질　　　③ 칼슘　　　④ 탄수화물

정답 23.❸　24.❹　25.❹　26.❸　27.❷　28.❸　29.❹　30.❶　31.❷　32.❹

해설 골격 성장에 작용하는 영양소 : 비타민 C, 비타민 D, 단백질, 칼슘 등

33 최근 영양 과잉과 운동 부족으로 오는 학동기 비만을 예방하기 위한 방안은?
① 운동량은 늘리고 고열량식이를 한다.
② 지방은 포만감을 주므로 다량 섭취한다.
③ 저열량식이를 하되 단백질, 채소, 과일 등을 먹는다.
④ 초콜릿과 같은 농축된 열량식품을 먹어 포만감을 갖게 한다.

해설 비만증의 치료 원칙 : 저칼로리 식이, 충분한 단백질, 탄수화물 공급, 충분한 비타민, 무기질 공급, 철저한 영양교육, 운동 등이다.

34 학동기 식행동 문제로 거리가 먼 것은?
① 인스턴트 식품 섭취 증가
② 꾸준한 아침 식사
③ 청량음료 과다 섭취
④ 무절제한 다이어트

해설 학동기 식행동 문제 : 인스턴트 식품 섭취 증가, 청량음료 과다 섭취, 무절제한 다이어트, 아침 결식, 외식과 매식 증가

정답 33.❸ 34.❷

제2부 생활주기영양

04 청(소)년기 영양

단원 개요

이 단원에서는 청(소)년기의 성장과 생리적 특성을 파악하도록 하며, 이러한 성장과 성적 성숙을 위한 영양소 필요량을 살펴보도록 한다. 영양소의 공급은 급식으로 이루어지므로 합리적이고 적절한 급식의 방안을 알아보도록 하며, 청(소)년기에 흔히 발생하는 영양문제를 파악하여 이의 예방에 대처하도록 한다.

출제 경향 및 수험 대책

이 단원에서는 청(소)년기 영양의 의의, 청(소)년기의 성장과 생리적 특성, 성장성숙에 작용하는 호르몬, 영양소 필요량, 에너지, 단백질, 비타민, 무기질, 수분, 청(소)년기의 급식, 청(소)년기 식행동, 급식과 식품구성, 청(소)년기의 영양문제, 신경성 소화불량, 결식과 빈혈, 10대 임신과 흡연 등에 대해서 묻는 문제들이 출제될 수 있는 바, 자세하고 철저한 학습이 요구된다.

4

01 청(소)년기 영양의 의의

1 청(소)년기

① 청(소)년기는 대략 12~20세 미만의 시기로서 제2의 급속한 성장기이다.
② 신체적 성숙·성장과 더불어 정서적으로 불안정한 시기이다.
③ 2차 성징이 나타나는 청(소)년기 초기를 사춘기라 한다.
④ 각 개인의 성장 속도는 유전과 환경의 상호작용에 의해서 결정된다.

2 청(소)년기 영양의 내용

① 청(소)년기 영양은 최대의 유전 능력을 발휘하고 보완할 수 있는 영양 필요량을 공급하여야 한다.
② 청(소)년기의 영양문제는 영양 필요량의 결핍과 정서적 불안정에서 오는 나쁜 식습관에서 유래된다.

02 청(소)년기의 성장과 생리적 특성

1 신체적 성장

(1) 신장과 체중

① 급속한 신체크기의 성장, 특히 신장과 체중이 증가한다.
② 남성보다 여성의 신체 성장이 일찍 일어나고 완료되며, 성장 정도는 여성이 남성보다 적다.

(2) 흉위와 좌고

① 흉위(가슴둘레)의 발육은 남녀 모두 11~15세 사이에 급성장한다. 가슴둘레는 체중과 함께 청소년기에 제1의 급성장을 이룬다.
② 좌고(앉은 키)도 청(소)년기에 급성장한다. 몸체와 다리의 성장으로 신장이나 앉은키가 증가한다.

2 기관과 조직 발달

(1) 골반과 근육

① 여성의 경우 골반 가로 지름이 현저히 증가한다.
② 근육은 연령이 증가되면서 계속 증가하는데, 여성은 16세 이후 근육 성장이 완료되어 근육량이 일정하며, 남성은 성인이 될 때까지 증가한다.

추가 설명

청(소)년기의 성장
아동기나 성인기의 중간 발달 단계인 청(소)년기는 성적 성숙 시기로 대표되며, 제2의 급속한 성장기이다.

추가 설명

사춘기의 특징
• 급격한 신체적 변화
• 높아진 성적 욕구와 갈등
• 부모와의 정서적 유대의 단절 압력

③ 근육량의 증가는 주로 근섬유의 비대에 의한다.

(2) 체지방
① 청소년기에 여성은 비지방조직이 약간 증가하지만, 저장지방조직이 훨씬 많이 증가한다. 청소년기에 여성은 남성에 비하여 두 배의 체지방을 갖는다. 골반·근육의 발달과 더불어 체지방 양의 증가로 남성과 여성의 신체 모습이 달라진다.
② 상대적으로 남성의 근육이 더 발달하고 여성은 체지방이 축적되어 곡선형의 체형을 갖는다.

3 성적 변화
(1) 남성의 성 성숙
① 남성의 2차 성징은 목소리의 변성으로 알 수 있다.
② 고환과 음낭이 급속히 성장하며 음모, 겨드랑이털, 수염이 나타나며 음경이 커진다.
③ 최초의 사정은 사춘기 중에 일어난다.

(2) 여성의 성 성숙
① 성적 성숙은 젖멍울에서부터 나타나며, 음모가 생긴 뒤 초경이 온다.
② 8~13세 사이에 젖멍울이 생기면서 유방이 발달한다.
③ 초경은 대개 10~16세 사이에 온다.

4 성장·성숙에 작용하는 호르몬
(1) 남성의 성호르몬
① 안드로겐
  ㉠ 안드로겐은 남성 생식계의 성장과 발달에 영향을 미치는 호르몬의 총칭이다. 남성의 2차 성징 발달에 작용하는 호르몬으로 주로 남성의 정소(고환)에서 분비되며 일부는 부신피질과 여성의 난소에서도 분비된다.
  ㉡ 안드로겐은 고환에서 분비되는 테스토스테론을 비롯하여 그것이 변하여 오줌 속에 배설되는 안드로스테론이나 디히드로에피안드로스테론 등과 부신피질에서 분비되는 아드레노스테론 등이 포함된다.

② 테스토스테론
  ㉠ 테스토스테론은 대부분 고환에서 만들어져 분비된다. 남성의 사춘기에는 테스토스테론의 수치가 약 30배 이상 증가하여 2차 성징이 시작되며 다양한 신체 변화를 유도한다.
  ㉡ 테스토스테론은 2차 성징을 주도하며, 근육 양의 증가에도 관여한다. 그리고 정자 생성에 필수적이다. 남성의 생식선과 정낭, 전립선, 음경 및 부속 성기의 성장과 원활한 작용이 이루어지도록 한다.

추가 설명
피하지방과 신장
피하지방의 증가는 신장의 성장과는 반대되는 경향을 나타낸다. 즉, 신장 증가가 크면 체지방 축적이 감소된다.

추가 설명
사춘기 이후 성적 성숙
- 2차 성징 : 남성과 여성 간에 여러 가지 외모상으로 다른 모습을 나타나게 하는데, 즉 신체 모양과 털의 부위 등이 사춘기 때부터 달라지게 된다. 예 월경, 사정
- 청소년기의 성적 성숙은 대체로 순서에 따라 일어나지만 시점은 다양하다. 여기에는 유전과 영양과 사회적·심리적 요인 등이 관계된다. 영양의 개선은 특히 여성에게 성적 성숙을 빨리 오게 한다.

추가 설명
청소년기 성장·성숙호르몬
성호르몬이 큰 작용을 한다. 성호르몬은 남성의 고환과 여성의 난소에서 각각 합성된다. 남성과 여성의 호르몬은 생식선자극호르몬에 의해서 분비된다.

추가 설명
안드로겐의 기능
- 생식기관이나 그 밖의 성적 특징의 발육이나 유지 및 기능을 관장한다.
- 특히 뼈조직에서 단백질의 증가, 신장의 무게와 크기 증가, 땀과 피지샘의 활동 증가, 적혈구세포의 재생 등에 관여한다.
- 여드름의 원인이 되기도 하며, 체모와도 관계가 있다. 여성의 경우는 안드로겐의 양이 상대적으로 적어 수염이 나지 않거나 가늘게 나게 된다.

ⓒ 테스토스테론은 성욕을 증진시키며, 저돌적이고 공격적인 성향에 기여한다.

(2) 여성의 성호르몬

① 에스트로겐
　㉠ 에스트로겐이 분비되려면 뇌하수체 전엽의 여포자극호르몬과 황체형성호르몬이 필요하다. 사춘기 이후 에스트로겐은 급격히 증가한다.
　㉡ 증가한 에스트로겐은 사춘기에 일어나는 변화를 촉진하며 뇌하수체에 영향을 주므로 월경이 시작된다.
　㉢ 에스트로겐은 주기적으로 분비량이 감소되었다 증가되었다 하는 주기가 있다. 40대 후반에 양이 급격히 감소되면서 폐경기가 나타난다.
　㉣ 에스트로겐은 부수생식기관과 2차 성징까지 모두 조절하는 역할을 한다. 에스트로겐의 자극은 여성 성기관인 자궁, 나팔관, 질을 유지하고 기관을 덮는 선과 외성기, 유방 등도 성장시키고 유지한다.
　㉤ 에스트로겐은 골아세포(뼈의 신생과 재생에 관여하는 세포)의 작용을 증가시켜 사춘기 이후 몇 년 동안 급속히 신장을 증가시키고 장골 간과 골단을 빨리 통합하여 골격의 성장을 중지시킨다. 따라서 여성은 남성보다 몇 년 앞서 성장이 중지된다.
　㉥ 에스트로겐은 골반을 넓게 하는 효과를 가지며, 총 체단백질을 증가시키며, 지방을 피하지방에 축적시키는 작용을 한다.
　㉦ 에스트로겐은 신장의 작용을 증진시켜서 나트륨과 수분의 저류가 일어나게 한다. 이 효과는 임신 시에 두드러진다.

② 프로게스테론
　㉠ 프로게스테론도 에스트로겐과 같이 작용하나 효과는 작은 편이다.
　㉡ 유방과 난관과 자궁의 연조직에 영향을 미친다.
　㉢ 질의 상피세포 형성에 영향을 주는데 이 상피세포 조직으로 배란이 일어났는지의 여부를 알 수 있다.
　㉣ 프로게스테론은 월경주기 중 분비기에 혈액 내에 많은 양이 존재하며, 자궁내막의 변화에 가장 큰 영향을 준다.

03 영양소 필요량

1 에너지

① 청소년기 각 기관의 성장과 신장·체중의 증가는 총 기초대사량을 증가시킨다.
② 사춘기가 지나면 남자는 여자보다 기초대사량이 약 10% 많아지고, 열량 필요량은 약 25%가 증가한다. 성장에 따라 식품섭취가 증가하므로 식품이용을 위한 에너지 소모량

추가 설명
성호르몬과 콜레스테롤의 관련성
성호르몬은 모두 콜레스테롤에서 합성된다.

추가 설명
여성호르몬과 월경주기
- 자궁 변화는 에스트로겐과 프로게스테론의 혈중 농도에 따라 주기적으로 변화한다.
- 월경은 비후해진 자궁벽의 소실로 인해 혈액과 자궁벽 조직이 배출되는 것이다. 월경 중의 평균 혈액 손실량은 50~150mL 정도이다.

추가 설명
에스트로겐
- 주로 난소와 태반에서 분비되며 부신과 남성의 정소에서도 소량 분비된다.
- 혈액 중의 에스트로겐 농도는 배란기와 월경 후에 가장 높다.
- 에스트로겐은 난소·질·나팔관·자궁·젖샘 등에 영향을 끼쳐 수정과 임신, 출산 및 육아를 돕는다.
- 에스트로겐이 결핍되면 여아는 자궁은 발달하지 않으며, 성인은 자궁 조직이 퇴화한다.

(식사성 발열효과, 특이동적 대사량)도 증가한다.
③ 청소년기 열량 필요량을 기초대사량(휴식대사량), 활동대사량(신체활동 수준), 식사성 발열효과(특이동적 대사량)로 나누어 볼 때 청소년기에서 에너지 필요량은 대체로 기초대사량이 가장 많다.

2 단백질

① 청소년기의 골격과 장기 조직 발달을 위해 성장·성숙에 작용하는 호르몬과 효소의 합성을 위해 단백질의 섭취는 매우 중요하다.
② 단백질은 체내 질소 보유량과 식이 열량 섭취량이 적으면 단백질 필요량은 증가한다.
③ 필수 아미노산 함량이 낮아져도 단백질 필요량은 증가한다. 단백가가 높으면 단백질 필요량은 감소하나 단백질 최소 필요량은 충족되어야 한다.
④ 우리나라 청(소)년기의 1일 단백질 권장량
  ㉠ 12~14세의 남자 60g, 여자 55g
  ㉡ 15~18세의 남자 65g, 여자 55g

3 비타민

① **비타민 B군** : 청소년기에 열량 필요량이 급증하므로 이에 따라 에너지대사를 돕는 비타민 B군의 필요량이 증가된다. 비타민 B군은 탄수화물, 단백질, 지방을 대사하여 신체 에너지대사를 도울 뿐만 아니라 뇌활동에도 중요하다.
② **비타민 C** : 뼈의 성장에 필수적인 콜라겐 형성과 철분의 흡수를 증진시키는 중요 작용을 한다.
③ **비타민 D** : 골격의 석회질화와 관련하여 칼슘의 항상성 유지에 관여하여 비타민 D는 골격이 빠르게 성장하는 청소년기에 요구량이 증가한다. 또한 세포분화와 증식에서 중요한 역할을 한다.

4 무기질

(1) 칼슘과 인

① 전체 뼈 성장의 1/2이 이루어지는 청소년기에는 급격한 골격 성장으로 칼슘과 인의 필요량이 매우 높다.
② 청소년기에 칼슘의 보유량이 증가하며, 1일 권장섭취량은 남자(12~14세) 1,000mg, 여자(12~14세) 900mg, 남자(15~18세) 900mg, 여자(15~18세) 800mg이다.

(2) 철분

① 청소년기 철분의 증가
  ㉠ 혈액량이 급격히 증가하는데, 이는 새 적혈구의 생성이 많아진 것을 뜻하며 이로 인해 철분의 필요량이 증가하는 것을 의미한다. 또한 성장하는 근육에 미오글로빈이 증

추가 설명

청소년기 영양
청소년기는 신장·체중의 증가와 근육·골격 등 각 조직이 급속히 성장하고 성기관의 성숙이 일어나기 때문에 에너지, 단백질, 비타민, 칼슘, 철분 등의 필요량이 증가한다. 충분한 에너지와 영양소를 섭취하여 각 기관의 성장·성숙을 뒷받침할 수 있어야 한다.

추가 설명

여성과 초경
여성은 초경 이후 질소 보유량이 현저히 저하될 수 있는데, 월경으로 인한 혈액의 손실과 식사섭취의 부족으로 쉽게 질소평형이 '-'로 될 수 있다. 따라서 초경 이후에는 단백질 필요량이 증가하므로 단백질의 질과 양을 충분하게 조절해 주어야 한다.

추가 설명

철분 흡수와 관련된 요소
젖당, 동물성 단백질, 비타민 C 등은 흡수를 증진시키나 수산이나 피틴산은 철분염을 형성하여 흡수를 감소시킨다.

가하므로 많은 양의 철분이 필요하게 된다.

ⓒ 남녀 모두 사춘기에 급격히 증가하는데, 신장의 증가는 물론, 각 장기의 급격한 성장에 맞추어 적혈구의 생성이 증가하기 때문이다. 특히 여성은 월경의 시작으로 인해 철분 요구가 더 증가한다.

② **권장섭취량** : 12~14세 남자 14mg, 12~14세 여자 16mg, 15~18세 남자 14mg, 15~18세 여자 14mg

04 청(소)년기의 급식

1 청(소)년기 식행동

① **불규칙한 식사** : 10대들의 많은 수가 식사를 거르거나 밖에서 식사하는 경우가 늘고 있는 것은 독립적으로 집 밖에서 지내는 시간이 많기 때문이다.

② **청소년의 식행동**

ⓐ **광고** : 십대들은 광고 메시지에 매우 민감하다.

ⓑ **즉석식품(fast food) 이용** : 자판기 · 패스트푸드점 · 24시간 편의점 식품 등을 다양하게 이용할 수 있는데 영양적으로 제한이 많다.

ⓒ **부모 역할** : 자녀의 식습관이나 식행동은 부모로부터 배운다. 아이들이 자신의 성장을 위한 영양식품을 선택하고 책임감을 가지게 할 필요가 있다.

2 급식과 식품 구성

① 식이 구성은 여섯 가지 식품군을 균형 있게 배합하는 일이 무엇보다 중요하다.
② 식이 구성은 가정경제와 기호, 주부의 시간 등을 고려하여 작성하도록 한다.

05 청(소)년기의 영양문제

1 결식과 빈혈

① 10대들의 많은 수가 식사를 거르거나 밖에서 간단히 식사하는 경우가 많은데, 결식은 기력 약화, 정신기능 약화를 야기할 수 있다.
② 여성은 월경으로 인해 혈액의 손실이 있으므로 철분 필요량은 남성보다 많다. 그러나 식이의 섭취 부족, 체중조절을 위한 섭취 감소로 빈혈이 악화되는 경우가 많다.

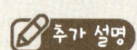

즉석식품
- 열량만을 공급하는 것이 많다.
- 즉석식품에는 섬유소가 아주 적으며, 나트륨 함량이 높다.
- 자극적인 조미료 섭취, 지방(지질)과다가 될 수 있다.

청(소)년기의 빈혈
철분과 함께 단백질, 동물성 식품, 비타민 C 등을 섭취함으로써 방지한다.

2 섭식 장애

① 거식증
　㉠ 섭식장애의 대표적 증후로서 체중증가에 대한 두려움과 날씬한 몸매를 위해 실제 자신의 신체 상태보다 자신이 비대하다고 느껴 음식을 거부하는 것이다.
　㉡ 원인을 찾아 심리적 치료를 병행하며, 체중 회복과 영양 증진을 목적으로 영양관리를 해야 한다.

② 폭식증 : 폭식증은 폭식과 토하는 일을 교대로 반복하는 것이다. 음식에 집착하고, 자신의 행동이 비정상적이라고 자각하는 점에서 거식증과는 다르다.

3 비만 및 흡연

① 비만
　㉠ 청소년의 서구화된 식생활로 인한 에너지 섭취 과잉으로 비만율이 높아지고 있다.
　㉡ 고혈압, 당뇨, 고콜레스테롤혈증 등의 증상이 나타날 수 있으며, 이는 성인기에도 이어져 만성질환으로 고정될 수 있다.

② 흡연 : 신체 장기 중 폐는 가장 서서히 발달하는 장기이며, 사춘기에도 성인 폐의 약 1/2 정도의 기능만이 발달한다. 따라서 이 시기의 흡연은 폐세포에 무리한 부담이 되고, 폐기능이 약화되어 결핵, 섬유질화, 폐암 등의 발병 위험이 높아지게 된다.

추가 설명

거식증의 증상
- 정서적으로 불안정하고 공격적이고, 비판적이고 우울함
- 극심한 체중감소, 체온과 맥박 수 감소, 빈혈, 백혈구 수 감소, 탈모, 무월경

추가 설명

비만 치료
- 균형 잡힌 저열량식이
- 규칙적인 유산소 운동과 근력 운동의 병행
- 간식과 늦은 저녁식사 피함

실전예상문제

1 다음 남녀 중 사춘기의 시작 시기는 어느 쪽이 먼저 오는가?

① 남자에게 빨리 온다.　　　　② 여자에게 빨리 온다.
③ 확실하지 않다.　　　　　　④ 남녀 동일하다.

해설 여성은 2차 성징이 남성보다 빨리 나타나며 성장이 남성보다 일찍 완성된다.

2 다음 중 사춘기의 특징으로 잘못된 것은?

① 급격한 신체적 변화　　　　② 높아진 성적 욕구와 갈등
③ 주체성의 완전한 확립　　　④ 부모와의 정서적 유대의 단절 압력

해설 사춘기는 주체성을 확립해 가는 과정의 시기이지만 가치관의 급격한 변화로 주체성의 확립에 어려움을 겪는다.

3 다음 중 청소년기의 신체적 발달에서 두드러진 발달이 나타나지 않는 것은?

① 근육　　　② 두뇌　　　③ 신장　　　④ 체중

해설 청소년기의 신체 발달 : 신장과 체중의 증가, 가슴둘레의 급성장, 앉은키 증가, 골반과 근육 증가 등

4 다음 중 피하지방은 최대 신장 증가와 어떤 관계를 가지고 있는가?

① 최대 신장 증가 기간에 오히려 피하지방은 감소한다.
② 최대 신장 증가 기간에 피하지방도 증가된다.
③ 최대 신장 증가와는 관계없이 피하지방은 언제나 일률적이다.
④ 최대 신장 증가 기간과 관계없이 피하지방은 중년기 이후에 감소된다.

해설 피하지방의 증가는 신장의 성장과는 반대되는 경향을 나타낸다.

5 사춘기 이후 남성과 여성 간에 여러 신체 혹은 외모상으로 다른 모습을 보이는 것으로 남녀의 신체적 특징이 드러나는 것을 무엇이라 하는가?

① 성장통　　　② 제3세계　　　③ 2차 성징　　　④ 질풍노도

해설 2차 성징은 남녀의 신체적 특성이 들어나는 것이다.

6 다음 중 사춘기의 성적 성숙에 대한 설명으로 옳지 않은 것은?

① 2차 성징이 나타난다.
② 성적 성숙의 순서는 대체로 순서에 따라 일어나나 시점은 다양하다.
③ 영양 개선과 성적 성숙은 관련이 없다.
④ 2차 성징으로는 월경, 사정 등이 해당된다.

해설 영양의 개선은 특히 여성에게 성적 성숙을 빨리 오게 한다.

7 다음 중 남성 생식계의 성장과 발달에 영향을 미치는 호르몬을 총칭하는 것은?

① 여포자극호르몬   ② 안드로겐   ③ 프로게스테론   ④ 에스트로겐

해설 안드로겐은 남성호르몬의 작용을 나타내는 호르몬을 총칭한다. 주로 남성의 고환에서 분비되며 일부는 부신피질과 여성의 난소에서도 분비된다.

8 다음 중 안드로겐의 기능으로 거리가 먼 것은?

① 생식기관, 성적 특성의 발육, 유지 관장
② 뼈조직에서 단백질의 증가에 관여
③ 난소의 성숙에 관여
④ 적혈구 세포의 재생에 관여

해설 안드로겐의 기능 : 생식기관, 성적 특성의 발육, 유지 관장, 뼈조직에서 단백질의 증가에 관여, 적혈구 세포의 재생에 관여, 여드름의 원인, 체모와 관련

9 대부분 고환에서 만들어져 분비되며 남성의 사춘기에 크게 증가하여 2차 성징에 관여하는 호르몬은?

① 프로게스테론   ② 테스토스테론   ③ 황체호르몬   ④ 에스트로겐

해설 테스토스테론은 사춘기에 수치가 약 30배 이상 증가하여 2차 성징이 시작되며 다양한 신체 변화를 유도한다.

10 다음 중 남녀 성호르몬에 대한 설명으로 잘못된 것은?

① 에스트로겐의 분비는 주기적으로 증감된다.
② 미량의 테스토스테론이 여성에게도 분비된다.
③ 사춘기 전에 남성의 고환을 떼어 내어도 2차 성징이 나타난다.

정답 1.❷ 2.❸ 3.❷ 4.❶ 5.❸ 6.❸ 7.❷ 8.❸ 9.❷ 10.❸

④ 남성의 사춘기에 테스토스테론의 수치가 크게 증가한다.

해설 사춘기 전에 고환을 떼어 낸 남자는 수염과 겨드랑이털, 음모 등의 2차 성징 출현이 없다.

11 다음 중 테스토스테론의 작용으로 바르지 못한 것은?

① 2차 성징을 주도한다. ② 근육의 양의 증가에 관여한다.
③ 정자 생성에 필수적이다. ④ 난소의 발달을 촉진한다.

해설 테스토스테론의 작용
- 2차 성징을 주도한다.
- 어깨가 벌어지고 근육의 양의 증가에 관여한다.
- 정자 생성에 필수적이다.
- 남성의 생식선, 정낭, 전립선, 음경 및 부속 성기의 성장과 원활한 작용에 필요하다.
- 성욕을 증진시키며, 저돌적이고 공격적인 성향에 기여한다.

12 다음 중 여성의 에스트로겐의 양이 급증되는 시기는 언제부터인가?

① 12세 전후 ② 25세 전후 ③ 30세 전후 ④ 40세 전후

해설 사춘기 이후 에스트로겐이 급격히 증가한다.

13 다음 중 에스트로겐의 작용으로 옳지 않은 것은?

① 지방을 피하지방에 축적시킴 ② 골아세포의 작용 증가
③ 2차 성징 조절 ④ 목복숭아뼈의 발달

해설 목복숭아뼈의 발달은 남성에게서 나타나며 테스토스테론의 영향에 의한 것이다.

14 다음 중 테스토스테론과 에스트로겐의 공통점이 아닌 것은?

① 성호르몬이다. ② 생식기관의 성장과 유지에 작용한다.
③ 2차 성징이 나타나게 한다. ④ 분비량이 매월 주기적으로 변화한다.

해설 여성 호르몬인 에스트로겐은 남성 호르몬인 테스토스테론의 안정적이고 계속적인 분비와는 달리 주기에 따라 분비량이 달라진다.

15 다음 청(소)년기 여성의 성적 성숙과 발달을 지배하는 호르몬으로 옳은 것은?

① 에스트로겐, 테스토스테론
② 에스트로겐, 프로게스테론
③ 에스트로겐, 옥시토신
④ 프로게스테론, 알도스테론

해설 여성의 성호르몬은 난소에서 분비되는 에스트로겐과 제2의 중요한 생식선호르몬인 프로게스테론이 포함된다.

16 다음 중 에스트로겐의 기능으로 바르지 못한 것은?

① 에스트로겐은 40대 후반 양이 급격히 감소된다.
② 에스트로겐은 여성에게만 있다.
③ 에스트로겐 분비량은 주기에 따라 변화가 있다.
④ 에스트로겐은 사춘기 여성에게 급증한다.

해설 에스트로겐은 주기적으로 분비량이 감소되었다가 증가되었다 하는 주기가 있다. 40대 후반에 급격히 감소되면서 폐경기가 된다. 에스트로겐은 주요 난소와 태반에서 분비되며 부신과 남성의 정소(고환)에서도 소량 분비된다.

17 다음 중 에스트로겐의 작용으로 옳지 않은 것은?

① 월경이 나타난다.
② 신장의 작용을 증진시킨다.
③ 부수생식기관과 2차 성징을 모두 조절한다.
④ 골반을 좁게 하는 역할을 한다.

해설 에스트로겐은 골반을 넓게 하는 효과를 갖는다. 그리하여 여성의 골반은 학동기에 좁고 원통같은 모양에서 둥근형의 모습으로 바뀐다.

18 다음 중 월경주기 동안에 자궁의 형태에 변화를 일으키는 호르몬끼리 짝지어진 것은?

① 에스트로겐 — 안드로겐
② 에스트로겐 — 프로게스테론
③ 안드로겐 — 테스토스테론
④ 프로게스테론 — 테스토스테론

해설 에스트로겐은 자궁의 연근육의 성장과 자궁내막의 표피조직의 성장을 촉진하고, 프로게스테론은 표피조직을 활발한 분비조직으로 전환시킨다.

19 다음 중 여성의 월경주기 자궁 변화에 관여하지 않는 호르몬은?

① 에스트로겐
② 프로게스테론
③ 황체형성호르몬
④ 티록신

해설 자궁변화는 에스트로겐과 프로게스테론, 여포자극호르몬과 황체형성호르몬의 혈중농도에 따라 주기적으로 변화한다.

정답 11. ④ 12. ① 13. ④ 14. ④ 15. ② 16. ② 17. ④ 18. ② 19. ④

20 성호르몬 중 월경 주기 분비기에 혈액 내에 많은 양이 존재하며 자궁내막의 변화에 가장 큰 영향을 주는 호르몬은?

① 에스트로겐　　② 프로게스테론　　③ 안드로겐　　④ 테스토스테론

해설 프로게스테론은 유방과 난관과 자궁의 연조직에 영향을 미치며 자궁내막의 변화에 가장 큰 영향을 준다.

21 다음 중 청소년기 에너지 필요량과 관련된 설명으로 옳지 않은 것은?

① 사춘기 이후 남자보다 여자가 열량 필요량이 많아진다.
② 식품 섭취가 증가하므로 식품 이용을 위한 에너지 소모량도 증가한다.
③ 청소년기 에너지 필요량은 기초대사량이 가장 많다.
④ 각 기관의 성장, 체중 증가는 총 기초대사량을 증가시킨다.

해설 사춘기가 지나면 남자는 여자보다 기초대사량이 10% 정도 많아지고 열량필요량은 약 25%가 증가한다.

22 한국인의 청(소)년기 여자(15~18세)의 일일 단백질 권장섭취량은 얼마인가?

① 45g　　② 55g　　③ 60g　　④ 65g

해설 청(소)년기 단백질 권장섭취량
・12~14세 : 남자 60g, 여자 55g
・15~18세 : 남자 65g, 여자 55g

23 다음 중 청소년기 열량필요량이 증가함에 따라 에너지 대사를 돕기 위해 동시에 증가해야 할 비타민은 무엇인가?

① 비타민 E　　② 비타민 B_1　　③ 비타민 C　　④ 비타민 D

해설 비타민 B군은 에너지대사에 관여하므로 열량필요량이 많아지면 동시에 섭취량을 증가시켜야 한다.

24 다음 중 사춘기 여자는 남자에 비해 철분 요구량이 급증하는데, 그 주된 원인은?

① 월경의 시작　　② 신장의 증가　　③ 체중 증가　　④ 적혈구 생성량의 증가

해설 연령에 따라 철분 요구량은 사춘기에 급격히 증가하는데, 특히 여자에 있어서 증가폭이 남자보다 더 크다. 이는 월경의 시작으로 인해 철분 요구량이 더 증가하기 때문이다.

25 다음 중 12~14세 여자의 1일 영양권장량이 남자보다 높은 영양소는?

① 단백질　　　　② 철분　　　　③ 칼슘　　　　④ 비타민 A

해설 철분의 경우 여자는 16mg, 남자는 14mg이다.

26 다음 중 우리나라 청(소)년기(15~18세) 남자의 1일 칼슘 권장섭취량은 얼마인가?

① 700mg　　　　② 800mg　　　　③ 900mg　　　　④ 1,000mg

해설 칼슘 1일 권장섭취량 : 12~14세의 남자 1,000mg, 여자 900mg, 15~18세의 남자 900mg, 여자 800mg이다.

27 다음 중 청(소)년기(12~14세) 여자의 1일 철분 권장섭취량은 얼마인가?

① 14mg　　　　② 16mg　　　　③ 18mg　　　　④ 20mg

해설 1일 철분 권장섭취량 : 12~14세 남자는 14mg, 여자는 16mg, 15~18세 남자는 14mg, 여자는 14mg

28 영양면에서 청소년들이 선호하는 즉석 식품(fast food)의 문제점이 아닌 것은?

① 자극적인 조미료 과다 섭취　　　　② 식이섬유소의 과다 섭취
③ 지방의 과다 섭취　　　　　　　　④ 과다한 염분 섭취

해설 즉석 식품(fast food)의 문제점 : 자극적인 조미료 과다 섭취, 지방의 과다 섭취, 과다한 염분 섭취

29 청(소)년기 여자가 철분을 보충하지 않았을 때 생기는 영양결핍증은 무엇인가?

① 비만증　　　　② 당뇨병　　　　③ 빈혈　　　　④ 충치

해설 여자의 경우 월경의 시작으로 철분요구량이 증가하는데, 그 필요량을 식이로써 보충하지 않으면 빈혈이 나타날 수 있다.

30 다음 중 사춘기 소년의 신체 장기 중 가장 서서히 발달하는 기관은?

① 뇌　　　　② 간　　　　③ 폐　　　　④ 심장

해설 폐는 가장 서서히 발달하는 장기로, 사춘기에도 성인 폐의 약 1/2 정도밖에 발달되지 않는다.

정답　20.❷　21.❶　22.❷　23.❷　24.❶　25.❷　26.❸　27.❷　28.❷　29.❸　30.❸

31 사춘기 때 피우는 담배가 특히 몸에 해로운 이유를 바르게 설명한 것은?

① 사춘기에는 폐가 성인의 약 1/2 정도의 기능만 발달하여 폐 세포에 무리를 주므로
② 사춘기에는 뇌 발달이 성인보다 덜 이루어지므로
③ 사춘기에는 호르몬 기관의 발달이 미숙하므로
④ 사춘기에는 간의 발달이 미숙하므로

해설 사춘기 시기에는 폐가 완전히 발달하지 않은 상태이므로 흡연을 하게 되면 폐에 무리한 부담을 주게 된다.

32 폭식과 토하는 것을 교대로 반복하는 섭식 장애를 가리키는 것은?

① 거식증 ② 폭식증 ③ 과식증 ④ 이식증

해설 폭식증은 음식에 집착하고 자신의 행동이 비정상적이라고 자각하는 점에서 거식증과 다르다.

정답 31. ❶ 32. ❷

제2부 생활주기영양

05 성인기 영양

단원 개요

성인기는 신체적인 성장이 완성된 이후를 의미하며 일생 중 가장 왕성하게 사회활동을 하는 시기이다. 따라서 신체적·정신적으로 최적의 건강유지를 위해 좋은 식습관, 운동습관, 규칙적인 생활습관을 가질 수 있도록 해야 한다. 중년기 이후에는 심장병 및 당뇨병 등 성인병 예방 관리가 필요하다.

출제 경향 및 수험 대책

이 단원에서는 성인 영양의 특성, 성인기의 영양섭취기준, 성인기 만성질환의 종류, 갱년기 여성의 신체적·정신적 변화, 암예방을 위한 식생활지침 등에 대해서 묻는 문제들이 출제될 수 있는 바, 자세하고 철저한 학습이 요구된다.

5

01 성인 영양의 특성

1 생리적 측면

① 안정적 시기
  ㉠ 신체적 변화가 적으며 기능적 안정성이 이루어지는 시기이다.
  ㉡ 최대 신장은 20세 초반에 완성되나 최대 근육 강도는 25세에 나타나고 골질량은 35세에 최대에 도달하게 된다.

② 체중의 증가
  ㉠ 성인기의 제지방량(체중에서 체지방량을 뺀 양)은 10년마다 2~3%가 감소하나 지방량은 서서히 증가하므로 운동량이 늘지 않으면 체중이 증가한다.
  ㉡ 남자 성인은 40대에 신체질량지수(BMI)가 최대가 되나 여자는 60세까지 뚜렷이 증가하고 그 이후부터 감소하였다.

③ 폐경 : 여성의 경우 45세에서 55세 사이에 폐경이 되어 여러 가지 갱년기 증상(예 안면홍조 등)을 경험하게 된다. 특히 에스트로겐의 분비 감소는 골다공증이나 심혈관계 질환의 위험을 증가하게 한다.

2 사회심리적 측면

① 성인기에는 신체 변화보다는 사회심리적 요인이 영양 상태에 큰 영향을 미친다.
② 남성의 경우 심한 경쟁 체제 속에서 스트레스가 많이 쌓이고, 여성의 경우 가사노동, 육아와 자녀교육에 대한 부담을 안고 있다.

3 생활습관 측면

① 직장 및 가정에서 작업 수단의 기계화와 자동화, 교통 및 통신 수단의 발달로 인하여 생활의 편리를 누리는 반면, 신체적 활동의 기회가 줄어들어 운동 부족 현상을 초래하여 질병의 위험요인으로 작용하고 있다.
② 음주 및 외식의 기회가 많아 과열량 섭취에 의한 체중 증가도 우려되고 있다.

02 성인의 영양섭취기준

1 에너지

① 원활한 정신적·육체적 활동을 하는 에너지가 필요하다.
② 성인 남녀의 1일 에너지 필요추정량
  ㉠ 남자 : 19~29세 2,600kcal, 30~49세 2,500kcal, 50~64세 2,200kcal

---

추가 설명

성인기
- 부분적인 노화가 시작되나 일생토록 가장 안정된 기간이다.
- 정신적·육체적으로 사회활동을 가장 왕성하게 하는 시기이므로 최적의 건강을 유지하는 것이 절대 중요하다.

추가 설명

성인기의 특성
- 신체적 특징 : 20~30대 초반 신체의 크기, 체력 및 성숙도가 정점에 달함.
- 사회심리적 특징 : 가족, 직장, 사회에서의 책임감에 따른 정신적·신체적 스트레스를 받음.
- 생리적 특징 : 체지방 증가, 근육량 감소, 생리기능의 저하

ⓛ 여자 : 19~29세 2,000kcal, 30~49세 1,900kcal, 50~64세 1,700kcal

| 표 5-1 | 2020 한국인 영양소 섭취기준(에너지 적정비율)

영양소	에너지 적정비율		
	1~2세	3~18세	19세 이상
탄수화물	55~65%	55~65%	55~65%
단백질	7~20%	7~20%	7~20%
지질 지방	20~35%	15~30%	15~30%

2 단백질

① 기존 체조직을 유지하기 위한 아미노산, 기능성 단백질과 체액 및 산·염기평형 등을 위해 아미노산이 요구된다.

② 1일 권장섭취량
  ㉠ 여자 : 19~29세는 55g, 30~64세는 50g
  ㉡ 남자 : 19~29세는 65g, 30~49세는 65g, 50~64세는 60g

3 비타민

① 수용성 비타민
  ㉠ 리보플라빈 : 적혈구의 글루타티온 환원효소와 리보플라빈 소변 배설량을 적절히 유지할 수 있는 섭취량을 고려하며, 권장섭취량(19~64세)은 남자는 1.5mg/일, 여자는 1.2mg/일이다.
  ㉡ 니아신 : 니아신의 조효소는 생체내 산화환원반응에 관여하며, 결핍 시 펠라그라를 유발한다. 권장섭취량(19~64세)은 남자는 16mgNE/일, 여자는 14mgNE/일이다.
  ㉢ 엽산 : 결핍 시 거대적아구성 빈혈을 유발하며, 권장섭취량은 400㎍ DFE/일이다.
  ㉣ 비타민 C : 항산화작용, 콜라겐 형성과 면역기능 등에 관여하며, 성인 권장섭취량은 100mg이다. 대체로 비타민 C는 영양소 섭취량이 권장량을 훨씬 상회하고 있는 것으로 나타난다.
  ㉤ 티아민 : 에너지 대사에도 관여하며, 성인 1일 권장섭취량(19~64세)은 남자 1.2mg, 여자 1.1mg이다.

② 지용성 비타민
  ㉠ 비타민 E : 불포화지방산의 산화를 억제하며, 1일 충분섭취량(19~64세)은 12mg α-TE이다.
  ㉡ 비타민 D : 장관 내 칼슘의 흡수 촉진과 골밀도 유지에 중요하며, 1일 충분섭취량은 19~64세는 10㎍이다.
  ㉢ 비타민 A : 상피·기관·장기의 성장 및 분화, 시력과 관련되며, 1일 권장섭취량은 남자 19~29세는 800㎍RAE, 30~49세는 800㎍RAE, 50~64세는 750㎍RAE이고, 여자 19~49세는 650㎍RAE, 50~64세는 600㎍RAE이다.

추가 설명

성인 남녀의 에너지 필요추정량
- 일반적으로 여자가 남자보다 체중과 키가 작고 근육조직보다 지방조직이 많으므로 에너지 필요추정량이 남자보다 낮다.
- 성인기 이후 근육량이 10년에 2~3%씩 감소하여 기초대사량도 줄어들게 되므로 연령이 증가할수록 에너지 필요추정량은 줄어든다.

추가 설명

영양소 섭취와 건강문제
- 영양 부족으로 인한 건강문제와 과잉으로 인한 건강문제가 공존하고 있다. 에너지와 지방을 과잉으로 섭취한 사람의 비율은 증가한 반면에, 칼슘, 철, 리보플라빈 등을 평균필요량 미만으로 섭취하는 사람의 비율은 여전히 높다.
- 식생활과 밀접하게 관련되어 있는 것으로 알려진 비만, 당뇨병, 고콜레스테롤혈증 등의 유병률이 증가 추세를 보이고 있다.

추가 설명
염화나트륨(소금)
- 해수의 염류 중에서 가장 많은 양을 차지하는 염화나트륨(NaCl)은 염소와 나트륨의 화합물이며 이것이 식용 소금의 주성분이다.
- 염화나트륨에서의 나트륨 이온과 염소 이온의 무게 구성 비율은 약 4:6이며, 1g의 소금에는 400mg의 나트륨이 포함되어 있다.
- 경우에 따라서는 소금을 직접 섭취하기도 하지만, 우리가 섭취하는 나트륨의 대부분은 요리 음식을 통해 섭취하게 된다.
- 세계보건기구에서는 하루 소금 섭취량을 5g(나트륨 2,000mg) 넘지 않도록 권장하고 있으며, 우리나라는 1일 나트륨을 만성질환위험 감소섭취량으로 하여 성인(19~64세)의 경우 2,300mg으로 하고 있다.

추가 설명
성인기 만성질환예방
많은 만성질환들은 대부분 식습관이나 생활습관과 밀접한 관련을 가진다. 그러므로 성인기 만성질환을 예방하기 위해서는 건전한 식습관과 생활습관을 가지는 것이 무엇보다 중요하다.

4 무기질

① **철분**
  ㉠ 성인 여자 : 가임기 여자(19~49세)의 1일 권장섭취량은 14mg, 폐경기 이후 성인 여자(50~74세)의 권장섭취량은 8mg이다.
  ㉡ 성인 남자 : 권장섭취량은 19~64세에는 10mg이다.
② **아연** : 효소의 생리적 활성에 필요하며, 권장섭취량은 19~49세 남자는 10mg, 50~64세는 9mg, 여자는 19~49세는 8mg, 50~64세는 7mg이다.
③ **칼슘** : 성인의 칼슘 권장섭취량에 많이 못미치는 섭취량을 보이기 때문에 칼슘의 권장섭취량을 충족시키기 위해서는 유제품의 섭취가 필수적이다. 1일 권장섭취량은 남자의 경우 19~49세는 800mg, 50~64세는 750mg, 여자의 경우 19~49세는 700mg, 50~64세는 800mg이다.

03 성인기 영양 상태 및 질환

1 성인기 영양 상태

① 비타민 A, 칼슘, 철분의 영양소 섭취 상태가 불량한 것으로 나타났다.
② 남녀 모두 칼슘의 섭취량은 권장량에 비해 낮고, 비타민 C는 권장량보다 높게 섭취하고 있다.
③ 성인 남녀의 약 31%가 과체중이나 비만으로 조사되었다.

2 성인기 만성질환

(1) 암

① **암의 발생 원인** : 고지방식 식생활, 흡연, 만성 간염, 환경오염 물질의 증가 등의 영향에 기인한다.
② **암의 예방** : 식이섬유소는 대장암의 예방에 효과적, 베타카로틴과 비타민 C, 비타민 E와 같은 항산화영양소가 효과가 있는 것으로 알려져 있다.
③ **암예방을 위한 식생활 지침**
  ㉠ 비만을 피하고 정상체중 유지
  ㉡ 알코올의 적당량 섭취
  ㉢ 염장이나 질산염으로 보존된 식품의 섭취 감소
  ㉣ 높은 온도에서 튀긴 식품의 섭취를 제한
  ㉤ 식품첨가제가 많이 들어간 가공식품의 섭취 감소
  ㉥ 탄 음식이나 곰팡이가 번식한 음식 섭취 금지
  ㉦ 감귤류의 과일과 녹황색 채소, 십자화과 채소를 많이 섭취

ⓒ 암을 예방하는 것으로 알려진 식품들의 섭취 증가
　　㉠ 식이섬유소의 섭취를 위해 정제되지 않은 곡류나 신선한 야채를 많이 섭취
　　㉡ 총 지방 섭취를 20% 이내로 제한하고 오메가-3계 지방산이나 단일 불포화지방산을 많이 섭취

(2) 고혈압

① **고혈압** : 수축기 혈압이 140mmHg, 이완기 혈압이 90mmHg 이상
② **고혈압의 주요 위험요인** : 비만, 음주, 스트레스, 노화, 가족력, 인종 등
③ **혈압의 감소방법** : 나트륨 제한, 칼륨(예 녹색 채소, 감자, 바나나 등)과 칼슘을 함유한 식품의 섭취, 규칙적인 유산소운동, 체중 감소, 금주
④ **합병증** : 고혈압을 치료하지 않은 상태로 방치하면 뇌졸중, 심부전, 신장질환 및 눈의 질환을 일으킬 수 있다.

(3) 당뇨병

① 성인기에 주로 나타나는 당뇨는 인슐린 비의존형, 제2형 당뇨병이다. 전체 당뇨의 90% 이상을 차지하며 주로 40세 이후의 비만인에게서 나타난다.
② **관리** : 식이요법으로 정상적인 혈당과 체중 유지, 적정한 열량 섭취, 단순당과 소금섭취 제한, 충분한 식이섬유 공급 등이 필요하다.

(4) 심혈관계 질환

① **심혈관계 질환의 위험 인자** : 고콜레스테롤혈증, 고혈압, 흡연, 스트레스 등이 관상심장 질환의 중요한 위험 인자이다. 고콜레스테롤혈증이 심혈관계 질환의 주요 위험 요인이며 특히 LDL-콜레스테롤이 높거나 HDL-콜레스테롤이 낮아도 문제가 된다.
② **심혈관계 질환의 추세** : 한국인의 혈중 콜레스테롤 농도와 중성지방의 농도는 과거에 비해 증가 추세에 있는 반면 HDL-콜레스테롤은 감소 추세에 있다. 특히 우리나라의 경우 에너지 섭취 중 탄수화물의 비중이 높으므로 고중성지방혈증이 고지혈증의 상당 부분을 차지하며 이는 비만이나 당뇨병과 밀접하게 관련되어 있다.
③ 엽산, 비타민 B_6나 B_{12} 부족 시 동맥경화증의 위험성이 증가한다.

(5) 비만

① **원인** : 과다한 열량의 음식 선호, 불규칙한 식습관, 운동량 부족, 유전적 요인
② **비만의 위험 요인** : 심혈관계 질환과 고혈압의 위험 요인, 혈중 콜레스테롤의 상승 요인, 관절염·퇴행성 뼈관절 질병의 진행 촉진, 성인 당뇨 발생의 주요 요인

3 갱년기 질환

① **갱년기의 정의** : 생식기에서 비생식기로 이행되는 시기, 폐경을 전후한 시기를 말한다. 대체로 여성들은 45세에서 55세 사이에 폐경을 맞는다. 이때 신체적·정신적 여러 변화

추가 설명

암을 발생시키는 원인
- 특히 우리가 섭취하는 음식물이 각종 암의 발생과 밀접히 관련되어 있다.
- 일반적으로 과잉의 열량섭취는 비만과도 연관되어 암으로 인한 사망률을 증가시킨다.
- 지방의 섭취량이 높은 나라에서 유방암, 대장암, 전립선암 등의 발생이 높은 것으로 나타났다.

추가 설명

고혈압의 주요 위험요인
- 고혈압의 가족력이 있는 사람은 발병위험률이 세 배나 높다.
- 백인에 비해 흑인의 고혈압 발병률이 높다.
- 복부비만이 고혈압과 관련이 매우 크다.

추가 설명

심혈관계 질환의 위험을 낮추는 식습관 및 생활양식
- 금연
- 규칙적인 운동
- 이상체중 유지
- 스트레스 감소
- 혈중 콜레스테롤 농도를 낮춤.
- 복합탄수화물과 섬유질의 섭취를 증가시키고 저지방, 고칼륨, 고칼슘, 저나트륨 식사로 고혈압의 위험을 낮춤.
- 음주의 제한
- 채소와 과일의 충분한 섭취

를 폐경기 증세라고 한다.
② 폐경기 이후의 대표적 질환 : 골질량 감소로 인한 골다공증, 심혈관계 질환의 위험이 높아진다.
③ 갱년기 여성의 관리
㉠ 지방과 짠 음식의 감소, 균형 있는 식사와 적절한 운동을 한다.
㉡ 비타민 C의 충분한 섭취, 칼슘 등의 골다공증 예방을 위한 식품 섭취, 균형 있는 식사, 비타민 E는 갱년기 증상 완화에 도움을 준다.

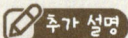
추가 설명
폐경기 증상
에스트로겐의 분비 감소, 홍조, 불안감·우울감

04 성인기의 건강 및 영양관리

1 스트레스
① **스트레스의 정의** : 일상생활에서 일어나는 사건에 대한 특별한 생리적 혹은 심리적 작용이다.
② **스트레스로 인한 증세** : 소화기계 이상, 불규칙한 수면, 근육 강직, 혈관의 수축 혹은 심장박동의 증가
③ **스트레스 해소법** : 운동, 휴식, 취미생활 등

2 음주와 흡연
① **음주** : 알코올은 열량 외 다른 어떤 영양소가 없기 때문에 '빈열량원'이라고 한다.
㉠ 음주 시의 주의 : 영양가 높은 식품을 함께 섭취, 음주 전 유제품을 먹어 위벽 보호
㉡ 좋은 음주 습관 10계명
- 자신의 주량을 지키며 동료에게 억지로 권하지 않는다.
- 알코올 도수가 낮은 술을 마시며 폭탄주는 절대 금한다.
- 빈속에 술을 마시지 않는다.
- 술은 되도록 천천히 마신다.
- 술잔을 돌리지 않는다.
- 원치 않을 때는 마시지 않겠다는 표현을 확실히 한다.
- 매일 계속해서 술을 마시지 않는다.
- 술자리는 1차에서 끝낸다.
- 조금이라도 음주한 후 자동차를 운전하지 않는다.
- 약을 복용하는 경우 술을 마시지 않는다.

② **흡연**
㉠ 흡연의 폐해 : 암의 유발, 만성폐질환, 동맥경화성 심혈관계 질환 등
㉡ 영양관리 : 비타민 A와 C가 풍부한 채소와 과일의 섭취

3 식사관리 및 운동

① **성인을 위한 식생활** : 짠음식은 제한하고 싱겁게 섭취, 채소·과일·우유 제품을 매일 섭취, 가공식품의 섭취 감소 등이다.

② **운동의 효과** : 혈액순환 및 근육량 증가, 기초대사량 증가, 체중 감소, 스트레스 해소, 심폐기능 향상, 혈중의 총콜레스테롤 감소, HDL-콜레스테롤 증가, 혈압 조절 및 당뇨에도 효과적이다.

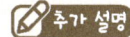 추가 설명

일반 성인을 위한 식생활 실천지침

- 활동량을 늘리고 알맞게 섭취한다.
- 지방이 많은 고기와 튀긴 음식을 적게 먹는다.
- 채소, 과일, 우유 제품을 매일 먹는다.
- 짠음식은 피하고, 싱겁게 먹는다.
- 술을 마실 때는 그 양을 제한한다.
- 음식을 먹을 만큼 준비하고 위생적으로 관리한다.
- 세 끼 식사를 규칙적으로 즐겁게 한다.

실전예상문제

1 다음 중 최대 골질량을 나타내는 시기는?

① 영아기　　② 학동기　　③ 성인기　　④ 노인기

> **해설** 근골격계 발달 중 최대 신장은 20세 초반에 완성되나 최대 근육 강도는 최대 신장 5년 후에 나타나고 골질량은 35세에 최대에 도달하게 된다.

2 성인기 영양적인 측면에서의 특성들로 부적합한 내용은?

① 남자 성인은 40대에 신체질량지수(BMI)가 최대가 된다.
② 에스트로겐의 분비 감소는 골다공증이나 심혈관계 질환의 위험을 증가시킨다.
③ 성인기에는 신체적 변화가 적으며 기능적 안정성이 이루어지는 시기이다.
④ 성인기에는 사회심리적·경제적 요인보다는 신체적 변화에 따른 동요가 영양상태에 큰 영향을 미친다.

> **해설** 성인기에는 신체적 변화보다는 사회심리적 요인이 영양 상태에 큰 영향을 미친다. 특히 남성의 경우 심한 경쟁체제 속에서 스트레스가 많이 쌓이고, 여성일 경우 가사노동, 육아와 자녀교육에 대한 부담, 특히 직장여성일 경우 일과 가정을 병행해야 하는 이중 부담을 안고 있다.

3 다음 중 성인기 영양 특성의 관련 요인으로 알맞은 것은?

보기	㉠ 생리적 측면　　㉡ 생활습관 측면 ㉢ 사회심리적 측면　　㉣ 면역적 측면

① ㉠, ㉡, ㉢　　② ㉠, ㉢, ㉣　　③ ㉡, ㉢, ㉣　　④ ㉠, ㉡, ㉣

> **해설** 성인기의 건강에 영향을 주는 측면 : 생리적 측면, 사회심리적 측면, 생활습관 측면

4 다음 중 중년 여성에게 있어 골다공증이나 심혈관계 질환의 위험을 증가시키는 요소는?

① 안드로겐의 분비 감소
② 에스트로겐의 분비 감소
③ 테스토스테론의 분비 감소
④ 티록신의 분비 감소

> **해설** 여성의 경우 45세에서 55세 사이 폐경이 되어 안면홍조와 같은 여러 가지 갱년기 증상을 경험하게 된다. 특히 에스트로겐의 분비 감소는 골다공증이나 심혈관계 질환의 위험을 증가시키게 된다.

5 성인기 에너지 필요량에 대한 서술 내용 중 옳지 않은 것은?

① 연령이 증가할수록 에너지 필요추정량은 줄어든다.
② 19~29세 성인 남자의 에너지 필요추정량은 2,600kcal, 여자의 경우 2,000kcal이다.
③ 여성이 남성보다 체중과 키가 작고 근육조직보다 지방조직이 많으므로 에너지 필요추정량이 남성보다 낮다.
④ 성인기 이후 10년에 2~3%씩 기초대사량이 증가한다.

해설 성인기 이후 근육량이 10년에 2~3%씩 감소하여 기초대사량도 줄어들게 되므로 연령이 증가할수록 에너지 필요추정량은 줄어든다.

6 다음 중 한국인의 성인 영양권장량을 성별로 비교 시 옳지 않은 것은?

① 여성은 월경으로 인해 남성보다 19~49세에 철분의 권장섭취량이 더 높다.
② 비타민 C의 권장섭취량은 남녀가 같다.
③ 50~64세의 여성은 폐경기 이후에 여성호르몬의 부족으로 남성보다 관절이 약하여 5µg의 비타민 D가 더 많이 요구된다.
④ 30~49세에서 에너지는 기초대사량과 활동량이 많은 남성이 여성보다 500kcal가 더 많이 요구된다.

해설 비타민 D는 최저필요량에 대한 근거가 부족하고 자외선을 조사하면 피부에서 합성되므로 충분섭취량은 남녀 모두 19~64세는 10µg으로 책정되었다.

7 다음 중 결핍 시 거대적아구성 빈혈을 유발하는 비타민은?

① 리보플라빈   ② 엽산   ③ 니아신   ④ 비타민 C

해설 엽산은 결핍 시 거대적아구성 빈혈을 유발한다.

8 폐경기 이후 여자의 경우 골다공증 예방을 위해 남자보다 권장섭취량이 많은 영양소는?

① 칼륨   ② 칼슘   ③ 비타민 A   ④ 나트륨

해설 성인의 칼슘 1일 권장섭취량은 남자의 경우 19~49세는 800mg, 50~64세 750mg, 여자의 경우 19~49세는 700mg, 50~64세 800mg이다. 폐경기 이후 여자의 경우 골다공증 예방을 위해 추가로 손실되는 양을 감안하여 상향 조정되었다.

정답 1.❸ 2.❹ 3.❶ 4.❷ 5.❹ 6.❸ 7.❷ 8.❷

9 우리나라 성인(19~64세)의 나트륨 1일 만성질환위험 감소섭취량으로 옳은 것은?

① 1,000mg   ② 2,300mg   ③ 3,000mg   ④ 4,000mg

해설 1일 나트륨 만성질환위험 감소섭취량은 2,300mg이다.

10 영양소 섭취량이 권장량을 훨씬 상회하는 것으로 나타난 영양소는?

① 비타민 C   ② 비타민 A   ③ 칼슘   ④ 철분

해설 비타민 C는 영양소섭취량이 권장량을 훨씬 상회하는 것으로 나타난다.

11 한국인 사망 원인 통계 결과(2018년)에 의하면 한국인 남녀 전체의 사망 원인 1위는?

① 악성신생물(암)   ② 심장질환   ③ 당뇨병   ④ 고의적 자해

해설 통계청의 2018년 사망 원인 통계 결과에 의하면 한국인 남녀 전체의 사망 원인 1위가 악성신생물, 심장질환, 폐렴, 뇌혈관질환, 고의적 자해(자살) 등의 순이다.

12 2018년 사망 요인 중 악성신생물에 의한 사망이 가장 높은데 가장 순위가 높은 암은?

① 췌장암   ② 대장암   ③ 위암   ④ 폐암

해설 폐암, 간암, 대장암, 위암, 췌장암 순이다.

13 다음 중 심장질환 등 심혈관계 질환의 위험 인자로 거리가 먼 것은?

① 스트레스 증가   ② 고혈압   ③ 운동   ④ 흡연

해설 고콜레스테롤혈증, 고혈압, 흡연, 스트레스 등이 중요한 위험 인자이다.

14 다음 영양소 중 부족하면 동맥경화증의 위험성이 높아지는 것과 관련 없는 것은?

① 비타민 B_6 ② 엽산   ③ 지방산   ④ 비타민 B_{12}

해설 엽산, 비타민 B_6나 B_{12} 부족 시 호모시스틴의 혈중 농도가 높아 동맥경화증의 위험성이 증가한다. 또한 항산화 영양소의 충분한 섭취 및 보충이 심혈관계 질환의 예방 및 진전을 억제할 수 있는 것으로 보고되고 있다.

15 고혈압의 위험 요인으로 볼 수 없는 것은?

① 음주　　　　② 고혈압의 가족력　　　③ 안질환　　　　④ 비만

해설 고혈압의 주요 위험 요인은 비만, 음주, 노화, 고혈압의 가족력, 인종 등이다. 따라서 고혈압은 나이가 들어감에 따라 흔해지며 고혈압의 가족력이 있는 사람은 발병 위험률이 세 배나 높다. 인종도 백인에 비해 흑인의 고혈압 발병률이 높다.

16 고혈압의 발생 위험을 낮추고, 혈압을 낮추는데 유효한 방법으로 적질치 못한 것은?

① 체중 감소　　② 규칙적 유산소 운동　　③ 알코올 섭취 감소　　④ 고나트륨식이

해설 고혈압 가족력이 있는 사람, 55세 이상, 비만자, 칼륨의 섭취가 부족한 사람, 알코올 중독자, 과잉의 나트륨 섭취 등은 고혈압 발생에 영향을 미칠 수 있다. 고혈압인 사람은 나트륨의 섭취를 제한하는 것이 혈압을 낮추는 데 도움이 된다.

17 고혈압을 감소시키는 영양소와 그 급원 식품이 알맞게 짝지워진 것은?

① 칼슘 — 바나나, 오렌지주스　　　② 철분 — 미역, 다시마
③ 칼륨 — 감자, 바나나　　　　　　④ 아연 — 콩, 잣

해설 칼륨 섭취는 고혈압을 감소시키는 효과가 있으며 뇌졸중 위험과도 역의 상관관계가 있다고 한다. 칼륨의 섭취 급원으로는 녹색채소, 감자, 바나나 등이다. 또한 칼슘의 섭취 부족도 고혈압 위험과 관련이 있으므로 고혈압인 경우 충분한 칼슘 섭취도 필요하다.

18 다음 중 성인 당뇨병에 대한 서술 내용으로 옳지 않은 것은?

① 성인 당뇨병은 식사요법으로 혈당과 정상 체중을 유지하여 합병증의 발생을 지연시킬 수 있다.
② 주로 40세 이후의 비만인에게 나타난다.
③ 특히 성인 당뇨병은 생활양식과 밀접하게 관련되어 있다.
④ 성인기에 주로 나타나는 당뇨는 인슐린 의존성, 제1형 당뇨병이다.

해설 성인기에 주로 나타나는 당뇨는 인슐린 비의존형, 제2형 당뇨병이다. 전체 당뇨의 90% 이상을 차지하며 주로 40세 이후의 비만인에게서 나타난다. 특히 성인 당뇨병은 생활양식과 밀접하게 관련되어 있다.

19 장내에서 발암물질과 결합하여 이를 불활성화시키거나 대장을 통과하는 시간을 단축시켜 체외로 빠르게 배설시켜서 결과적으로 발암물질이 대장의 조직과 접촉하는 기회를 차단시키는 물질은?

정답　9. ❷　10. ❶　11. ❶　12. ❹　13. ❸　14. ❸　15. ❸　16. ❹　17. ❸　18. ❹　19. ❸

① 알코올　　② 생선기름　　③ 식이섬유소　　④ 옥수수유

해설 식이섬유소는 대장암의 예방에 매우 효과적이다.

20 암예방을 위한 식생활지침으로 적합치 않은 내용은?
① 비만을 피하고 정상체중을 유지한다.
② 총 지방의 섭취를 20% 이내로 제한하고 오메가-3계 지방산이나 단일 불포화지방산을 많이 섭취한다.
③ 식이섬유소의 섭취를 위해 정제되지 않은 곡류나 신선한 야채를 많이 섭취한다.
④ 염장이나 식품첨가제가 많이 들어간 식품을 섭취한다.

해설 암예방을 위한 식생활지침
- 비만을 피하고 정상체중을 유지한다.
- 알코올은 적당량만 마신다.
- 염장인 질산염으로 보존된 식품의 섭취를 줄인다.
- 높은 온도에서 튀긴 식품의 섭취를 제한한다.
- 탄 음식이나 곰팡이가 번식한 음식을 섭취하지 않는다.
- 식품 첨가제가 많이 들어간 가공식품의 섭취를 줄인다.
- 암을 예방하는 것으로 알려진 식품들의 섭취를 증가시킨다.
- 감귤류의 과일과 녹황색 채소, 십자화과 채소를 많이 섭취한다.
- 총 지방의 섭취를 20% 이내로 제한하고 오메가-3계 지방산이나 단일 불포화지방산을 많이 섭취한다.
- 식이섬유소의 섭취를 위해 정제되지 않은 곡류나 신선한 야채를 많이 섭취한다.

21 다음 중 비만의 원인으로 거리가 먼 것은?
① 유전적 요인　　　　　　　② 운동량 부족
③ 과다한 열량의 음식 선호　　④ 규칙적인 식습관

해설 비만의 원인 : 유전적 요인, 운동량 부족, 과다한 열량의 음식 선호, 불규칙한 식습관

22 폐경기 증상으로 볼 수 없는 것은?
① 폐활량의 증가　　② 얼굴이 화끈거림　　③ 에스트로겐 분비 감소　　④ 우울증

해설 폐경기 증상은 여성호르몬 감소로 자율신경이 불안정해져 얼굴이 화끈거리고 가슴이 뛰고 자다가 식은땀을 흘리거나 불안감·우울감 등의 신체적·정신적 증상을 경험한다.

23 폐경기 이후의 대표적 질환인 골다공증의 원인으로 지적되는 것은?

① 에스트로겐의 증가 ② 에스트로겐의 감소 ③ 페로몬의 감소 ④ 테스토스테론의 감소

해설 골다공증은 폐경기 이후의 여성에게 흔하며 이는 뼈의 손실을 막아 주는 에스트로겐의 감소에 기인한다. 또 폐경 후에는 성별 차이가 급격히 감소하면서 여성이 남성보다 혈중 총콜레스테롤 농도가 높아 심혈관계 질환의 위험이 높아진다.

24 갱년기 증후군과 골다공증의 치료를 위하여 사용되고 있는 호르몬제의 성분에 해당하는 것은?

① 에스트로겐 ② 갑상선 호르몬 ③ 인슐린 ④ 안드로겐

해설 문제 23번 해설 참조

25 다음 중 중년기 여성의 골다공증 예방을 위한 방안으로 옳은 것은?

① 균형있는 영양 섭취와 황체호르몬 투여
② 운동과 안드로겐 투여
③ 격렬한 운동과 철분 강화식품 섭취
④ 충분한 칼슘 섭취와 가벼운 운동 지속

해설 골다공증의 발생원인 : 활동의 감소, 에스트로겐의 부족, 칼슘 섭취 부족 등

26 갱년기 여성의 영양관리 지침으로 알맞지 않은 내용은?

① 콩류에 함유된 이소플라본은 여성호르몬과 유사한 기능으로 갱년기 증상 완화에 도움이 된다. 콩밥과 두부의 섭취를 자주한다.
② 과식하지 않고 소량씩 자주 먹는 것이 안면홍조 예방에 도움된다.
③ 지질과 탄수화물의 섭취를 줄이고, 콩·두부·생선 등 양질의 단백질을 섭취한다.
④ 비타민 C는 최대한 섭취를 줄이도록 한다.

해설 비타민 C는 뼈의 콜라겐 합성에 필수적이며 비타민 A와 E는 함께 노화를 지연시켜 주는 항산화 영양소이므로 충분히 섭취한다.

27 다음 중 일반 성인을 위한 식생활 지침으로서 적합치 않은 내용은?

① 활동량을 줄이고 알맞게 섭취한다. ② 지방이 많은 고기와 튀긴 음식을 적게 먹는다.

정답 20.④ 21.④ 22.① 23.② 24.① 25.④ 26.④ 27.①

③ 채소, 과일, 우유 제품을 매일 먹는다.   ④ 짠음식은 피하고, 싱겁게 먹는다.

> **해설** 일반 성인을 위한 식생활 지침
> - 활동량을 늘리고 알맞게 섭취한다.
> - 지방이 많은 고기와 튀긴 음식을 적게 먹는다.
> - 술을 마실 때는 그 양을 제한한다.
> - 세 끼 식사를 규칙적으로 즐겁게 한다.
> - 음식을 먹을 만큼 준비하고, 위생적으로 관리한다.
> - 채소, 과일, 우유 제품을 매일 먹는다.
> - 짠음식은 피하고, 싱겁게 먹는다.

28 규칙적인 운동이 주는 효과로 볼 수 없는 것은?

① 혈액순환이 좋아지고 근육량이 증가한다.
② 기초대사량이 증가하고 체지방을 쉽게 에너지원으로 이용할 수 있다.
③ 혈중의 총콜레스테롤을 감소시키고 HDL-콜레스테롤을 감소시킨다.
④ 스트레스를 해소시켜준다.

> **해설** 규칙적인 운동은 심폐기능을 좋게 하고 아울러 혈중의 총콜레스테롤은 감소시키고 HDL-콜레스테롤을 증가시켜 심혈관계질환의 위험을 낮출 수 있다. 또한 혈압을 조절하고 체중을 줄일 수 있으며 당뇨병에도 효과적이다.

29 다음 중 운동의 효과로 거리가 먼 것은?

① 심폐기능 향상   ② 기초대사량 감소
③ 체중 감소   ④ 스트레스 해소

> **해설** 문제 28번 해설 참조

30 흡연자가 특히 챙겨먹어야 할 영양소는?

① 지방   ② 나트륨   ③ 비타민 C   ④ 탄수화물

> **해설** 흡연자들의 평균 혈청 비타민 C 농도는 비흡연자에 비해 낮으며 그 이유는 주로 담배연기에 의해 비타민 C의 대사가 증가되기 때문이다. 따라서 흡연자들은 정상적인 혈청 비타민 C를 유지하기 위하여 비타민 C 섭취량이 증가되어야 한다.

31 음주 시 주의할 점들을 나열하였다. 적합치 않은 내용은?

① 공복 시 음주하지 말고 영양가 있는 식품을 같이 먹는다.
② 음주 전 유제품을 먹어 위벽을 보호해 준 후에 마시는 것이 좋다.
③ 매일 계속해서 술을 마시지 않는다.
④ 술은 되도록 빨리 마시는 것이 좋다.

해설 섭취한 알코올의 약 10% 정도는 호흡을 통해 배설되므로 술은 대화를 하면서 천천히 마시는 것이 좋다.

정답 28.③ 29.② 30.③ 31.④

MEMO

제2부 생활주기영양

06 노년기 영양

단원 개요

노인에 대한 적절한 식생활관리는 생리적 기능의 감퇴, 잦은 질병, 사회·경제·심리적 위축과 그로 인한 여러 영양 문제들을 극복할 수 있으며, 여생을 보다 건강하고 길게, 즐겁게 만들 것이다. 노화기제와 생리적 변화, 식사와 수명의 이해를 거쳐 노인의 에너지 및 영양소 필요량을 알아본 후, 노인의 질병과 영양문제, 노인복지정책을 살펴 종합적으로 바람직한 영양관리 대책을 파악해 본다.

출제 경향 및 수험 대책

이 단원에서는 노령화 사회, 노인의 정의, 수명의 연장, 노화의 생리 및 기제, 노화에 따른 생리 기능의 변화, 영양과 수명, 식이제한과 수명 및 질병, 노인의 식사량과 건강, 영양소 필요량, 노인의 영양문제, 임상적 장애, 심리적 위축에 따른 식욕감퇴, 체중과다와 빈혈, 노인의 질병과 수명, 노인의 영양복지대책 등에 대해서 묻는 문제들이 출제될 수 있는 바, 자세하고 철저한 학습이 요구된다.

6

01 노령화 사회

1 노인의 정의

① 정의 : 노인이라 함은 연령적으로 65세 이상의 연령층을 가리킨다.
② 생물학적 측면 : 가령(可齡)에 따라 상호복잡하게 작용하는 생리·심리·정서·환경 및 행동의 변화를 65% 이상 경험한 사람이다.
③ 사회적인 측면 : 경제활동에서 은퇴한 유휴(遊休) 인구층을 가리킨다.
④ 우리나라 사람의 퇴직 연령 : 대개 55~65세로서 아직 건강하여 활발하게 일할 수 있는 경우가 많으며, 오히려 퇴직에 따른 경제 및 심리적 스트레스는 노화를 재촉하게 된다.

2 수명의 연장

① 수명(삶의 길이)을 나타내는 용어
  ㉠ 평균수명 : 영아에서 노인에까지 전체 인구의 사망연령을 평균한 것이다.
  ㉡ 예상수명 또는 수명기대치 : 일정기간(보통 10년) 동안의 평균수명으로서, 어느 집단에서 그리고 그 집단의 어느 연령에서 예견할 수 있는 삶의 길이를 나타낸다.
  ㉢ 최고수명 : 가장 오래 산 사람의 사망 시 연령으로 110~120세, 보통 115세라고 한다.
② 성별에 따른 평균수명 : 일반적으로 여자가 남자보다 긴 편이다.
③ 여자의 평균수명이 더 긴 이유 : 일반적으로 여자의 평균수명이 남자보다 높은데 이는 전쟁, 음주, 흡연, 스트레스 등 사회적 이유와 성 염색체의 구조에 따라 여자가 더 오래 산다고 한다.

> **추가 설명**
> 인구의 노령화
> - 한국인의 수명 증가와 노령화 추세도 점점 뚜렷해지고 있다.
> - 인구의 노령화 추세를 나타내는 인구통계학적 지수 : 노인인구 증가율, 전체인구에 대한 노인인구 구성비, 노령화지수 등이 있으며 노령화지수란 0~14세의 소년인구에 대한 노인인구의 백분율을 말한다.
> - 노령화사회 : UN은 65세 이상 노인인구 구성비가 7% 이상인 사회를 노령화 사회(고령화 사회), 14% 이상이면 고령사회, 20% 이상이면 초고령사회라고 하고 있다.

> **추가 설명**
> 수명증가의 원인
> 보건과 의학의 발달, 영양과 위생 상태 및 주거 환경이 좋아짐, 영유아 사망률의 감소

02 노화의 생리

1 노화

① 노화
  ㉠ 노화는 수정에서 시작하여 사망에 이르기까지 계속되는 과정으로 나이가 들어감에 따라 신체 전 기관에서 일어나는 기능적·구조적·생화학적 변화이다.
  ㉡ 노화는 가령현상이라고도 하며, 일생을 통한 보편성의 생물학적 자연현상으로 출생, 성장, 성숙 및 노쇠의 모든 과정을 포함한다.
② 노화현상
  ㉠ 세포조직의 재생 능력이 감소되어 실질 활동 세포의 수가 감소되고 체내 물질 장애가 발생한다.

ⓒ 노쇠현상은 대체로 30세 이후부터 시작되고 머리가 희어지고, 주름지고, 근육의 탄력이 없어지는 등 그 징후가 표출된다.

2 노화의 기제이론

① **프로그램설**
 ㉠ 노화는 선천적으로 예정된 일련의 과정이라고 본다.
 ㉡ 노화의 이유만을 설명할 뿐 그 기제나 원인은 설명하지 못한다.
② **유전자설** : 모든 개체 내에는 한 개 또는 여러 개의 유해한 유전자(노쇠유전자)가 존재하며 이들이 삶의 후반에 활성화하여 노화현상을 일으키고, 결국은 죽음을 초래한다(숙명론)고 본다. 이는 프로그램설의 한 형태이다.
③ **프로그램 소모설** : 한 개의 수정란을 부모로부터 일정하게 부여받은 양만큼의 유전물질을 갖는다. 따라서 세포들이 늙어감에 따라 핵에 있는 유전물질인 DNA는 점차 소모되고 결국 세포는 죽게 된다는 것이다.
④ **텔로미어설** : 나이가 들어 텔로머라아제가 감소하면 텔로미어는 짧아지고 결국에는 세포분열이 중단되어 기능적으로 죽는다는 것이다.
⑤ **체세포 돌연변이설** : 개체를 구성하는 세포에 어떤 원인으로 돌연변이가 일어나고, 이것이 누적되어 노화가 일어난다고 보는 것이다.
⑥ **가교설** : 심장, 폐, 근육, 혈관벽 등의 중요한 결합조직인 콜라겐 같은 단백질 분자 사이에 비가역적인 가교 결합이 일어남으로써 각 조직이나 기관의 기능이 쇠퇴한다는 것이다.
⑦ **소모설** : 신체의 기관이나 조직세포가 오랜 세월 서서히 소모되어 가면서 노화현상이 일어난다는 주장이다.
⑧ **유해산소이론(자유라디칼설)** : 유해산소는 세포막이나 염색체, 단백질 등을 변형시켜 손상을 줌으로써 노화를 일으킨다고 본다. 젊은 시절에는 어느 정도의 유해산소가 발생해도 인체에서 스스로 효소가 분비되어 유해산소를 없애주지만 나이가 들면 이들의 생성도 점차 줄어들어 더 이상 세포를 보호하기 힘들어진다는 것이다.
⑨ **자가면역설** : 세균·바이러스·독성 등의 이물질 침입에 저항하는 면역성을 갖는 한 개체가 나이가 들어가면서 면역체계에 결함이 일어나서 자신이 이물질로 오인되어 면역체계에 의해 공격을 받아 그 결과로 노화가 진행된다는 가설이다.

3 노화에 따른 생리 기능의 변화

(1) 신체적 변화

① 성장 후 세포분열이 불가능한 신경세포와 근육세포는 손상되거나 노쇠하여 파괴되어도 새로운 세포로 보완되지 않는다.
② 피부, 점막의 상피세포, 간이나 신장세포도 노화에 따라 재생 속도가 느려지고 비효율적으로 되어 세포수가 줄어들게 된다.

추가 설명

노쇠현상(협의의 노화)
신체구조 및 기능면에서 질병이나 상처회복 등 퇴행성 변화를 복귀시키는 능력을 점차 상실해 가는 과정이다.

추가 설명

노화현상을 보는 관점
인간의 노화는 생물학적·사회적·경제적·심리적 변화의 총합으로서 고려되어야 한다.

추가 설명

텔로미어(telomere)
인간세포의 46개 염색체 끝에 연결된 일련의 DNA 염기서열로, 세포가 분열될 때마다 스스로 일정한 양을 희생하는 방식으로 염색체를 보호한다. 세포가 젊으면 텔로머라아제 효소는 텔로미어의 떨어져 나간 부분을 재생시킨다.

추가 설명

유해산소
불안정한 상태로 변화한 자유라디칼 중의 하나로 체내의 정상적인 산화과정의 부산물로 생성되며 방사선·공해·자외선·담배연기 등과 같은 외부요인에 의해서 증가한다.

③ 체내 수분함량, 특히 세포내액이 현저하게 감소하고 지방을 제외한 고형분의 양도 감소한다.
④ 노령이 되면 골세포수가 감소되고 뼈 망상구조를 이루는 콜라겐과 합성 무기질 침착이 부족하여 골다공증이 나타나는 경우가 많다.

(2) 기능의 변화

① **기초대사율** : 기초대사율은 30세에서 90세 사이 대략 20% 감소하는데, 이는 활동 세포 수의 감소 때문이다. 그러나 기초대사율을 증진시키는 티록신 분비는 약화되지 않는다.
② **혈액** : 혈액의 삼투압, PH, 혈당 등의 기본 조성은 큰 변화가 없으나 헤모글로빈 농도, 적혈구 및 백혈구 함량이 노령에서 약간 감소한다.
③ **순환계의 변화**
  ㉠ 심장근육의 감소로 박동력이 약화되어 심박출량이 감소한다.
  ㉡ 동맥의 팽창 능력이 동맥경화 정도와는 상관이 없이 노령에 따라 감소한다.
④ **폐 기능의 감소** : 총 폐용량 및 폐활량은 연령 증가에 따라 감소하여 고령에서는 각각 40%, 50%까지 저하된다. 여러 장기 중 기능의 감소율이 신장과 함께 가장 크다.
⑤ **신장 기능의 감소** : 네프론 수의 감소에 따라 신장기능이 약화되며, 사구체여과율, 신장 혈류량 및 포도당 재흡수 등은 80~90세가 되면 30세 때의 50~60%까지 저하된다. 그리고 요의 희석 또는 농축 능력도 감소한다.
⑥ **소화기관의 기능적 변화**
  ㉠ 위산 분비, 침을 비롯한 다른 소화액의 분비도 대체로 감소하고 소화율이 떨어진다.
  ㉡ 칼슘 흡수율은 위산 분비의 저하로 인해 감소한다.
⑦ **내분비계의 변화**
  ㉠ 노화에 따라 호르몬의 분비 및 배설기능에 이상이 오고 표적 세포의 감수성이 저하되는 등 평형을 유지하려는 능력이 약화된다.
  ㉡ 테스토스테론, 에스트로겐의 성호르몬과 알도스테론의 혈중 농도는 고령에서 감소한다.
⑧ **기타** : 피부에 탄력이 없고 주름이 생기며, 피하지방 조직이 감퇴한다.

03 영양과 수명

① 노인의 생리적 기능의 감퇴는 정상적인 노화와 함께 식사, 생활습관, 질병 등에 기인하는 변화와 섞여서 나타난다. 따라서 건강한 식사와 생활습관은 노화 및 수명에 상당한 영향을 미칠 수 있다.
② 노인에게 우유 등 단백질과 녹황색 채소류 등을 충분히 주고 열량을 평균보다 좀 더 줄인

추가 설명

노화에 따라 대체로 수반되는 생리적 변화
- 신체기관들의 기능적 효율 감소
- 내부 또는 외부환경의 변화에 대한 적응력의 감소
- 항상성 유지 능력의 저하
- 면역기능 감퇴에 따른 감염의 증가 및 질병 회복력의 저하

추가 설명

노인기의 변화
- 악력 등 운동기능이 노화와 함께 점차 감소한다.
- 주위 환경의 자극에 대한 반응이 느려지고, 중추신경계의 일부에서 뉴런의 수가 감소한다.
- 감각기관의 기능도 저하되어 시력, 청력이 약해지고 냄새나 맛에 대한 민감성이 매우 저하된다.

추가 설명

노화에 따른 운동기능의 감소 이유
- 연령 증가에 따른 기능적 운동단위인 근섬유의 양적 감소
- ATPase 활성 저하와 칼슘 유용성 감소에 따른 근육수축과 민첩성 부족
- 주위 환경의 자극에 대한 반응이 느려지고, 중추신경계의 일부에서 뉴런의 수가 감소한다.

경우 장수를 누리는 경우가 많았다. 그리고 식사를 규칙적으로 일정한 양으로 섭취하는 것이 수면 연장에 유리하다고 보고 있다.

04 영양소 필요량

1 에너지

① 노인의 경우 일의 효율이 저하되어 일정한 활동에 소모되는 에너지는 증가하겠으나 기초대사량과 신체활동량이 상당히 감소되어 에너지 필요량은 적어진다.
② 직업활동의 은퇴, 여가활동 범위의 축소, 질병 등에 의한 활동의 부자유는 열량 필요량을 감소시킨다.

2 단백질

① 단백질 필요량에 영향을 주는 단백질 대사속도가 노령에서 저하하고 체내 총 질소량 및 체중당 근육의 비율이 감소하므로 노인의 단백질 필요량이 성인에 비해 감소할 것이다. 그러나 노인에게 빈번한 질병 감염, 저하된 소화기관의 기능, 만성질병을 동반하는 대사의 변화는 식이 단백질의 체내 이용률을 감소시키며, 질병이나 기타 신체적·심리적 스트레스가 질소 손실을 증가시킨다. 따라서 노인의 단위 체중당 단백질 필요량은 젊은 성인과 크게 차이가 없다고 볼 수 있다.
② 노인의 단백질 권장섭취량은 65세 이상 남자는 60g, 여자는 50g이다.

3 지질

① 노령에는 담즙 및 리파아제 분비가 저하하여 지질의 소화·흡수가 약간 지연될 수 있으므로 과잉 섭취하지 않도록 조심해야 한다.
② 지질의 과잉 섭취는 동맥경화, 뇌혈관질환, 심혈관질환의 위험률을 높일 수 있으므로 주의해야 한다.

4 탄수화물

① 탄수화물의 만성적 과잉 섭취는 음식의 부피 증가로 위에 부담을 주고, 포도당 내구성이 저하되는 노인에서는 당뇨병 유발의 원인이 될 수 있으며, 혈중 중성지방 농도를 상승시킬 수 있으므로 지나치게 먹지 않도록 한다.
② 동량의 에너지 급원이라도 당류는 녹말에 비해 혈중 지질 농도를 증가시키므로 조심해야 한다.

5 무기질

(1) 칼슘

① 노인은 성인에 비해 칼슘의 흡수율이 감소한다. 흡수율의 감소는 위산분비의 감소, 신장

추가 설명

노인의 영양관리 시 고려사항
- 노인의 식습관과 기호 존중
- 노인의 치아 유무와 질병 상태
- 노인의 식욕을 증진시키기 위한 운동과 식사

추가 설명

노인의 단백질 권장량을 충족시키기 위한 식이
부드럽게 조리된 육류·우유·치즈·달걀·두부 등 양질의 단백질 섭취가 중요하다.

추가 설명

식이섬유
- 식이섬유는 변비의 완화, 혈청 콜레스테롤의 저하, 당 내성의 개선, 운동성 유기물질의 흡착 및 희석 효과 등이 있다. 따라서 심혈관계 질환, 대장암, 당뇨병에 대한 위험률을 감소시킨다.
- 노인들은 씹는 것 불편 등의 이유로 채소·과일을 기피하는 경향이지만 치아 상태, 소화 능력을 고려하여 가급적 신선한 과일, 채소, 해조류, 콩류를 많이 섭취하도록 한다.

네프론 수 감소에 의한 비타민 D의 활성화 감소 때문이다.
② 특히 폐경기 이후 여자 노인에서 골다공증과 골절 위험률이 높으므로 노인의 충분한 칼슘 섭취는 체내 최대 골절량 형성과 골격 손실 억제를 통해 골다공증 예방 및 치료 측면에서 도움을 준다.
③ 약물, 만성적 알코올 섭취는 칼슘 손실을 야기시키고 따라서 뼈 손실을 촉진한다.

(2) 나트륨 및 인
① **나트륨** : 미각이 둔화되는 노인들은 더욱 짜게 먹게 되므로 나트륨의 섭취량이 증가하여 고혈압, 심장병의 위험 요소가 되고 있다.
② **인** : 체내 대사와 기능 면에서 칼슘과 밀접하게 관련되나 대체로 인의 섭취가 칼슘에 비해 너무 높으므로 주의가 요구된다.

(3) 철분
① 노인의 경우 철분 손실량이 성인에 비해 낮으나 위산 분비의 감소에 기인하여 흡수율이 저하하고, 흡수된 철분을 체내에서 효율적으로 이용하지 못한다. 더욱이 노인의 식생활은 철분 섭취가 불량해지기 쉽다. 따라서 철분 섭취에 유의한다.
② 육류나 생선, 간, 달걀 등에 철분이 많으며, 신선한 채소 및 과일에 함유된 비타민 C는 철의 흡수율을 좋게 한다.

6 비타민
① 티아민, 리보플라빈, 니아신은 성인과 같은 수준으로 하되, 비타민 D의 경우 노인은 합성 능력이 떨어지고 골다공증 위험도 높아지므로 성인보다 권장섭취량이 높다.
② 노인의 비타민 C, 비타민 E, 비타민 K, 비타민 B_6, 엽산 및 비타민 B_{12}의 영양섭취기준은 성인과 같은 수준이다.

05 노인의 영양문제

1 생리적 장애
① 감각둔화, 치아 탈락
  ㉠ 감각기능이 둔화되며, 느낌의 둔화 및 치아 탈락은 식욕을 위축시킨다.
  ㉡ 치아관리 소홀에 의한 치아 탈락은 음식의 선택을 연질 또는 액체식품으로 제한시키고 씹는 것이 곤란해짐으로써 소화불량을 유발한다.
② 변비 및 설사 : 노화에 따른 장벽 근육층의 탄성 약화는 변비를 일으키며, 소화 및 흡수율의 감소는 가스를 차게하고 설사를 유발한다.

추가 설명
노인기의 인(P)
- 칼슘 섭취에 비해 높은 인의 섭취는 대체로 뼈조직을 손실시킨다.
- 인산염의 과잉 투여는 혈청의 칼슘 농도를 일시적으로 저하시키며, 뼈조직의 칼슘 방출, 따라서 골다공증의 발생을 촉진시킬 수 있다.

추가 설명
비타민 B_{12}
호모시스테인 대사에 관련되므로 노인에서 충분한 섭취가 필요하다. 호모시스테인은 심장질환이나 뇌졸중의 위험 인자로 인식되고 있는데 B_{12} 비타민의 섭취가 부족할 때 혈중 농도가 증가한다.

추가 설명
노년기의 수분
- 노인의 수분 필요량은 젊은이보다 적다.
- 습관적 또는 식욕감퇴, 갈증에 대한 감각의 둔화 등으로 적정량보다 적게 섭취하고 있다.
- 수분 섭취는 소화, 배설에 효과적이므로 충분한 수분 섭취가 좋다.

2 사회·경제·심리적 위축으로 인한 장애

① 수입의 감소, 가난, 불량한 주거환경 등은 노인들의 식품 선택과 조리를 제한시켜 식사를 불충분하게 한다.
② 사회적 고립감으로 인한 심리적 위축은 생활 만족도를 저하시키고 삶의 욕망 상실과 함께 식욕 감퇴를 초래한다.

3 기타

① **잦은 질병과 활동 제한 및 스트레스** : 만성질환 특히 관절염, 골절 등은 활동 범위를 제한하고 거동을 불편하게 하여 식품 구매, 조리 등을 방해한다.
② **잘못된 식습관** : 영양에 대한 무지와 무관심, 그리고 고집 등으로 식습관이 불량해질 수 있다.

> **추가 설명**
> 잘못된 식습관에 따른 노인의 영양문제
> • 이전에 형성된 식습관이 이미 나쁘다면 식습관 잘못으로 인한 영양섭취 장애는 더욱 심각해진다.
> • 지나친 식습관 교정의 강요는 오히려 식욕 저하를 유발할 수 있으므로 노인의 식습관과 기호를 최대한 존중하면서 균형있는 영양공급을 하는 것이 현명하다.

06 노인의 질병

1 고혈압 및 순환기 질환

① 심장 및 대동맥과 세동맥의 기능적 감퇴로 55세 이후부터는 수축기 혈압이 증가되고, 외적 스트레스가 주어지면 고혈압이 발생되어 노인의 주된 사망 원인이 된다.
② 고혈압은 특히 심근경색, 뇌졸중 등을 일으킬 수 있으므로 주의해야 한다.
③ 질병을 예방하기 위해서는 균형있는 영양섭취, 염분섭취의 제한, 지질섭취의 양 조절, 비타민 A·C·E를 충분히 섭취한다.

> **추가 설명**
> 노인의 질병
> 생리적 노화과정을 가속화하고 병적 노화를 일으켜 수명을 단축시키는 요인이다.

2 골다공증

① **골다공증의 특징** : 골다공증은 대부분 노인에게 통증을 주고 활동에 제약을 주는 일종의 뼈질환으로 이의 병적 상태가 바로 척추, 허리끝 뼈, 둔부 등의 골절로 나타난다.
② **골다공증의 예방과 관리** : 규칙적인 옥외 운동, 균형된 식사와 칼슘 보충이 중요하다.
  ㉠ 옥외 활동은 자외선으로 인한 체내 비타민 D 생성을 자극하여 골다공증의 예방과 치료에 더욱 좋다.
  ㉡ 칼슘 보충은 뼈의 석회화를 촉진시켜 골다공증 발생을 지연시킬 수 있다.

3 당뇨병

① **당뇨병의 유병률이 증가되는 주요 원인** : 노화에 따른 포도당 내구력의 저하, 부적절한 식사, 신체 활동의 감소, 탄수화물 저장고인 근육층의 소실 그리고 췌장 세포에 의한 인슐린 분비의 저하 및 조직 세포의 인슐린에 대한 감수성의 감소 등이다.
② **합병증** : 동맥경화증, 관절염, 백내장 등을 유발한다.
③ **관리** : 식사요법·운동요법으로 꾸준히 치료되어야 한다. 혈당의 상승을 막기 위한 식사

> **추가 설명**
> 골다공증의 원인
> • **활동의 감소** : 질병, 활동의 부자유, 의욕상실 등의 이유로 노인에게서 활동량이 감소되면 뼈조직은 급격히 손실된다.
> • **에스트로겐의 부족** : 여성의 급격한 뼈손실은 폐경과 밀접한 관련이 있다. 즉, 폐경이 되어 에스트로겐의 분비가 현저히 감소되면 골조직의 재생이 잘 안되고 칼슘 침착도 억제된다.
> • **칼슘섭취 부족** : 칼슘섭취 부족은 뼈의 석회화를 지연시키므로 골다공증 발생에 중요한 역할을 한다.

조절로 적정 체중을 유지하면서 균형된 식사, 수용성 식이섬유질의 풍부한 식사가 바람직하다.

4 폐렴

① 폐렴은 세균이나 바이러스에 의해 세기관지 이하 부위의 폐조직에 염증이 발생하는 질환이다.
② 특히 노인 폐렴에 의한 사망률이 젊은 사람에 비해 높고, 노인의 경우 고열·오한·기침·가래 등 폐렴의 특징적인 증상이 잘 나타나지 않는 경우가 많기 때문에 주의해야 한다.
③ 65세 이상은 예방접종을 하고, 평소에 구강청결, 환기, 손 청결, 하루 6~8시간의 적당한 수면으로 면역력을 강화하도록 한다.

5 치매

① 치매는 후천적으로 기억, 언어, 판단력 등의 여러 영역의 인지 기능이 감소하여 일상 생활을 제대로 수행하지 못하는 임상 증후군이다.
② 치매의 경우 가장 흔하게 나타나는 기억력 감퇴뿐 아니라 언어능력, 시공간 파악 능력, 인격 등의 다양한 정신 능력에 장애가 발생함으로써 지적인 기능의 지속적 감퇴가 초래된다.
③ 치매를 완전히 치료할 수 없기 때문에 미리 예방하는 것이 중요하다. 일반적으로 건강한 식습관(생선과 야채 등), 적절한 운동, 지나친 음주와 흡연을 삼가고, 충분한 수면을 취하는 것이 좋다.

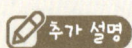

치매 원인
- 전반적인 뇌기능의 손상을 일으킬 수 있는 모든 질환이 치매의 원인이 될 수 있다. 흔히 알고 있는 알츠하이머병은 원인 미상의 신경퇴행성 질환으로 전체의 50~60%를 차지하고, 뇌의 혈액순환 장애에 의한 혈관성 치매가 20~30%를 차지한다. 나머지는 그 밖의 기타 원인에 의한 치매라고 볼 수 있다.
- **알츠하이머병** : 두뇌의 수많은 신경세포가 서서히 쇠퇴하여 뇌조직이 소실되고 뇌가 위축되게 된다.
- **혈관성 치매** : 뇌 안에서 혈액순환이 잘 이루어지지 않아 서서히 신경세포가 죽거나, 갑자기 큰 뇌혈관이 막히거나 뇌혈관이 터지면서 뇌세포가 갑자기 죽어서 생기는 치매이다.

07 우리나라 노인의 영양복지대책

① **노인복지법** : 노인의 심신의 건강 유지 및 생활 안정을 위하여 필요한 조치를 강구함으로써 노인의 복지 증진에 기여함을 목적으로 한다.
② 1980년대에 들어서 시행되고 있는 영양, 건강과 관련된 노인복지사업은 양로원이나 사회복지시설 거주 노인의 급식과 부양 중심이었으며, 그나마 양적·질적으로 매우 미흡하여 영양 상태가 매우 불량한 실정이다.
③ 최근 정부와 사회에서 복지시설 거주 노인 이외에 저소득층 독거 노인을 대상으로 무료 급식 및 도시락 배달 지원에 나서고 있다.

실전예상문제

1 다음 중 가장 오래 산 사람의 사망 시 연령을 나타내는 것은?
① 평균수명　② 최고수명　③ 수명 기대치　④ 예상수명

해설 최고수명에 대한 용어이다.

2 다음 중 노년기의 구분으로 삼는 연령은 몇 세인가?
① 50세 이상　② 55세 이상　③ 65세 이상　④ 70세 이상

해설 노인이라 함은 연령적으로 65세 이상의 인구층을 가리킨다. 노령화 과정에서 나타나는 생리적, 심리적, 정서적, 환경적 및 행동의 변화가 상호작용되는 복잡한 형태의 과정을 65% 이상 경험한 사람이 곧 생물학적 의미에서 노인이라고 국제노년학회에서는 정의하고 있다.

3 다음 중 수명이 증가하는 원인으로 바르지 못한 것은?
① 영양 증진　② 의학의 발달　③ 유아사망률의 증가　④ 위생 상태 향상

해설 **수명의 증가 원인** : 영양 증진, 의학의 발달, 위생 상태 향상

4 다음 중 우리나라는 현재 65세 이상 노인인구 구성비가 약 14% 정도인데, 이를 무슨 사회라고 하는가?
① 고령사회　② 고령화사회　③ 건강사회　④ 초고령사회

해설 65세 이상 노인인구 구성비가 7% 이상이면 고령화사회, 14% 이상이면 고령사회, 20% 이상이면 초고령사회라고 한다.

5 다음 중 노화에 대한 설명으로 옳지 않은 것은?
① 노쇠현상은 대체로 30세 이후부터 시작된다.
② 한 개체에서 모든 기관은 같은 속도로 노화한다.
③ 세포 조직의 재생능력이 감소되어 실질 활동 세포의 수가 감소된다.
④ 출생, 성장, 성숙은 모두 정상적인 노화과정의 일부분이다.

정답　1.❷　2.❸　3.❸　4.❶　5.❷

해설 기관의 노화 속도는 같지 않다.

6 다음 중 노화의 의미로 적절하지 못한 것은?

① 골격, 감각기관, 근육의 퇴화
② 운동기능의 속도나 강도의 퇴화
③ 신체기능과 정신기능의 퇴화
④ 반려자 의식의 성숙

해설 노화란 수정 순간부터 사망에 이르기까지 계속되는 과정으로서, 시간이 흐름에 따라 정상적으로 일어나는 체내현상의 모든 물리적·생화학적인 변화의 총체를 말한다.

7 다음 중 유전자설은 노화이론에서 어느 범주에 속하는가?

① 가교설
② 체세포 돌연변이설
③ 프로그램설
④ 소모설

해설 유전자설은 모든 개체 내에는 한 개 또는 여러 개의 유해한 유전인자가 존재하며, 이들이 삶의 후반에 활성화하여 노화현상을 일으키고 죽음을 초래한다는 숙명론으로서 프로그램설의 한 형태이다.

8 다음 중 노화에 대한 기제 이론 중 노화는 선천적으로 예정된 일련의 과정이라고 보는 것은?

① 체세포 돌연변이설
② 가교설
③ 프로그램설
④ 소모설

해설 각종의 모든 생물들은 늙어감에 따라 또는 나이가 듦에 따라 예측이 가능한 특유의 체내 변화를 나타낸다. 따라서 노화는 선천적으로 예정된 일련의 과정이라고 주장하는 학설이 프로그램설이다.

9 노화 기제 이론 중 나이가 들어 염색체 끝에 연결된 텔로머라아제가 감소하면 텔로미어가 짧아지고 결국 세포분열이 중단되어 기능적으로 죽는다는 것은?

① 유전자설
② 텔로미어설
③ 프로그램설
④ 가교설

해설 텔로미어설 : 텔로미어는 인간세포의 46개 염색체 끝에 연결된 일련의 DNA염기서열로 세포가 분열될 때마다 스스로 일정한 양을 희생하는 방식으로 염색체를 보호한다. 하지만 나이가 들어 텔로미어는 짧아지고 세포분열이 중단되어 기능적으로 죽는다는 것이다.

10 체내의 정상적 사회과정의 부산물로 생성되나 여러 유해 외부요인에 의해 증가되고 이것이 세포막이나 염색체, 단백질 등을 변형시켜 손상을 줌으로써 노화를 일으킨다고 보는 노화기제 이론은?

① 유해산소이론　　　② 소모설　　　③ 자가면역설　　　④ 프로그램설

해설 유해산소이론(자유라디칼설) : 체내의 정상적 사회과정의 부산물로 생성되나 여러 유해 외부요인에 의해 증가되고 이 것이 세포막이나 염색체, 단백질 등을 변형시켜 손상을 줌으로써 노화를 일으킨다고 본다.

11 노화에 따른 생리적 기능 변화에 대한 설명으로 바르지 못한 것은?
① 신체기관들의 기능적 효율 감소
② 항상성 유지 능력 상승
③ 내부나 외부 환경의 변화에 대한 적응력 감소
④ 면역기능 감퇴로 감염 가능성의 증가

해설 노화에 따른 생리적 변화
- 신체기관들의 기능적 효율의 감소
- 항상성 유지 능력 저하
- 내부 또는 외부 환경의 변화에 대한 적응력의 감소
- 면역기능 감퇴에 따른 감염의 증가 및 질병 회복력의 저하

12 다음 중 기초대사율을 조절하는 호르몬은 무엇인가?
① 티록신　　　② 에피네프린　　　③ 알도스테론　　　④ 안드로겐

해설 갑상선호르몬인 티록신이 기초대사율을 조절한다.

13 다음은 노화에 따른 순환계의 변화에 대한 설명으로 옳지 않은 것은?
① 심장조율이 감소되어 박동력이 약화된다.
② 수축기혈압이 증가한다.
③ 동맥의 팽창능력은 노령이 되면서 감소한다.
④ 심박출량이 증가한다.

해설 노화에 따라 동맥의 팽창능력이 동맥경화와 상관없이 감소하여 특히 수축기 혈압이 상승하며 심장활동에 부담을 주게 되었다.

14 다음 중 노화에 따른 신체기능의 변화를 바르게 설명한 것은?
① 폐 기능이 증가한다.
② 신장 기능이 감소한다.
③ 심장박동력이 증가한다.
④ 기초대사율이 증가한다.

해설 기초대사율은 30~90세 사이에 20% 정도 감소하고, 심박동력·신장기능·폐 기능도 노화에 따라 감소된다.

정답 6.❹ 7.❸ 8.❸ 9.❷ 10.❶ 11.❷ 12.❶ 13.❹ 14.❷

15 다음 중 성년에 비하여 노인의 신체기능의 변화를 바르게 설명한 것은?

① 노인의 간 기능은 증가한다.   ② 노인의 신장 사구체여과율이 증가한다.
③ 노인의 폐활량이 감소한다.   ④ 노인의 심장박출량이 증가한다.

해설 총 폐용량 및 폐활량이 연령 증가에 따라 감소하여 고령에서는 각각 40%, 50%까지로 저하한다. 여러 장기 중 폐는 신장과 함께 기능 감소율이 가장 큰 곳이다.

16 다음 중 노화에 따른 장기의 기능적 감소율이 가장 큰 장기는?

① 뇌   ② 심장   ③ 간   ④ 폐

해설 문제 15번 해설 참조

17 다음 중 노화에 따른 소화기관의 변화에 대한 설명으로 옳은 것은?

① 소화액 분비 증가   ② 위산분비 증가   ③ 칼슘흡수율 감소   ④ 소화율 증가

해설 노인에서는 위산분비가 감소하고 타액을 비롯한 소화액의 분비도 감소하여 소화율도 떨어진다. 탄수화물 흡수율은 감소되지 않으나 칼슘흡수율은 위산분비의 저하로 감소한다.

18 다음 중 운동기능이 노화에 의해 점차 감소되는 이유로 잘못된 것은?

① ATPase 활성의 저하   ② 근섬유의 양적 감소   ③ 칼슘 유용성의 증가   ④ 자극에 대한 반응 감소

해설 연령 증가에 따라 ATPase 활성저하와 칼슘 유용성이 감소하여 근육 수축과 민첩성 부족이 나타난다.

19 다음 중 노년의 신체기능의 변화로 거리가 먼 것은?

① 요량이 감소한다.   ② 위산 분비가 감소한다.
③ 맛에 대한 민감성이 커진다.   ④ 시력·청력이 약해진다.

해설 혀의 미뢰수의 감소와 위축에 따라 미각의 감수성이 감퇴된다.

20 다음 중 노인의 영양관리 시 고려 사항으로 그 중요성이 가장 적은 것은?

① 노인의 식습관과 기호의 존중   ② 노인의 치아 유무와 질병 상태

③ 노인의 식욕을 증진시키기 위한 운동과 식사   ④ 노인의 체중증가를 위한 열량의 공급

해설 노화가 되면 대체로 에너지소모량이 감소한다. 일의 효율은 저하되어 일정한 활동에 소모되는 열량은 증가하겠으나 기초대사량과 신체활동량이 상당히 감소되어 총열량 필요량은 적어진다.

21 다음 중 노인들의 영양소 필요에 관한 설명으로 옳지 않은 것은?
① 질병 등 활동의 부자유는 열량 필요량을 감소시킨다.
② 만성적인 탄수화물 섭취는 당뇨병 유발의 원인이 될 수 있다.
③ 식물성보다는 동물성 지방의 섭취를 높인다.
④ 만성적인 알코올 섭취는 칼슘 손실을 야기시켜 뼈손실을 촉진한다.

해설 지질의 과잉 섭취는 동맥경화, 뇌혈관질환, 심혈관질환의 위험률을 높일 수 있으므로 주의한다.

22 다음 중 성인(19~64세)보다 65세 이상 노인의 충분섭취량이 높은 영양소는?
① 비타민 K   ② 리보플라빈   ③ 비타민 E   ④ 비타민 D

해설 비타민 D의 1일 충분섭취량은 65세 노인의 경우 15㎍이다. 19~64세 성인의 경우 10㎍이다.

23 다음 중 노년 여성의 폐경기 이후 필요량이 뚜렷이 감소하는 영양소는?
① 칼슘   ② 인   ③ 철분   ④ 마그네슘

해설 폐경기 이후 월경으로 인한 철 손실이 없으므로 철분 필요량이 감소한다. 그러나 흡수율이 저하하고 효율적으로 이용되지 못하기 때문에 철분 섭취에 유의해야 한다.

24 다음 중 노년기 여성의 영양소 요구량에 대한 설명으로 옳은 것은?
① 노년기의 에너지 필요량은 성인기보다 높다.   ② 노년기의 단백질 필요량은 성인기보다 높다.
③ 노년기의 비타민 C 필요량은 성인기와 같다.   ④ 노년기의 철분 필요량은 성인기와 같다.

해설 비타민 C, 비타민 B_6, 엽산, 비타민 B_{12} 등은 성인과 같은 수준이다.

정답 15.③ 16.④ 17.③ 18.③ 19.③ 20.④ 21.③ 22.④ 23.③ 24.③

25 다음 중 노인의 영양 상태를 불량하게 하는 요인이 아닌 것은?

① 치아 탈락　　② 심리적 위축　　③ 감각 둔화　　④ 소식하는 습관

해설 노인의 영양상태를 불량하게 하는 요인 : 후각 · 미각 · 시각의 감퇴, 치아 탈락, 대사효율의 감소, 만성적 변비 및 설사, 심리적 스트레스, 나쁜 식습관

26 다음 중 노인의 영양 상태를 불량하게 하는 인자에 해당하지 않는 것은?

① 대사효율이 증가되고 소화액의 분비는 증가한다.
② 치아가 약해지고 빠져서 음식 저작이 힘들다.
③ 경제적 불안감과 고독감 등이 식욕을 감소시킨다.
④ 신체 활동의 제약과 활동량의 감소는 식욕을 저하시킨다.

해설 치아관리 소홀에 의한 치아 탈락은 음식의 선택을 연질 또는 액체식품으로 제한시키고, 씹는 것이 곤란해짐으로써 소화불량을 유발한다.

27 다음 중 노인의 영양 상태를 불량하게 만드는 요인으로 올바른 것은?

① 소화액 분비는 감소하나 영양소 흡수율은 증가된다.
② 영양대사 효율이 증가된다.
③ 치아가 약해지고 다양한 음식의 섭취에 제한이 많다.
④ 활동량의 감소는 식욕을 증가시킨다.

해설 문제 26번 해설 참조

28 다음 중 뇌혈관질환의 가장 큰 위험 요인으로 뇌졸중 등의 합병증을 일으킬 수 있는 질환은?

① 심장병　　② 고혈압　　③ 신장병　　④ 신경통

해설 고혈압은 심근경색, 뇌졸중 등을 일으킬 수 있으므로 주의해야 한다.

29 노인의 경우 감각 둔화 등으로 짠맛에 둔화되어 음식을 먹을 때 소금섭취량이 증가되는데, 노인에서 이로 인해 발병 위험이 높은 질환은?

① 골다공증　　② 고혈압　　③ 당뇨병　　④ 폐렴

해설 짠음식을 많이 먹을 때 고혈압 위험이 높아진다.

30 다음 중 노년기에 남성보다 여성에게서 많이 발생하는 질병은?

① 고혈압　　　　② 간암　　　　③ 폐결핵　　　　④ 골다공증

해설 폐경기 이후 에스트로겐이 감소되면서 급격한 뼈손실이 올 수 있다.

31 우리나라 노인의 영양 상태 조사에서 부족하기 쉬운 영양소로서 이 영양소의 부족 시 나타나는 질병이 바르게 연결된 것은?

① 탄수화물 — 비만증　　② 칼슘 — 골다공증　　③ 탄수화물 — 당뇨병　　④ 칼슘 — 관상심장병

해설 노년기의 칼슘 부족은 골다공증을 일으켜 골절이 일어나기 쉽다.

32 다음 중 폐경기 이후 골다공증을 예방하기 위한 방안으로 옳지 않은 것은?

① 탄수화물을 충분히 먹는다.　　② 매일 가벼운 운동이라도 30분 이상 계속한다.
③ 호르몬 주사나 호르몬 요법을 병행한다.　　④ 우유와 유제품, 멸치 등을 매일 먹는다.

해설 골다공증의 예방 및 관리 : 칼슘 보충, 에스트로겐 투여 등의 치료요법과 꾸준한 운동, 균형된 식사요법 등을 들 수 있다.

33 다음 중 골다공증의 예방과 관리로 옳지 않은 것은?

① 규칙적 운동　　② 절식　　③ 칼슘 보충　　④ 균형된 식사

해설 문제 32번 해설 참조

정답 25.❹　26.❶　27.❸　28.❷　29.❷　30.❹　31.❷　32.❶　33.❷

MEMO

부록

최종 모의고사

제1회 모의고사

1 영양소의 주된 작용으로 부적당한 것은?

① 열과 에너지를 발생한다.　　② 체조직을 구성하고 보수한다.
③ 여러 형태의 체내대사과정을 조절한다.　　④ 음식물로는 섭취할 수 없다.

해설 각 영양소는 체내에서 대사과정을 돕기 위해 ①, ②, ③ 등의 여러 작용을 한다.

2 다음 중 열과 에너지를 공급하지 않는 영양소는 무엇인가?

① 무기질　　② 단백질　　③ 지질　　④ 탄수화물

해설 열과 에너지를 공급하는 영양소는 탄수화물, 지질, 단백질이다.

3 영양소의 주된 작용 중 열과 에너지 공급, 조직의 구성과 보수, 대사과정의 조절에 모두 작용하는 영양소는?

① 탄수화물　　② 지방　　③ 단백질　　④ 비타민

해설 단백질은 열과 에너지 공급, 조직의 구성과 보수, 대사과정의 조절에 모두 작용한다.

4 우리나라 식사구성안의 섭취허용과 관련하여 성인의 탄수화물·단백질·지방의 에너지 섭취 기준의 에너지 적정 비율로 옳은 것은?

① 40~45 : 5~15 : 10~20　　② 45~55 : 7~15 : 15~20
③ 55~60 : 7~20 : 20~30　　④ 55~65 : 7~20 : 15~30

해설 영양소 섭취기준의 에너지 적정 비율인 탄수화물은 55~65%, 단백질은 7~20%, 지방은 15~30%(1~2세의 경우 20~35%)로 섭취한다.

5 탄수화물에 대한 설명으로 옳지 않은 것은?

① 탄수화물은 거의 모두 열량원으로 사용된다.
② 탄수화물은 우리 몸의 90%를 차지하는 주요 성분이다.
③ 우리나라는 탄수화물이 에너지 섭취량의 약 60~70%를 제공한다.

④ 탄수화물은 경제적이고 효율적인 열량원이다.

해설 탄수화물은 우리나라뿐만 아니라 세계의 주된 열량공급원으로, 사람들이 섭취하는 에너지 섭취량의 60~70% 가량을 제공하는 중요 에너지원이다.

6 다음의 〈보기〉에서 설명하고 있는 것은?

> **보기** 단당류 중 혈액내에 0.1% 함유되어 있으며 영양상 중요한 에너시원으로 피로회복제, 정맥주사액 등에 함유되는 성분이다.

① 과당 ② 포도당 ③ 자당 ④ 갈락토오스

해설 중환자나 수술환자, 기아상태나 극도로 피로한 사람에게 포도당 주사나 포도당을 마시게 하면 쉽게 회복될 수 있다.

7 다음 중 포유동물의 유즙에서만 합성되는 영양소로서 우유보다 모유에 함량이 높으며, 영아의 뇌 발달에 중요한 영양성분은?

① 글리코겐 ② 자당 ③ 엿당 ④ 젖당

해설 젖당(유당)은 포유동물의 유즙에만 들어있는 이당류이다. 젖당은 영유아의 뇌발달에 필수적인 갈락토오스를 제공한다.

8 다음 중 섬유소를 사람이 에너지로 사용하지 못하는 이유는?

① 사람의 장내에 머무는 시간이 짧기 때문이다.
② 사람에게 되삭임 밥통이 없기 때문이다.
③ 사람에게 섬유소 분해 효소인 리파아제가 없기 때문이다.
④ 사람에게 섬유소 분해 효소인 셀룰라아제가 없기 때문이다.

해설 섬유소는 포도당이 수백 개 이상 결합된 탄수화물의 일종이다. 포도당이 수 백개 결합된 전분이나 글리코겐은 체내에서 분해효소가 분비되어 포도당으로 분해되나 섬유소의 특수한 결합형태를 분해하는 셀룰라아제가 분비되지 않아서 에너지로 이용되지 못한다. 그러나 생리적으로 중요한 배변 촉진효과, 정장작용, 당뇨병 완화, 저열량식 등으로 이용되므로 반드시 섭취하여야 할 식품성분이다. 초식동물들은 셀룰라아제를 분비하여 거의 모든 열량을 섬유소로부터 얻는다.

정답 1.④ 2.① 3.③ 4.④ 5.② 6.② 7.④ 8.④

9 다음 중 섬유소가 체내에서 하는 중요한 작용은 무엇인가?

① 수분의 재흡수를 돕는다.　　② 콜레스테롤 재흡수를 촉진한다.
③ 배변을 촉진한다.　　④ 에너지를 제공한다.

해설 전분이나 글리코겐은 체내에서 분해효소가 분비되어 포도당으로 분해되나, 섬유소의 특수한 결합 형태를 분해하는 셀룰라아제가 장에서 분비되지 않아서 에너지로 이용되지 못한다. 그러나 생리적으로 중요한 배변 촉진효과, 정장작용, 당뇨병 완화, 저열량식 등으로 이용되므로 반드시 섭취하여야 할 식품 성분이다. 초식동물들은 셀룰라아제를 분비하여 거의 모든 열량을 섬유소로부터 얻는다.

10 다음 중 콜레스테롤의 체내 작용에 대한 설명으로 옳지 않은 것은?

① 콜레스테롤은 담즙산 생성에 필요한 물질이다.
② 콜레스테롤은 세포막의 주성분이다.
③ 콜레스테롤은 체내에서 합성되어 일정한 농도를 유지한다.
④ 체내 콜레스테롤 양은 모두 식품에서 섭취한 것이며 동맥경화를 유발한다.

해설 콜레스테롤(cholesterol)
- 콜레스테롤의 중요한 분해 산물은 담즙산이다.
- 생체 내에서 필수적인 구성 성분으로, 뇌와 신경 조직 등에도 함유되어 있다. 그리하여 각 조직 세포의 기능을 수행할 수 있게 한다.
- 혈중 콜레스테롤은 식사에서 공급되는 것과 체내에서 합성되는 콜레스테롤에 의해 항상성이 유지된다.
- 스테로이드호르몬, 비타민 D의 담즙산을 합성하는 기본 물질이다.

11 필수지방산 결핍으로 나타나는 증상과 이 지방산이 가장 많이 들어 있는 급원은?

① 성장지연 — 낙화생유　② 성장지연 — 라드　③ 피부병 — 옥수수기름　④ 피부병 — 쇠기름

해설 지방산 중 체내에서 충분히 합성되지 못하거나 합성되지 않는 지방산을 필수지방산이라 하며 알파-리놀렌산, 리놀레산이 있다. 이 필수지방산은 모두 불포화지방으로, 식물성 유지에 다량 함유되어 있으며 동물성에는 상대적으로 적게 함유되어 있다. 옥수수기름, 콩기름, 포도씨유 등이 많으며, 낙화생유, 팜유, 쇠기름, 마가린에는 적게 함유되어 있다. 성장기 아동에게 필수지방산이 결핍되면 성장이 불량하며, 피부염과 습진 등이 발생한다.

12 지질의 대사와 관련된 설명으로 옳지 않은 것은?

① 식품이나 체내에서 지방산은 대부분 중성지방의 형태로 존재한다.
② 중성지방 등은 대부분 위에서 흡수된다.
③ 식이 콜레스테롤은 세포막의 구성성분, 스테로이드 호르몬 및 비타민 D의 전구체 등으로 이용된다.

④ 불포화지방산 중 리놀레산과 알파리놀렌산은 필수지방산이다.

해설 중성지방 등은 담즙산과 인지질의 유화작용과 췌장에서 분비된 소화효소 등의 작용으로 분해되어 소장에서 대부분 흡수된다.

13 단백질에 대한 설명으로 옳지 않은 것은?

① 단백질은 탄소, 수소, 산소, 질소 등을 함유하고 있다.
② 단백질은 신체의 기본 구성성분이며 생명의 기본물질이다.
③ 단백질은 1g당 4kcal를 생성하는 열량 급원으로 사용된다.
④ 필수아미노산만으로 이루어졌다.

해설 필수아미노산과 비필수아미노산으로 구성된다.

14 완전 단백질에 속하는 가장 질 좋은 단백질은 무엇인가?

① 달걀의 오브알부민 ② 보리의 호르데인 ③ 밀의 글리아딘 ④ 옥수수의 제인

해설 단백질의 영양적 분류
• 완전 단백질 : 우유의 카세인과 락트알부민, 달걀의 오브알부민, 대두의 글리시닌, 보리의 에데스틴, 밀의 글루테닌과 글루텔린
• 불완전 단백질 : 젤라틴, 옥수수의 제인
• 부분적 불완전 단백질 : 밀의 글리아딘, 보리의 호르데인, 연맥의 프롤라민

15 다음 중 단백질의 상호보조효과를 가장 높게 만드는 배합은 무엇인가?

① 고구마 + 김치 ② 옥수수 + 감자 ③ 우유 + 밀가루 ④ 두부 + 돼지고기

해설 부족한 아미노산과 다른 단백질을 같이 섭취함으로써 단백질의 질을 높여서 단백질작용을 더욱 완전하게 하는 것을 단백질의 상호보조효과라고 한다. 빵과 치즈, 감자와 우유를 섞어 먹임으로써 보조효과가 나타나며, 셔만은 밀가루와 우유의 상호보조작용을 밝혀냈다.

16 기초대사와 관련 없는 사항은?

① 심장이 뛴다. ② 오래된 세포는 죽고 새로운 세포가 합성된다.
③ 학습을 한다. ④ 신장에서 배설물을 거른다.

정답 9.❸ 10.❹ 11.❸ 12.❷ 13.❹ 14.❶ 15.❸ 16.❸

해설 무의식중에 생명을 유지하기 위하여 이루어지는 대사과정을 기초대사라고 한다.

17 다음 중 세포막 전압을 유지하는 중요한 인자로서 삼투압 유지와 수분평형에 관여하는 무기질과 과다 증이 옳게 연결된 것은?

① 단백질 – 부종   ② 나트륨 – 고혈압   ③ 칼륨 – 고혈압   ④ 칼슘 – 구루병

해설 나트륨(sodium, Na)과 염소(chloride, Cl)는 세포막 전압을 유지하는 중요한 인자로서, 세포외액의 양이온과 음이온으로서 삼투압 유지와 수분 형평에 관여하며, 산염기의 균형 조절 및 신경 자극 전달에도 중요한 역할을 한다. 또한 나트륨은 소장에서 탄수화물과 아미노산의 흡수에도 작용하며, 염소는 위산의 성분으로서 위액을 구성한다. 흡수된 나트륨은 세포외액에 남아 나트륨/칼륨 펌프를 통해 세포외액의 농도를 유지하게 된다.

18 칼슘의 좋은 급원과 결핍증이 바르게 짝지어진 것은?

① 멸치 — 각기병   ② 우유 — 펠라그라   ③ 멸치 — 골다공증   ④ 시금치 — 야맹증

해설 칼슘의 결핍증은 성장기에는 성장 저지, 뼈의 기형(구루병)이 발생한다. 성인기에는 골연화증·골다공증이 발생한다. 좋은 급원은 뼈째 먹는 생선, 우유와 유제품, 진녹색 채소이다.

19 다음 철분의 흡수를 증진시키기 위한 방안 중 가장 효과적인 것은 무엇인가?

① 우유를 많이 먹는다.
② 치즈를 먹는다.
③ 귤을 많이 먹는다.
④ 귤과 육류고기를 같이 먹는다.

해설 식물성 식품에 존재하는 대부분의 철분은 제1철(Fe^{2+})과 일단계 산화된 형태인 제2철(Fe^{3+})의 형태로 존재한다. 그러나 제이철보다는 제일철이 더 잘 용해되고 따라서 더 잘 흡수된다. 비타민 C는 제1철이 제2철로 산화되는 것을 방지할 뿐 아니라 제2철로 산화된 것을 제1철로 환원시킴으로써 철분의 흡수를 돕는다. 중요한 것은 철분이 함유되어 있는 음식과 비타민 C를 동시에 먹어야 한다는 사실이다.

20 다음 중 수분의 중요한 체내작용에 대한 설명이라 할 수 없는 것은?

① 수분은 모든 분비액의 성분이며 체내 화학작용이 일어날 수 있다.
② 수분은 체온조절 작용을 한다.
③ 수분은 혈액의 성분으로 영양소를 용해시키고 각 조직에 운반토록 한다.
④ 수분은 몸의 구성성분으로 약 30%를 차지한다.

해설 수분은 신체의 약 55~60% 이상을 차지하는 가장 많은 구성성분이며 혈액, 체액, 내장액, 생체 내 모든 생리작용의 조절과 산염기의 평형, 체온조절과 윤활유로서의 역할을 한다. 따라서 음식이나 음료에서 섭취하여야 한다. 목이 마른 것은 몸에 물이 필요하다는 신호이다.

21 미량이지만 주로 세포 내에서 화학적 반응의 촉매로서의 기능을 담당하고 에너지의 방출, 조직의 구성, 음식에 대한 신체의 작용을 조절하는 데 필수적인 영양소는?

① 단백질　　　　② 지방　　　　③ 비타민　　　　④ 탄수화물

해설 비타민 : 미양이기는 하지만 생리작용의 조절이 필요하며, 동물체 내에서 합성하기 어려운 여러 가지 유기물을 섭취해야 하는데 이들의 성분을 비타민이라고 한다.

22 비타민과 체내 작용이 옳게 연결된 것은?

① 비타민 E — 산·알카리 평형, 항산화 작용
② 비타민 K — 항산화 작용, 혈액 응고
③ 비타민 C — 포상각화증, 콜라겐 생성
④ 비타민 A — 시각기능에 관여, 배아 발생과 성장

해설 비타민 A는 시자홍 색소의 구성성분으로 야맹증을 예방한다. 배아 발생과 성장에 관여하며, 상피세포의 형성과 유지에 중요하다. 이는 눈, 코, 입, 소화기, 생식기, 비뇨기, 피부와 치아 건강에 필수적인 작용을 한다. 또한 항산화제로서 작용하며 암발생률을 억제하는 것으로 알려졌다.

23 일광의 도움을 받아 체내에서 합성되는 것으로, 칼슘 흡수를 높이는 비타민은?

① 비타민 A　　　　② 비타민 E　　　　③ 비타민 D　　　　④ 비타민 C

해설 비타민 D의 작용
 • 칼슘의 흡수를 촉진시킨다.
 • 칼슘과 인이 뼈에 축적되는 것을 도와준다.
 • 칼슘과 인이 뼈에서 빠져나가 다른 조직에서 이용되는 것을 도와준다.
 • 체내에서 일단 사용되었던 칼슘과 인이 재흡수되어 다시 사용되는 것을 돕는다.

24 비타민 C의 결핍증과 가장 좋은 급원 식품끼리 서로 연결된 것은?

① 구루병 — 버섯　　② 괴혈병 — 귤　　③ 각기병 — 상추　　④ 구순구각염 — 우유

해설 비타민 C의 결핍증은 괴혈병이 대표적이며 잇몸에서 피가 나고 치근이 약해진다. 1일 권장섭취량은 성인 남녀 100mg이며 감귤류, 녹황색 채소 등에 다량 함유되어 있다.

정답 17.❷ 18.❸ 19.❹ 20.❹ 21.❸ 22.❹ 23.❸ 24.❷

25 비타민과 급원 식품이 바르지 않은 것은?

① 비타민 B_{12} — 살코기, 우유
② 비타민 B_2 — 백미, 백설탕
③ 비타민 E — 마가린, 면실유
④ 비타민 D — 간유, 난황

해설 비타민 B_2(리보플라빈)의 급원 식품은 육류, 닭고기, 생선, 유제품, 녹색채소류, 곡류 등이다.

26 최종 월경 시작일이 5월 20일이라면 산부의 분만 예정일은?

① 2월 20일　② 2월 27일　③ 3월 20일　④ 다음해 5월 20일

해설 최종 월경의 제1일부터 280일 되는 날을 분만 예정일로 한다. 즉, 최종 월경이 1~3월인 경우 최종 월경이 있던 달에 9를 더하고 최종 월경 시작일에 7을 더하거나 최종 월경이 4~12월인 경우 최종 월경이 있던 달에 3을 빼고 최종 월경 시작일에 7을 더하면 예정일이다.

27 다음 중 임신중독증의 증상과 식이요법이 바르게 짝지어진 것은?

① 부종, 단백뇨 — 고비타민식·고탄수화물식
② 부종, 고혈압, 단백뇨 — 저탄수화물식·저염식
③ 단백뇨, 부종 — 저탄수화물식·고동물성 지방식
④ 고혈압, 단백뇨 — 고탄수화물식·저염식

해설 임신중독증은 특히 임신 8개월 이후에 부종, 단백뇨, 고혈압 등이 나타나는 상태를 말한다. 임신중독을 위한 식이요법의 기본방침은 저열량식, 저탄수화물식, 저동물성 지방식, 양질의 단백질식, 저나트륨식, 고비타민식, 수분섭취 감소 등이다.

28 유아기의 생리적 특징에 대한 설명으로 옳지 않은 것은?

① 체표면적당 기초대사량이 성인보다 높다.
② 성인보다 발한량이 많다.
③ 기초체온이 성인보다 높다.
④ 1분당 맥박수가 성인보다 적다.

해설 연령이 높아지면서 1분간의 맥박수는 점차 감소하여 영아기는 100~140회, 유아기는 90~120회, 성인은 60~100회가 된다.

29 다음 중 모유의 장점으로 옳지 않은 것은?

① 모유에는 우유보다 칼슘, 철분 등 무기질 함량이 높다.

② 모유수유는 신생아, 영아에 정서적 안정감을 전해준다.
③ 모유에는 뇌 발달에 필요한 젖당 함량이 우유보다 높다.
④ 모유에는 우유보다 필수지방산인 리놀레산이 다량 함유되어 있다.

해설 모유의 장점
- 모유에는 뇌 발달에 필요한 젖당 함량이 우유보다 높다.
- 모유에는 우유보다 필수지방산이 다량 함유되어 있다.
- 모유수유는 신생아, 영아에 정서적 안정을 전해준다.
- 산모의 우울증 예방과 유방암 발생을 감소시켜 준다.
- 임신 전 체중으로의 회복이 용이하다.

30 다음 중 초유에 대한 설명으로 옳지 못한 것은?
① 무기질과 단백질 함량이 성숙유보다 높다.
② 출산 후 처음 며칠간 분비되는 유즙이다.
③ 첫 임신에 의한 출산 시의 유즙을 말하며 경산부에게는 해당되지 않는다.
④ 분비량이 적고 황색의 빛을 띤다.

해설 초유(colostrum)
- 출산 후 며칠간 분비되는 유즙이다.
- 분량이 적고 황색이며, 점성이 있는 액체로서 무기질과 단백질 함량이 높고, 면역 성분의 함량도 많다.

31 다음 중 유아기 간식에 대한 설명으로 옳지 않은 것은?
① 간식은 유아의 식욕을 떨어뜨리므로 주지 않는 것이 좋다.
② 간식은 유아의 정서를 풍부하게 만든다.
③ 간식은 세끼의 식사에서 부족한 영양소를 보충한다.
④ 간식은 1일 필요한 유아 에너지의 10~15%가 적합하다.

해설 유아기는 발육·성장기이므로, 신체가 작은 데 비해서 많은 에너지와 영양소가 필요하다. 아침, 점심, 저녁만으로는 유아에게 충분한 에너지와 영양소를 공급할 수 없으므로 유아의 간식은 영양보충에 주된 목적이 있다.

32 학동기 칼슘의 좋은 급원으로 거리가 먼 것은?
① 멸치   ② 우유   ③ 치즈   ④ 고구마

정답 25.❷ 26.❷ 27.❷ 28.❹ 29.❶ 30.❸ 31.❶ 32.❹

해설 칼슘의 좋은 급원으로 멸치, 치즈, 우유, 콩제품, 색이 진한 녹색엽채류 등이 있다.

33 다음 중 학동기 영양문제가 아닌 것은 무엇인가?

① 충치　　　② 관상심장병　　　③ 빈혈　　　④ 비만증

해설 학동기의 영양문제 : 열량 부족과 단백질 부족, 영양성 빈혈, 칼슘과 비타민 D 부족, 에너지 과잉 또는 비만증, 충치 등이 있다.

34 사춘기 이후 남성과 여성 간에 여러 신체 혹은 외모상으로 다른 모습을 보이는 것으로 남녀의 신체적 특징이 드러나는 것을 무엇이라 하는가?

① 성장통　　　② 제3세계　　　③ 2차 성징　　　④ 질풍노도

해설 2차 성징은 남녀의 신체적 특성이 들어나는 것이다.

35 다음 중 에스트로겐의 작용으로 옳지 않은 것은?

① 월경이 나타난다.　　　② 신장의 작용을 증진시킨다.
③ 부수생식기관과 2차 성징을 모두 조절한다.　　　④ 골반을 좁게 하는 역할을 한다.

해설 에스트로겐은 골반을 넓게 하는 효과를 갖는다. 그리하여 여성의 골반은 학동기에 좁고 원통같은 모양에서 둥근형의 모습으로 바뀐다.

36 다음 중 한국인의 성인 영양권장량을 성별로 비교 시 옳지 않은 것은?

① 여성은 월경으로 인해 남성보다 19~49세에 철분의 권장섭취량이 더 높다.
② 비타민 C의 권장섭취량은 남녀가 같다.
③ 50~64세의 여성은 폐경기 이후에 여성호르몬의 부족으로 남성보다 관절이 약하여 $5\mu g$의 비타민 D가 더 많이 요구된다.
④ 30~49세에서 에너지는 기초대사량과 활동량이 많은 남성이 여성보다 500kcal가 더 많이 요구된다.

해설 비타민 D는 최저필요량에 대한 근거가 부족하고 자외선을 조사하면 피부에서 합성되므로 충분섭취량은 남녀 모두 19~64세는 $10\mu g$으로 책정되었다.

37 폐경기 이후 여자의 경우 골다공증 예방을 위해 남자보다 권장섭취량이 많은 영양소는?

① 칼륨　　　　② 칼슘　　　　③ 비타민 A　　　　④ 나트륨

해설 성인의 칼슘 1일 권장섭취량은 남자의 경우 19~49세는 800mg, 50~64세 750mg, 여자의 경우 19~49세는 700mg, 50~64세 800mg이다. 폐경기 이후 여자의 경우 골다공증 예방을 위해 추가로 손실되는 양을 감안하여 상향 조정되었다.

38 다음 중 일반 성인을 위한 식생활 지침으로서 적합치 않은 내용은?

① 활동량을 줄이고 알맞게 섭취한다.
② 지방이 많은 고기와 튀긴 음식을 적게 먹는다.
③ 채소, 과일, 우유 제품을 매일 먹는다.
④ 짠음식은 피하고, 싱겁게 먹는다.

해설 일반 성인을 위한 식생활 지침
- 활동량을 늘리고 알맞게 섭취한다.
- 지방이 많은 고기와 튀긴 음식을 적게 먹는다.
- 술을 마실 때는 그 양을 제한한다.
- 세 끼 식사를 규칙적으로 즐겁게 한다.
- 음식을 먹을 만큼 준비하고, 위생적으로 관리한다.
- 채소, 과일, 우유 제품을 매일 먹는다.
- 짠음식은 피하고, 싱겁게 먹는다.

39 다음은 노화에 따른 순환계의 변화에 대한 설명으로 옳지 않은 것은?

① 심장조율이 감소되어 박동력이 약화된다.
② 수축기혈압이 증가한다.
③ 동맥의 팽창능력은 노령이 되면서 감소한다.
④ 심박출량이 증가한다.

해설 노화에 따라 동맥의 팽창능력이 동맥경화와 상관없이 감소하여 특히 수축기 혈압이 상승하며 심장활동에 부담을 주게 되었다.

40 다음 중 노년의 신체기능의 변화로 거리가 먼 것은?

① 요량이 감소한다.
② 위산 분비가 감소한다.
③ 맛에 대한 민감성이 커진다.
④ 시력·청력이 약해진다.

해설 혀의 미뢰수의 감소와 위축에 따라 미각의 감수성이 감퇴된다.

정답 33.❷　34.❸　35.❹　36.❸　37.❷　38.❶　39.❹　40.❸

제2회 모의고사

1 임신·수유부를 위한 식생활지침으로 거리가 먼 것은?

① 청결한 음식을 알맞은 양으로 먹자.
② 우유 제품을 매일 3회 이상 먹자.
③ 짠 음식을 피하고, 싱겁게 먹자.
④ 최대한 근력운동을 많이 하고, 체중도 최대한 줄이도록 한다.

> **해설** 임신·수유부를 위한 식생활지침
> • 우유 제품을 매일 3회 이상 먹자.
> • 짠 음식을 피하고, 싱겁게 먹자.
> • 활발한 신체활동을 유지하자.
> • 고기나 생선, 채소, 과일을 매일 먹자.
> • 술을 절대로 마시지 말자.
> • 청결한 음식을 알맞은 양으로 먹자.

2 다음 중 체내에서 락타아제의 생성이 안되어 생기는 질병과 이 때 섭취를 제한하여야 할 식품은 무엇인가?

① 갈락토세미아 – 모유   ② 저혈당증 – 우유   ③ 유당불내응증 – 우유   ④ 당뇨병 – 섬유소

> **해설** 유당불내응증(lactose intolerance) : 젖당(유당) 소화 효소인 락타아제의 작용 마비 또는 결핍으로 인한 질병이다. 우유 또는 모유를 오랫동안 먹지 않아 락타아제의 체내 합성이 이루어지지 않는 경우나 선천적으로 합성되지 않는 경우가 있다. 그러므로 우유를 마시면 우유 속의 젖당이 소화되지 못하고 장내에서 발효하게 된다. 그리하여 장관 내에 물이 고이게 되고 배가 아프고, 설사, 복통, 복부 통증을 유발한다. 유당불내응증 환자에게 우유나 유제품을 금지하면 이 증상은 사라진다.

3 탄수화물의 체내 작용 기능이 아닌 것은?

① 에너지의 공급   ② 혈당의 유지   ③ 단백질의 절약 작용   ④ 배설 작용 완화

> **해설** 탄수화물의 체내 작용으로는 ①, ②, ③ 외에 필수영양소로서의 작용, 식품의 맛 증진, 변비 예방과 장기능 촉진, 장내 세균의 성장촉진 등이다.

4 지방과 관련된 설명으로 옳지 않은 것은?

① 1g당 9kcal의 열량을 발생한다.
② 필수지방산 결핍은 아동의 성장 지연 등을 일으키지는 않는다.
③ 체온 유지 및 중요 장기의 보호작용을 한다.

④ 과다 섭취 시 간이나 피하조직에 저장된다.

해설 필수지방산의 결핍은 아동의 성장 지연과 피부병, 면역기능 손상, 상처의 치료 지연 등을 일으킬 수 있다.

5 신생아나 유아의 경우 체내 합성 경로가 발달되어 있지 않기 때문에 외부로부터 보충해야 하는 아미노산은?

① 메티오닌   ② 발린   ③ 타우린   ④ 류신

해설 타우린 : 신생아나 유아의 경우 체내 합성 경로가 발달되어 있지 않기 때문에 외부로부터 보충해야한다.

6 주요 단백질이 잘못 연결된 것은?

① 콩 — 글리시닌   ② 우유 — 카세인   ③ 밀 — 호르데인   ④ 난백 — 오브알부민

해설 밀 : 글리아딘, 보리 : 호르데인

7 불완전 단백질에 속하는 것은?

① 카세인   ② 글루테닌   ③ 젤라틴   ④ 프롤라민

해설 불완전 단백질은 단백질 급원으로 이것만을 섭취했을 때 성장이 지연되고 체중이 감소하며 장기간 계속되면 사망한다. 이에는 젤라틴과 옥수수의 제인이 있다.

8 단백질의 체내 작용과 관련 없는 것은?

① 조직세포의 생성과 보수   ② 혈청 단백질의 형성
③ 에너지 발생   ④ 장기 보호

해설 단백질의 체내 작용 : ①, ②, ③ 외에 체내 대사 과정의 조절(수분조절, 산·알칼리평형), 비타민과 무기질 등의 운반 등이다.

9 다음 중 단백질 섭취 부족으로 나타나는 것은?

① 혈우병   ② 구루병   ③ 괴혈병   ④ 콰시오커

정답 1.④ 2.③ 3.④ 4.② 5.③ 6.③ 7.③ 8.④ 9.④

해설 초기 단백질 부족 증상은 체중감소, 피로, 초조감 등이며 성장지연 등이 나타난다. 단백질 섭취량이 극도로 낮으면 콰시오커가 나타난다.

10 영양소의 생리적 열량가가 바르게 짝지어진 것은?

① 탄수화물 - 9kcal ② 단백질 - 5.6kcal ③ 지방 - 9kcal ④ 알코올 - 9.4kcal

해설 탄수화물은 1g에 4kcal, 지방은 9kcal, 단백질은 4kcal를 발생시키고 있다.

11 다음 중 체중에 영향을 주는 요소에 대한 설명으로 가장 올바른 것은?

① 열량섭취량을 같게 한 사람들의 체중은 모두 비슷하게 나타난다.
② 비만인 가계의 자녀는 비만이 될 확률이 높다.
③ 스트레스와 음식물 섭취와는 상관관계가 없다.
④ 포만감을 지각하는 뇌기능이 항진될 때 비만증이 나타난다.

해설 화가 나거나 권태감, 울적할 때 충동적으로 음식을 많이 먹어대는 사람들이 있으며, 부모가 비만일 경우 아이들의 비만 확률이 높아진다.

12 다음 중 비만한 사람에게 제한하여야 할 두 가지 식품이 바르게 연결된 것은?

① 두부 — 상추 ② 삼겹살 — 상추 ③ 두부 — 우유 ④ 난황 — 삼겹살

해설 비만의 식이요법 : 섬유질이 많은 채소를 싱겁게 조리하여 많이씩 먹고 밥, 국수, 케이크, 떡, 튀긴 음식과 같은 탄수화물과 지방이 많은 음식을 적게 먹는다.

13 삼투압 유지의 수분평형에 관여하고, 체내 산-알칼리 평형을 조절하는 주된 영양소는 무엇인가?

① 마그네슘 ② 인 ③ 탄수화물 ④ 나트륨

해설 나트륨은 세포외액의 양이온으로서 삼투압 유지와 수분평형에 관여해서, 체내 산-알칼리 평형을 조절한다. 신경 자극을 전달하고 근육의 수축도 돕는다.

14 칼슘 흡수에 방해되는 인자가 아닌 것은?

① 섬유소가 많은 식사 ② 피트산 ③ 옥살산 ④ 비타민 D

해설 섬유소가 많은 식사, 피트산, 옥살산 등은 칼슘 흡수에 좋지 않은 영향을 준다.

15 22세의 영희는 빈혈증세를 자주 느끼는데, 영희가 특히 섭취해야 할 영양소와 이의 흡수를 증가시키기 위해서 권장해야 할 식품이 옳게 연결된 것은?

① 철분 — 현미밥, 미역
② 철분 — 귤, 짙푸른 채소
③ 비타민 C — 현미밥, 미역
④ 비타민 C — 귤, 짙푸른 채소

해설 철분의 특징
- 결핍증세 : 빈혈
- 급원 : 육류, 달걀, 어패류, 콩류, 진한 녹색채소 등

16 다음 중 비타민 A의 주된 작용으로 옳지 않은 것은?

① 시각 기능에 관여한다.
② 점막세포와 피부의 건강을 유지한다.
③ 면역체계를 돕는다.
④ 혈액응고를 돕는다.

해설 비타민 A의 작용으로는 ①, ②, ③ 외에 성장과 뼈의 재생을 돕는다.

17 다음 중 비타민의 작용, 결핍증 및 좋은 급원 식품이 옳게 연결된 것은?

① 니아신 : 에너지 생성을 도움 — 펠라그라 — 시금치
② 비타민 C : 콜라겐 형성을 도움 — 괴혈병 — 돼지고기
③ 비타민 D : 시홍세포 성분 — 구루병 — 건버섯
④ 비타민 A : 간상세포 성분 — 야맹증 — 당근

해설
- 비타민 D : 칼슘 흡수 도움 — 구루병 — 건버섯
- 비타민 C : 콜라겐 형성을 도움 — 괴혈병 — 짙푸른 채소, 감귤류
- 니아신 : 에너지 생성을 도움 — 펠라그라 — 육어류 · 콩류

18 비타민 C의 체내 작용으로 부적당한 것은?

① 항산화작용을 한다.
② 철의 흡수에 도움을 준다.
③ 콜라겐 형성에 관여한다.
④ 지방대사를 돕는다.

정답 10.❸ 11.❷ 12.❹ 13.❹ 14.❹ 15.❷ 16.❹ 17.❹ 18.❹

해설 비타민 C의 체내작용으로는 ①, ②, ③ 외에 아미노산의 대사를 돕고, 티록신 합성 등에 필요하다.

19 다음 중 비타민 B_1(티아민)에 대한 설명으로 옳지 않은 것은?

① 티아민 결핍 시 식욕부진, 체중감소, 각기병 등이 생긴다.
② 티아민은 탄수화물의 에너지 대사와 관련된다.
③ 티아민이 결핍되면 건성 각기병만 생긴다.
④ 티아민은 섭취된 후 주로 공장에서 흡수된다.

해설 티아민이 부족되면 각기병이 발생하는데 습성과 건성으로 구분된다.

20 다음 중 채식주의자에게서 특히 걸리기 쉬운 영양 결핍증과 그 결핍 영양소가 옳게 연결된 것은?

① 야맹증 — 비타민 A
② 악성 빈혈 — 비타민 B_{12}
③ 빈혈 — 칼슘
④ 구루병 — 칼슘

해설 비타민 B_{12}는 주로 동물성식품에 함유되어 있어서 채식주의자에게 결핍의 발생빈도가 높다. 또한 비타민 B_{12}의 흡수 저해가 나타나는 위장질환 환자, 소장질환 환자에게도 나타날 수 있다.

21 다음 중 임신중독증의 특징이 아닌 것은?

① 고혈압
② 단백뇨
③ 부종
④ 체중 증가

해설 임신중독증 : 부종, 단백뇨, 고혈압 등이 중요한 증세이다.

22 영아 초기에는 위의 만곡이 작고 젖 먹을 때 공기 유입으로 토하기 쉬운데 이를 방지하기 위한 대책으로 옳은 것은?

① 많은 양을 한꺼번에 수유한다.
② 수유 후 업어서 내려가도록 한다.
③ 수유 후 트림을 시킨 다음 눕힌다.
④ 수유 후 바로 엎드려 놓는다.

해설 영아가 젖을 먹을 때 또는 호흡을 할 때 공기가 위 안으로 들어오게 된다. 이렇게 들어온 공기의 일부는 장으로 내보내게 되나 대부분은 트림이 되어서 배출된다.

23 다음 중 모유와 우유를 비교한 것으로 옳은 것은?

① 모유에는 뇌 발달에 필요한 젖당의 함량이 높다.
② 모유에는 비타민 C가 우유보다 적다.
③ 모유에는 우유에 비해 리놀레산의 함량이 적다.
④ 모유에는 칼슘, 철분 등 함량이 우유보다 높다.

해설 우유 및 모유의 탄수화물은 대부분 젖당(유당)이며 유당과 유당이 균형상태로 들어 있다. 그러나 우유는 모유에 비교해서 젖당의 함량이 적다.

24 다음 중 이유식에 대한 설명으로 옳지 않은 것은?

① 이유식은 영양섭취와 정서적·지적 발달을 위하여 다양한 식품, 조리형태, 색깔을 접하도록 한다.
② 이유식은 발달 단계에 따라 마시는 것에서 떠먹는 형태로 바뀌어야 한다.
③ 이유식은 부드럽게 하고 수분이 많은 것으로 일관한다.
④ 이유식은 월령의 발달 단계에 따라 거의 씹지 않는 조리형태에서 씹는 형태로 바뀌어야 한다.

해설 이유는 젖만으로의 영양으로부터 영아에게 여러 가지 반고형식을 주고 차차 그 횟수와 양을 증가시켜 유아의 고형식 형태에 도달하게 하는 것을 말한다. 액체에 가까울수록 소화가 잘된다고 생각해서는 안 된다.

25 다음 중 학동기의 성장에 대한 설명으로 옳은 것은?

① 학동기 이후 가장 급격히 발달되는 조직은 뇌이다.
② 학동기의 신체 성장은 남아가 여아보다 빠르게 진행된다.
③ 학동기에는 장 기관 및 조직 발달이 꾸준히 이루어진다.
④ 학동기의 성장은 성호르몬의 영향을 가장 크게 받는다.

해설 성장 과정에 있는 학동은 먼저 유아기의 왕성한 고비를 지나 비교적 완만한 성장을 계속하면서 멀지 않아 청소년기의 왕성한 제2의 고비를 맞이한다. 완만한 성장을 계속한다고는 하나 내장의 여러 기관의 조직이나 기능은 충실해지고 있으며, 골격 형성 등의 발달도 현저하다.

26 다음 중 비타민 B 복합체와 그 결핍 증상이 바르게 연결되지 않은 것은?

① 비타민 B_1 – 각기병 ② 니아신 – 펠라그라 ③ 비타민 B_2 – 구각염 ④ 비타민 B_{12} – 야맹증

해설 엽산과 비타민 B_{12}는 적혈구 생성과 숙성을 돕고 결핍되면 거대적아구성 빈혈이 나타난다.

정답 19.❸ 20.❷ 21.❹ 22.❸ 23.❶ 24.❸ 25.❸ 26.❹

27 다음은 학교급식의 목적에 대한 설명으로 가장 옳은 것은?

① 좋은 영양을 공급하는 동시에 영양교육을 실천하기 위해서
② 결석아동을 예방하기 위해서
③ 비만 예방을 위해서
④ 영양공급을 위해서

해설 학교급식은 아동들에게 적절한 영양을 공급하면서 또 영양지식과 식사예법 습득 기회를 제공한다.

28 다음 중 테스토스테론의 작용으로 바르지 못한 것은?

① 2차 성징을 주도한다.
② 근육의 양의 증가에 관여한다.
③ 정자 생성에 필수적이다.
④ 난소의 발달을 촉진한다.

해설 테스토스테론의 작용
• 2차 성징을 주도한다.
• 어깨가 벌어지고 근육의 양의 증가에 관여한다.
• 정자 생성에 필수적이다.
• 남성의 생식선, 정낭, 전립선, 음경 및 부속 성기의 성장과 원활한 작용에 필요하다.
• 성욕을 증진시키며, 저돌적이고 공격적인 성향에 기여한다.

29 다음 중 사춘기 여자는 남자에 비해 철분 요구량이 급증하는데, 그 주된 원인은?

① 월경의 시작 ② 신장의 증가 ③ 체중 증가 ④ 적혈구 생성량의 증가

해설 연령에 따라 철분 요구량은 사춘기에 급격히 증가하는데, 특히 여자에 있어서 증가폭이 남자보다 더 크다. 이는 월경의 시작으로 인해 철분 요구량이 더 증가하기 때문이다.

30 영양면에서 청소년들이 선호하는 즉석 식품(fast food)의 문제점이 아닌 것은?

① 자극적인 조미료 과다 섭취
② 식이섬유소의 과다 섭취
③ 지방의 과다 섭취
④ 과다한 염분 섭취

해설 즉석 식품(fast food)의 문제점 : 자극적인 조미료 과다 섭취, 지방의 과다 섭취, 과다한 염분 섭취

31 우리나라 성인(19~64세)의 나트륨 1일 만성질환위험 감소섭취량으로 옳은 것은?

① 1,000mg ② 2,300mg ③ 3,000mg ④ 4,000mg

해설 1일 나트륨 만성질환위험 감소섭취량은 2,300mg이다.

32 고혈압의 위험 요인으로 볼 수 없는 것은?

① 음주 ② 고혈압의 가족력 ③ 안질환 ④ 비만

해설 고혈압의 주요 위험 요인은 비만, 음주, 노화, 고혈압의 가족력, 인종 등이다. 따라서 고혈압은 나이가 들어감에 따라 흔해지며 고혈압의 가족력이 있는 사람은 발병 위험률이 세 배나 높다. 인종도 백인에 비해 흑인의 고혈압 발병률이 높다.

33 다음 성인 당뇨병에 대한 서술 내용 중 옳지 않은 것은?

① 성인 당뇨병은 식사요법으로 혈당과 정상 체중을 유지하여 합병증의 발생을 지연시킬 수 있다.
② 주로 40세 이후의 비만인에게 나타난다.
③ 특히 성인 당뇨병은 생활양식과 밀접하게 관련되어 있다.
④ 성인기에 주로 나타나는 당뇨는 인슐린 의존성, 제1형 당뇨병이다.

해설 성인기에 주로 나타나는 당뇨는 인슐린 비의존형, 제2형 당뇨병이다. 전체 당뇨의 90% 이상을 차지하며 주로 40세 이후의 비만인에게서 나타난다. 특히 성인 당뇨병은 생활양식과 밀접하게 관련되어 있다.

34 다음 중 비만의 원인으로 거리가 먼 것은?

① 유전적 요인 ② 운동량 부족
③ 과다한 열량의 음식 선호 ④ 규칙적인 식습관

해설 비만의 원인 : 유전적 요인, 운동량 부족, 과다한 열량의 음식 선호, 불규칙한 식습관

35 규칙적인 운동이 주는 효과로 볼 수 없는 것은?

① 혈액순환이 좋아지고 근육량이 증가한다.
② 기초대사량이 증가하고 체지방을 쉽게 에너지원으로 이용할 수 있다.
③ 혈중의 총콜레스테롤을 감소시키고 HDL-콜레스테롤을 감소시킨다.
④ 스트레스를 해소시켜준다.

해설 규칙적인 운동은 심폐기능을 좋게 하고 아울러 혈중의 총콜레스테롤은 감소시키고 HDL-콜레스테롤을 증가시켜 심혈관계질환의 위험을 낮출 수 있다. 또한 혈압을 조절하고 체중을 줄일 수 있으며 당뇨병에도 효과적이다.

정답 27.❶ 28.❹ 29.❶ 30.❷ 31.❷ 32.❸ 33.❹ 34.❹ 35.❸

36 다음 중 노화에 대한 기제 이론 중 노화는 선천적으로 예정된 일련의 과정이라고 보는 것은?

① 체세포 돌연변이설 ② 가교설 ③ 프로그램설 ④ 소모설

해설 각종의 모든 생물들은 늙어감에 따라 또는 나이가 듦에 따라 예측이 가능한 특유의 체내 변화를 나타낸다. 따라서 노화는 선천적으로 예정된 일련의 과정이라고 주장하는 학설이 프로그램설이다.

37 노화 기제 이론 중 나이가 들어 염색체 끝에 연결된 텔로머라아제가 감소하면 텔로미어가 짧아지고 결국 세포분열이 중단되어 기능적으로 죽는다는 것은?

① 유전자설 ② 텔로미어설 ③ 프로그램설 ④ 가교설

해설 텔로미어설 : 텔로미어는 인간세포의 46개 염색체 끝에 연결된 일련의 DNA염기서열로 세포가 분열될 때마다 스스로 일정한 양을 희생하는 방식으로 염색체를 보호한다. 하지만 나이가 들어 텔로미어는 짧아지고 세포분열이 중단되어 기능적으로 죽는다는 것이다.

38 다음 중 노화에 따른 소화기관의 변화에 대한 설명으로 옳은 것은?

① 소화액 분비 증가 ② 위산분비 증가 ③ 칼슘흡수율 감소 ④ 소화율 증가

해설 노인에서는 위산분비가 감소하고 타액을 비롯한 소화액의 분비도 감소하여 소화율도 떨어진다. 탄수화물 흡수율은 감소되지 않으나 칼슘흡수율은 위산분비의 저하로 감소한다.

39 다음 중 조건적 필수아미노산이 아닌 것은?

① 아르기닌 ② 시스테인 ③ 트레오닌 ④ 글루타민

해설 조건적 필수아미노산 : 아르기닌, 시트룰린, 오르니틴, 시스테인, 티로신, 글루타민, 글라이신, 트롤린, 타우린

40 혈중 콜레스테롤 농도가 증가될 수 있는 위험요소가 아닌 것은?

① 스트레스 ② 비만증 ③ 흡연 ④ 관절염

해설 혈중 콜레스테롤 농도를 증가시킬 수 있는 위험요소로는 중년의 남성, 스트레스, 고지혈증, 비만증, 고혈압, 흡연과 당뇨병 등이다.

정답 36.③ 37.② 38.③ 39.③ 40.④